国家出版基金项目
NATIONAL PUBLICATION FOUNDATION

教育部人文社会科学重点研究基地重大项目
“中国21世纪新课程改革研究”成果

儿童学研究丛书
张华 主编

儿童史学论

中国近代儿童的学校生活研究（1902—1949）

高振宇 著

山东教育出版社

图书在版编目（CIP）数据

儿童史学论：中国近代儿童的学校生活研究（1902—1949）/ 高振宇著. —济南：山东教育出版社，2017. 6
（儿童学研究丛书 / 张华主编）
ISBN 978-7-5328-9789-6

Ⅰ. ①儿… Ⅱ. ①高… Ⅲ. ①儿童－生活状况－研究－中国－1902—1949 Ⅳ. ①G61

中国版本图书馆CIP数据核字（2017）第137362号

ERTONGXUE YANJIU CONGSHU
ERTONG SHIXUELUN
ZHONGGUO JINDAI ERTONG DE XUEXIAO SHENGHUO YANJIU（1902—1949）

儿童学研究丛书　　张　华　主编

儿童史学论

中国近代儿童的学校生活研究（1902—1949）　　高振宇　著

主管单位：山东出版传媒股份有限公司
出版发行：山东教育出版社
地址：济南市纬一路321号　邮编：250001
电话：（0531）82092660　网址：www.sjs.com.cn
印　刷：山东泰安新华印务有限责任公司
版　次：2017年6月第1版
印　次：2017年6月第1次印刷
开　本：710毫米×1000毫米　1/16
印　张：26.25
印　数：1-2000
字　数：350千
定　价：56.00元

迈向“儿童学”

——“儿童学研究丛书”主编寄语

“儿童学”或“儿童研究”（child study）诞生于19世纪末欧美国家的“进步教育运动”与“新教育运动”。美国“儿童研究运动”的发起人霍尔（G. Stanley Hall）说：“通过儿童生长的过程去评判一种文明，通过适应个人自然生长的方法去评判一种学校制度。”这既揭示了儿童学的价值追求，又阐明了现代民主教育与古代专制教育的重要分水岭——是否建基于儿童研究之上。我国民国时期的“新教育改革运动”是世界教育民主化运动的有机构成。因当时确立了“以儿童为中心”“谋个性之发展”“发挥平民教育精神”等理念，儿童学研究获得重要发展，并由此为我国教育现代化与民主化奠定早期基础。

历史在曲折中前进。1936年7月4日，联共（布）中央颁布《关于教育人民委员部系统中儿童学曲解的决定》，宣布儿童学是“资产阶级伪科学”，立即取缔并彻底批判。有的儿童学者被判处死刑，许多儿童学者被撤职或逮捕，著名儿童学者维果茨基和布隆斯基的著作被禁止出版。“儿童”“个性发展”等术语成为苏联讳莫能深的词汇，“无儿童的教育学”——凯洛夫《教育学》自此登场，苏联教育一度陷入僵化与停滞。直至20世纪五六十年代，维果茨基等人的儿童学著作才重新出版。70年代，维果茨基的著作译成英文传入西方世界以后，震惊欧美教育界，他创造的“社会建构主义”思想成为引领世界教育发展的支柱性理论之一。

中华人民共和国成立以后，由于国家采用了“一边倒”的政策而全面师法苏联，“取缔儿童学”的政策事实上被隐秘地输入了。一方面，民国时期的儿童研究被打上“资产阶级学说”的意识形态烙印而被迫中止；另一方面，凯洛夫《教育学》于20世纪50年代引进中国，并被视为唯一合法和政治正确的“马克思主义教育学”在中国推广。凯洛夫《教育学》在苏联仅存在了十年，但在中国已存在了近七十年。它把教育的本质理解为通过外部知识的灌输而改造人的心灵。在这里，儿童不过是一个任人摆布的玩偶、会移动的容器而已。这种“见物不见人”的教育学至今仍盘踞我国教育界，成为迎合“应试教育”需要、阻碍我国教育现代化和民主化的最大思想障碍之一。自2001年开始，伴随基础教育新课程改革的实施，儿童学研究获得长足发展。新课程提出了“为了每一个学生发展”的理念，尊重个性、崇尚自由、促进每一个儿童主动发展等进步教育理念，自新中国成立以后第一次被如此系统、广泛和彻底地倡导。儿童学研究成为实施新课程改革、践行素质教育理念的必然要求。

何谓儿童学？儿童学是一种时代精神，即尊重儿童独特价值、追求儿童解放的教育民主精神，简称“儿童学精神”。儿童学是一个研究领域，即对儿童的发展与学习、儿童文化与儿童个性诸方面的跨学科的整体性研究。宏观言之，儿童心理学、儿童教育学、儿童医学、儿童社会学、儿童文化学、儿童哲学、儿童文学、儿童史学等，均属广义的儿童学的有机构成部分。儿童学是一门具体学科，即一门基于某种范式、整合不同视角对儿童及其发展进行整体研究的学科。这是狭义的儿童学，可称为“儿童学学科”。儿童学学科既建基于“儿童学精神”，又源自“儿童学领域”，是二者的具体化与专门化。

我国儿童学的任务和未来方向是什么？将儿童发展视为一个专门研究领域，运用跨学科视野和多元化方法对儿童发展进行深入研究、获得深刻理解，基于理解儿童而促进儿童发展，最终实现我国儿童解放和教育民主化。这是我国儿童学发展的根本任务与使命。我国儿童学发展的未来方向应聚焦如下三个方面：

第一，捍卫儿童权利。儿童是完全的权利主体。儿童阶段、儿童文化、儿童生活具有独特价值，成人有责任让儿童过好今天的生活——独特的儿童生活。每一个儿童个体具有独特价值，尊重儿童个性、发展儿童个性特长是成人社会特别是广大教育者的神圣职责。我国需要通过包括立法在内的各种途径保护儿童权利，而不应延续古代专制社会将儿童置于被压迫者底层的做法，也不应将成人社会的竞争法则通过“应试教育”体制强加于儿童并使儿童日益工具化。我国社会迫切需要践行“新儿童观”，即让儿童成为社会一切福祉的最先享用者、一切灾祸的最后罹难者。“新儿童观”的实现是我国进入现代文明社会的基本标志。

第二，理解儿童认识。人的认识具有发生性与发展性。儿童既有独特的认识世界的方式，又有对世界的独特理解。尊重儿童的核心是尊重儿童的理解。正是由于20世纪初杜威、皮亚杰开创了尊重儿童经验、研究儿童认识的伟大传统，才有了波澜壮阔的世界教育民主化运动。汇集儿童哲学、儿童心理学、儿童教育学等学科，研究信息文明时期儿童认识的新特点、新变化和新需求，是创造21世纪信息时代新教育的基础与前提。

第三，探究儿童方法。儿童是世界的探索者、发明者、创造者。杜威说儿童具有与生俱来的探究、建造、表现与社会交往的本能。儿童不是成人知识的被动接受者，而是主动的创造者。但儿童有自己的探究世界的方法。儿童学应致力于发现儿童的方法，并找到途径将成人的方法转化成儿童的方法，以帮助儿童不断发展探究世界的能力。

教育学即儿童学。只有当广大教师乃至全社会学会捍卫儿童权利、理解儿童认识并探究儿童方法的时候，中国社会才有希望。

张华

2016年9月10日教师节写于沪上三乐楼

目录

绪论　走向儿童史学　001

第一章　儿童史学的兴起与发展　002

第一节　儿童史学在西方的兴起与发展　002

第二节　中国儿童史学的起步　013

第三节　儿童声音与力量的再现　023

第二章　儿童史学研究的设计与实施　028

第一节　研究目的与问题　028

第二节　研究的时间期限　030

第三节　研究的对象　034

第四节　分析架构　038

第五节　研究方法的设计　041

第一部分　入学篇　048

第三章　家庭权力关系中的儿童教育　049

第一节　家长对儿童求学的支持　049

第二节　早婚对儿童教育的影响　059

第三节　儿童对受教育权的捍卫　066

第四章　劳动与儿童教育的冲突与融合　078
第一节　工厂劳动与儿童教育　081
第二节　商店学徒的工作与教育　094
第三节　家务、农业劳动与儿童教育　099

第五章　义务教育体系的确立与实施　103
第一节　建立义务教育的背景与目的　104
第二节　义务教育的实施：国与家之间的角力　112

第二部分　管理篇　121

第六章　学校对儿童的惩罚机制　122
第一节　学校惩罚体系的演变历程　123
第二节　私塾内的体罚现象与各方的反应　129
第三节　现代中小学校的处罚现象与儿童的反抗　146

第七章　儿童自治的实施与保卫　165
第一节　儿童自治在学校的演变历程　166
第二节　儿童自治组织的实际运行机制　173
第三节　学生运动与儿童自治权的保卫　185

第三部分　课程篇　198

第八章　学前教育改革与童年观念的初步确立　200
第一节　阶段教育的区分与联络　200
第二节　兴趣教育的盛行　206
第三节　个别指导与团体授课之间的张力　212
第四节　走近幼儿生活的课程　215

第九章　中小学课程改革与儿童观的演变 224
第一节　阶段教育的确立与改革 224
第二节　儿童的个体差异与课程开发 238
第三节　意识形态控制与课程 254
第四节　老解放区的课程改革 275

第十章　儿童在课堂内外的学习体验 286
第一节　私塾内的学习生活 288
第二节　新式学校内的课堂学习生活 298
第三节　丰富多彩的课余生活 318

结论与建议 339
一、基本结论 339
二、对当代中国学校教育的反思和建议 350

参考文献 374

后　记 406

绪论　走向儿童史学

20世纪上半叶，伴随欧美国家的儿童研究运动，我国也曾掀起过短暂的儿童研究浪潮，诞生了许多译著和原创性作品，并对当时的课程改革及整个儿童福利体系的建立产生了积极意义。时至今日，儿童学虽然仍未在我国高校学科体系中确立其应有的地位，但有关儿童的研究却已经在许多学科中确立起来。儿童心理学、儿童哲学、儿童社会学、儿童人类学等对研究者而言均已不再陌生，儿童史学也同样不例外。我国历史学界对儿童的关注虽可远溯至20世纪初“新史学”的草创时期，近来也颇有些儿童史的原创作品问世，但相比对其他群体（如妇女）的研究程度，学者对儿童的历史学探索还显得远远不足。此点固然与整个儿童学在我国学术中的处境有关，但历史学者可在自身领域内率先确立起儿童研究的关键地位，除继续翻译引进西方儿童史的代表性作品，也应积极开展从远古时期迄今各个年代的本土化研究。本书则可以视为此类本土化研究的重要尝试。

本绪论主要完成两个大的任务：其一是简要梳理儿童史学在西方的发展历程，介绍其中关键的流派、作品及其观点，尤其是将重点放在学校教育的板块，如义务教育、学校管理、课程与教学等；同时着重探索了我国在儿童史领域的研究现状，以对迄今为止儿童史的研究主题及成果有总体性的观照。这个领域的发展虽然比较缓慢，但目前已受到越来越多的重视，未来几年有望出现更多更重要的作品。其二是整理并确立儿童史学的研究体系，包括研究对象、研究目的与问题、研究的起止时间、分析框架、研究方法等，以便于读者了解后续内容的研究是如何徐徐展开的。这样的研究体系及基本手法虽可见于海内外诸多论著之中，但对作者而言却是崭新的尝试，创作的艰辛自不待言，其内容亦待学界同仁的批评指正与完善。

第一章
儿童史学的兴起与发展

无论是在西方还是在中国，儿童史作为整个儿童研究必要组成部分之一的地位已基本确立，并已形成相对稳定的研究群体。西方受“年鉴学派”和维果茨基社会文化理论的影响，自20世纪60年代即已启动儿童史的研究，并随时代逐步形成了三个大的理论流派，出版了大量的经典论著，甚至对我国历史上的儿童与童年也做了深度研究。我国对这个分支领域的关注虽早，真正掀起研究高潮却是在最近十数年，而且重量级的原创研究成果还明显偏少。这就决定了我们一方面仍须向西方史学界学习，熟悉其研究的思路、理论与方法，另一方面更要立足于我国本土，加快进行断代和跨世纪的研究。

第一节　儿童史学在西方的兴起与发展

一、儿童史学的总体发展历程

20世纪初期法国“年鉴学派”的兴起标志着西方史学的重大革新，从此以普通大众的日常生活及其变迁为研究焦点的社会史横空出世。历史学开始打破王朝史的圭臬，涌向更为肥沃却仍是处女地的领域。于是，日常生活的各个方面，诸如衣食住行、婚丧嫁娶、风俗礼仪、岁时节日、行为心理等，开始得到广泛研究，各个不同社会阶层尤其是属于中低阶层的群体如妇女、儿童、老人、工人、农民等也开始受到史学家的青睐。社会史并日渐与社会学、人类学、民俗学、经济学、教育学、人口统计学、医学等融合，汲取以上学科的研究方法与理论体系，开辟了难以尽数的历史学分支，如家庭史、婚姻史、经济史、外交史、人口史、风俗史、疾病与健康史等。在社会史狂飙突进的运动中，借助法国著名史学家菲力浦·阿利埃斯（Philippe Ariès）的大作《儿童的世纪：家庭生活的社会史》，儿童史于20世纪60年代宣告诞生。

在《儿童的世纪：家庭生活的社会史》中，阿利埃斯分别从绘画史、家庭史、教育史的角度，认为中世纪及现代化早期阶段的社会是没有"童年观念"的，17世纪以后"童年"才逐渐被发现。阿利埃斯之结论及其论证方法引起西方史学界的激烈争论。从20世纪60年代起，史学家或支持或反对或折中，形成三个基本派别，即"黑色传说派"（the black legend，又称"正统派"）、"白色传说派"（the white legend，又称"修正派"）和"浅灰色派"（the light grey）。这些名称取之于学者对西方中世纪的态度，从中可见三派学者之不同观点。

"黑色传说派"盛行于20世纪六七十年代，他们明确表示支持阿利埃斯的观点，坚定地认为历史总是在朝更完美的方向前进，儿童史即是一部进化史，中世纪儿童的处境必定比现代化时期更为悲惨。他们强调变革，指出儿童史有转折点，即"童年的发现"，发生的时间大约在17—18世纪，即启蒙运动前后。他们纷纷把启蒙时代的伟大人物卢梭、洛克等人视为"发现童年"的革命性人物。借助丰富多样的史料，他们分析了弃婴杀婴现象、家庭结构及功能、亲子间的情感关系、家庭及学校教育、社会公共政策等领域所折射出的儿童观。在研究手法上，他们不仅集中对个别国家的儿童史进行分析，对特定时段的特定群体做了细致研究，也以整个欧洲为指向，以长时段为特点，试图全面展现儿童史的演化历程，最终得出与阿利埃斯大致相似的结论，只是在细节方面稍加补充或完善。

自20世纪70年代后期以来，特别是到了80年代，“白色传说派”开始占据儿童史学界的主流。这派学者对阿利埃斯的观点进行了严厉批判，指出中世纪的父母对自己的子女也是有关爱的，并已意识到童年是人生发展中一个独特的阶段而加以重视。他们坚决反对以社会进化论的思维分析儿童史。通过吸收一些新的史料，他们对阿利埃斯及其支持派的论证过程进行再剖析，认为已有证据不能证明社会对待儿童的态度是从虐待、忽略急剧转向呵护、关怀的，现代社会对儿童的“温情”并非是凭空产生的，而是在古代社会就已埋下种子，历史具有延续和继承性。

到了20世纪90年代，“浅灰色派”开始兴起，对前述二派同时进行批判，认为他们各有缺陷，两派之间的论辩是毫无意义的，既有的判断都是有限、片面、极端和简单化的，主张真正的中世纪是持续与变迁并存的复杂体。也就是说，中世纪时既有对儿童的关照呵护，也存在对儿童的虐待、忽略与冷漠，视不同阶层、不同地域、不同个体而定，而无法得出统一或普遍性的结论。在具体做法上，这一派学者意图对前两派学者的观点兼收并蓄，依据史料对具体的问题、双方的观点进行全面的解剖，一方面指出他们的合理之处，另一方面批判其谬误所在，期望通过这种努力建立起更加真实的儿童史画卷。

当前，儿童史的研究已跳出阿利埃斯命题的范畴，日渐走向综合化，并产生了许多新的研究课题。譬如，由于20世纪是人类发生战争最多、死亡人数最多的世纪，因此不少学者倾向于“战争与儿童”的研究。另外，随着妇女解放运动、黑人解放运动的发展，对女童和黑人儿童的关注逐渐增多。儿童史日渐走出西方世界的大门，踏入各大洲主要国家，对亚非拉发展中国家儿童生活的研究开始崭露头角。在研究视角和方法上，由于受社会学、人类学的深刻影响，史学家更多地借助书信、日记、回忆录等直接史料和摄像摄影、录音等现代科技手段，突显儿童自己的声音、体验与力量，并结合不同地区和国度的文化因素进行深度解释与分析。儿童史在全球范围的扩展，使得加强国际合作成为必需且必然之事。为此，两个大型的儿童史国际组织“童年史研究协会”（The Society for the Study of Childhood in the Past）和“人类社会中的儿童与童年”（The Children and Childhood in Human Societies，简称CCHS）宣告成立，儿童史从此迈入一个更加辉煌的时代。

二、西方儿童史学中的学校教育问题

学校教育问题历来是儿童史学文献中的基本课题之一，但学者在这方面的投入，无论是过去还是现在，都不能与对儿童的家庭生活、社会生活的研究相提并论，儿童与家长（而非教师）之间的关系问题一直是儿童史学研究的主流。在大多数儿童史的文稿中，对学校教育的研究在论题范围上确已相当广泛细微，足以为后世所有在儿童史学领域中着意学校教育的研究者所参考。但在研究的深度上，还稍欠火候，在许多情况下学校对儿童的基本观念都只是被做了最粗浅的分析而已。本著作的基本框架即是在参考西方儿童史学者对学校教育已有研究的基础上构建的，对各个方面都作了更充分详细的探讨，可为国际儿童史学的进一步发展作出贡献。

（一）义务教育的发展历程

义务教育法的确立是近代以来的事，在此之前儿童接受教育的基本情况，常是学者所探讨的焦点之一。在中世纪及之前，对儿童的教育通常在家庭内部完成，教育问题常属于家庭私事的范畴。但贫困家庭与富裕家庭的情况大不相同，富裕家庭较乐意将儿童送入学校，而贫困家庭出身的儿童则大部分处于失学状态。舒拉米斯·撒赫尔（Shulamith Shahar）就指出，流行于中世纪的主流观念认为，儿童自7岁之后就应接受教育，但这种教育显然主要是家庭式的，即男童由父亲来教育，女童由母亲教育。只有那些打算让孩子将来服侍教会或过修道生活的富裕家庭，才会把儿童送入“阅读学校”或“唱歌学校”中，其学习年限通常从7岁到12岁不等。[①]凯斯·赖特森（Keith Wrightson）则指出，在1580—1680年的英国社会，富裕家庭通常乐意将儿童送入基础学校学习，但只有盼望儿童从事贸易或神职工作时，才会进一步送他们到文法学校继续学业。[②]芭芭拉·莫尔（Barbara Moore）在回顾美国儿童教育史时则发现，在殖民地时期，美国社会对儿童的教育主要发生在家庭内部，直到18世纪时，中产阶级家庭出身的儿童才大批涌入学校之中，但那些工人、农民及移民家庭出身的儿童，仍被滞留在学校之外。[③]

从中世纪到近代，各种教育机构不断设立，民间对教育的需求不断增加，义务教育的呼声日趋高涨。但义务教育在一般家庭中的推广始终困难重重，义务教育的整体进程十分缓慢。之所以如此，其一在于学校教育的成本超出了许多贫困家庭的预算，家长无力支付儿童上学的费用；其二是家长普遍希望儿童留在家中或去工厂、商店劳动，直接为家庭经济作贡献，以改善家庭处境。芭芭拉·哈纳沃特（Barbara Hanawalt）指出，在中世纪的伦敦，尽管道德家一直主张让更多的儿童进入学校，以培养他们虔诚向善的品格，但碍于受教育的成本太高，当时社会上只有上流阶层及一般商人家庭出身的儿童才会在学校度过一段较长的时间，大多数儿童只能在家庭中接受简单的教育或根本就没有机会接受任何形式的教育。[④]凯

① Shulamith Shahar. *Childhood in the Middle Ages*. London：Routledge, 1990, p.174.

② Keith Wrightson. *English Society 1580—1680*. London：Routledge, 1990, p.151.

③ Barbara E. Moore. *American Childhood Through the Years*：*Colonial Era, 18th Century Through Early 19th Century, and Progressive Era, Dissertation for the Degree Master of Arts in Social Sciences*. Humboldt State University, 2006, p.23.

④ Barbara A. Hanawalt. *Growing Up in Medieval London*：*The Experience of Childhood in History*. Oxford：Oxford University Press, 1995, p.82.

斯·赖特森也指出，在1580—1680年的英国社会，尽管有更多的学校机构得到建立，社会对各水平的教育需求也在日渐增加，但孩子上学妨碍了他们对家庭经济作出更大的贡献，因此相当多的儿童只能在学校待很短的时间，或者经常被家庭劳动所打断。[①] 哈瑞·汉德瑞克（Harry Hendrick）甚至指出，直至19世纪末20世纪初，义务教育在英国劳工阶层中推广的进度一直相当缓慢，因为这些家庭普遍需要儿童出卖劳动力来减轻生存压力。[②]莫尔则指出，18世纪及19世纪初，那些工人、农民及移民家庭出身的美国儿童之所以没有上学的机会，是因为家长强留他们在家中或其他工作场所，为家庭经济作贡献。[③] 欧洲大陆国家的情况也普遍如此。直到有更多学费低廉的学校建立，劳工阶层的待遇普遍得到提高，民间对教育的需求进一步增加，以及政府加强对童工的限制之时，这种情况才有明显改善。例如直至进步主义教育时期（即19世纪末至20世纪初），伴随让所有学龄儿童入学的呼声的高涨，以及学校的大批建立，美国一般家长才开始意识到送孩子入学的必要性和可行性，而减少了对儿童劳动力的需求。[④] 在17—18世纪的欧洲大陆，从普鲁士开始，欧洲大陆各国的改革者纷纷倡导建设国民教育体系，逐步将学校从教会手中收回，以立法的形式将学校教育设定为强迫且免费的教育，有力推动了教育的普及。[⑤]

义务教育的建立对社会儿童观念的转变具有重要意义。首先，它强

---

① Keith Wrightson. *English Society, 1580—1680*. London：Routledge, 1990, p.149.

② Harry Hendrick. *Children, Childhood and English Society, 1880—1990*. Cambridge：Cambridge University Press, 1997, p.63.

③ Barbara E. Moore. *American Childhood Through the Years：Colonial Era, 18th Century Through Early 19th Century, and Progressive Era, Dissertation for the Degree Master of Arts in Social Sciences*. Humboldt State University, 2006, p.38.

④ Barbara E. Moore. *American Childhood Through the Years：Colonial Era, 18th Century Through Early 19th Century, and Progressive Era, Dissertation for the Degree Master of Arts in Social Sciences*. Humboldt State University, 2006, p.65.

⑤ Colin Heywood. A *History of Childhood：Children and Childhood in the West from Medieval to Modern Times*. Cambridge：Polity Press and Blackwell Publishers, 2001, p.155.

化了儿童之为儿童的基本特性，如无知、脆弱、依赖、纯真等，将儿童与成人区分开来，推动了阿利埃斯所谓“童年的观念”在全社会的建立与普及，所以学者们普遍视之为儿童史现代化历程中的转折性事件之一。在义务教育未深入到劳工阶层之前，大部分儿童被迫与成人一样，参与到相似强度、相似时间长度的劳动之中，这对他们的身心发展构成了不利影响；而现代学校则将儿童集中到教室之内，使他们成为被保护的对象，远离商人和工场主的经济剥削，并为儿童智力、情感等各方面的健康发展创设了重要平台。其次，它稳定和延长了童年的期限。儿童一旦被纳入现代学校之中，便脱离了社会劳动，和周边的成人划上了清晰的界限；因此处于这些学校中的儿童，便只是孩子，而不再是小大人了。同时，义务教育虽常在初等教育阶段，但它的年龄跨度随时代而不断扩大，从而延长了童年的年限。例如在英国，在19世纪末，儿童离开学校的时间被不断延后，从1870年的10岁，到1893年的11岁，再到1899年的12岁。①

（二）课程与教学

学者对这一子课题的研究大体还比较分散和简单，还没有充分联络课程学的既有研究成果，但他们的论述已经涉及以下三个基本问题：其一是教学组织形式的变化。学者们普遍发现，在中世纪的学校中，往往是同一个教师负责传授不同科目，不同年龄的儿童乃至成人常聚集在同一个教室内学习，这种成人与儿童不分，而且不注重教师专业素养的教学组织形式，充分体现了中世纪社会在儿童观念上的缺位。如阿利埃斯就指出，中世纪的学校教学具有同时性，即同一位教师可能同时教授所有的课程，至少文法、逻辑和“四艺”（算术、几何、天文、音乐）是一同教授的，而且同一个教室可能云集各个年龄阶段的学子，社会还没有单纯针对儿童设

① Harry Hendrick. *Children, Childhood and English Society, 1880—1990*. Cambridge：Cambridge University Press, 1997, p.63.

立的学校，因此儿童一踏入学校就等于进入了一个成人世界。[①]科林·海伍德（Colin Heywood）也指出，中世纪时学校与成人世界的紧密联系绝不是现代学校可以并论的，如主教学校即采用小班教学形式，由一位教师负责所有不同年龄的学生，包括一些年轻的成人。[②]到了近代，虽然初级的教育机构仍然盛行同一教师教授不同科目的方式，但学校教育的对象已高度集中于儿童（成人教育则由另外专门的机构负责），且不同年龄的儿童分别组成不同的年级，在不同的教室和不同的教师管理下学习。如莫尔就指出，在进步主义时期，过去那种把不同年龄儿童集中在同一个教室中学习的做法开始被抛弃，根据儿童的不同年龄设置不同年级，在不同教室进行授课的做法得到广泛确立。[③]

其二是在课程设计方面，多数的观点认为中世纪学校的课程设计具有随意性的特点，未顾及童年不同阶段的差异，更没有顾全儿童与成人之间的区别，单纯以儿童未来职业的需要为准则。而现代学校则将循序渐进视为课程设置的基本理念，充分重视"分化教育"，即在所学科目及内容上均以适应本年级儿童的身心发展特点为原则；另外，还将对儿童的知识传授和其他各方面的发展结合起来。如阿利埃斯就指出，中世纪的学校教育缺乏循序渐进的观念，不按难度分配所学课程，课程体系设计总体比较混乱，随意性过大。[④]科林·海伍德指出，中世纪西方社会盛行两种教会学校：一类是主教学校，其教育目的是要将学生训练为牧师或教区的行政

① Philippe Ariès. *Centuries of Childhood*: *A Social History of Family Life. Translated by Robert Baldick*. New York: Alfred A. Knopf, 1962, p.187.

② Colin Heywood. *A History of Childhood*: *Children and Childhood in the West from Medieval to Modern Times*. Cambridge & Oxford: Polity Press and Blackwell Publishers, 2001, p.161.

③ Barbara E. Moore. *American Childhood Through the Years*: *Colonial Era, 18th Century Through Early 19th Century, and Progressive Era, Dissertation for the Degree Master of Arts in Social Sciences*. Humboldt State University, 2006, p.66.

④ Philippe Ariès. *Centuries of Childhood*: *A Social History of Family Life*. Translated by Robert Baldick. New York: Alfred A. Knopf, 1962, p.330.

人员；另一类是教区学校，主要培养从事宗教事务的神职人员。在这两类学校中，《圣经》、基督教教义、拉丁语等都是核心的课程。[①]舒拉米斯则一针见血地总结道，中世纪课程设计的根本出发点绝不是依据儿童的个性来发展他们的爱好与禀赋，也不是为了确保他们能享受童年的时光，而仅仅是为了将他们训练成修道士。在中世纪教育者眼中，儿童生来是堕落的、罪恶的，因此课程设置本身必须服务于防范儿童恶的本性、培养善的品德这个目的。譬如在女童教育方面，中世纪教育者尤其强调培养她们顺从、谦逊、忠贞等品质，因此在教学过程中尤其重视“沉默教育”，一些教育者甚至反对向女童传授读和写的技能，因为他们担心女童在掌握这些技能后会易于“堕落”（譬如可以和异性通信等）；另一些教育者虽然赞成对女童的基础教育，但这种教育的内容仅仅是祈祷文和《圣经》的部分章节。[②]但也有学者认为中世纪课程设计者们并非毫无儿童观念，学校面向儿童的课程多少还是顾及了儿童与成人的区别。如舒拉米斯就指出修道院中儿童的存在推进了教师的童年意识，当时的教师已经认识到对儿童提出和成人一样的要求是不现实的，所以他们所规划的课程，尽管最终是要将儿童塑造成修道士，却显示出对儿童心理的部分了解。[③]

其三是教与学的方法上，学者们普遍认为现代化起步之前的西方学校盛行死记硬背等不科学的学习方法，教学则以讲授法为中心。如舒拉米斯就指出，在中世纪许多教会学校中，儿童们学习的主要方法就是口头朗诵和死记硬背，有足够的证据表明那时的儿童虽在学习拉丁字句，但他们根本不理解其中的意思，因为教师压根就不作解释。[④]莫尔也指出，在18世纪及19世纪初（进步主义时期之前）的美国，儿童在教室内的主要学习方

① Colin Heywood. *A History of Childhood*：*Children and Childhood in the West from Medieval to Modern Times*. Cambridge：Polity Press and Blackwell Publishers, 2001.

② Shulamith Shahar. *Childhood in the Middle Ages*. London：Routledge，1990, pp.192–193.

③ Shulamith Shahar. *Childhood in the Middle Ages*. London：Routledge，1990, p.193.

④ Shulamith Shahar. *Childhood in the Middle Ages*. London：Routledge，1990, p.189.

法也是死记硬背。[①]但是也有一些学者认为中世纪学校并非只有讲授法这一种教法，一些实践性的活动也是儿童学习的重要方式。例如海伍德就指出，在中世纪的教会学校中，儿童的学习被分成两个大的方面：一是在课堂上的正规学习，由专门的教师讲授文法、算术等科目；二是课外的各种练习活动，如社区活动、唱诗班活动及朗诵活动等。[②]

（三）规训与惩罚

这一课题是许多西方儿童史学家研究的重点，尽管主要集中在家庭内部，而且存在明显的意见分歧。处于“黑色传说派”阵营的学者认为中世纪西方学校对儿童的规训非常严厉，体罚极端盛行，而家长就学校对儿童的虐待事件也保持着冷漠的态度，只有到了18—19世纪，学校才开始对儿童采取温和的态度，禁止体罚则成为普遍的诉求。如普拉姆（Plumb）就指出中世纪教师对儿童的管教常常是恶意的、残酷的，他们有时甚至会对儿童进行性虐待。[③]劳伦斯·斯通（Laurence Stone）亦指出，鞭打是16—17世纪西方社会规训儿童的主要方式，意在摧毁儿童的意志。[④]另一些学者虽然并不完全赞同以上观点，却也看到中世纪的确存在弘扬体罚儿童的因子，如舒拉米斯即注意到汤姆斯·奎因（Thomas Aquinas）的思想，在这位学人看来，由鞭打所带来的苦难是良好教学和儿童获取知识之不可缺少的部分，这种苦难起源于他们的原罪，是儿童理智和身体健全发展所必需的。[⑤]

① Barbara E. *Moore. American Childhood Through the Years：Colonial Era, 18th Century Through Early 19th Century, and Progressive Era, Dissertation for the Degree Master of Arts in Social Sciences*. Humboldt State University, 2006, p.36.

② Colin Heywood. *A History of Childhood：Children and Childhood in the West from Medieval to Modern Times*. Cambridge：Polity Press and Blackwell Publishers, 2001, p.161.

③ Heather Montgomery. *An Introduction to Childhood：Anthropological Perspectives on Children's lives*. Hoboken：Wiley-Blackwell, 2009, p.296.

④ Laurence Stone. *The Family, Sex and Marriage in England 1500—1800*. London：Penguin, 1979, p.446.

⑤ Shulamith Shahar. *Childhood in the Middle Ages*. London：Routledge, 1990, p.174.

其他学者则坚决反对这种典型的社会进化论观点，认为对儿童的虐待（无论是身体的，还是精神的）在现代学校依旧普遍存在，中世纪并不特殊；且家长们并不见得完全赞成体罚，保护自己的子女免遭惩罚的心态更为常见。舒拉米斯就质疑教育理论存在一个不断人性化的发展过程。他指出，中世纪教育理论的许多方面，甚至与18世纪比起来，都更近似于当代心理学及教育家的观念。例如，中世纪学者认为到了7岁，儿童就不应被视为是稚嫩的，也不应受过多纪律的束缚，但是18世纪却有相当多的学者鼓吹从幼年开始就对儿童施加严酷的规训，宣扬幼儿应无条件服从家长的号令。① 安东尼娅·格兰斯登（Antonia Gransden）则根据对中世纪英国修道院的研究，发现那时修道院对儿童的管教虽然总体上是严厉的，但也存在许多较为自由的教育观点。② 事实上，在漫长的西方历史中，在采用严厉还是宽厚方式培养儿童的问题上，从古至今一直存在争议（当代也不例外）。琳达·波洛克（Linda A. Pollock）认为，学校规训儿童的手段并不随时代而有显著变化，各个时代都存在不同的方式，并非只有体罚一种；而且直至19世纪，体罚依然普遍存在。她并指出，尽管各时代的家长普遍都希望自己的孩子在学校受到管教，以便将来成为一个被社会所接受的人，但任何家长都有保护后代的本能，这种本能使他们又不能容忍残酷虐待事件的发生。③

① Shulamith Shahar. *Childhood in the Middle Ages*. London：Routledge，1990，p.174.

② Antonia Gransden. *Childhood and Youth in Medieval England*. Nottingham Medieval Studies, 1972, 16, pp.3–19.

③ Linda A. Pollock. *Forgotten Children*：*Parent-child Relations from 1500 to 1900*. Cambridge：Cambridge University Press, 1983, p.202.

第二节　中国儿童史学的起步

早在20世纪初，伴随“新史学”的诞生和儿童学的兴起，对儿童的历史研究就已经存在。而在当代中国，一批来自历史学、教育学、哲学等学科的学者，因主要受阿利埃斯《儿童的世纪》等作品的影响，也争相关注并探索儿童史的议题，并逐步聚集成一个相对稳定的研究团体。本节将对国内开展儿童史研究的现状做一总的梳理，以协助读者了解它的主要流派、代表人物和观点，以及仍然存在的问题。

一、对儿童史学的元研究

我国学术界直接关注儿童史学的研究者并不多，目前已知的有俞金尧、王子今、郭法奇、方明生、王海英、苏全有、辛旭、铁爱花、胡丽娜、施义慧、刘贵华、熊秉真（台湾）、陈贞臻（台湾）等人。其中不少学者对西方儿童史学的发展历程进行了全面回顾，并对部分代表作进行了重点述评。如俞金尧对西方儿童史学的研究最具有代表性，他的《西方儿童史研究四十年》对西方儿童史学从诞生至今的发展历程进行了详细的梳理，不仅呈现了西方儿童史的研究重点随时代而变化的基本面貌，且揭示了该领域在史料、方法、观点上所展开的激烈争论。[①]随后的《儿童史研究及其方法》可以说是前文的缩小版，表达了同样的主题与内容。[②]郭法奇则在《儿童教育史研究：价值、特点及设想》一文中参考俞金尧的论文简略介绍了西方儿童史产生的背景及其发展脉络。同时他也构建了“儿

① 俞金尧. 西方儿童史研究四十年. 中国学术，2001（4）：298–336.

② 俞金尧. 儿童史研究及其方法. 国外社会科学，2001（5）：34–40.

童教育史”的框架、视角及其史料，划定了研究目的、研究内容、研究范围和研究资料。[①]陈贞臻也回顾了西方儿童史的发展历程，认为该历程具有明显的社会建构取向，并可分为两个阶段：第一阶段为20世纪六七十年代，以阿利埃斯、劳伦斯·斯通等为代表，注重在家庭领域追寻童年概念的演化过程；第二阶段为20世纪八九十年代，以琳达·波洛克等为代表，研究重点扩大至家庭以外的整个社会，更加强调日常的生活经验。[②]与此同时，方明生《从〈儿童的世纪〉看儿童学研究的课题》[③]、辛旭《由误解发现“童年”：“阿利耶斯典范”与儿童史研究的兴起》[④]、管星勇《〈儿童的世纪〉：中世纪前后儿童观念的变化》[⑤]和徐小敏《〈儿童的世纪：家庭生活的社会史〉在教育研究上的意义》[⑥]等都围绕儿童史开山之作《儿童的世纪》，阐述了阿利埃斯的基本观点及对建设儿童史或儿童学学科的意义。刘贵华则对劳伦斯·斯通的《英国的家庭、性与婚姻：1500—1800》这本代表作进行了简要评述[⑦]，尽管他主要是从家庭史的研究视角来叙说的。除此以外，我国学者也对西方历史上的儿童处境进行了独立探索，为推动西方儿童史学的发展贡献了重要力量。如施义慧对工业革命时期英国的童工问题的实况、由来以及解决历程进行了详细讨论[⑧]，还以扫烟囱男童为例进行了具体说明[⑨]，同时还对19世纪英国工人阶级子女的童年生活逐渐由参加劳动向接受学校教育转型的原因进行了深入解析[⑩]。

① 郭法奇. 儿童教育史研究：价值、特点及设想. 天津师范大学学报：社会科学学报，2009（2）：77-80.

② 陈贞臻. 西方儿童史研究的回顾与展望——阿利斯（Ariès）及其批评者. 新史学，2004（15）：167-190.

③ 方明生. 从《儿童的世纪》看儿童学研究的课题. 全球教育展望，2009（6）：23-28.

④ 辛旭. 由误解发现“童年”：“阿利耶斯典范”与儿童史研究的兴起. 四川大学学报：哲学社会科学版，2014（3）：45-55.

⑤ 管星勇.《儿童的世纪》：中世纪前后儿童观念的变化. 青春岁月，2015（12）：540.

⑥ 徐小敏.《儿童的世纪：家庭生活的社会史》在教育研究上的意义. 上海师范大学硕士论文，2011.

⑦ 刘贵华. 探家庭之变迁　究情感之流变——劳伦斯·斯通的《英国的家庭、性与婚姻：1500—1800》. 武汉大学学报：人文科学版，2003（56）：786-788.

⑧ 施义慧. 工业革命时期英国童工问题的由来及解决. 英国研究，2009：145-167.

⑨ 施义慧. 工业革命时期英国扫烟囱儿童的命运. 史学月刊，2010（3）：83-89，98.

⑩ 施义慧. 19世纪英国工人阶级子女童年生活转型原因探析. 史学月刊，2006（12）：89-94.

当然，我国学者对儿童史的研究并没有局限于简单的引介，而是将儿童史作为一个学术领域进行了理论探索，并借此就中国儿童史研究的现状与未来进行了深入反思。辛旭反思了当前儿童史研究的不足，并提出了“儿童-社会相互建构”取向，认为未来的儿童史研究须将儿童置于更加广阔的社会环境中加以认知，必须探讨儿童在历史中是怎样成为行动主体并参与社会建构的。[①] 高振宇则根据当代儿童学的发展特点探索了儿童史学的学科定位、研究对象、研究史料等关键问题。[②] 王海英则在《20世纪中国儿童研究的反思》一文重点讨论了儿童史研究的三种方法，即短时段的事件研究法、中时段的态势研究法和长时段的结构研究法。她认为我国目前在长时段的儿童史研究方面几乎一片空白，迄今尚未有真正的儿童史原创著作。[③] 在另一篇文章《从社会史视角看儿童概念的演变》中，王海英已将儿童史与社会史做了初步连接，尽管史学界关于社会史的详细讨论与共识性观点并未在该文中有显著体现。[④] 而苏全有在《没有儿童的儿童史——对近代中国儿童史研究的回顾与反思》[⑤][⑥] 一文中则对有关近代中国儿童的研究进行了综述性的反思，认为这部分的研究主要可分为四个部分，即儿童被教育（包括国内教育、童子军、留美教育、儿童教育家的思想等）、儿童被保护（如儿童保育、难童、溺婴及童工等）、儿童被认知（文学、书刊出版和儿童观）以及儿童自身的研究，他指出在这四个部分内容中，有关儿童自身的研究最为薄弱，这正是近代中国儿童史研究的要害之处，因而呼吁学界同仁加强努力。

---

① 辛旭. 儿童与社会的相互建构：儿童史研究突破的一种可能. 学术月刊，2016，48（6）：132-138.

② 高振宇. 论当代儿童学视野下的儿童史学科建设. 全球教育展望，2010，39（1）：41-45.

③ 王海英. 20世纪中国儿童研究的反思. 华东师范大学学报：教育科学版，2008（2）.

④ 王海英. 从社会史视角看儿童概念的演变. 幼儿教育：教育科学版，2008（3）：16-19.

⑤ 苏全有. 没有儿童的儿童史（上）——对近代中国儿童史研究的回顾与反思. 河南理工大学学报：社会科学版，2013，14（2）：284-302，295.

⑥ 苏全有. 没有儿童的儿童史（下）——对近代中国儿童史研究的回顾与反思. 河南理工大学学报：社会科学版，2013，14（3）：158-172，199.

总的来说，国内目前的儿童史学元研究才刚起步，其文献（特别是著作）数量仍比较缺乏。国际哲学与人文科学理事会执行委员、亚洲新人文联网现任主席熊秉真教授可以说是整个华人地区最有代表性的儿童史学者，迄今已经出版了《童年忆往：中国孩子的历史》[①]《幼幼：传统中国的襁褓之道》[②]《安恙：近世中国儿童的疾病与健康》[③]等多本著作，其中《童年忆往：中国孩子的历史》这本书属于中国儿童史研究的导论性著作，为学者研究近代和古代中国儿童指明了方向。除此以外，还有一些学者也发表了儿童史研究的原创作品，如《另一种童年的告别：消逝的人文世界最后回眸》[④]《宋代儿童的生活与教育》[⑤]《汉代儿童生活》[⑥]等。同时，我国也开始陆续引入西方儿童史研究的经典作品，包括阿利埃斯《儿童的世纪：旧制度下的儿童和家庭生活》[⑦]《孩提时代：两个传教士眼中的中国儿童生活》[⑧]《给无价的孩子定价：变迁中的儿童社会价值》[⑨]《童年的转型：19世纪英国下层儿童生活史》[⑩]《英国的家庭、性与婚姻：1500—1800》[⑪]《西方儿童史（上下卷）》[⑫]等。近期北京师范大学出版社、教育科学出版社、广西师范大学出版社等知名出版社都在计划引进更多的儿童史译著，相信未来几年儿童史研究的团体会更加壮大，并将成长为我国儿童研究的关键领域之一。

① 熊秉真. 童年忆往：中国孩子的历史. 桂林：广西师范大学出版社，2008.

② 熊秉真. 幼幼：传统中国的襁褓之道. 台北：联经出版事业公司，1995.

③ 熊秉真. 安恙：近世中国儿童的疾病与健康. 台北：联经出版事业公司，1999.

④ 张倩仪. 另一种童年的告别：消逝的人文世界最后回眸. 北京：商务印书馆，2001.

⑤ 周愚文. 宋代儿童的生活与教育. 台北：师大书苑，1995.

⑥ 王子今. 汉代儿童生活. 西安：三秦出版社，2012.

⑦ 菲力浦・阿利埃斯. 儿童的世纪：旧制度下的儿童和家庭生活. 沈坚，朱晓罕，译. 北京：北京大学出版社，2013.

⑧ 泰勒・何德兰和坎贝尔・布朗士. 孩提时代：两个传教士眼中的中国儿童生活. 王鸿娟，译. 北京：金城出版社，2011.

⑨ 维维安娜・泽利泽. 给无价的孩子定价：变迁中的儿童社会价值. 王水雄，等译. 上海：格致出版社，2008.

⑩ 施义慧. 童年的转型：19世纪英国下层儿童生活史. 南京：南京大学出版社，2012.

⑪ 劳伦斯・斯通. 英国的家庭、性与婚姻：1500—1800. 北京：商务印书馆，2009.

⑫ 艾格勒・贝奇、多米尼克・朱利亚编. 西方儿童史（上下卷）. 申华明，译. 北京：商务印书馆，2016.

二、儿童观研究的兴起

我国学者虽然对儿童史的基础研究较少，但在儿童观的研究方面却倾注了较多的心力，其间有大量期刊、硕博论文乃至著作的涌现。[①] 这些研究大体可以分为以下三个方面：其一是结合教育学、社会学或文学等领域对儿童观进行综合论述。如虞永平介绍了儿童观的形态和结构，并提出“科学儿童观”的内涵[②]；孙圆揭示了卢梭以来现代儿童观的实质，并主张以教育学的视角理解儿童，即将儿童看作面向世界、需要被引入世界和有能力更新世界之人[③]；王海英从历史变迁和国家政策两个视角揭示了儿童概念的演变历程，并探讨了这种演变背后的社会根源[④]；贾云阐述了儿童观建构范式由自然到社会、由劣势到优势的转型，并指出了其对包括儿童史在内整个儿童研究领域的意义[⑤]。

其二是针对西方社会儿童观的演化历程展开论述。我国学者普遍认为欧洲古代和中世纪是没有儿童观念的，人们尚未把儿童与成人区分开来，而启蒙时代则标志着现代儿童观的产生或曰“童年的发现”，其中最著名的人物则是卢梭、洛克等人，大多数人甚至将卢梭视为儿童的“发现者”，他们也提到了杜威、蒙台梭利等教育家，认为他们是现代儿童观在教育领域的坚定执行者 。[⑥] 由此可见，国内学者的观点基本与阿利埃斯及

① 陆克俭. 发现与解放——中国近代进步儿童观研究. 武汉：华中科技大学出版社，2015.

② 虞永平. 论儿童观. 学前教育研究，1995（3）：5–6.

③ 孙圆. 儿童观的演进及其教育学考察. 中国教育学刊，2017（1）：29–34.

④ 王海英. 从社会史视角看儿童概念的演变. 幼儿教育：教育科学版，2008（3）：16–19.

⑤ 贾云. 论儿童观的范式转型——社会建构主义视野中的儿童观. 南京师大学报：社会科学版，2009（2）：96–100.

⑥ 这样的学者包括段镇、周红安、单中惠、傅小芳、王淑宁、王昕雄、李秀萍等。请参见他们的论文：段镇. 儿童观的演变——从奴才观到主人观. 当代青年研究，1990（6）；周红安. 中西儿童观的历史演进及其在教育维度中的比较. 华中师范大学教育史专业硕士论文，2003；单中惠. 西方现代儿童观发展初探. 清华大学教育研究，2003，24（4）；傅小芳，王淑宁. 儿童生活与儿童教育——从西方儿童观的历史演变中作观析. 教育导刊：幼儿教育，2008（4）；王昕雄. 从西方儿童观的演变看当代教育问题. 外国中小学教育，2008（4）；李秀萍. 儿童何以解放——中西儿童观的历史变迁及启示. 少年儿童研究，2009（2）.

"黑色传说派"保持一致，但又缺乏像西方学者那样通过详尽多元的史料来加以周密论证，局限于二手资料的推演和理论阐述，实际的可信度有限。

其三是对中国历史上的儿童观及其发展变化进行初步探索。在大多数国人眼中，儿童在中国近代以前的社会中是没有地位、处于被奴役状态的。他们被家庭和社会边缘化，只能在成人意志的制约下生活，社会没有所谓儿童权利与自由的观念，男尊女卑的思想导致女童的遭遇尤为凄惨，做子女的必须听从家长之言，家长拥有绝对的权威，凡此种种，皆可说明中国传统社会的"黑暗"。而近代社会的开启则标志着儿童在中国的"被发现"，洋务派、维新派、革命派及新文化运动的知识分子等都纷纷阐述了不同于传统社会的儿童观，五四运动或五四时期被广泛视为儿童观的转折点，因此1919年便可作为发现童年的标志性之年。如王海英即以1919年为界，将中国20世纪上半叶儿童观的发展历程分为两个阶段：1900—1919年为传统框架下的儿童观，1919—1949年为现代框架下的儿童观。[①] 当然，学者们得出这样的结论是"有理由"的。"新文化运动"中有一股浓厚的"儿童热"和"儿童崇拜"的气息，儿童在那时成为文学作品中最受宠爱的主人公，知识界出现了一大批为儿童创作的文人墨客、漫画家等，他们纷纷歌颂儿童的纯真、率朴等天性，珍视儿童作为儿童的价值，反对成人擅自施加对儿童的控制与影响，主张恢复儿童的自由并保障其应有的权利。这种现代化的儿童观在教育领域得到了广泛实施与践行，杜威来华讲演直接催动了中国教育向"以儿童为中心"转变，此后陶行知、陈鹤琴等本土教育家积极落实并深化此种转变，国家的教育政策也逐步向儿童本位方向发展。

但是，前述学者的探讨仍主要是以社会进化论为前提，他们武断地为中国儿童史划界线，主张"革命论"和"突变论"，否认继承和延续性，其

① 王海英. 20世纪中国儿童研究的反思. 华东师范大学学报：教育科学版，2008（2）：17-18.

态度与西方儿童史兴起时的早期学者近乎一致，因而可被归为中国儿童史研究的“黑色传说派”。但是这些“黑色传说派”在得出结论时仍然存在一个致命的逻辑缺陷，即他们参考的主要是（甚至仅仅是）知识分子撰写的作品，如论著、散文、随笔、诗歌、小说、家训、家书等，以及官方的政策文本，其他史料如儿童医疗记录、人口统计、地方志、笔记、回忆录、自传、年谱、书信、日记等并未得到有效利用，因此他们所揭示的只能是理论层面的上位的儿童观，而不能反映社会生活中实实在在的儿童观——但恰恰是后者才真能代表一个社会对待儿童的主流观念。由此可见，中国“黑色传说派”所运用的仍是一种传统的思想史写作手法，而没有适应“史学变革”的新现实，以社会史的视角来研究中国儿童史。

当然，也有一些学者意识到了中国传统社会的儿童观并非一无是处，仍是有其相当进步之处的，因此并不主张这种突变和革命论。如王康宁、于洪波对《老子》的儿童观进行了深入考察，认为老子对婴儿的存在价值及其天性（身体的柔弱性、天赋的生命力、思虑无邪和机敏聪慧）持以高度肯定态度，并肯定了儿童在“人”中的重要位置[①]，说明关于儿童的自然主义观点最早可追溯至春秋时期。孟子关于“赤子之心”的论述[②]、王阳明的良知论和李贽的童心主义哲学[③]等，都可表明中国古代儒家思想中自有对儿童本性推崇致敬的一面。特别是王阳明，被教育界广泛视为中国自然主义儿童观的奠基者，他旗帜鲜明地主张教育者要顺应儿童“乐嬉游而惮拘检”的天性，“舒畅之则条达，摧挠之则衰痿”，反对权威主义的教学策略，重视儿童作为教育主体的自觉努力和实践等。[④]张梦倩、杜成宪等则以童谣的历史演变为例，表明儿童观的现代化转变在宋朝时便已发生，

① 王康宁，于洪波. 东方文化关于“儿童是谁”的历史先声——《老子》儿童观探析. 学前教育研究，2015（7）：3–8.

② 危磊，林蔚轩. 孟子和罗近溪对“赤子之心”认识异同探略. 学习与探索，2014（5）：20–25.

③ 刘晓东. 李贽童心哲学论略. 西北师大学报：社会科学版，2016，53（4）：80–87.

④ 张惠娟. 简论王阳明的儿童道德教育思想. 船山学刊，2009（1）：139–141.

至明清时则被推至一个重要的高度，因为在宋之前童谣只是成人所作、用于政治军事目的的工具（“荧惑说”），而至宋时才正式出现与儿童生活相关的童谣，到了明清时（特别是王阳明之后）童谣的转型基本完成，其儿童的本质得到明确还原。[①]宋元明清婴戏图中对童真童趣的多方面呈现以及对儿童精神感受的强调等，也都显示这些历史阶段里的儿童观已具有许多现代化的因子，而并非是一无所取的。[②]但总的来说，这种趋向于“白色传说”乃至“折中”的观点在目前我国尚未成熟的儿童史研究领域，仍居于弱势的地位，这主要是由于相关作品（特别是依据反映实在生活之史料而撰写的作品）的缺乏所致。

三、学校教育研究的不足

在我国当前的儿童史研究领域，直接涉及学校教育议题的主要有三大类作品：第一类作品是在探索中国封建社会各时期儿童的日常生活时直接或间接论及学校教育的议题，但这些讨论大都散落在社会其他领域（如家庭生活、游艺生活等）的描述中，因而不成体系，惟有在汉代方面才诞生了一本典型的儿童史作品，即王子今的《汉代儿童生活》[③]，其他封建历史时期和近代的著作仅存在于台湾地区和海外，如周愚文的《宋代儿童的生活与教育》[④]、熊秉真的《封建社会晚期中国的儿童与童年》[⑤]、白黎民（音译）的《晚清时代的中国儿童及启蒙读物》[⑥]、约翰·萨利的《危机

① 张梦倩，杜成宪. “荧惑说”与“童子之情”———从童谣的历史变迁透析传统儿童观和儿童教育观. 教育学报，2009，5（6）：107-113.

② 曹慧. 透视与反思：晚清之前婴戏图中的儿童观. 山东师范大学学前教育学硕士论文，2015.

③ 王子今. 汉代儿童生活. 西安：三秦出版社，2012.

④ 周愚文. 宋代儿童的生活与教育. 台北：师大书苑，1995.

⑤ Ping-chen Hsiung. *A Tender Voyage*：*Children and Childhood in Late Imperial China*. Redwood City：Stanford University Press, 2005.

⑥ Limin Bai. *Shaping the Ideal Child*：*Children and Their Primers in Late Imperial China*. Hong Kong：Chinese University Press，2005.

时代成长起来的中国人：1890—1920》[①] 和安妮·金内编的《中国人的儿童观》[②]等。这些著作中都在不同程度上论及了儿童教育的问题，尽管其重心并不在此。

第二类作品是以“学生生活史”的面貌出现，主要由教育史界的少数学者所发力，如孙崇文《学生生活图景：世俗内外的教育冲突》[③]、施扣柱《青春飞扬——近代上海学生生活》[④]和刘训华《困厄的美丽——大转局中的近代学生生活（1901—1949）》[⑤]等。这些作品的重要特点在于史料的扩展和研究重心的转移，也就是说，它们已经开始利用学校年刊和纪念刊、学生的回忆录、名人的年谱和传记等，来具体地阐述学生生活的各个方面，包括课室生活、图书馆与实验实习生活、考试生活、体育生活、日常的服饰、餐饮和住宿生活等。但是这些作品中的学生群体大多是已经成年的大学生，而对少年儿童生活的描述仍不够充分，也不是其研究的重点。同时，这些作品的写作手法主要是叙事性的，重在学生生活场景和内容的描述，而缺乏对这些历史细节的深刻分析，因此在儿童史研究的深度上还略显不足。

第三类作品是集中关注近代中国（特别是五四时期）的儿童教育情形。这些作品主要依据文人墨客的理论文献，以及官方的教育政策文件，用来阐述五四时期童年的被发现与教育现代化的关系，表明学校教育领域在那时也发生了儿童观的巨大变革。如周冬着重介绍了五四新文学作家如鲁迅、周作人、叶圣陶等的教育观，在这些教育观中，现代儿童观已经体现得淋漓尽致，如他们意识到“理解孩子”是教育的前提，所谓理解

① John L. Saari. *Legacies of Childhood*：*Growing up Chinese in a Time of Crisis, 1890—1920*. Cambridge：Harvard University Press, 1990.

② Anne B. Kinney（Ed.）. *Chinese Views of Childhood*. Honolulu：University of Hawaii Press, 1995.

③ 孙崇文. 学生生活图景：世俗内外的教育冲突. 北京：教育科学出版社，2008.

④ 施扣柱. 青春飞扬——近代上海学生生活. 上海：上海辞书出版社，2009.

⑤ 刘训华. 困厄的美丽——大转局中的近代学生生活（1901—1949）. 武汉：华中科技大学出版社，2014.

孩子，即是了解孩子区别于成人的基本特点，就是要顺应儿童的天性。教育的目的，正在于让儿童的身心得到健全、自由、充分地发展，教育应当以儿童为本位，摒弃死读书和强迫灌输的形式主义教学法等。[①] 屈彩霞、丰向日和吴效马分别简要叙述了五四时期儿童本位思想在学校教育中的各种体现。屈彩霞、丰向日指出，在五四时期的学校教育观念中，儿童已从"小大人"的形象转变为一个有独立人格及个性的形象，儿童与成人的关系是平等的。教育的宗旨应在顺应儿童的天性，并使其个人的特性得到充分发展，教学应摒弃注入式方法，充分发挥儿童自动、活泼、创造的精神等。虽然在文中，他们提到了1922年公布的《学校系统改革案》，设计教学法、道尔顿制等新型教学法以及学生自治，但并没有对其展开详细叙述，因此全文只能算是一种初步的理论总结。[②] 吴效马则从教育宗旨、教育主体、教学方法、教材改革、儿童教育学的学科建构等五个方面简要回顾了中国教育依据现代儿童观所作出的种种改革，不仅较多引用了教育学人如陈鹤琴、陶行知的观点，也提到了全国教育会联合大会的决议案和《新学制课程标准纲要》，比前文叙述得要充分一些。[③] 需要说明的是，尽管上述文献所揭示的命题（即在五四时期，学校教育领域"发现"了儿童）得到了学界的广泛认可，但他们所依据的史料本身仍过于偏狭和上位，不足以真实地反映这段时期学校教育中儿童观的全貌。若要再现各地一线学校在处理儿童时的基本观念，以及师生互动的具体情形，则必须依赖更多的一手资料，特别是校史、地方教育志以及各种传记史料（自传、回忆录、口述历史和传记文学等）。

① 周冬. 发现儿童与教育儿童——论五四新文学作家的儿童观及其创作实践. 吉林大学中国现当代文学专业硕士论文，2007：6–17.

② 屈彩霞，丰向日. 五四时期以儿童为本的教育思想. 内蒙古师范大学学报：教育科学版，2008，21（12）：38–41.

③ 吴效马. 五四"儿童的发现"与中国教育的近代化. 学术研究，2005（7）：101–105.

第三节　儿童声音与力量的再现

在儿童史学中，由于儿童（特别是幼童）生活在一个口语化的世界里，极少留下文字型史料，因此在历史中大量存在的是由成人编撰或书写的史料，无论是理论文献、官方条文、艺术作品，还是更为直接的传记、回忆录、口述历史等，无不以成人的口吻创作而成。那些能准确反映儿童在家庭、学校、社会中生活体验的史料，如儿童日记、儿童传记等，却极难觅寻——尤其是在20世纪之前。因此有学者如乔达诺娃（Jordanova）就指出，儿童史根本不存在所谓儿童的声音，我们绝不能捕捉儿童过往的经验并作出回应。[①] 同时，自20世纪60年代以来，中西方儿童史无不聚焦于成人的儿童观，探索此种观念随历史的演化历程，从未切实描绘儿童的实在生活，揭示儿童的真实声音。另外，由于儿童长期处于社会的最底层，被认为是脆弱的、有依赖性的、无力量的（powerlessness），因此注定受成人话语的绝对支配；儿童又极少采取公共行动（public action）以使自己的声音被历史所牢记，因为他们的生活总是局限在私人的领域[②]，所以史学家也倾向于认为没有必要去反映"儿童的观点"（children' s perspectives）。

在教育史领域，情形亦复如是。据郭法奇反映，我国教育史研究存在明显的儿童形象缺损的问题，这主要体现在以下几个方面：对思想和制度的研究一直是教育史研究的重心，对儿童的研究鲜有引起教育史学者的关注；既有的研究存在将儿童抽象化的问题，史料总停留在教育家的论著

---

① Ludmilla Jordanova. *Children in History：Concepts of Nature and Society*. In G. Scatte （ed.）. *Children, Parents and Politics*. Cambridge：Cambridge University Press, 1989, p. 5.

② Harry Hendrick. *The Child as a Social Actor in Historical Source*. In Pia Christensen and Allison James（ed.）. *Research With Children：Perspectives And Practices*（Second Edition）. New York and London：Routledge, 2008, p. 47.

上，而没有引入反映儿童学校生活的现实材料，因此难以形成对儿童的生动和感性的认识；概念化地解释儿童是教育史研究的普遍现象，儿童被看作是一个消极、被动的个体等。[①] 周愚文注意到，在台湾地区的教育史文献中，儿童的声音也长期被淹没，虽然近年来经过少数学人的努力，儿童形象已有所浮现，但其声音是否被真正听到，仍有广泛的疑问，这主要是由于在儿童教育史研究中，所依据的多半是成人对童年时期的事件及感受的追忆，其中掺杂了较多的主观成份，影响了史料本身的信度。[②]

但是，近年来由于受"新童年社会学"的深刻影响，史学家开始意识到重构儿童史学的必要性及可能性。新童年社会学的核心理念，据威廉·柯萨罗（William A. Corsaro）指出，主要有两大方面：一是认为儿童是主动的、创造性的社会行动者（social actors），他们不仅能创造自身独特的文化，同时也能影响成人社会的生产与再生产；二是认为童年是一种结构形态（structural form），是社会的一个范畴或部分，对于儿童来说，童年是一个短暂的时段，而对社会来说，童年则是永不消逝的基本结构。[③] 因此，儿童和成人一样，是童年和社会的共同建构者（co-constructors），儿童对社会变革的贡献是不可磨灭的。[④] 以此立场出发，汉德瑞克批判了过去的史学家所关注的仅仅是作为概念的童年（childhood as concept），而非作为人的儿童（children as people），认为正是学者否认儿童声音的历史存在，或视儿童为一被动的人物，才使其无法提出有关儿

① 杨孔炽. 百年跨越：教育史学科的中国历程. 厦门：鹭江出版社，2005：65-67.

② 周愚文. 中国教育史中被忽略之儿童与妇女探究的检讨. 教育学报，2009，5（6）：101.

③ William A. Corsaro. *The Sociology of Childhood*（Second edition）. London：New Delhi：Sage, 2005, p. 3.

④ Qvortrup, J. *Childhood as a Social Phenomenon*：*An Introduction to a Series of National Report*. Eurosocial Report, No. 36, Vienna （Austria）：European Centre for Social Welfare Policy and Research, 1991; Qvortrup, J. *Childhood matters*：*An introduction*. In J. Qvortrup, M. Bardy, G. Sgritta, & H. Wintersberger（Eds. ）. *Childhood matters*：*Social theory, practice , and politics* （pp. 1-23）. Brookfield：Ashgate Publishing Company.

童存在的问题，并将儿童赶出历史。[①] 他认为，当我们研究儿童时，不能仅仅从概念的角度出发，而应将其看作活生生的人，作为人则必然有其主动性，儿童诚然受到成人之话语权的支配，并不意味着他们会完全遵守此种话语，不仅变式会存在，抵触或抗拒也无可避免。

汉娜（Hiner）和哈维斯（Hawes）认为儿童史（history of children）在外延上要远大于童年史（history of childhood），过去的儿童史研究充其量只能是童年史，真正的儿童史应当至少回答以下五个方面的问题：①塑造儿童发展的条件为何？旨在探讨决定童年的年限、范围和强度的社会指标，儿童生活的机构及机构内各层关系的本质与模式。②儿童的社会、文化及心理功能为何？旨在考察儿童在社会、文化中潜在或显性的角色。③成人对儿童及童年的观念为何？这是过去儿童史研究的核心内容，因坊间已存在大量史料，这也是儿童史研究中最容易上手的部分。④儿童的主体性经验为何？基于上文所提的理由，这部分的探索颇为不易，然而，汉娜、哈维斯认为，在富有同情心和想象力，并对史料高度敏感的前提下，史学家获取过去儿童之主观经验并非不可能。⑤儿童如何影响成人及互相影响？汉娜、哈维斯认为儿童——成人关系尽管是不对等的，但影响力并非总是从成人指向儿童的，所有的人类关系，即便是最不平等的，也不可避免是互惠和动态的，尽管儿童鲜有力量，他们却不断在对社会各方面施加各种可能的影响。[②]

罗伯斯（Roberts）、汉娜和哈维斯也指出，历史上的儿童尽管没有多少权力（power），因为在成人与儿童的关系结构中，儿童向来处于不利的地位，但是他们却可以发挥相当程度的影响力（influence），这主要

① Harry Hendrick. *The Child as a Social Actor in Historical Source*. In Pia Christensen and Allison James（ed.）. *Research With Children*：*Perspectives and Practices*（Second Edition）. New York and London：Routledge, 2008, p. 41.

② N. Ray Hiner, Joseph M. Hawes（Ed.）. *Growing up in America*：*Children in Historical Perspective*. University of Illinois Press, 1985, pp. 20–25.

体现在以下四个方面：①作为家庭成员，儿童对家长、兄弟姐妹及其他监护人与亲戚的生活产生了重大影响；②作为独特的人群，由于占总人口比重甚高，故对社会产生了广泛影响；③作为生产者和消费者，对社会经济产生了直接或间接的影响；④作为文化和政治符号，对一系列公共议题产生了影响。[①]除此以外，弗洛伊德等心理分析学家也历来强调，童年时期的经历对人格形成与发展具有举足轻重且长期的影响。由此可见，重新建构儿童的形象，将之视为主动的社会行动者和有影响力者（influential agents），实在是当前儿童史研究所亟需经历的转向之一。

然而，正如前文所言，要想真正揭示历史上儿童的声音，并展现他们影响社会的力量，对历史研究者来说并不容易。目前，能够成功突破传统史料的局限，将活生生的儿童置于话语中心的尝试，仍然很少见，以下三位作者则是这些少数群体中的代表人物。大卫·纳索（David Nasaw）通过《城市中的儿童：工作及娱乐》一书，依托大量口述历史、自传、自传文学等材料，鲜活地再现了街头儿童的声音。[②]威廉·塔特尔（William M.Tuttle）在《美国儿童生活中的二战》一书中利用众多口述历史、回忆录，深描了二战期间处于后方的儿童对战争的体验和感受。[③]而在《中国城的儿童：华裔美国人在旧金山（1850—1920）》一书中，任迪·久崴（Rendy R. Jorae）同样倚重自传、口述历史、传教士的报告、图片、报纸、地方志等史料，全面检视了旧金山中国儿童的移民经验和他们在工作场所、家庭、学校、教会和法庭上的各种生存体验，同时揭示了他们为反

① Benjamin B. Roberts, N. Ray Hiner&Joseph M. Harwes. *History of Childhood*. In Encyclopedia of Children and Childhood in History and Society, 2008. Retrieved from http：//www. faqs. org/childhood/Gr-Im/History-of-Childhood. html.

② David Nasaw. *Children of the City*：*At Work and Play*. New York：Oxford University Press, 1985.

③ William M. Tuttle. *Daddy's Gone to War*：*The Second World War in the Lives of America's Children*. New York：Oxford University Press, 1993.

抗美国种族歧视和隔离政策所付出的努力。[①] 但质疑这些尝试的声音仍然存在，毕竟他们所依赖的新史料，多是以成人的口吻叙说、转述或撰写而成，并不代表人们在童年时期的真实想法，而且也存在刻意回避“创伤事件”或不愉快时刻，以及美化自己过往生活的嫌疑。不过就目前的研究情况而言，这些更为直接的史料仍然是实现儿童史学转型的主要法宝之一，所以本书拟以慎重的态度开发这批史料，望能有效展示近代中国儿童对学校生活的体验和他们自身的力量。

① Rendy R. Jorae. *The children of Chinatown*：*Growing up Chinese American in San Francisco 1850—1920*. Chapel Hill：The University of North Carolina Press, 2009.

第二章
儿童史学研究的设计与实施

第一节　研究目的与问题

通过对中西方儿童史研究历史与现状的分别回顾，研究者意识到中国儿童史学尚存在过度倚重知识分子的论著和官方档案、儿童声音与力量的缺失、严重的进化论倾向、忽略社会基层民众的实践与观念等各种不足。为克服这些缺陷，实现中国儿童史学的转向，研究者拟吸收新童年社会学的观点，重用自传或他传、传记文学、年谱、回忆录、口述历史、校史、地方教育志等各种直接史料，来全面展现中国政府、社会、家庭和学校在儿童教育议题上的基本观念与实际作为，以揭示他们所持儿童观的发展程度；同时尽可能还原儿童在家庭、工作场所和学校中围绕教育问题产生的真实体验，并展示他们为争取入校读书的机会、自治和接受优质教育的权利等而进行的一系列斗争。为此，本书拟提出以下三大假设：①五四时期并不完全是中国儿童史进程中的"转折点"，在学校教育的某些方面，童年的观念早在清末或民国初年之时便已形成，而另一些方面则甚至在20世纪三四十年代也都尚未建立，或者出现严重的倒退现象。②中国儿童史不是一部“革命史”，而是继承与变革的统一体，所谓“童年的发现”绝不是空穴来风的，而是在继承过去历史经验的基础上一步一步形成的，而且精英阶层与普通大众之间在儿童观念上也存在明显的不一致现象。③中国儿童史是一部国家、社会、家庭与儿童之间相互博弈的历史，而童年观念的建立与完善不仅是成人自觉建构的结果，同样也是儿童持续反抗和争取自我解放的必然；同时发现，借助一些特殊史料，适度还原过去儿童的声音与体验是可能的。

根据上述研究目的与假设，本书拟在下列四个方面提出待答问题：

1. 国家（或政府）在儿童教育议题上的观念与作为：国家建立了怎样的义务教育制度，出台了哪些法令来限制工厂、商店对童工和学徒的雇用，强迫家长保障儿童的受教育权益？国家建立了怎样的学生管理制度来规训儿童的思想与行为，推动儿童自治权益的实现？国家依据什么标准来制定学校系统、规范授课计划和设计课程结构的？国家根据什么指导思想、采用哪些方法对儿童进行意识形态的控制？国家颁布了哪些法律、采取了什么措施来提高教学的质量，改进师生之间的关系？

2. 社会和学校在儿童教育议题上的反应与作为：工厂、商店基于什么理由雇用儿童并剥夺他们受教育的权利？他们对童工立法的反应为何？私塾和现代学校制定了怎样的管理机制，如何实施对儿童的处罚？在儿童自治问题上，学校持有怎样的态度并采取了哪些促进或干预的行动？在课程设置与课堂教学上，学校是如何对待儿童的身心发展规律、在学科偏向和性别上的个体差异以及他们的学习自主权的？学校是否以及在何种程度上支持儿童的全面发展？

3. 家长在儿童教育议题上的态度与作为：家长是基于哪些理由送孩子上学的，又是出于什么考虑剥夺儿童的受教育权的？在校园处罚事件发生后，家长有怎样的态度与反应？家长是基于什么原因让孩子留在私塾读经，或送他们到现代学校接受新式教育的？

4. 儿童对教育的观念与作为：儿童是如何平衡劳动与受教育之间的关系的？面对家长的阻挠，儿童采取了哪些策略来保障自己的受教育权益？儿童对先生和教师实施的处罚有怎样的体验？他们是如何应对种种处罚事件的？儿童是如何通过各种组织训练自己的自治能力的？基于什么原因，儿童会发动各种形式的抗议活动，最后的结果又是如何？儿童对课堂学习有怎样的体验？他们的课外生活又是怎样的丰富多彩？

第二节　研究的时间期限

中国绵延数千年的儿童史是否可被分为数个有不同特征的时期呢？对于这个问题，已有少数学者作了有益的探索。他们基本秉持“黑色传说”的基调，将中国儿童史以五四时期为界划为两大阶段，又对前后两个阶段做了进一步细分。如周红安将中国儿童史划分为7个时期，即远古时期、先秦时期、中世纪（自公元前221年秦统一中国，到15世纪明中叶）、明清之际、近代、20世纪上半叶，20世纪下半叶，并概括了各个时期儿童观的主要特点。至于中国近现代，周红安则将其分为3个阶段。第一阶段为1840年至五四时期，尽管维新派的一些主张涉及了中国儿童教育的问题，给中国近代的儿童观带来了一丝新气息，但儿童观并没有实质上的变化。第二阶段为20世纪上半叶，实指五四时期至1949年，这一阶段产生了现代意义上的儿童观，且不局限在少数知识分子的意识中，而是实实在在地扎根到具体的社会生活领域。第三阶段是20世纪下半叶，即指1949年之后。根据周红安的阐述，这一阶段可进一步划分为两个阶段：前段时期是自1949年到1978年，对儿童的认识与国家紧密联结，儿童需要“时刻准备着”，争做“共产主义的接班人，为共产主义事业而奋斗”；1966—1976年的“文革”

时期，社会更流行“血统论”的儿童观，对儿童的教育及心理研究均严重受挫，而自1978年改革开放以来，儿童观又重新取得了进步性的发展，譬如国家颁布了各种保护儿童及确认儿童价值的法律法规。①

此外，王海英对20世纪中国儿童史做了四阶段划分。第一阶段，1900—1919年，即传统框架下的儿童观，虽然国门已经洞开，西学东渐的浪潮也早已席卷全国，但人们内心深处的儿童观并未因此而有根本性地改变，现代儿童观仍处于沉睡之中。第二阶段，1919—1949年，即现代框架下的儿童观，这段时期伴随新文化运动的“儿童热”，中国终于“发现”了儿童。第三个阶段是1949—1989年，即国家框架下的儿童观，人们对儿童的看法不是从儿童本位出发，而是从社会本位、国家本位出发，儿童中心主义受到严厉批判。而自1978年之后，科学儿童观重获新生，人们对儿童的认识逐渐回到“以儿童的方式对待儿童”上来了。第四阶段是1989年至1999年，即世界框架下的儿童观，中国政府开始将联合国规定的儿童观引入中国，使中国的儿童观纳入到世界公认的轨道之中。②

以上学者对中国儿童史的分期论对本书的研究亦有帮助，但这种模式仍是传统的以某些重大政治事件为划分依据的分期模式，如1919年的五四运动、1949年中华人民共和国的成立等。就学校教育而言，其现代化的历程因自第一个现代学制（“壬寅学制”）诞生之年即1902年开始，此后的新学制如癸卯学制（1904）、壬子癸丑学制（1912—1915）、壬戌学制（1922）等皆是在继承和完善“壬寅学制”的基础上建立起来的，因此就中国现代教育史而言，1902—1949年无疑是其最初始的发展阶段。当然，研究者并不否认五四时期是儿童本位观念在中国教育界最盛行的时期，但这种观念在各个方面并不一定都始于五四时期，若论对中国教育产生实质性影响言，可从1902年开始计算，尽管最初时只有部分思想得到了认可。

① 周红安. 中西儿童观的历史演进及其在教育维度中的比较. 华中师范大学教育史专业硕士论文，2003.

② 王海英. 20世纪中国儿童观研究的反思. 华东师范大学学报：教育科学版，2008，26（2）.

此外，中国儿童史学界也普遍倾向于认为自五四时期发现童年之后，中华民国时代的中国社会已在社会各领域牢固建立起现代儿童观。但研究者却假设五四时期只是中国儿童史现代化历程中的一个短暂的高潮而已，其后的国民政府并没有完全继承五四时期的光荣传统，在有些方面反而有明显的倒退。但要验证这一假设，就学校教育而言，则必须对国民政府时期（1928—1949）学校内部的师生关系、课程与教学等内容作详细的分析，这正是已有文献没有充分探索而本书所着力为之的重要方面。

为什么选择20世纪上半叶（1902—1949）这段时期？中国大陆的学者虽然没有对中国儿童史做跨代或断代的研究，但中国台湾地区及海外的学者却早已做了初步尝试。如在断代史方面，安妮·金妮（Anne B. Kinney）着重考察了汉朝时期知识分子的儿童观；王一平分析了唐代家庭对儿童的养育和学校教育[①]；周愚文[②]、郭思伶[③]、叶威伸[④]等对宋代儿童的家庭教养、学校教育做了探索；蔡艳卿集中探索了清代儿童的教养问题[⑤]；白黎民（音译）考察了晚清中国的儿童启蒙读物，分析了其中的主要内容、所隐含的哲学前提及对童年的理想观念[⑥]；熊秉真就生理条件和社会生活两大方面叙述了明清时期中国社会的儿童与童年[⑦]；约翰·萨瑞（John L. Saari）描述了1890—1920年期间中国社会的儿童，重点在探寻成人的儿童观在这个危机时刻的转变过程，及儿童的内心体验[⑧]。在跨代研究（通

① 王一平. 唐代儿童的养与教. 台湾师范大学历史学系硕士论文，2004.

② 周愚文. 宋代儿童的生活与教育. 台北：师大书苑，1995.

③ 郭思伶. 由宋代儿童画题感发对儿童生活之研究. 台北市立师范学院视觉艺术研究所硕士论文，2000.

④ 叶威伸. 从宋人笔记、家训看宋代士人的家庭教育. 东吴大学历史学系硕士论文，2007.

⑤ 蔡艳卿. 清代儿童及青少年教养问题研究——以台湾为例. 台湾成功大学历史研究所硕士论文，2007.

⑥ Limin Bai. *Shaping the Ideal Child：Children and Their Primers in Late Imperial China*. Hong Kong：Chinese University Press，2005.

⑦ Ping-chen Hsiung. *A Tender Voyage：Children and Childhood in Late Imperial China*. Redwood City：Stanford University Press，2005.

⑧ John L. Saari. *Legacies of Childhood：Growing up Chinese in a Time of Crisis, 1890—1920*. Cambridge：Harvard University Press, 1990.

史）方面，刘咏聪对中国封建社会育儿的一般程序及内容和各阶层（皇族阶层、士大夫及平民阶层）的具体育儿状况作了全面探讨[①]；威克斯（Wicks）和阿夫里尔（Avril）考察了自公元前4世纪至明清时代中国艺术品中的儿童形象的特点及其变迁[②]；安妮·金妮则收录了海外学人关于中国儿童史的精彩论文11篇，对早期中国、封建社会中期及晚期、现代化早期及当代中国等各时期的儿童生活做了研究[③]。理论上来说，20世纪上半叶这段时期，早已是不少学者的耕耘之地（如高小雯[④]、约翰·萨瑞[⑤]等），但他们探索的焦点一是在家庭生活领域的亲子关系，二是知识分子的儿童观，而对学校教育中的课程改革、学生管理制度、义务教育体系等基本方面却着墨甚少，尤值得研究者做出进一步分析。本书拟参考西方儿童史在学校教育问题上的研究经验，从宏观（家庭和社会环境）、中观（学校教育制度）和微观（课程与教学）三个视角，全面分析学校与官方的教育政策、学校中师生互动的具体事件等背后所折射的儿童观，以弥补海内外研究的不足。同时，为要再现儿童对学校教育的真实体验，反映他们对现代儿童观建立的推动作用，唯有依赖大批传记型史料方能达成，而这些史料只有自清末、民国时期以来才大量存在，因此选择20世纪上半叶作为时限，较能达成本书的研究目的。

① 刘咏聪. 中国古代育儿. 台北：台湾商务印书馆，1998.

② Ann B. Wicks & Ellen Avril. *Children in Chinese art*. Honolulu：University of Hawaii Press, 2002.

③ Anne B. Kinney（Ed.）. *Chinese Views of Childhood*. Honolulu：University of Hawaii Press, 1995.

④ 高小雯. 五四时期文学研究会与现代儿童观的塑造. 东吴大学历史学系硕士论文，2006.

⑤ John L. Saari. *Legacies of Childhood*：*Growing up Chinese in a Time of Crisis*, *1890—1920*. Cambridge：Harvard University Press, 1990.

第三节 研究的对象

联合国《儿童权利公约》规定，凡18周岁以下之人皆属儿童，当代中国政府也秉持此意，但这一界定是否适合20世纪上半叶的中国社会呢？源于周代的成年礼对中国传统社会一直有深远影响，其规定男子20岁行冠礼，女子16岁行及笄之礼，因此数千年以来，中国官方都将男童的年龄界限设定为0—20岁，女童为0—16岁（不过两者都是指虚岁，而非周岁，因此若以周岁论，则要减去一年，下同）。但是这套礼仪伴随清政府的建立，便被官方明令禁止，及至民国时期，更被视为“封建糟粕”而遭到彻底废止，所以对1902—1949年这段时期的儿童鲜有影响，不足为凭。

20世纪上半叶的中国社会，一如当代中国，各社会部门的法令条文都有对儿童做出直接间接的界定，但这些界定往往不尽相同，即使是在同一社会部门之内。如在劳动法中，《暂行工厂通则》（1923）第三条规定“男子未满十岁，女子未满十二岁，厂主不得雇佣之”，南京国民政府颁布的《工厂法》（1929）和《修正工厂法》（1932）皆规定，“凡未满十四岁之男女，工厂不得雇用为工厂工人”[①]；《山西取缔各煤窑虐待工人办法》（1933）第三条则规定“凡未满十八岁者不得雇用为工人”[②]，显示经济领域对狭义童年期的年龄限定并不一致，从10岁一直到18岁皆有，并且随着时间的推移，有往后延迟的趋势。同在这个领域，各劳动法又规定了幼年工或童工的年龄限制，如《暂行工厂通则》（1923）第四条规定“男子未满十八岁，女子未满十八岁，为幼年工”；《修正工厂法》

① 路遇，滕泽之. 中国人口通史（下册）. 济南：山东人民出版社，1999：1089.

② 实业部中国劳动年鉴编纂委员会. 二十二年中国劳动年鉴：劳动法规. 1934（12）：56.

（1932）第六条规定，"男女工人在14岁以上未满16岁者为童工"[①]，因此从前述不准被聘用为工人的年龄到成为成年工这段时期，儿童处于一个不同于狭义童年期的生命阶段，但由于在该时期内儿童所从事的工作种类与劳动时间都与成人有很大不同，因此仍应被列为非成年人（也即联合国所谓广义儿童）的范畴。所以总的来说，在经济领域，童年期的年龄界限应是在0—18岁之间。

在刑法领域，《中华民国刑法》（1935）第18条规定：未满十四岁人之行为，不罚；十四岁以上未满十八岁人之行为，得减轻其刑。第63条又规定，未满十八岁人犯罪者，不得处死刑或无期徒刑，本刑为死刑或无期徒刑者，减轻其刑。[②]在民法领域，《中华民国民法总则》（1929）规定，"满二十岁为成年"，"未满七岁之未成年人，完全无行为能力；满七岁以上之未成年人，有限制行为能力"[③]。于婚姻方面，《中华民国民法总则》（1929）又规定，"男未满十八岁，女未满十六岁，不得结婚"[④]。由此可见，刑法和民法两个领域对于童年期的起讫也存在分歧，刑法界的认定是0—18岁，而民法界的认定则是0—20岁，但两者都普遍意识到童年期存在两个相互联系而又截然不同的阶段，因此对两阶段的权利认定就相应地有所不同。

20世纪上半叶，学界已经普遍掀起研究儿童的热潮，在此基础上教育的现代化进程才得以正式启动，其突出的体现便是依循儿童在各阶段的身心特点而建立起系统化的学校体制，因此儿童心理学及儿童学对童年期的断定，可以被视为基础教育领域划分儿童和成人二范畴的重要依据。总体上来说，学者普遍主张以0—25岁为整个儿童期的时限。如艾华指出，

① 尹明明，鲁运庚. 20世纪初中国的童工问题研究. 2003，48（3）：89.
② 郭卫校. 最新中华民国刑法. 上海：上海法务书局，1935：25，37.
③ 胡元义. 民法总则. 北平：好望书店，1934：103.
④ 张绅. 中国婚姻法综论. 上海：商务印书馆，1936：73.

儿童心理学上的儿童期，常把青年期包括在内，“因为身心（以心为最）的发达的完成，实在需要二十三年或二十五年的时日，此时期以前，决不能发达到完全成熟的程度”[①]。曾作忠则将儿童的一生划分为以下六个阶段：婴儿期，由初生至于1±1/4年岁；幼儿期，至5±1岁；儿童期，至12±1岁；童关期，至14±1岁；前青年期，至18±？岁；后青年期，至25±？岁。[②]儿童与成人的年龄界限大体在25岁。教育界则以这些研究为基础来划分各阶段的教育形态，建立起连贯一体的现代教育体制，即在婴幼儿期推行学前教育，在童年期推行小学教育，在少年时期推行中等教育，至成年后才准许接受高等教育，因此从严格意义上来说，学生在入高等教育机构之前，都处于广义童年的阶段。

不过各时期政府所制定的学制，对于儿童与成年的区分并不完全一致。如在“壬寅学制”（1902）中，儿童自6岁起受蒙学四年，10岁入寻常小学堂修业三年，至13岁入高等小学；中学堂学生则以16岁为入学之年，亦可上下浮动两年；高等学堂学生，则以20岁为入学之年，亦可上下参差一二年，因此在这个最早的教育制度中，22岁是儿童与成人的最大分界年限。[③]在“癸卯学制”（1904）中，儿童7岁入初等小学堂；凡15岁以下，略能读经而性质尚敏者，经考验合格，都可入高等小学堂；15岁以上18岁以下的儿童可入学中学堂，而中学堂学习年数以5年为限，因此0—22岁是这个学制所规定的童年期[④]，与前一学制相同。在民国元年所颁布的学制中，根据《学校系统令》（1912）所公布的学校系统表显示，初等小学校四年毕业（7—10岁），高等小学校三年毕业（11—13岁），中学校四年毕业（14—17岁），（中等）师范学校本科四年毕业，预科一年（14—

① 艾华. 儿童心理学纲要. 上海：商务印书馆，1922：17-18.

② 曾作忠. 儿童学. 北京：民国大学图书馆，1926：93-94.

③ 璩鑫圭，唐良炎编. 中国近代教育史资料汇编：学制演变. 上海：上海教育出版社，1991：259-277.

④ 璩鑫圭，唐良炎编. 中国近代教育史资料汇编：学制演变. 上海：上海教育出版社，1991：291-326.

18岁）；（中等）实业学校分甲乙二种，各三年毕业（11—16岁），因此7—18岁是此时儿童接受中小学基础教育的年限。①但同年公布的《师范学校规程》（1912），则将这个年限的上限提高至20岁以上，因为它规定预科修业年限为一年，本科第一部修业年限为四年，本科第二部修业年限为一年，而年在15岁以上有与预科毕业之同等学力者，得入本科第一部。②在“壬戌学制”（1922）中，幼稚园收受6岁以下儿童，初级小年限为四年（7—10岁），高级小学二年（11—12岁），中学校和师范学校学制六年（13—18岁），因此童年期的最高年限依然为18岁。③但自南京国民政府成立后，这个年限再度被拔高。根据其公布的《小学法》（1932）、《小学规程》（1933）和《修正小学规程》（1936），小学修业年限六年，前四年为初级小学，后二年为高级小学，收受6—12岁的学龄儿童；根据《中学法》（1932）和《中学规程》（1933）的规定，中学分初级中学、高级中学，修业年限各三年，初级中学学生在学年龄的标准，为12—15岁，高级中学学生在学龄的标准，为15—18岁。④而根据同时期公布的《师范学校法》（1932）和《师范学校规程》（1933），师范学校修业年限三年，特别师范科修业年限一年，幼稚师范科修业年限二或三年⑤，师范生的读书年龄应在15—21岁。《职业学校法》（1932）和《职业学校规程》（1933）则规定初级职业学校，招收小学毕业生，修业年限一至三年；高级职业学校，招收初级中学毕业生，其修业年限为三年，招收小学毕业生，其修业年限为五年或六年，因此职业生的读书年龄应在12—18岁之间。⑥所以在国民政府初期的学制中，25岁可以被视为儿童进入成年期的最迟之年，此后

① 璩鑫圭，唐良炎编. 中国近代教育史资料汇编：学制演变. 上海：上海教育出版社，1991：651-652.
② 璩鑫圭，唐良炎编. 中国近代教育史资料汇编：学制演变. 上海：上海教育出版社，1991：677-685.
③ 璩鑫圭，唐良炎编. 中国近代教育史资料汇编：学制演变. 上海：上海教育出版社，1991：990-992.
④ 熊明安. 中华民国教育史. 重庆：重庆出版社，1997：133-137.
⑤ 熊明安. 中华民国教育史. 重庆：重庆出版社，1997：139-140.
⑥ 熊明安. 中华民国教育史. 重庆：重庆出版社，1997：141.

国民政府基本延续了这个界定，并没有做出实质性的改变。

根据以上的分析，社会各领域对童年的界定尽管各不相同，但总体上都倾向于把童年的最高年限固定在18—25岁之间，因此0—25岁便成为本研究所论儿童的总体年龄范围。不过由于20世纪上半叶的特殊时代背景（即教育现代化进程才刚起步，加之战乱不断，民众频繁迁徙，大多数国民家境贫寒等），各儿童的入学时间常常参差不齐，且整体上呈现往后推迟的现象，因此严格按照上述年龄范围来筛选本书的研究对象并不完全合理（虽然这个范围已经远远超出了当代中国社会对童年的限定年龄），最终还是得依据学生所上学校的性质而定。所幸的是，尽管各地中小学校内普遍存在年龄偏大的学生，但这种年龄的偏大并没有达到十分离谱的程度（如三四十岁），且他们也不是学生群体中的主流，因此上述所言依据可基本满足本研究的需要。

与此同时，本书所论儿童代表了社会众多阶层，不仅有官僚阶层、中产阶级的子女，亦包括占人口大多数的下层民众的孩子。在地域和民族上亦无刻意限制，涉略中国各地各族儿童，但由于关于偏远地区和少数民族的儿童史料较少见，收集起来也颇为不便，因此最终呈现的结果或只能反映全国大部分（而非全部）地区和汉族儿童的基本情况。

第四节　分析架构

本书在考察20世纪上半叶（1902—1949）这段时期的学校教育状况时，其中一个目标即在揭示当时国家、社会、学校、家庭所持童年观念的发展程度。这里的童年观念（the idea of childhood），在儿童史的创始人菲力浦·阿利埃斯那里，主要指的是这样一种意识，即童年有区别于成年期的独特本质，应当把儿童视为儿童，而非小大人或大人的预备；应当区别对待儿童的世界与成人的世界，使两者分离开来。[①]这一观点基本为后世研究者们所认同，但他们同时又补充了更多的元素。其中比较有争议的一点则是对儿童的感情意识。阿利埃斯在其专著《儿童的世纪》中强调童年的观念不能与成人对儿童的喜爱画上等号，不能将成人忽视、孤立或否定儿童视为他们没有童年观念的表现，[②]但是后来各家各派大都没有继承这一观点，他们不约而同地将这种感情意识纳入到童年观念的范畴。如"黑色传说派"基本认为对儿童的感情意识是从现代精英社会中首先被发现的，在此之前，无论哪个阶层，对儿童都是麻木不仁的，特别是在儿童死亡这个方面，成人大都表现出一种漠不关心的态度。而"白色传说派"和"浅灰色派"又都极力反对这种观点，以各种史料证明无论是家长还是学校教师都存在对儿童的感情意识。在本书中，基于"童年的观念"这个概念已在学者中间产生歧义，研究者拟使用"现代儿童观"代替之，并且参考众多儿童史研究者的零散叙述和联合国《儿童权利公约》的规定，来界定这个新概念的具体内涵。值得说明的是，在这个概念中，研究者有意将成人对孩子的感情意识排除在外，因为这种意识在家长而言是一种不能被磨灭的生物本能，而且根据有关资料，这种关爱在远古时期即已广泛存在[③]，但成人对儿童的忽视、孤立或虐待等则应被纳入其中。

① Philippe Ariès. *Centuries of Childhood*：*A Social History of Family Life*. Translated by Robert Baldick. New York：Alfred A. Knopf, 1962, p.128.

② Philippe Ariès. *Centuries of Childhood*：*A Social History of Family Life*. Translated by Robert Baldick. New York：Alfred A. Knopf, 1962, p.128.

③ 譬如原始社会普遍存在杀婴现象，且杀死新生婴儿并不会引起族内老人的情绪失控或反对，但原始人对婴儿的眷恋和钟爱仍是存在的，因为他们在埋葬小孩时常使用瓮棺葬，即以陶瓮作葬具。在他们看来，婴儿的诞生是族内老人死去之后的转世，对婴儿来说，死亡并不意味着生命的结束，他们仍然是下一次生的候补者，只不过暂时推迟转世的日期而已。为了使婴儿早日回到亲人的身边，原始人特意在盛童的陶瓮口上覆盖一个陶盆或钵，在其底部钻一个小孔，以便婴儿的灵魂出入，早日返回家中。所以杀婴仪式虽与原始人对土地的崇拜有关，却也反映出他们期盼婴孩投胎转世的愿望。详见黄人为. 原始宗教的一种仪式——谈杀婴. 化石，1982（4）.

研究者以为，现代儿童观至少具备以下十大基本特点：

1. 意识到儿童与成人是不同的，为儿童设立区别性的机构与制度，从儿童的角度审视儿童；

2. 了解儿童身心发展所具有的阶段性特点及个体差异，并以此为依据设计与儿童有关的活动；

3. 意识到儿童之间存在个体差异，在设计活动时能够照顾到这些差异；

4. 维护儿童的尊严，置其于相对平等的地位，譬如不在公开场合刻意批评或处罚儿童等；

5. 照顾并保护儿童，使其免遭外界伤害，不对儿童施加任何形式的身体与精神虐待；

6. 关心儿童的身心健康，为儿童提供各类福利性服务；

7. 创造条件促进其德、智、体、美等各方面协同发展；

8. 尊重并积极倾听儿童的声音、体验与思想；

9. 将儿童视为一个有天赋权利的主体，创造条件使他们的权利得到保护或顺利实现；

10. 尊重并发展儿童的主体性力量，如促进儿童实行自我决策和管理（自治）、自主探究或学习，发扬儿童在建构同辈文化和成人社会方面的影响力。

这十大条目构成了现代儿童观的基本要素，专用为本书研究分析的架构，所列条目虽多，却不能穷尽所有，且部分条目未必完全恰当周全，因此尤须在具体研究中修改并完善。

第五节　研究方法的设计

黄光雄认为历史研究法就是探讨人类过去活动真相即“往事”的方法，并借此获得对当前存在的实际问题的更好理解。[①] 盖伊（Gay）、郭生玉等也认为历史研究法是有系统地搜集和评鉴有关过去发生的事件，从错综复杂的历史事件中，发现一些事件的因果关系以及发展规律，以便作为了解现在和预测未来的基础。[②] 本书所研究的对象乃是20世纪上半叶时期的中国儿童，既要描述儿童校园生活的整体面貌，也要反映背后所折射的社会童年观，这些都属于“往事”的范畴；借此追忆，也可使国人为我国现代儿童观大厦的最终建成加紧奋斗，因此采用历史研究法最为适宜。

至于研究的步骤或流程，威尔斯玛（Wiersma）和朱丝（Jurs）认为可有以下四大环节组成：确定研究问题（假设或问题的形成），搜集和鉴定史料，外部和内部的考证，对史料中的信息进行综合，分析解释，形成结论（假设得到支持或被拒绝）。[③] 周新富则提出了更明晰的研究路径，即确定研究主题，形成假设，搜集和鉴定数据，数据综合与解释，形成结论。[④] 历史研究通常不提出正式的研究假设，而以研究问题作为搜集资料的导引，并和研究主题密切相连，所以确定研究主题和形成假设宜归为同一阶段；史料的搜集与鉴定虽总是同时进行，在理论上却可分开论述，且对于新手研究者，往往重搜寻多于鉴定，因此本书拟确立以

① 周新富. 教育研究法. 台北：五南图书出版公司，2009：258.

② 周新富. 教育研究法. 台北：五南图书出版公司，2009：258.

③ William Wiersma and Stephen G. Jurs . *Research Methods in Education*. Boston：Allyn & Bacon, 2000, p. 222.

④ 周新富. 教育研究法. 台北：五南图书出版公司，2009：258.

下四步研究流程。

一、研究主题的确立与研究假设的形成

为明确本书研究主题，研究者遍寻儿童史学相关著作、学位论文、期刊论文及会议论文，特别对其中涉及中国儿童史部分尤为留意，发现西方学者对儿童校园生活的探讨仍不足，而中国儿童史学仍处于起步的阶段，留下大批空白之地。此外，研究者亦深切注意中国儿童的当代处境，尤其是因长期身处中小学之中，而对学童的校园生活特别关心，意识到现代童年观并未完全深入教育者骨髓。这些因素最终导致本书以20世纪上半叶儿童的校园生活为研究主题，核心在考察此时学校教育领域国家、社会、学校与家庭的儿童观的发展程度，以及儿童对学校生活的体验与克服不利处境的力量。在史料搜寻之前，研究者业已提出前文所提的三大假设，作为后续研究工作的指南和依据。

二、史料的搜集

傅斯年认为史学便是史料学[①]，足可见史料在历史研究法中的核心地位。此步骤并非是在主题确定之后才进行，而是贯穿历史研究的始终，因为无论是研究问题的生成，还是研究过程的展开，都必须以足够的史料作为凭借，否则断难进行。史料的种类繁多，但根据史料与史实的时空关系，国内外学者大多赞同将史料粗略分为直接史料与间接史料。直接史料，又称主要史料、一手史料，是与历史事件有直接关系，未经中间人修改、省略或转写的史料，这种史料与史实在时空关系上较为接近[②]，直接史料可做进一步细分，郑梁生、杜维运等认为有三种直接史料：①当事

① 傅斯年. 史料论略及其他. 沈阳：辽宁教育出版社，1997：3.

② 傅斯年. 史料论略及其他. 沈阳：辽宁教育出版社，1997；杜维运. 史学方法论. 北京：北京大学出版社，2006.

人直接的记载与遗物，如诏令、奏议、书信、日记、语录、铭刻、调查报告、会议记录和各种古代遗物等；②当事人事后的追记，一切回忆录、游记、行程录、旧事记等都可归入此类；③同时人的记载，凡同时人所见、所闻、所传闻，笔之于书，如史官的记注、新闻记者的报道、好奇闻的当事者的采录等属此类。[①] 就中国儿童史而言，熊秉真已归纳出四大类直接史料：一是训示性/教育性史料，这部分史料旨在提出教育儿童的理论与方法，包括教育思想家的著作如《礼记》，蒙学教材如《三字经》《弟子规》《百家姓》《千字文》《童蒙训》、家训等；二是描述性/记录性史料，旨在描述或记录童年生活，包括个人传记、年谱、书信、家谱、族谱、回忆录、日记等；三是实证性/技术性史料，包括儿科医书（儿童身体营养、疾病等健康问题）、法律档案（对儿童的刑罚及规定等）、经济史料（童工、家庭劳动等）、人口统计（溺婴弃婴杀婴、儿童出生率和死亡率）、政治性材料（战争或政治冲突中的儿童）等；四是艺术性/想象性史料，如儿童文学、童谣童歌、宗教与迷信的材料、绘画（《百子图》《婴戏图》等、丰子恺的儿童漫画）、雕像、瓷器、陶器、照片摄影等。本书并非意在考察1902—1949年时期儿童生活的全景，而只局限于学校教育领域，因此许多直接史料（特别是实证性/技术性史料）鲜有引用的必要，又因要尽力反映儿童的真实体验与声音，故对描述性/记录性史料特为重视。[②] 同时，除熊秉真所提的史料外，可以反映这段时期儿童学校生活的直接史料，尚有教育志、校史志、地方志等。

间接史料，又称次要资料（secondary source）、二手史料，是指由非直接参与或观察到事件发生的人所做的报导或所留下的文件记录，此类史料在时空关系上与史实的间隔甚远，通常是其他历史学者针对同类问题的研究成果。一般来说，间接史料相比直接史料比较不太可信，因其中可能

① 郑梁生. 史学方法. 台北：五南图书出版公司，2002；杜维运. 史学方法论. 北京：北京大学出版社，2006.
② 熊秉真. 童年忆往：中国孩子的历史. 桂林：广西师范大学出版社，2008：17–20.

掺杂较多主观的因素，但有些间接史料由于是前人精密归纳直接史料而来，甚至比部分孤立的直接史料更有价值，[①]而在其他间接史料中，可获得历史学者的解释与结论、历史事实、其他次要及主要史料的参考书目等，均可有益于历史研究。不过沃尔特·伯格（Walter R. Borg）和玛丽迪斯·戈尔（Meredith D. Gall）也提醒研究者，对在这类资料中所引用的历史事实，需经更严格的考证后方可使用，看看它们从何而来，并结合历史学者自身的信誉、可能的偏见及获得一手档案的可能性等因素；而经考证后，研究者若要引用这些史实，则必须在文中作必要的脚注，以指出其来源。[②]对于本书而言，海内外所有关于儿童史研究的论文、著作皆可作为间接史料，特别是其中探讨中国儿童史及儿童学校生活的内容。

三、史料的考证或鉴定

并非所有涉及儿童的史料均可信手拈来，历史学者务必对每一份史料持批判态度，下一番考证、辨伪的功夫，因为没有一份史料是百分之百真实的，大多数史料只具有局部的真实性，而研究者所做的功夫即是发现这部分相对真实的历史信息。一般而言，对史料的考证可分为两种：一是外部考证（external criticism），即以史料以外材料或人物来作为反证或旁证，以确定史料的真实性（authenticity）或完整性（integrity）。吉尔伯特（Gilbert J. Garraghan）指出，外部考证主要涉及5个方面，即时间（史料是何时产生的）、地点（它在何地诞生的）、作者（由谁记载的）、分析（通过什么先前的材料而产生的）和完整性（原始的形式是怎样的），其中，前4项被称为高级鉴定，而第5项则被视为低级鉴定。[③]二是内部考证

---

① 傅斯年. 史料论略及其他. 沈阳：辽宁教育出版社，1997：4.

② Walter R. Borg & Meredith D. Gall. *Educational Research*：*An Introduction*（4th Edition）. Upper Saddle River, NJ：Prentice Hall Press, 1983, p. 810.

③ Gilbert J. Garraghan. *A Guide to Historical Method*. New York：Fordham University Press , 1946, p. 168.

（internal criticism），考查史料本身的内容，衡量其是否与客观的事实相符合，或符合的程度，其着重点则在史料内容的正确性（accuracy）、可靠性（trustworthiness）、价值（worth）、意义（meaning）和客观性等。杜维运则主张对记载人本身进行考证，包括其信用、能力和记录的真实程度等。①需注意的是，所有史料在被记载时，都会掺杂记载者本人的情感、立场、态度等，因而绝对客观或中立的史料是不存在的。在记载时，每一位记载者都是从一定的洞见出发考察历史的，他/她不可能回避这种洞见。然而，尽管所有史料归根结底都是主观的，但并不意味着它们必然是有偏见的，所谓有偏见即是作者有意以某种方式将某些历史事实扭曲、忽略或篡改。研究历史毕竟不同于搞宣传，真正的历史学作品必须能够展现历史的面貌，哪怕只是一个方面或维度。大部分史学家在创作时，并非单纯为了宣扬自己的意志，更重要的往往是为了历史自身的缘故。因此，儿童史的史料，总体上都是具有一定程度客观性的。

对本书而言，由于较倚重描述性/记录性史料，这部分史料乃基于成人的事后回忆来传达童年时代的体验，其中必然夹杂不少成人式的主观信息，因此并不能完全反映儿童的声音，故必须小心剔除成人的口吻。其中又有较多史料，如他传、年谱等，其作者基本是与所叙述对象有亲密关系的人士，常怀明显的价值偏向，有意忽略某些信息，或进行不适当的评论，对这些史料则必须实行事实与价值分离的策略，并藉助更多材料进行真伪的考证。相对而言，教育志、地方志、校志等史料由于不曾指向特定的个体，未明显携带特定的价值观，使其信度稍高，然其重在客观展示教育信息，不在反映活生生儿童的体验，故引用时又必须参考描述性/记录性史料，以作适当考证。

① 杜维运. 史学方法论. 北京：北京大学出版社，2006：126.

四、史料的整合与解释

在对史料进行大规模搜寻并做出必要鉴定之后，必须先对所有史料加以整合或组织。组织的方式，依周新富之意，可有以下五种：一是按时间顺序呈现史料，二是依据主题呈现史料，三是兼采年代顺序及主题的方式，例如每章包含一个时期，而章内的组织则采用主题的方法，四是依据历史学本身或其他学科的概念架构组织，五是依据研究假设的方式进行整合。[①] 下一步便是对这些史料进行分析与解释，不过解释本身极易引起争议，因为历史学家所提供的解释框架必是属他/她自己的，因而不可避免地会影响研究过程，即便面对相似的史料，不同史学家也会得出截然不同的观点。[②] 所以，当前许多研究者都倾向于使用社会科学领域的各种概念架构，来规避解释本身的主观性问题。

就本书而言，史料的时间皆集中在1902—1949年，因此将主要依据主题来组织史料，即社会与家庭环境中的儿童、学校制度中的儿童、课程与教学中的儿童。但由于这段时间内时局不断变动，故仍有相对明确的分期，如1915—1927年大致为五四时期，1937—1945年为全面抗战时期，1946—1949年为解放战争时期，皆可能影响到历史人物的心路历程，因此在整合时又不能完全摆脱时间的限制。至于分析与解释，一方面根据新童年社会学的理念，将格外重视儿童自身的体验与反抗，另一方面则引用现代儿童观的分析框架，来判定此时社会中儿童观的现代化程度。

五、结论的形成

这是历史研究法的最后一步，旨在根据以上的整合与解释，提出基于因果关系的结论，以考证先前所形成的研究假设，并回答相关研究问题。

---

① 周新富. 教育研究法. 台北：五南图书出版公司，2009：269–270.

② John L. Rury. *Historical Research in Education*. In Judith L. Green, Gregory Camilli&Patricia B. Elmore（Ed.）. *Handbook of Complementary Methods in Education Research*. London：Routledge, 2006, pp. 324–325.

其中最须谨慎处理的便是因果推论，由于历史事件总是情境性的，是由各种不同因素共同作用的结果，所以历史学家在推论时总是将其与特定的历史情境相联结，且将各种原因组合起来，形成因果链条，来确保研究结论的科学性。[①] 此外，历史研究不同于其他质性研究，它只能根据有限的史料做出推论，所辐射的往往是一个很小的样本，很难代表较大的群体，因此较不易建立起普遍的原理、原则。[②] 就本书而言，对成人童年观的考察，将始终依据情境性和因果链条两条准则小心推论，而不模仿西方“正统派”及“修正派”进行盲目推断；同时为求反映当世社会的整体面貌，将力求扩大史料覆盖的地域、阶层等范围，并增加史料本身的数量。

① John L. Rury. *Historical Research in Education*. In Judith L. Green, Gregory Camilli&Patricia B. Elmore（Ed.）. *Handbook of Complementary Methods in Education Research*. London：Routledge, 2006, p. 325.

② 周新富. 教育研究法. 台北：五南图书出版公司，2009：270–271.

第一部分　入学篇

联合国《儿童权利公约》第二十八条规定受教育是儿童的一项权利，缔约国应采取一切措施帮助儿童实现此项权利。在20世纪上半叶民生凋敝、战乱不断的中国，尽管政府出台了多项法令，确保儿童享有进入学校读书的机会，儿童自己也采取多种策略来极力捍卫自己的受教育权，但工厂、商店和家庭往往出于经济利益的考虑，阻碍乃至剥夺儿童的这项权益，由此形成了一幅国家、社会、家庭与儿童之间围绕教育问题而产生的复杂的权力图景。本部分的主要目的即在全面揭示这个图景本身的复杂性，从一个侧面反映20世纪上半叶中国成人在儿童议题上的基本观念，并展示儿童在决定自身事务和重构成人社会的影响力。

第三章将视野推入到家庭领域：家长支持儿童上学（无论是小学还是中学）很少出于履行教育法所规定的义务，而总是基于自身的主观考量，因此儿童能否享受基本的读书权益，家长所起的决定作用更大。尽管如此，作为积极的社会行动者，部分儿童也会起来勇于抗争，为保障自己的读书权做出不屈不挠的努力，从中可窥见中国家庭内部儿童观的演化程度。第四章旨在揭示儿童参与各类劳动与他们受教育之间的关系：现实的经济压力迫使许多儿童走上外出打工之路，或者使他们辍学在家全职从事家务和农业劳动，而工厂、商店对雇用童工的偏爱，则进一步加剧了儿童失学的惨况，但国家通过童工立法运动以及其他法令的颁行，试图扭转这股不良的趋势，儿童自己也设法调适教育与劳动之间的关系，由此展开的博弈有助于我们了解儿童教育的议题在整个社会环境中的地位。

第三章
家庭权力关系中的儿童教育

第一节　家长对儿童求学的支持

虽然经济条件往往是决定家长是否能够送孩子上学的最关键因素，但在他们的观念系统中，送孩子入学校而获得良好的教育，始终是他们的理想选择，因此儿童受教育权能否实现，也同时受到家长主观意识的影响。送孩子上学可以说是中国家长的普遍愿望，这在根本上是由中国自古以来等级化的社会结构和“万般皆下品，惟有读书高”的主流意识形态所致，但贫困阶层和富裕阶层在儿童教育问题上的动机并不相同，在女童和男童入学方面也有极其复杂的心态差别，由此构成本部分叙述的焦点。总体来说，学校教育在大多数中国家长心目中，只是被视为一桩值得投资的生意，只是成人基于自身利益的考虑而做出的决策，很少有家长真正基于儿童有受教育的基本人权而千方百计予以保障的，因此不仅儿童在此间的形象是被动的，且他们的真实利益也总是被成人有意遮蔽。以下研究者将结合传记史料，就家长送孩童上学的主观因素作一简要梳理，以便透视其中成人与儿童之间的复杂关系。

一、提升家庭社会地位，改善不良处境

中国传统社会的等级分层十分严重，普通百姓常处于社会金字塔的最底层，而乡绅地主、行政官员均处于这金字塔的上层。由于社会长期缺乏下层监督上层的机制，处于上层的社会群体常可较为严重地剥削下层民众。而下层民众要想“咸鱼翻身”，实现自下而上的社会流动，又往往只有“读书”这一条合法途径。在科举制度盛行的封建中国，由读书而获得的利益，最高的便是在朝廷中担任重要官员，最次也能获得秀才的功名。这秀才虽在经济上不算富裕，然其社会地位仍高于平民，享有地方治理中的特权，如免受刑罚、不必跪拜等，被视为地方士绅阶层的重要支柱，因此同样为一般家长所趋之若鹜。而在后科举制时代的中华民国，尽管在政治上建立起民主共和政体，但社会等级分化的局面未能从根本上得到改变，官员依然高高凌驾于普通民众之上，教育则被广泛视为改善家庭处境的快捷方式之一，因此一般有改变家庭命运之“雄心”的家长都会想方设法送孩子上学。

这里的家长基本来自经济相对贫困的阶层，他们对孩童上学的动机虽然都集中在家庭发展这一点上，但侧重点又会稍有不同。多数家长由于长期遭受地方乡绅地主及官僚的压迫，特别期望儿童能通过学校教育变得有文化，认为只有如此才不会延续惨痛的遭遇。如王平回忆自己到7岁时，父亲考虑让他“读点书，识点字，免得日后被人欺负”[①]。江渭清的父亲基于自身经历，即因没有读过书，而受尽了不识字的罪，

父子合影，成都，摄于1911年

① 王平. 王平将军自述. 沈阳：辽宁人民出版社，1998：2.

以为穷人如不想方设法读点书识点字，便只有受人压迫、遭人欺负，于是下定决心供渭清上学。[①]朱德的情形与此类似，其父母亲见乡间豪绅地主和衙门差役鱼肉百姓的惨状，被迫节衣缩食将朱德培养成一个读书人来“支撑门户”。[②]刘震的父亲竭力支持刘震上学，因为其父认为“要是一个大字不识，将来人家会看不起的，还会受人欺”[③]。钟期光的父亲对此则有更全面的考虑，他也提到自己的家庭世代为农，而乡间恶人霸道，弱肉强食，故备受欺凌，因此读书可以为其“耀耀威、出出气”，但他也同时意识到读书的两种可能性：一种是读书读得好，自己可以做官；另一种则是读得不怎样好，做不了官，但同学中总有可以做官的，到时可以凭借人际关系来达到“反欺压”的目的。[④]一些家长则更期望通过让儿童接受教育来摆脱家庭的贫困处境，如肖劲光的大哥、母亲希望其读书能使家庭摆脱贫困。[⑤]邓恩铭的父亲希望其孩子能改变当时艰难的生活处境。[⑥]

但也有不少家长并没有“望子成龙”的愿望，只是因日常生活或生产的需要，单纯希望儿童通过学校教育掌握基本学识。如陈再道的叔父和母亲皆认为教育可使陈再道“认几个庄稼字，免得像老一辈那样，目不识丁”[⑦]。黄克诚的父亲和叔父对孩子读书的期许是“学点文化，不求飞黄腾达，只图将来写个状子、祭文之类的东西不用求人”[⑧]。秦基伟的父母和伯父送子女读书的目标也很简单，即“能识得官府布告，能记个账，春播秋种能算个子丑寅卯就行”[⑨]，纯全是为农业生产服务。苏雪林的二叔

① 江渭清. 七十年征程——江渭清回忆录. 南京：江苏人民出版社，1996：6.

② 中共中央文献研究室第二编研部. 朱德自述. 北京：国际文化出版公司，2009：203.

③ 刘震. 刘震回忆录. 北京：解放军出版社，1990：15.

④ 钟期光. 钟期光回忆录. 北京：解放军出版社，1995：3.

⑤ 肖劲光. 肖劲光回忆录. 北京：解放军出版社，1987：3.

⑥ 张业赏，丁龙嘉，邓恩铭. 石家庄：河北人民出版社，1997：3.

⑦ 陈再道. 陈再道回忆录：上. 北京：解放军出版社，1988：9.

⑧ 黄克诚. 黄克诚自述. 北京：人民出版社，1994：6.

⑨ 秦基伟. 秦基伟回忆录. 北京：解放军出版社，1996：2.

乡村社会中的儿童，河南卫辉，摄于1909年

认为女孩子应该读点书，为的是使她们认几个字，将来好看家信，记家账，而祖母支持苏雪林上学的目的则是希望她可以识字，教其念佛教的心经、大悲咒等经文。[①] 另一些家长虽然没有上述家长的特定目的，但同样对孩子寄予很高的期望，尽管他们对这期望究竟是什么并没有明确的认识，却坚定地相信只有教育才能实现那样的期望。如耿飚的父亲希望他读书认字，将来能做一番事业，至于是什么事业就不得而知了。[②] 邓恩铭的父亲对邓恩铭寄予无限希望，想方设法让其读书，以便将来能做大事，但对于做什么大事，以及通过教育为什么能够做大事这些问题，他的父亲并没有进一步的说明。[③] 莫文骅的母亲期望孩子“念好书，将来有点出息”[④]。支持刘震上学的祖母也认为“只有好好读书，将来才会有出息”[⑤]。将教育的功能扩大至改变个人及家庭命运的境地，这一点可以说是当时（以及现在）多数家长的普遍观念，但家长对于教育能否真正发挥这种功能、能发挥到何种程度却没有更具体的认识，只是单纯地认为受教育与“出息”有因果联系。

在中国传统社会中，男童的地位历来比女童要高，尽管近代中国开启了妇女解放运动，女童的地位有所提升，但总体上仍无法与男童相比。男

① 苏雪林. 苏雪林自传. 南京：江苏文艺出版社，1996：14.
② 耿飚. 耿飚将军自述. 沈阳：辽宁人民出版社，1998：3.
③ 张业赏，丁龙嘉，邓恩铭. 石家庄：河北人民出版社，1997：3.
④ 莫文骅. 莫文骅将军自述. 沈阳：辽宁人民出版社，1997：3.
⑤ 刘震. 刘震回忆录. 北京：解放军出版社，1990：16.

童依然代表着中国家庭的未来，在家人心目中的分量格外重，在不得不面临选择时，中国家庭往往会优先选择男童作为供学的对象。确实，在20世纪上半叶，还鲜有家长将自身家庭的命运寄托在女童身上的，因为女童毕竟是要被嫁出去而成为外姓家庭成员的，结婚之后的女子实质上已不被认为是原有家庭的一部分，这正构成许多家长不愿意在女童身上投资教育的最根本原因。因此以上援引案例大都为男童，也就不足为怪了。

二、儿童天资聪颖，为可造之材

国人历来有“神童崇拜”的情结与传统，自汉朝以来的封建王朝多有对神童的特殊选拔制度，民间也盛传着各类神童的奇闻异事，如智答孔子的项橐、装石称象的曹冲、南北朝时被誉为“神仙童子”的元嘉、北宋时砸缸救友的司马光等。这些神童大都智力奇高、才赋出众，或能妙语连珠、出口成章，或者识见过人、善出奇谋妙计等，而往往能成为当世出类拔萃的人物。虽然真正能被称得上“神童”的人很少，但在日常生活中，天资聪颖的儿童却还是比较多见的。家长因发现自己的子女有特殊禀赋，多会欣喜异常，而极加器重，拼尽全力加以栽培，以为可塑造出一个杰出人物来。在这方面，由于家长至少在某种程度上是站在了儿童自身的立场上主动供应其上学的，因此是难能可贵的，而且这段时期一些天生才智过人的女童也会受到家长的青睐而得到受教育的机会，就更能显示出相比前代的进步。但是，从本质上来看，对这些资优儿童的培养，与其说是家长不愿意荒废儿童的天赋，不如说是家长看到了利用这份天赋对家庭未来命运的积极作用，因此那种聚焦未来、以成人为中心的原则，仍是比较明显的。

如苏雪林12岁辍学在家时，外出多年的父亲返回故里，在对苏雪林进行一番考察后，认定她资质聪明，于是决意亲自教她，使苏雪林重新获得

相对富裕的一户家庭，摄于20世纪40年代

了受教的机会。[①]民国四大才女之一的石评梅自幼聪明，深得父亲赏识并被寄予很高的期望。为了好好栽培石评梅，父亲亲自担任教师，当石评梅还没进小学之时，便每天下班后教她识字，而且是非常认真地教，“有时她没认熟，虽然夜深，也不许去睡”。后来进入小学之后，父亲仍不忘对她的教育，经常在放学之后教她念“四书”、《诗经》等典籍。[②]胡适在其舅父的药店里当学徒期间，其二哥由上海返家，与母亲商议，认为胡适聪明伶俐，不应当把才华浪费在学徒上，而应到学校继续读书，母亲也颇同意，于是胡适随后便跟二哥往上海入梅溪学堂读书。[③]张宗逊的情形也与此类似，由于他自幼聪慧，被全家人视为有天赋，于是想方设法供其上学，因为他们认为这种天赋如能善加利用并发挥，不仅孩子“前途无量”，而且整个家庭也会因此受惠。[④]

三、规训儿童，防治“劣性”

童年有他自己的特性，如贪玩、好吃、好动、顽皮等，但这些特性在中国人的眼中，却往往是惹人厌烦的“坏毛病”，是一种“有碍”儿童自身发展的“劣根性”，因此必须加以抑制。如宋代朱熹就认为小孩子最好不

① 苏雪林. 苏雪林自传. 南京：江苏文艺出版社，1996：18.
② 石评梅. 女师范楼上的晚眺：石评梅回忆录. 北京：华夏出版社，2008.
③ 白吉庵. 胡适传，北京：人民出版社，2009：15.
④ 张宗逊. 张宗逊回忆录. 北京：解放军出版社，2008：1.

儿童在自家院子里玩耍

要靠近热闹的地方，别去做赌博、打球、放风筝之类“无益之事”；清代的崔又尚在《幼训》中也指出家长应不允许孩子抓虫子、踩蚂蚁、游戏等。[①] 在这些成人的观念中，只有全心全意、安安静静地读书，才是“最有益”于儿童，也是作为儿童“最应该做”的事。学校作为管束儿童、促进儿童社会化的机构，则常被人们视为纠治儿童“顽劣”本性的最佳场所，有教师的控制也能使他们全力投入到学习之中，不至“荒废光阴”。因此在家长送孩子上学的因素中，消除儿童不成熟、不理性、不文明的本性，早日将他们塑造为“懂事的”成人，便成为不可缺少的一环。

如粟裕小时候就非常淘气爱动，“每至夏季，他几乎整天在溪流里游泳、玩耍”，也喜欢听武侠故事，因此成天弄棍舞棒。他的父亲为防止他继续“野”下去，至粟裕六岁时就“（提前）把他送到私塾读书去了”。[②] 庐隐9岁时，其母亲借口“你一天到晚不念书，尽顽皮，把妹妹都引坏了”，不顾教会学校伙食粗劣（“窝窝头、老米饭、白水煮茄子、不放油的老咸菜”），急匆匆地将她送入该校，即使面对庐隐“充满害怕、伤心而泣”，也绝不心软。[③] 在这一方面，家长以否定童年、肯定成年期的观念出场，希望孩子尽快摆脱“恼人”的童年而成为大人，漠视甚至打压儿

① 熊秉真. 童年忆往. 台北：麦田出版公司，2000：50–52.
② 徐学初. 大将粟裕. 哈尔滨：黑龙江人民出版社，2003：3–5.
③ 肖凤. 庐隐传. 北京：北京师范大学出版社，1982：8.

童此时此刻的兴趣爱好以及天然禀赋，便是一种典型的缺乏童年观念的表现；更何况，这种“保障”儿童受教育权的方式，违背了当事者——儿童的意愿，没有将儿童的声音考虑在内，因此有侵犯儿童尊严的嫌疑。但他们的观念中也不乏对儿童的关心，因为把儿童“塞”进学校，使他们尽早社会化，本质上是出于“善意”或“为着儿童的利益”的举动，尽管这种善举明显带有“成人中心”的烙印。

四、思想开明，关爱备至

这一点是单就女童的情况来说的。虽然女儿也是父母的骨肉，父母对女儿的疼爱也是亘古存在的，但有些家庭对待女童的态度却是极其专横的，他们视女儿如草芥，以为养一个女儿是“白浪费钱”，终究是“为他人作嫁衣裳”，所以女童的基本权益，在他们那里简直“一文不值”。即便家长对女儿的态度还算是有些“人性”，他们中也很少会心甘情愿地支持女童上学，有限的资金往往会被优先提供给那些能够给家庭带来更多福祉

浙江温州女子学校的学童

的男童身上。如苏雪林的祖父对子弟的教育特别尽心，在兰溪县署的园子里特设家塾一座，使叔父诸兄就读，而苏雪林及她的大姐、三姐，虽也已达入学的年龄，却因家长认为“女孩没有读书的权利”而被剥夺了读书的机会。[①] 汤蒂因也提到“我的家和一般封建家庭一样，重男轻女的意识十分浓厚。我父亲、母亲的地位就显然不平等，我和我哥哥虽为同胞，但在家里的地位和待遇也是迥然有别，在读书受教育方面尤为突出。父母对我哥哥是‘望子成龙’，而对于我，读书彷佛是多余的事。认为只要识得几个字，能记几笔流水账已经足够了”。[②]

因此在那个时候，只有在家长对女童特别珍爱，以女童自身的意愿为出发点，全心全意支持女童上学，或者家长思想开明，认为女童也应像男童一样拥有上学的机会，以便将来可以独立自主等情况下（这两方面又往往是相互交织、不可分离的），女童才能如愿以偿地获得求学的机会。例如殷星环夫妇对女儿殷尚贤就非常疼爱，乃以“明珠”作为其爱称，6岁启蒙时间一到，家长便兴冲冲地把殷尚贤送入黎里镇上的民立小学；13岁之时，父亲突然因病去世，母亲仍坚持保障女儿的读书权，使殷尚贤进入上海中西英文女校继续学业 。陈洁如的情形也较类似，1918年，上海纷纷兴办新式女子学堂，经过多方详细打听比较，爱女如命的母亲便主动把陈洁如送入蔡元培创办的上海爱国女子中学就读。但邓颖超的母亲杨振德却不光是心怀对邓颖超的爱，更是深知没有知识的女性在社会上生活的艰难，为此不惜自己多吃苦，千方百计创造条件为女儿开辟上学的途径。她主动到社会党在北京开办的平民学校当教员，以便使邓颖超可在这所专收贫苦人家孩子的学校上学；在平民学校被袁世凯当局查封之后，她身兼家庭护理工和几份家庭教师之职，辛苦工作，方使邓颖超能再次上学，插入直隶

① 苏雪林. 苏雪林自传. 南京：江苏文艺出版社，1996：14.

② 汤蒂因. 金笔缘. 北京：生活·读书·新知三联书店，1983：4.

第一女师附属小学四年级。[1]

苏雪林、许广平等则主要是在家长或家庭中其他亲人思想足够开放的情况下，才得以进入学校的，而这种开放在当时的联合家庭中，仍时不时会遭遇到不小的阻碍，足见女童上学的不易。例如在许广平的母亲决议将她送入家塾和男孩们享受同等教育时，家族内的其他女人一致认为这是“天翻地覆的异乎寻常的大事”，一方面和“家庭的前途、一向的规矩都两样”，另一方面又愚昧地担忧“女孩子和男孩子一起读书，会夺掉男人的聪明”，于是竟纷纷向许母提出抗议。而许母因自幼成长于开放的澳门，自己小时候就是和兄弟们一起读书的，所以硬是顶住了压力，坚持送许广平入学。[2]在苏雪林方面，前文已提到家族内大多数成人都反对女子上学，而唯独二叔思想开通，积极向祖母提议“女孩们也应该读点书，认识几个字，将来好看看家信，记个家用账，免做睁眼瞎子”，祖母最终接纳了二叔的建议，毅然在本族内首创女塾。[3]

以上四方面可说是家长支持儿童上学的最主要因素，但儿童最终能获得入学的机会，往往是多重因素共同决定的，而且除了以上四方面之外，那些家庭殷富的书香门第或官宦世家为了维护家族历来的传统以及既得利益，定然会毫不犹豫地供应孩子上学。在这个过程中，家长们对儿童的关爱是显而易见的，他们做决策之时并不是没有考虑到儿童的利益，毕竟只有儿童的良好发展才能保障家庭振兴的实现。但是从根本的角度上来看，这种种支持儿童上学的举动，只是成人基于自身利益的考虑，或者从自己的观念出发而做出的行为，他们并没有去征询儿童的意见，没有让他们参与到决策过程之中，更没有把教育视为儿童的一项核心权利，全心全意站在儿童的立场上来斟酌读书事宜，因此，儿童在其间的形象全然是消极

① 金凤. 伟人之初：邓颖超. 杭州：浙江人民出版社，1997.

② 民进中央宣传部、鲁迅博物馆. 许广平. 北京：开明出版社，1995：116.

③ 苏雪林. 苏雪林自传. 南京：江苏文艺出版社，1996：14.

的、被动的、毫无力量的。随之而来的危险则是，一旦在做决策的过程中遭遇一定的阻力，成人完全可以种种理由来剥夺儿童受教育的机会，这就为下文所提到的儿童为捍卫受教育权所做的努力埋下了伏笔。

第二节　早婚对儿童教育的影响

一、早婚概论

中国民间社会历来推崇早婚早育，即便在现代化早期的20世纪上半叶，这种实践在民间依然广泛流行。在学界的理论文献中，早婚主要是根据男女童身体的成熟程度（女性比男性稍微早熟一点）而定，“大概是指男性自十三四岁至二十岁，女性自十二三岁至十八九岁时结婚而言”①。甚至也有生理学家认为，“男子年岁到了三十岁的时候，女子到了二十五岁的时候，身体才能长足完全”，而在此之前的结婚都算是早婚。②中国男子最适宜的结婚年龄是25—30岁，而女子则是20—25岁。③但在官方法律文件中，这种论断却没有得到支持，反而根据民间的早婚习俗采取了一种折中主义的态度，无论在《大清民律草案》《民国民律草案》还是在《中华民国民法》中，都是规定男子未满18岁，女子未满16岁者不得成婚，而在此之前则只能是违法的早婚，这里的年龄实际上比理论家的标准

① 坤良. 中学生与早婚. 学校生活，1921（31）：2.
② 路秉文. 废除早婚问题. 南洋，1919（14）：9.
③ 褚东郊. 早婚与晚婚的研究. 学生杂志，1924（11）2：31.

要低一些。不过许多不同地域的社会调查[①]，则显示出民间对于结婚的年龄，远比法律中的规定要更早。在当时的民间，女子的初婚年龄主要集中在15—18岁之间，14岁以下结婚的则占9.4%（华北）或2.8%（华南），而男子的平均结婚年龄为19.7岁（华北）或20.2岁（华南）。在某些地区（如河北），男子的初婚年龄更早自13—15岁之间，甚至有4—5岁就结婚的。

山西省的一对早婚夫妇，男女方皆十分年幼，摄于1910年

早婚现象产生的原因，主要有以下四个方面：其一是在成人的观念世界中，历来有“早生贵子”“多子多福”“不孝有三，无后为大”等观念，特别是那些经济上稍微富裕的家庭，尤其期望自己的儿子早日成婚，早日生下孩子，使父母得享抱孙子的乐趣，延续家庭的香火；而女孩的出嫁被视为与其原有家庭隔断了经济关系，所谓“嫁出去的女儿如泼出去的水”，在更大意义上变成了夫家的人，所以父母对女童的疼爱总体上明显不如男童，普遍都希望把女童早点嫁出去。其二是经济原因，当时的核心家庭为了发展经济、摆脱贫困，迫切需要更多的劳动力，因此力促男孩早点娶妻并生子，在许多地方流行的“讨姐姐”现象便是一个例证；[②] 而女孩则常被视为家

① 李景汉. 定县社会概况调查. 北京：中国人民大学出版社，1986；岳红、马晓丽. 建国前后冀南农村的早婚现象透视. 人民论坛，2010（11）；刘春玲. 民国时期东北地区的早婚现象. 北华大学学报（社会科学版），2007（5）；高石钢. 民国时期中国农村早婚问题透视. 宁夏大学学报（社会科学版），1999，21（1）等.

② 这种现象曾在江西、山东、河南等地特别流行，家长在男孩3—6岁的时候，便讨进一个12—16岁左右的媳妇，其目的多是为家里增加一个义务劳动的女工，见罗敦伟. 中国之婚姻问题. 上海：大东书局，1933：77–78.

庭的负担，父母希望越早摆脱她们越好，许多女孩在她们非常年幼（小于10岁）的时候便被家长卖给其他经济条件稍好的家庭做童养媳。其三是生理上的，中国社会男女的平均寿命过去是很低的，大约在30—40岁之间，因此在青春期时便成婚，可以更充分发挥女性的生育潜力，增加后代的数量。其四是家庭整体利益上的，婚姻是双方家庭（富裕的）实现自身利益扩大化的有效方式，为此目的，在父母包办婚姻仍然流行的近代中国，作为早婚对象的男童和女童都沦为成人维护私利的工具或手段。

早婚对儿童学业的影响因人而异，但对女童的影响往往是负面的。女童在结婚之前，或能在学校里念几年书，但在敲定婚姻大事之后或在待人前来说亲之时，便容易被父母或家庭内其他成人勒令停学，美其名曰“待婚”。而在正式结婚之后，她们就成了异姓家庭的成员，不得不全力承担起作为人妻人母的责任，她们的求学计划很难被双方家庭的父母所支持。如刘英的父亲自作主张，将其年幼的姐姐许配给一个地主家的少爷，强迫正在上学的姐姐停学，在家待婚直至结婚，尽管这位少爷不久之后便因病去世，但她的姐姐却再也没能重入学堂 。[①] 王汉伦16岁那年，父亲突然辞世，改由兄嫂照顾，兄嫂不让她继续在圣玛利亚女中读书，强迫她与辽宁一姓张的煤矿督办结婚，王汉伦不得不中断求学之路。[②] 萧红在上小学四年级时，父亲出于自身利益的考虑，将萧红许配给当时呼兰县驻军邦统王廷兰之子王恩甲，因此当萧红高小毕业之时，身为校长的父亲不仅扣押了萧红的文凭，且强迫萧红立即结婚，萧红因而辍学。[③] 张幼仪在就读江苏省立第二女子师范学校期间，即被父母接回家与徐志摩成婚，这门亲事对徐家和张家皆极有利，因此两家都极力促成，张幼仪因此被迫辍学，到夫

① 刘英. 在历史的激流中——刘英回忆录. 北京：中共党史出版社，1992：2.

② 宋路霞. 东方女性的绝世风华：上海滩名门闺秀2. 上海：上海科学技术文献出版社，2010.

③ 铁峰. 萧红传. 哈尔滨：北方文艺出版社，1993：29-32.

家做起少奶奶来。[①] 李国秦、李国�两个姊妹都曾进入中西附小和中西女中读书，但在中学学业未完成之时就被父亲突然叫停，被迫留在家中，等待别人上门说亲，而后结婚。[②]

与女童情况有所不同的是，男童在早婚之后，虽然也要部分承担作为丈夫的责任，但他们在这场婚姻中毕竟是主导者，因此为自己的前途计，他们通常不会中断正在进行的学业，有些男童也会因对父母包办婚姻产生不满，毅然选择异地就学，来逃避做丈夫的责任。而在家长方面，他们对已婚的男孩继续学业，通常并不持反对的态度，因为男童是家庭未来的支柱，家长总是希望通过教育使他们更上一层楼。但在某些家庭中，家长对男童以继续学业为由拒绝父母指定的婚姻，也会持不悦的态度，而直接干涉起他们的学业来。例如毛泽东在14岁（1907年）时，家里人依照当地的风俗，给他找了个大他6岁的农家女子作媳妇，但毛泽东拒绝入洞房，不承认她是自己的妻子。毛认为他的父亲意图以早婚把他捆绑在田地和农村生活中，而他自己则希望脱离这种生活。为了反抗父亲的包办婚姻，毛泽东于第二年以当学徒为借口离家往东山高等小学读书，而他的父亲，虽然并不认同毛泽东的反抗方式，却可能已经意识到毛泽东在外地会获得更大的成功，因此一直默默地为毛泽东支付一切学费和生活费。[③] 蒋介石在14

陈秀，4岁，其父母为了攒足回乡的路费，以23个大洋的价格把她卖给了婆家，其丈夫10岁

① 张幼仪. 百度百科，http：//baike. baidu. com/view/389698. htm.

② 宋路霞. 上海滩名门闺秀. 上海：上海科学技术文献出版社，2009：22.

③ ［英］菲力普·肖特著，仝小秋，杨小兰，张爱茹，译. 毛泽东传. 北京：中国青年出版社，2004：31–32.

岁时（1901年）便通过媒人介绍迎娶岩头村毛福梅为妻，但他的学业丝毫没有因此受到影响，也就是在当年，他在皇甫氏家馆中学习《左传》，第二年到另外一个私塾学习《纲鉴》，1903年更转入奉化县城的凤麓学堂学习西学。他的妻子似对蒋介石的学业持支持的态度，1904年时还到宁波陪读半年。[①]赵树理的情况与此类似，他在高小上学的第二年，其终身大事便被父母列入议事日程，因为他所在地域也流行早婚，男子普遍到了15岁就结婚，现而今赵树理已经16岁，父母认为不替他安排婚事"有点于心不安"，"更何况他是三代单传的独苗"，家庭的传承问题应尽早解决为宜，所以1922年赵树理奉父母之命与素不相识的妻子拜堂成亲，但赵树理在高小的学业并未因此落下，到了1923年他还以第一名的成绩毕业。[②]在婚姻和求学的问题上，竺可桢并不认为两者可以调和，而毅然选择了后者。他15岁在绍兴东湖书院读书时，小镇上就有人前来说媒，他的母亲希望竺可桢早日成家立业，因此极力催促他"好好选一个合意的姑娘"，但竺可桢自己不想过早被婚姻束缚，希望到更广阔的世界去学习更多新的知识，他说，"我只怕功名不就，哪怕妻子没有。我正想多见世面，多求学问，婚姻的事等以后再说吧。"他想去上海的澄衷中学读书，幸而他的父亲很开明，希望自己的孩子多读书，能得自由发展的机会，而且觉得澄衷中学是一个很不错的学校，在那里读书孩子会更有前途，因此欣然支持竺可桢。[③]

二、童养媳

童养媳习俗是父母包办婚姻制度下一种特殊的早婚现象。与一般早婚不同的是，童养媳与夫家的公公婆婆具有被领养和领养的关系，她们是在

① 王俯民. 蒋介石传. 北京：经济日报出版社，1995：9–10.
② 戴光中. 赵树理传. 北京：北京十月文艺出版社，1987：33–34.
③ 谢世俊. 竺可桢传. 重庆：重庆出版社，1993：18–19.

13岁的小丈夫

年幼时被送入夫家，由男家抚养长大后再“圆婚”的。[①]童养媳一般有两种类型，第一种是男女双方都在幼年，男方家庭预先收养女孩，待其成年后再正式成婚，又称苗媳、丫头、媵媳妇等；第二种是男方家庭暂时没有儿子，先领养一个媳妇以督促自己赶紧生个男孩，又称望郎媳、等郎媳、花等女。领养童养媳的习俗，早在宋代中期时便有明确记载，[②]至清末民国时则已遍布全国各地，逐渐成为民间婚配的主要方式。有民国初年司法部对江西南部地区的调查为证，“人民为避财礼负担计，于是收养童养媳者几于十而五六，童养媳之外又有所谓花等女，亦曰望郎媳，亦居十之三四，正式婚配除巨室外不过十之一二也”[③]。因此可以说，童养媳习俗对20世纪上半叶的女童生活具有极其重大的影响，出身贫困家庭的女童可能大多无法绕过被人收养为童养媳的命运。

童养媳的生活基本上可以用“凄惨”“悲苦”等词来形容，无论是个人的传记，还是当时的文学、戏剧等艺术作品，都显示了童养媳如何过着一种暗无天日的生活。王西彦的《乐土·棟喜》描述的四个女童“如今都变成了人家的丫头或童养媳，拖着根黄辫子，在人家的打骂之下半冻半饿地过日子”[④]。曹石清在小说《兰顺之死》中提到，“无论哪一个女孩子，

① 方建新. 也谈童养媳——对《童养媳考略》一文的补正. 社会，1983（4）：55.
② 方建新. 也谈童养媳——对《童养媳考略》一文的补正. 社会，1983（4）：55.
③ 见《民商事习惯调查录·赣南各县习惯》，转引自何定华. 童养媳考略. 社会，1983（1）：36.
④ 王西彦. 王西彦选集第二卷. 成都：四川文艺出版社，1985：265.

一到别人家做小媳妇，在我们中国的贵国里面，是不免要吃一世苦的”。冰心小说《最后的安息》对主人公翠儿的心理描写同样展示了童养媳生活的“悲惨”：“在世上十四年了，从来没有人用着怜悯的心肠，温柔的言语，来对待她，她脑中所充满的只有悲苦恐怖，躯壳上所感受的，也只有鞭挞冻饿，她也不明白世界上还有什么叫爱，什么叫做快乐，只昏昏沉沉的度那凄苦黑暗的日子。”① 沪剧《阿必大》所塑造的也是一个受尽折磨、饱尝艰辛的童养媳形象。②

女童自沦为童养媳之后，就如同是男方家庭的奴婢，不得不一天到晚干活，她们的劳动时间可与后述学徒相提并论，劳动的内容也极其复杂，包括洗碗、做饭、烧水、洗衣服、擦地板、照顾小孩、挑水等各项家务以及种田、砍柴、收割庄稼等各类农活。在这种情况下，她们基本上没有时间参与任何形式的学校教育。如一位署名为小翠的作者回忆自己8岁的时候就被带到另外一户人家作童养媳，“除了每天扫地、擦地板、洗碗外，还要洗衣服，有时只要有一些小错误，就会挨婆婆的打骂”；到了14岁，她被带到袜厂去摇袜，但除了做工以外，其余时间仍要负责家里的一切劳务，早上要五点起床，晚上也要直到深夜才能睡。③ 沈宜宝也回忆自己“十五岁时，到顾家做童养媳，一天到晚干活不得停”④。

可以说，由于童养媳是男方家庭用金钱购买来的，她们普遍被看作是为男方家庭所私有的商品，而非具有独立自由意志的“人”，因此她们天生应有的人权（包括受教育权），到了男方的公公婆婆那里，全都化为乌有，她们的存在只是为了他人，因此只有无穷无尽的义务，而没有丝毫的权利。同时，这些童养媳由于年纪都比较小，还来不及接受亲生父母的

① 冰心. 冰心小说. 杭州：浙江文艺出版社，2001：116.

② 何定华. 童养媳考略. 社会，1983（1）：37.

③ 小翠. 一个童养媳的新生. 解放日报，1950—09—01. 引自文史博览，2011（7）：44.

④ 沈宜宝. 从童养媳到养蚕模范. 南京：江苏人民出版社，1958：1.

家庭教育，便被送到一个陌生的家庭，因此她们所受的早期教育基本上来自夫家的公公婆婆。但公公婆婆们给她们灌输的教育往往是那些封建伦理观念，如贞节、孝顺、服从、听话等，目的是要使她们永远生活在蒙昧之中，永远不知权利为何物，因此永远不会反抗。而现代学校教育的核心观念在于解放妇女和儿童，增强个体的自我和权利意识，这与公公婆婆一贯的教育是完全相悖的，所以领养童养媳的家庭当然不愿意冒着失去权威的威胁，把她们送到学校去。曾有一位叫吴珉的童养媳在秋瑾的帮助下，得以在南浔镇浔溪女校免费旁听课程，但过了几个月，她的公公便跑来找秋瑾："秋先生，我家吴珉，自从到你们女校来之后，回家越来越不听话了，讲话也都讲新的一套。我是花一百银元买来的，你秋先生如果要丫头、使女的话，我转卖给你秋先生好了。"[①]这位公公的抱怨便颇能反映当时家长对童养媳受学校教育的态度。

第三节　儿童对受教育权的捍卫

在儿童求学事宜上，国家和家庭总是基于自身利益的考虑，而做出或促进或阻碍的举措，但这并不表明儿童的学习生涯在所有方面都是由这两个外在于儿童的主体所决定的。事实上，儿童是积极的社会建构者，也是自己命运的创造者，他们从来没有把自己置于事外，甘受别人的主宰和控制，而是通过种种努力，克服求学之路上的困难，捍卫自己受教育的基本权益。因此20世纪上半叶的儿童再也不是过去那种被压抑着的沉默的儿童，而是一个和成人一样的有力量的存在体。兹从以下四个方面详细展现

① 晨朵. 秋瑾与童养媳吴珉. 浙江档案，2001（11）：36.

这个新崛起的儿童群体是如何保障自己的读书权益的。

一、坚定上学的决心与意志

正如后文即将提到的，有些家长尽管以家庭贫困为由试图剥夺儿童学习的权益，但此种“贫困”并不足以达到不能支付学校教育开支的程度；另一些家长则从增加家庭收入的需求出发，违背儿童意愿，执意要求他们辍学去当工厂童工或商店学徒。在这些方面，不少儿童均表现出了坚决捍卫自身权益的勇气与意志，他们没有向父母屈服，而是多次向家长表明继续学业的心迹，或通过联合其他亲人一同反抗父母之命，或以离家上学的方式抗争，或以“自我虐待”消极抵抗，甚至以自杀来“威胁”父母改变主意等等，都展现了儿童的维护自身权益的决心。例如梁灵光在小学毕业之际，被母亲要求废学从商，但他“实在太爱读书，舍不得放下书本”，于是犹豫不决。幸而这时候哥哥得知消息，希望能够帮助梁灵光摆脱困境，哥哥提出离开本地前往上海，并藉助他的影响力在上海读书，梁灵光在经过一番思量之后，接纳了哥哥的建议。其后母亲竟突然出现在兄弟俩面前，又企图规劝梁灵光回家经商，但梁灵光联合兄长没有应允，还以“跳海”来威胁其母，终于成功地保住了上学的权益。[①] 粟裕的父亲一心想把他培养成为封建地主的接班人，一见他读了私塾和洋学堂，已能足够管家、记账，便屡屡干扰他的学业，使之没有时间上课及温习功课，迫使他经常留级，光是小学二年级便读了三年。但是父亲的这种举动让他很“心烦”“压抑”，于是粟裕决定离家到外面求学。正好常德县湖南省立第二师范学校附小在招生，粟裕及时参加了考试并被成功录取。之后未与父亲说明，便离家上学去了。[②]

女童在入学事宜上则往往比男童遭遇更大的阻碍。由于传统观念的

① 梁灵光. 梁灵光回忆录. 北京：中共党史出版社，1996：10–11.

② 徐学初. 大将粟裕. 哈尔滨：黑龙江人民出版社，2003：6.

20世纪10年代中国乡村社会中的儿童

束缚，家长总以为女童是否接受教育对自身家庭的经济发展毫无影响，因为女童终究会转为异姓家族的成员，所以他们普遍不愿意在女童教育事宜上进行任何投资。再加上中国女学起步晚，发展缓慢，在社会上又屡遇阻挠，许多家长即便不反对女童上学，碍于舆论的压力也不得不转而压制女童的意愿。然而，面对家长和社会的阻碍，女童并没有就此放弃捍卫自己求学的权益，如男童一样，她们也通过各种方式进行坚持不懈地抗争，以表明自己必须上学的决心。如陈少敏从小就喜欢读书、写字，出于一种求知的渴望，她多次恳求父亲送她上学念书，但在当时，穷人家里女孩子上学的非常少见，而她父亲所创办的学校，碍于社会舆论，也没有招收女孩子。但是在陈少敏的多次恳求下，父亲最后终于答应帮她想办法，到了15岁时，陈少敏终得机会进入了黄家庄教会学校上学。[①] 刘英悄悄考上了湖南省立第一女子师范学校附属小学，这个学校不收取任何学费，其他费用也较少，但她父亲坚决不同意，于是刘英“又气愤又伤心，整夜失眠，人

① 呙玉临. 陈少敏传. 武汉：武汉大学出版社，1987：3.

一下子瘦了许多”。她并多次恳请母亲，母亲只好搬来亲戚做父亲的“思想工作”。在“纷纷说情”的情况下，父亲开始动心，最终勉强地点了点头，于是刘英成功争取到了读书的权利。[①]

二、求助其他熟悉的成人

在遭遇家长不支持上学的境况下，儿童亦会主动寻求除核心家庭成员外的其他成人的资金援助。在这方面，虽然所彰显的仍主要是成人的力量，儿童是在依附成人的基础上才免除了受教育权被旁落的厄运，但设若没有儿童坚定不移的上学决心和热忱，没有此前杰出的学业成就，没有主动向成人的求靠，那些与儿童关系本就不算密切的成人，是断不会自动自觉地帮助儿童的。因此，儿童的主体性力量依然是存在的。这里的成人主要可分为两种类型：一类是来自于扩大家庭甚至联合家庭（家族）的亲人；另一类是学校老师或教育机构的官员。中国人历来有聚族而居的传统，家族内部相互协助、共同进退是非常常见的。一方面，由于族内读书人的稀少，不少家族都有相应的资金扶助政策，这种政策在家庭规模日渐核心化的现代化早期依然大量存在，因此许多辍学的儿童有幸在这有利政策的支持下，重获入学的机会。例如在谭氏家族里，历来有个规定，凡族内子弟入高小、中学者，均可享有义谷若干担作为津贴。因家庭生活拮据与谭政上高小的决心之间构成冲突，父亲不得不把此事提到族内商议，幸而争取到了这笔津贴，谭政终于能再次步入学校。[②] 王首道所在乡村也有类似的规定：族里祠堂有一笔钱可以资助族里的穷困子弟升学读书。由于王首道在初小时年年成绩在班级中名列第一，得到学校老师的极力推荐，加上族内正好有一位绅士懂得爱惜人才，向父亲多次求告，王首道最终获

① 刘英. 在历史的激流中——刘英回忆录. 北京：中共党史出版社，1992：5.

② 萧心力. 我的选择——六十三位中共高级干部自述. 北京：中共中央党校出版社，1998：520.

得了资助上高级小学的优待。[①] 罗明在小学毕业后报考金山中学，竟获得第一名的好成绩，此消息传到乡里，在族人中间引起轰动。罗氏家族祖上历来有学租，科举制时专为考上秀才的人之用。族人认定罗明是可造之才，于是决定从学租里拿出一些钱来资助其升学。[②]

另一方面，核心家庭以外的亲属也有不少人愿意以个人身份提供资助，这也为保障儿童受教育权提供了有利条件。例如李逸民的父亲贪婪且吝啬，不愿意花钱支持李逸民读书，李逸民央求母亲向父亲说情，可是父亲仍坚决不同意；李逸民便向二舅父求助，告之详情，表达意愿。最终二舅父答应提供资助，李逸民才进入学校。[③] 吴富善7岁的时候，缠着母亲要求读书，可是母亲望着家徒四壁的家，无可奈何地予以拒绝，吴富善便跑到邻村的姑姑家求助。当天晚上，姑姑便送他回家，和母亲商量许久，答应资助吴富善半年的学费，吴富善才得了进入小学的机会。[④] 郭化若直到14岁时，因叔叔的资助，才解决了读书的费用，成功进入了福州崇实小学。[⑤]

与此同时，一些儿童凭借其在校的杰出表现，而获得了教师或教育机构行政官员的赏识，这些成人皆有怜才之心，不愿意让优秀儿童白白浪费自己的天赋，失去升学的机会，加上儿童的竭力求告，于是慷慨地提供帮助。不过这种帮助一般不是直接的经济支援，而是协助儿童申请奖学金或助学金。例如李志民因在初小读了四年，年年拿第一，为当时高坪区学务委员李石麟所赏识。他在得知李志民失学的消息之后，至李志民家做劝学工作，在了解到他家的情况后，主动提供两项帮助，最终使李志民的学习权益得到了充分保障：一是申请助学金；二是允许他与其侄儿共享一个书

① 王首道. 王首道回忆录. 北京：解放军出版社，1988：4.
② 罗明. 罗明回忆录. 福州：福建人民出版社，1991：3.
③ 李逸民. 李逸民回忆录. 长沙：湖南人民出版社，1988：4.
④ 吴富善. 吴富善回忆录. 北京：蓝天出版社，1995：9.
⑤ 郭化若. 郭化若回忆录. 北京：军事科学出版社，1995：2.

抱着竹笋的小孩，摄于1908年

担子，合盖一床被子，以解决李志民在外住宿难题。[①] 伍修权所在小学因湖北省教育部门借口经费不足而被关闭，故而失学，他当时的学习兴趣正浓，不想失去学习的机会，于是竭力向一位良师求取帮助，这位老师也正为他失去学习机会而感到惋惜。在该老师的大力推荐及疏通有关方面的基础上，伍修权终能免费进入武昌高师附属小学，继续他的小学学业。[②] 吕正操在11岁时小学毕业即面临辍学的威胁，但求得华老师的帮助，向他补习国文、数学、英文等科，经过一年的努力，在该老师的帮助下终于免费进入县立中学。[③]

① 李志民. 李志民回忆录. 北京：解放军出版社，1993：18.

② 伍修权. 伍修权回忆录. 北京：解放军出版社，2009：9–10.

③ 吕正操. 吕正操将军自述. 沈阳：辽宁人民出版社，1997：7.

三、自主克服经费难题

20世纪上半叶，无论是官立还是私立的普通中小学，都往往收取高昂的学费，而使贫困家庭出身的儿童望而却步。但其中有少数中小学由于有足够的财政来源，会向贫困学生提供助学金甚至全额奖学金。这其中有不少是教会学校，但他们往往要求儿童在毕业后直接为教会服务，且儿童本人必须信教，这就构成了一定的阻碍。当时国人对西方的宗教及西洋人，仍有一种本能的仇视心态，儿童若到教会学校读书，虽属多见，但直接为洋人服务者，却要受到舆论的压力。在中学方面，大量贫困儿童流向中等师范学校，一则日后就业有保障，二则这些学校由于受政府的财政补贴，而有能力向儿童免费开放，有些甚至还会发免费校服或书本，因此家长也乐于同意。也有部分儿童往中等职业学校就读的，这些学校虽然也收取费用，但比起普通中学则要少得多，且对未来就业也颇有帮助，因此对儿童也有较大的吸引力。总的来说，无论进入哪种类型的学校，都是儿童自己为了规避读书成本的限制而采取的积极做法，更何况要进入这些学校，儿童仍必须倾尽全力刻苦备考，并在入学考试中取得优异成绩，再加上在此过程中，成人的协助已经弱化或缺席，因此儿童的主体性力量得到了较充分的体现。

在选择学校的类型方面，有以下案例为证。如王首道在读完小学之后，了解到当时长沙有一所“修业农业专科中学”，主学农业，学费比普通中学要少很多，于是高兴地向父母兄长恳求，他们欣然同意，因此才保住了上学的机会。[①]江华在高小毕业之后，不甘心回家种田，想继续求学，但家庭贫困难以支付昂贵的学费，因此毅然报考公费学校。他当时也想过要去教会学校，但自己和家人都不信教，因此报考了师范学校，还向

① 王首道. 王首道回忆录. 北京：解放军出版社，1988：8.

县里争取到了保送报考的名额，连考试产生的有关费用（如路费）都被免除了，家人自然非常高兴，最终他成功进入了学校。[①] 刘宁一在高小毕业之后，也面临同样的问题，他很想继续读书，但家境渐衰，于是决定投考师范学校，结果他成功地考上了当时的直隶第四师范学校。[②] 黄克诚在高小未毕业之时，了解到衡阳省立第三师范学校对学员免收学费、膳食费和讲义费，只收取少许课本费，他认识到这是他当时唯一能读得起的学校，于是不惜冒名报考，最终成功进入了该校。[③]

门前童趣，成都，摄于1912年

在争取学校奖助学金方面，邓颖超的事例最为典型。当时的直隶第一女子师范学校规定预科第一年，要收学费和住宿费，只有考取预科前三名的学生才可享有免交学费及膳宿费的特权。同时，学校还规定，只有高小毕业且年龄不低于13岁的考生才有资格投考预科。邓颖超当时只念了一年高小，且年仅11岁，其难度可想而知，就连其母亲都担心她考不上。但是邓颖超毅然决定凭自己的实力渡过这一难关。她日夜突击学习，常常累得吐血，幸好母亲是中医，才得以快速痊愈。不久，考试成绩发榜，虚报两岁、连跳两级的邓颖超竟考上了这所名校的第三名，从而成功夺得了公费的资格。[④] 另外如程子华的父母无力供应其上高小，而程子

① 江华. 追忆与思考：江华回忆录. 杭州：浙江人民出版社，1991：12–13.

② 萧心力. 我的选择——六十三位中共高级干部自述. 北京：中共中央党校出版社，1998：165.

③ 黄克诚. 黄克诚自述. 北京：人民出版社，1994：8.

④ 金凤. 伟人之初：邓颖超. 杭州：浙江人民出版社，1997：18–19.

华打听到山西运城的第三贫民高小有丰厚的奖学金，可使他住宿、课本、纸张笔墨及学费全免，每年发一套制服和鞋，还补助每人每月一元二角钱的伙食费，于是他积极备考，成功考上并以优异的成绩获得了这笔难得的奖学金。[①]江华的家庭也很贫困，但他打听到县立高等小学的政策，即每学期考试的前三名都可作为公费生，免交学费和伙食费，于是他勤奋学习，在三年高小期间，年年都以优异的成绩来保证享受公费生的待遇。[②]庐隐也是在刻苦学习，成功获得官费生之后，才得以进入“女子师范学校预科”的。[③]

除以上几个方面之外，一部分儿童还会通过半工半读或勤工俭学的方式，赚取适当资金来支持自己的学业，以保住求学机会。如萧克白天上课，晚上刻蜡版，并按教师规定的份数油印，“这样每人每学期可得小洋十元（大洋七元）”，就是靠着这笔收入，萧克读完了简习师范学校。[④]儿童之间的互助也普遍存在，如伍修权一直有上学的梦想，这一点他的邻居们都非常清楚，可是碍于家穷，迟迟无法实现。12岁时，他的一个邻家孩子考上了武昌高等师范学校附设的一所“单级学校”，并带来了该校年后要招收几名插班生的信息，因而来征询伍修权的意见。由于该校属于试办性质，学费全免，伍修权的父母欣然同意。于是春节一过，这些邻家孩子，就把伍修权领到这所学校，在经过一番考试之后，终于顺利被录取，成为小学二年级第二学期的插班生。[⑤]这些方面都鲜明体现了儿童在捍卫自身权益方面是可以而且已经有所作为的，成人的协助诚然重要，但不见得是必需的。

① 程子华. 程子华回忆录. 北京：中央文献出版社，2005：1.
② 江华. 追忆与思考：江华回忆录. 杭州：浙江人民出版社，1991：8.
③ 肖凤. 庐隐传. 北京：北京师范大学出版社，1982：10.
④ 萧克. 萧克回忆录. 北京：解放军出版社，1997：9.
⑤ 伍修权. 伍修权回忆录. 北京：解放军出版社，2009：9.

四、女童对早婚的反抗

早婚可以说是摆在当时女童面前最为严峻的问题之一，也是女童享受读书权益的最大阻碍之一，但20世纪上半叶的女童，已经大不同于传统封建时代的女童，她们中很多人并未因传统的观念而屈从于家长的意愿，果断放弃读书的机会，作一所谓“乖乖女”，而是为争得属于自己的权益，像男童一样，毅然摆出与家长抗争到底的架势。在反抗早婚的方式上，女童一则坚持自己上学的决心与意志，面对“女子无才便是德”等观念，毅然宣称自己有同等的受教育权，绝不认命；二则通过“自残”（如故意不吃饭等）或与父母搞冷战的方式予以消极抵抗，使父母取消婚姻；三则采取积极的措施（如施展骗术）破坏被父母包办的婚姻，使父母不得不让步；四是启用最极端的“死亡威胁”策略，逼迫父母就范。这些方式往往相互交织，常被组合使用，但无论最终以怎样的形式实施，都显示了女童在捍卫自身权益方面，一如男性，是完全有所作为的。正因如此，这几千年来束缚女童读书的最大枷锁（即早婚），在此时终于被女童自己打破，可见妇女的解放运动归根结底是女性自觉自主抗争的结果。

这方面的案例并不少，以下每一个案例都十分典型，在这些案例中，有些女童并不是直接反对早婚本身，而是反对早婚背后蕴含的封建观念，如女童的生活应以为早婚做准备为中心等，由于这些观念直接影响了女童的求学可能，而遭到女童的强烈抵制。如刘英一直在盼望父亲送她上学，可是一直等到10岁时，父亲仍是毫无举动。于是她央求母亲叩问父亲，但父亲以为女孩终究是要嫁给他人的，供女孩子读书是一桩赔钱的买卖。母亲只好劝慰刘英，说这是“女人的命”。然而刘英并不认这个命，她坚定地认为女子应同男子一样可以读书。于是她整日以泪洗面，意图挽回父亲的决定。终于有一年弟弟到了读书的年龄，需要到离家二里路的学堂上学，可是路上有河塘有粪池，父亲担心弟弟淘气会不小心掉下去，于是就让刘英陪送弟弟去学堂，因此刘英才终于获得了上初小的机会。[①]蔡畅的父亲也坚决反对女儿上学，而决议把蔡畅卖给一家地主做媳妇，因为这家地主答应出500元钱，但蔡畅因“见到周围大多数结婚者不幸的家庭生活”，只想着学习，坚决反对早婚。幸而得到母亲强力支持，逃出了父亲的束缚，只身来到长沙，并在长沙亲戚的财力支持下，终于进入了周南女子师范学校。[②]谢冰莹小时天天吵着要进私塾读书，尽管母亲时任一所学校的校长，却总是以女孩长大要嫁人，小时应以学女红和持家为根本，多次拒绝谢冰莹的请求。可是谢冰莹采取“死缠烂打”的策略，终于使母亲动了心，把她送入了私塾。私塾毕业后，谢冰莹想继续求学，但她的母亲以怕影响将来嫁人为由，拒绝了她的请求。于是谢冰莹求告祖母，祖母无法劝服谢母，失败；转而求告父亲，也以失败告终。最后被迫采取最强烈的形式——自杀（起先是撞墙，后来是绝食），希望母亲回心转意。最终，她的抗争取得了胜利，母亲只好答应她到女校读书。[③]萧红小学毕业后，因父亲逼迫其与王恩甲结婚而辍学在家。但萧红宁死不屈从父亲意志，她先后动员了祖父、外祖父、继母、大伯父等亲人，但都无果而终。不得已萧红只好采取消极抗争的策略，“每天什么活也不干，吃完饭就往炕上一躺，要不就去找没能升学的同学闲谈”，以至于整天“昏昏沉沉，茶饭不思，身体一天瘦似一天”，可是父亲对此却依然无动于衷。就这样，萧红同父亲斗争了整整一年。到了第二年夏天，萧红为了捍卫自己的学习权益，发起了更猛烈的“进攻”。她抓住了父亲的“心理弱点”，决定在与王恩甲的婚姻上做点“手脚”，即“跑到天主教堂去请求当修女，并在家里和同学中扬言说：如果天主教堂不收留她，她就到尼姑庵去当尼姑。”这一招很快奏效，父亲最终只有向萧红屈服，答应送她去哈尔滨上中学。萧红出名

① 刘英. 在历史的激流中——刘英回忆录. 北京：中共党史出版社，1992：3–5.

② 苏平. 蔡畅传. 北京：中国妇女出版社，1990：14.

③ 石楠. 中国第一女兵：谢冰莹全传. 南京：江苏文艺出版社，2008：14–25.

后，曾直言不讳地说："当年，我升学了，那不是什么人帮助我，是我自己向家庭施行的骗术。"[①] 史良小时求学也曾遭遇父母包办婚姻的阻碍，同样是父母出于私心（那户人家很富裕），但史良硬是不服从。她"蒙头睡觉不吃饭，和父母赌气"，最终父母只好否决了这门婚事。[②]

① 铁峰. 萧红传. 哈尔滨：北方文艺出版社，1993：31–33.

② 史良. 史良自述. 北京：中国文史出版社，1987：2.

第四章
劳动与儿童教育的冲突与融合

国际学界对童工（child labor）的界定不尽相同，但有一点共识却是存在的，即童工所从事的劳动，会对儿童的健康成长与身心发展产生不利影响（如阻断儿童的读书进程等），从而被视为“不可接受的”（unacceptable）。[①]但这里所谓的“不利影响”在内涵上仍然比较模糊，所以有学者根据跨年段、跨国界的问卷调查所得，设定“凡是在一周内从事经济活动超过1小时以上的”[②]，都自动被认为不利儿童的成长，这里的经济活动包括一切有工资或无工资的，合法或非法的劳动（但家务劳动除外）。[③]这个界定虽然最大限度地站在保护儿童权益的立场上，但在实际情境中却很难应用，因为它没有区分各年龄阶段社会使用童工的不同情况，因此国际劳工组织（ILO）的定义更为各国所广泛接受。它认为，所

① Chae-Young Kim, *Is combining child labour and school education the right approach? Investigating* the *Cambodian case*. International Journal of Educational, Development 29, 2009, p. 30.

② G. Betcherman, J. Fares, A. *Luinstra and R. Prouty. Child Labour, Education and Children' s Rights*. World Bank Social Protection Discussion Paper Series No. 0412. World Bank, Washington, DC, 2004.

③ International Labour Organization（ILO）, *The end of child labour: Within reach. Global Report under the Follow-up to the ILO Declaration on Fundamental Principles and Rights at Work 2006*. International Labour Conference, 95th session, Report I（B）. ILO, Geneva, 2006.

谓童工，是指那些12岁以下从事任何经济活动的儿童，从事经济活动超过每周14小时的12—14岁儿童，以及从事最恶劣形式（worst forms）劳动的18岁以下儿童。这里的最恶劣形式，在外延上包括四种，即奴隶活动，色情活动，非法活动（如毒品交易）和那些在本质上会对儿童健康、安全和品德产生消极影响的工作。①

依据这个定义，除了那些在家庭内部从事的非经济性的家务劳动以外，其他一切形式的劳动都可被划入童工的范畴。与此相对的是，儿童工作（child work）则指那些能够教育或培训儿童为未来职业做准备，并且是社会和家庭功能一部分的工作。②民国学者对童工的界定一样具有宽泛的性质，有代表性的如陈仁炳对儿童职业的分类：一类是与工商机构有关（即与成人合作的），如街头理发、铁店小工、木工、电镀小工、洗衣、弹棉花等；第二类是独立谋生不依赖于成人的，包括那些需要一定资本的职业，如擦皮鞋、卖凉茶、卖大饼油条、卖冰棒、卖火柴、卖香烟等，以及仅须劳力的职业，如拾荒、负行李、扛货品、拉人力车等合法职业和黄牛党、小偷、扒手、抢棉花等非法职业。③另外，唐海根据上海地区的经验，将童工分为男女两类：在男童方面，包括商店小工场或家庭工业的学徒和各种工场中的童工；在女童方面，包括特种雇工，如家庭婢女、娼家妓女等，和工厂所用的女子幼年工。④这两种界定都没有把产生经济价值的农务劳动列入童工的范畴，似乎这种劳动是在可容许的范围之内，是儿童工作的一部分，结合中国当时农民家庭占多数，农务劳动是大部分儿童生活的重要部分这一事实，学者做出这种界定并不令人意外。但是值得欣

① International Labour Organization（ILO）, *Every Child Counts*: *New Global Estimates on Child Labour*. ILO, Geneva, 2002; International Labour Organization （ILO）. Worst Forms of Child Labour Convention No. 182 adopted on June 17, 1999 in Geneva.

② Chae-Young Kim, *Is combining child labour and school education the right approach?Investigating the Cambodian case*. International Journal of Educational Development 29, 2009, p. 30.

③ 陈仁炳主编. 有关上海儿童福利的社会调查. 上海儿童福利促进会，1948：228–230.

④ 唐海. 中国劳动问题. 上海：光华书局，1926：252–253.

喜的是，也有学者对儿童劳动做了更现代的界定，明确区分了“童工”和“童期工作”。如沈丹泥就指出，“不是凡百工作，都是劳工。孩童们的工作，果真是没有超过他们的能力，又会叫他们感到趣味；自动，创造和占有的天性，又可以得到相当的表现，这是有教育意义的，和劳工大有区别的”。他认为童期工作必须能符合下列条件：①不妨碍学校功课与游戏和不占有他们的时间；②工作要在适宜的场所；③不能阻碍身心的发育；④要有教育的意义；⑤要有相当的监察。无论是工厂的劳动，还是农场的劳动，如果不符合以上五点要求，便不能算是童期工作，只能算是童工。[①]

相对来说，家务劳动比农务劳动更容易被划出童工的范畴，因为它也是儿童生活的常态，并且是作为家庭成员的必要责任。当代儿童研究却指出，这类家务劳动已经产生另一类特殊的童工群体，即儿童家庭劳动者（child domestic worker/labor）。这类劳动者是指18岁以下的儿童在别人的家庭中从事家常杂务，照顾幼童，看护庄园或农田，跑差事，帮助其雇佣者经营小本生意等活动。[②]这些儿童通常与他们的雇佣者居住在一起，极少数人会获得一部分微薄的工资，大多数情况下，他们的福利仅限于免费获得食物和住所。雇佣者中亦有一些是儿童的亲戚，在这种情况下，儿童的地位实则处于劳动者和家庭成员之间。在这些家庭劳动者中，女童占有数量上的绝对优势，也即中国俗称的“童养媳”。[③]儿童家庭劳动者几乎没有受到清末民国政府部门和劳工学者的任何注意，尽管社会上对童养媳的批判一直十分强烈，但主要是从家庭婚姻的视角着眼，并不特别强调她们被雇主奴役的残酷现实，没有把她们当作一种特殊的劳动力。

受史料的限制，我国当代学者一般都把重心放在工厂童工这个群体上，而很少注意从事街头职业、农务劳动等其他童工，以及单纯参与家务

① 沈丹泥，童工，上海：世界书局，1927：10.

② Jonathan Blagbrough, *Child Domestic Labour*：*A Modern Form of Slavery*. Children & Society，2008, 22（3）, p. 180.

③ Jonathan Blagbrough, *Child Domestic Labour*：*A Modern Form of Slavery*. Children & Society，2008, 22（3）, p. 180.

劳动的儿童工作者，他们一般将童工局限在那些在工厂中从事机器生产或劳动的16周岁以下儿童（主要包括学徒工、包身工和养成工等）。[①]本章首先叙述的也是中国工厂童工在20世纪上半叶的悲惨境遇，但将同时关注那些从事农务和家务劳动以及街头职业的儿童，着重分析的并不是他们参与劳动的具体情况，而是要考察这种劳动对他们求学的影响以及儿童自身调适两种生活模式的努力。

第一节　工厂劳动与儿童教育

一、儿童沦为工厂童工的原因

中国近代工业化进程的源头可追溯至明朝中叶，至鸦片战争被迫洞开国门之后才有初步的发展，及至20世纪10—20年代达到高潮，从而诞生了大量的外国资本、民族资本和官僚资本企业。在这股由工场手工业向机器化大工业的经济变革中，分工制度逐渐流行，原先需要熟练工人操作才能完成的任务被有效分解为相对简易的子任务，使尚未经受任何职业训练的儿童亦能轻松运作，而使之有可能被纳入到经济发展所需的劳动大军之中。工厂主又因童工工资低廉，比成人更易于管控和驾驭，也不会对工作条件等方面提出太多的要求，因此对童工多有兴趣。[②]有些部门如火柴、纺织等则会因儿童身体上的特殊性（如手指纤细等）而对童工有更大量的需求。可以说，透过当代学者所截取的近代官方对个别省市或某行业工厂的定量调查，工厂童工是历时已久的普遍存在的现象。

① 王媛媛. 近代中国童工问题研究——以20世纪二三十年代上海为中心. 苏州大学中国近现代史硕士论文，2007：22.

② 陶百川. 中国劳动法之理论与实际. 上海：大东书局，1931：170.

上海租界某纱厂的童工，摄于1928—1930年

其一，自19世纪80年代开始，童工便开始在工厂中出现，如在1888年宁波的通久源轧花厂就有一些年方8岁的童工操纵轧花机器①，1882—1883年间上海英美三缫丝厂雇佣的中国工人中也已包含童工②。此后童工的数量不断增加，如19世纪末时对上海43家企业的调查显示，平均5个工人就有一个是童工。③童工在工厂总体工人数量中逐步占据了相当大的比重，如根据工商部1930年时对华东、华中9个省份29个城市的调查显示，童工的比例大致在4.6%④，但其中有14个城市的比例已经超出10%，特别是上海。⑤其二，童工的利用可以说是各个基础行业的普遍选择，尤以纺织、缫丝、烟草加工等技术含量相对较低，手指要求较灵活的轻工业为主，这类行业的童工（特别是女童工）比例高得十分惊人，远远超出其他行业。如对1928年上海各产业工人人数的调查显示，纺织部门中的童工竟占全上海童工总数的73.4%。⑥20世纪20年代时苏州的丝厂中，其工人均以10—18岁的女童工为最多。⑦其他如外贸、采矿、冶炼、机械制造、化工、食品甚至兵器加工厂等对技术含量相对较高、劳动强度更大、危险系数更高的行业，也有大批童工的身

① 孙毓堂. 中国近代工业史资料：第1辑（下册）. 北京：科学出版社，1957：1232.

② 刘明达. 中国近代工人阶级和工人运动（第1册）. 北京：中共中央党校出版社，2002：208.

③ 汪敬虞. 中国近代工业史资料（1895—1914）第2辑（下册）. 北京：中华书局，1962：1181.

④ 鲁运庚，刘长飞. 民国初年的童工研究. 民国档案，2002（2）：50.

⑤ 王媛媛. 近代中国童工问题研究——以20世纪二三十年代上海为中心. 苏州大学中国近现代史硕士论文，2007：9.

⑥ 邢必信，吴铎，林颂河，张铁铮，陶孟和. 第二次劳动年鉴：第一编. 北平：大北印书局，1932：17-18.

⑦ 贺岳僧. 中国罢工史，上海世界书局，1927：12.

影。由此可见，在当时儿童参与工厂生产，绝不是个别企业、个别行业或个别地区的特殊作风，而是面向全社会被广大民众所普遍认可的行为方式。

童工常被民间社会认为是可接受的，因为它似乎是贫困家庭的必然选择，但是对于家庭贫困和到工厂做工之间的必然联系，国际学界还存在很大的争议。不少学者的研究已经指出家庭经济的贫困可能不是造成童工的主要因素，而很多参与各种职业劳动的儿童事实上是有机会或者已经进入学校读书的。[①] 在近代中国，根据陈仁炳的论述，儿童从事职业活动的原因，基本上可分为三类：第一类，家庭贫穷无法生活，必须借助儿童赚钱才能度日；第二类，家庭虽贫但并不急需儿童赚钱贴补家用，可是儿童不得不自行谋生；第三类，家庭不贫，儿童自动求职。他指出，那些家庭确实贫困的儿童，其工作的场所大都是在街头，而那些家庭不是十分贫困的儿童，其职业才常常与工商机构或厂房有直接关联。[②] 另据王媛媛的研究，当时上海工厂的童工主要有三个部分构成：一是来自苏北流民家庭和其他灾区省份的灾童，二是躲避战乱沦为难民的儿童，三是向往城市生活、寻求更多发展机会的外来务工儿童。[③] 其中只有前两部分的儿童才属于陈仁炳所说的第一类，而第三部分中的许多家庭并不必然以童工作为其生存发展的必要条件，也就预示着家长有选择自己的子女是否去工厂做工的机会。此外，那从儿童身上榨取巨额剩余价值、对儿童身心有巨大威胁的包身工制度之所以在当时各地农村广为流行，恐怕与家长贪图包身工所给予他们的相对不菲的收入有密切关系（在20世纪20—30年代的上海，每招募一个童工，其家庭可获得每月两

① S. Canagarajah and H. S. Nielsen, *Child labour and schooling in Africa*: *A comparative study*. World Bank Social Protection Discussion Paper No. 9916. World Bank, Washington, DC. 1999; S. Bhalotra and Z. Tzannatos, *Child Labour*: *What have we learnt?* World Bank Social Protection Discussion Paper Series No. 0317. World Bank, Washington, DC, 2003.

② 陈仁炳主编. 有关上海儿童福利的社会调查. 上海儿童福利促进会，1948：227.

③ 王媛媛. 近代中国童工问题研究——以20世纪二三十年代上海为中心. 苏州大学中国近现代史硕士论文，2007：15-16.

元工资，这对农民来说是一笔不小的数目[①]），间接反映出他们对儿童学校教育的重视程度远不能和更直接的经济利益相提并论。

就那些已经在城市扎下根来的工人家庭来说，尽管有相对稳定的收入，也不易遭受天灾战乱的影响，但仍经常处于亏损或近乎亏损的状态中。丁同力和周世述在1929年曾以上海6个工人家庭为对象，分析了他们的收入构成与盈余情况，见表1：

表1　1929年上海工人家庭收入构成与盈余[②]

家庭收入总数（元）	子女年龄（扣足计算）	家庭工资总数（元）	子女工资数（元）	子女工资与家庭工资的百分数	家庭亏短数或盈余数（元）	将子女工资从家庭收入总数中除去后的亏短数或盈余数（元）
331.00	13	296.20	86.10	29.0%	亏13.72	99.82
402.00	13 11	366.12	81.60 78.95	22.2% 21.6%	15.67 15.67	65.93} 63.29}144.89
453.10	14 12	418.10	130.80 126.80	31.2% 30.1%	76.78 76.78	54.02} 50.02}180.82
765.80	13	657.80	41.36	6.2%	56.85	盈15.49
815.33	11	678.33	34.95	5.1%	亏29.23	64.18
893.52	13	720.52	91.56	12.6%	110.08	盈18.52
平均数	12.5	——	84.01	19.7%	36.07	75.95

忻平的研究也指出，20世纪20—30年代，上海工人家庭每户的年均收入为416.51元，支出为454.38元，收支失衡，户平均亏空37.87元。[③]陶孟和等则对北平三百本工人及小学教员家庭的账本进行调查（反映出1926—

① 丁勇华，吕佳航. 试论1920、1930年代上海童工问题. 上海大学学报：社会科学版，2008，15（2）：93.

② 丁同力，周世述. 上海工厂工人之生活程度. 见李文海主编. 民国时期社会调查丛编：城市（劳工）生活卷上册. 福州：福建教育出版社，2005：237.

③ 忻平. 从上海发现历史——现代化进程中的上海人及其社会生活（1927—1937）. 上海：上海人民出版社，1996：329.

1927年的情况），发现各工人家庭的收入主要有五类来源：工资、亲友的馈赠与所供给的饭食、慈善机关或慈善家的赈济、土地或物品的租金、其他（如借款的利息及售物所得的金钱等）。其中工资为主要部分，占总收入的90%，这里的工资包括子女的收入。调查指出，“工人家庭收入之增加，多由于子女赚钱之补助，而非由于家主工资之增高”。特别是那些技能不佳或年龄稍长的工人的家庭。该调查还指出48户工人家庭中有21家处于亏损状态，平均亏损7.61元；而余下的27家处于盈余状态的家庭，其盈余的额度平均也只有9.12元。[①] 由此可见，即便是那些已经融入城市的工人家庭，依然在很大程度上要仰赖于儿童打工所得资金，否则全家经济便更易陷入亏损的状态，而危及最基本的生存。

然而，家庭经济的衰败并不意味着儿童不得不完全投入到工作之中，而不能有丝毫的读书机会，这就必须进一步分析造成这种衰败的微观因素，即父母对整体收入在各项开支上的分配比重。如果亏损或接近亏损是工人家庭的常态，那么父母必会成功寻找门路（如借贷）使家庭在此常态下仍能立稳脚跟，因此从理论上来说保持乃至追加对儿童教育的投资是可能的，如果他们真正把学校教育放在一个优先的位置，着眼于儿童及家庭的未来的话。但根据20世纪30年代上海市社会局对上海一般工人所进行的长达一年的跟踪调查（记账法），我们便可发现教育支出占家庭总支出的比重是微乎其微的。这项研究涉及305个坚持记账的家庭，这些家庭平均每年每户的教育费用是1.45元，仅占杂项总费用的1.3%，这个数目，尚不足以订阅一个月的新闻报纸；在已有的教育经费中，有68家包括了学费（平均每年为1.27元），有103家包括了教科书、文具等基本学习用品的支出（平均每年为0.8元）。[②] 根据《申报》1922年9月7日的数据，活页本小学教材20号每号为1角，手工图书联络教材每册为4角，手工教材两册8

① 陶孟和. 北平生活费之分析. 社会调查所，1930：31–35.

② 上海市政府社会局. 上海市工人生活程度. 上海：中华书局，1934：15.

角，图案教材二辑为6角等，[①] 可见每年8角的投入根本不足以满足儿童购买教材的需要。相比较而言，这些家庭中竟有296家在敬神祭祀等活动上年均花费3.98元，[②] 足足是教育经费的2倍有余。前述陶孟和等对北平工人家庭的调查也呈现出类似的结论，此调查中可见工人家庭的支出主要在饮食方面，其比例约达60—70%，其他费用则包括房租、衣服、燃料和杂费，这其中的杂费虽然占总支出的比例只在3%左右，但其内容涉及甚多，如嗜好费（饮茶吸烟喝酒等）、捐助、年节娱乐费、小孩购买糖果及玩物的费用、小孩的教育费用等，其中又以嗜好费为最主要，教育费用与其他大多数杂费一样都不及1%。（见表2）

表2　1926—1927年北平四十八户家庭支出类目表[③]

收入组	家数	每家平均		每家平均支出数					每家支出总平均数
		人数	等成年数	食品费	房租	衣服费	燃料费	杂费	
＜70元	3	3.67	2.60	47.75	8.00	1.03	10.74	3.75	71.28
70—110元	28	4.18	2.98	63.68	7.59	5.20	10.72	2.92	90.12
110—150元	14	5.36	4.09	87.02	7.81	8.72	12.62	3.35	119.52
150—190元	3	5.67	4.50	107.74	6.80	20.77	13.91	3.91	153.13
各组合计	48	4.58	3.38	72.25	7.63	6.94	11.48	3.16	101.45

由此可知，儿童的学校教育在许多家长的观念体系中只是占据了一个无足轻重的位置，成人并没有把儿童的读书权纳入必须优先保障的范围，

① 丁勇华，吕佳航. 试论1920、1930年代上海童工问题. 上海大学学报（社会科学版），2008，15（2）：94.

② 忻平. 从上海发现历史——现代化进程中的上海人及其社会生活（1927—1937）. 上海：上海人民出版社，1996：336.

③ 陶孟和. 北平生活费之分析. 社会调查所，1930（10）：33.

因此送儿童入工厂与家庭经济赤贫之间并没有必然的联系，解决家庭经济的困难并不意味着家长就会自动自觉地把受教育权还给儿童，恰如民国学者沈丹泥（1927）所认识到的，“有些人以为童工问题，完全是在经济范围以内的，所以经济问题一日不得解决，童工的地位是一日不会好的，这是不尽可靠的”[①]。

二、童工立法运动的兴起与成效

现代化早期，伴随童工群体的日渐扩大，中国也像西方国家一样出现一股保护童工权益的思潮和立法运动。中国官方和民间的这种保护意识，虽然在19世纪末便已存在，但影响最为广泛的时期则是在五四时期和20世纪30年代早期。这段时期不仅诞生了一批关注童工问题的期刊和著作，中央和地方亦纷纷制定和颁布各项保护童工权益的法令，来督促各工商业机构限制对幼龄儿童的招募，改善童工的生存处境（如劳动类型和强度、劳动时间、劳动环境和工资等），并提供必要的教育机会以保障儿童的读书权。

对童工最低雇用年龄的限定，是童工立法运动的主要内容之一，此年限在许多国家都代表着义务教育的结束和成人生活的开始。年龄限制越高，也就意味着更大群体的儿童有更多的机会留在学校，而不易被家长强行逼迫进入工厂参加成人般的劳动，因此它可以说是政府推行强迫教育的重要组成部分，尽管只是间接的。同时，年限的提高也预示着童年期的延长，从一个方面阻止了儿童过早成年化的趋势，使儿童得以按照童年的步伐来发展自身的智识和身体，享受应有的体验。从总体上来看，依据政府的法律文本，童工的最低雇用年龄从早期的10岁逐步提高到12—15岁，甚至在部分工厂中提高至18岁。如1923年，北洋政府公布的《暂行

① 沈丹泥. 童工. 上海：世界书局，1927：2.

工厂通则》规定“男子未满十二岁，厂主不得雇用之。”[①]。1924年上海市工部局规定“工厂工艺场不得雇佣十岁以下的孩童”[②]。1926年，湖北省通过的《湖北临时工厂条例》规定，“工场主不得使用未满十五岁之童工及女工”[③]。1927年颁布的《陕甘区域内之临时劳动法》规定，“禁止雇用十四岁以下之童工”；山东省青岛市政府颁布的《青岛市工人待遇暂行规则》（1933）规定“凡未满十四岁之男女儿童自本规则施行之日起不得雇用为职工或学徒”[④]。1932年，南京国民政府颁布《修正工厂法》也规定，“凡未满十四岁之男女，工厂不得雇用为工厂工人”[⑤]。1933年《山西取缔各煤窑虐待工人办法》甚至规定“凡未满十八岁者不得雇用为工人”[⑥]。

童工自进入工厂做苦工之后，有多种因素可以决定他们是否能参与到学校教育之中。其一是他们自己的工作时间与可能接受的教育的兼容程度。有关资料显示，儿童的工作时间和一般成年工人相差无几，如根据1933年上海纺织、棉织、缫丝、编结、化学、漂染、饮食、烟草、金属等行业成年男工 、女工和童工的工作时间的比较显示，童工平均日工作时间是9小时，成年男工约为10小时，成年女工约9.3小时；童工平均夜工作时间为5.35小时，成年男工和女工则分别为7小时和6.6小时。（见表3）

① 陈振鹭. 现代劳动问题论丛. 上海：书报合作社，1933：167.
② 沈丹泥，童工. 上海：世界书局，1927：75.
③ 尹明明，鲁运庚. 20世纪初中国的童工问题研究. 2003，48（3）.
④ 实业部中国劳动年鉴编纂委员会. 二十二年中国劳动年鉴：劳动法规. 1934：30-31.
⑤ 尹明明，鲁运庚. 20世纪初中国的童工问题研究. 2003，48（3）.
⑥ 实业部中国劳动年鉴编纂委员会. 二十二年中国劳动年鉴：劳动法规. 1934：56.

表3　1933年上海工人工作时间表①

业别	每日工时			每夜工时			每厂夜工平均数		
	男	女	童	男	女	童	男	女	童
纺织	10.6	10.7	10.5	10.8	10.6	10.2	106	229.9	40.4
棉织	11.3	11.3	11.2	11.2	11.2	11.2	273.6	759.6	69.9
织布	10.7	10.7	10.3	——	11.0	7.5	——	44.4	——
缫丝	10.7	10.5	10.5	——	——	——	——	——	——
丝织	10.6	10.6	10.6	10.5	9.3	11.2	113	41	——
编结	10.5	10.5	10.2	14.8	10.8	8.5	43	74.7	6.4
化学	8.9	8.82	8.91	9.44	10.5	——	79.3	129	49
漂染	9.58	10.14	10.00	10.00	——	——	70.3	——	——
公益	8.9	——	——	8.00	——	9.0	——	——	——
饮食	10.13	9.36	9.9	11.5	8.5	9.0	49	198	9
烟草	9.83	9.37	10.00	——	8.5	——	——	198	9
金属	9	9.7	9.22	——	——	——	——	——	——
印刷	10.13	9.3	9	6.5	5.0	3.0	32	12	10

只有极少数工厂于正午和半夜换班时会提供15—30分钟的休息时间，大多数工厂甚至没有为暂时休息或吃饭规定任何间歇时间；童工在某些工厂中还常常要做额外的工作，如比成年工人早到，准备好工作用具或材料等。

在这种情况下，保证足够的休息时间以适应儿童体能的基本需求尚且不易，拨出部分时间用于学习将很难成为他们的现实选择。为此，中国政府特别出台相关法令，要求工厂尽可能缩短幼年工的工作时间，不准对他们动用夜工制度，以使他们有足够的闲暇时间来保障身心的正常发展，接受童年期所应享有的适当教育。这里的幼年工特指在17—18岁与先前所

① 何德明. 中国劳工问题. 上海：商务印书馆，1939：33-34.

限定的最低雇用年龄之间的童工群体，是被政府允许合法存在的儿童劳动者。如北洋政府公布的《暂行工厂通则》（1923）规定“男子未满17岁，女子未满18岁者为幼年工”，“幼年工每日工作，除休息时间外，至多不得过八小时”，“厂主不得令幼年工从事于午后八时，至翌日前四时时间内之工作”，“对于幼年工至少应每月给予三日之休息”。[①] 南京国民政府公布的《工厂法》（1929）和《修正工厂法》（1932）皆规定“童工每日之工作时间不得超过八小时”；“童工不得在午后八时至翌晨六时之时间内工作”[②]。1923年制定的《中国共产党党纲草案》也提出“14岁至18岁者每日工作不得过6小时”[③]。同时政府也出台其他法令，强调童工雇用者不得以工作为理由，阻断儿童进入正规学校享受义务教育之机会。如《奏定初等小学堂章程》（1904）规定：“学龄儿童，如有因家实贫穷，未修毕初等小学之教科而受人雇佣者，该雇佣主人当设法通融，令儿童仍得就学，不得因其雇佣致妨碍儿童之就学。”[④]《国民学校令》（1915）也规定“学龄儿童未经国民学校毕业而为人佣役者，其主人不得因其为佣而妨其就学”[⑤]。《学龄儿童强迫入学暂行办法》（1937）再次规定在工厂工作之学龄儿童，厂主“有令其入学日二部制学校之义务，不得扣减其全日或全月全年之工资”[⑥]。

其次是工厂自身能否提供在职教育的项目，主动创造条件（时间、场所、课程资源等）组织童工接受这种非一般形式的教育。在这方面，民国时期的中央政府也出台了相关法律明令工厂保障童工的受教育权，要求他们不仅于各自厂内主动设立课程学习班，且在资金和时间上予以充分保

① 唐海. 中国劳动问题. 上海：光华书局，1926：250–251.
② 刘明逵，唐玉良. 中国近代工人阶级和工人运动（第7册）. 中共中央党校，2002：220.
③ 中国人民解放军政治学院党史教研室编. 中共党史参考资料（内部资料）：第2册，1979：313.
④ 璩鑫圭，唐良炎编. 中国近代教育史资料汇编：学制演变. 上海：上海教育出版社，1991：303.
⑤ 璩鑫圭，唐良炎编. 中国近代教育史资料汇编：学制演变. 上海：上海教育出版社，1991：780.
⑥ 宋恩荣，章咸. 中华民国教育法规选编（1912—1949）. 南京：江苏教育出版社，1990：335.

障。例如《暂行工厂通则》(1923)规定“厂主对幼年工及失学职工,应于本厂内予以补习相当教育,并担负其费用。前项补习教育时间,幼年工每星期至少应在10小时以上”[①]。《工厂法》(1929)和《修正工厂法》(1932)均规定工厂对于其童工负有补习教育之责任,并担负所有相关费用;补习教育之时间,每周至少应有10小时,且在工作时间之外。[②]这些观念在某些地方的法令和工厂的章程中也有充分体现。例如《青岛市工人待遇暂行规则》(1933)第二十条规定“雇主对于童工及学徒应予工作时间外酌予受教育之机会并负担其费用”[③]。《上海市劳工教育实施办法大纲施行细则》(1933)要求四十岁以下不识字的职工(包括可能的童工)一律强迫进入劳工学校或劳工班学习,学习时间为每班每周至少8小时(工作时间之外)。[④]《胶济铁路工会职工补习学校章程》(1933)也持类似规定,并强调“学员入学一律免收学费,其应用之书籍必需品由各校酌量供给”[⑤]。

虽然在这里的劳工学校或班级中,童工与成年工人混合在一起上课,其课程设计也没有特别强调在对童工进行授课时必须适应儿童特殊的身心特点,因此颇有些阿利埃斯在《儿童的世纪》中所揭示的中世纪西方学校的情形,而缺乏必要的童年观念。但从他们所列出的课程内容来判断,其已经超出狭隘的职业教育的范畴,而偏向于对职工进行包括德育、智育在内的全方位教育,这一点是难能可贵的,若果能在实践中切实推行,可在相当程度上弥补童工失学所造成的教育损失。如上海市的劳工学校或班级的科目就包括三大类:第一类是基本的识字训练,其课程包括三民主义千字课、常识、珠算或笔算、乐歌、写字以及历史、地理、自然等,这一类

① 刘明达. 中国近代工人阶级和工人运动(第1册). 北京:中共中央党校出版社,2002:716.

② 吴经熊. 中华民国六法判解理由汇编:第6册. 上海:上海会文堂新记书局,1935:473.

③ 实业部中国劳动年鉴编纂委员会. 二十二年中国劳动年鉴:劳动法规,1934:31.

④ 实业部中国劳动年鉴编纂委员会. 二十二年中国劳动年鉴:劳动法规,1934:64.

⑤ 实业部中国劳动年鉴编纂委员会. 二十二年中国劳动年鉴:劳动法规,1934:69.

与初级小学中所列课程相差无几。第二类是公民训练，包括三民主义、地方自治浅说、本国大势、公民道德、劳动组织和劳工事业。这一类的大部分也是初级小学学生所必修的科目。第三类才是职业补习，包括服务道德、农工商业常识和专门职业知识技能等科目。[①]在教学方法上他们亦强调利用浅显易懂的读物配合讲授，并提供课外实践训练的机会来确保更好的学习成效；他们还设计出不同层级的毕业资格证书（如初、中、高），使劳工教育可以持续进行，并可与正规学校的文凭并驾齐驱而为社会所认可。显然，从法律层面来说，这些规定都有利于在一定程度上保障工厂儿童的读书权益，使他们不至因离开正规学校而完全丧失健全发展自身的机会，并折损未来的职业前途。

然而理想与现实总是存在差距的，法律上的规定并不一定能迅速转化为现实社会的行动，特别是在工业经济发展初期的民国。其一，当时中国地方割据势力强盛，北洋政府和随后的国民政府都无力有效驾驭各地方政府的行政管治，中央所颁布的一些旨在保障儿童教育权益的法令，其出发点都是善意的，但在地方上执行时不仅会有省、市、工厂的差异，且常被沦为“一纸空文”。各项法律规定在很大程度上只是劝诫性的，而不具备强迫的性质，因为它们并没有附带任何违犯条款的制裁或惩罚措施，这就容易造成立法与执法“两张皮”的现象。恰如一位英国代领事所揭示的：“中国当局通常乐于制定章程。制定章程，不需分文。但是执行章程，则有所不同。凡是遇有需要花钱设置必要的行政机构，以便确保任何旨在管理雇主的章程一经颁布应即切实遵行时，经验证明，中国当局往往缺乏真正的切实行动，实在使人痛异。中国的章程多半为官员用以营私舞弊和敲诈勒索，受害人恰恰就是章程旨在使之受益的人”。[②]不过，南

① 实业部中国劳动年鉴编纂委员会. 二十二年中国劳动年鉴：劳动法规，1934：66.

② 《阿弗莱克代领事致R-麦克利爵士文》（1924年8月13日），《英国关于中国劳工状况的文件》第七号文件附件十二. 见刘明达编. 中国近代工人阶级和工人运动（第1册）. 北京：中共中央党校出版社，2002：861.

京国民政府毕竟还是做出了一些努力，意图加强对执法力度的监控与干预。1931年《工厂检查法》公布，该法提出设立工厂检查员，对《工厂法》及其他劳动法所规定的工人年龄、工作时间、工厂安全卫生设备、人数、待遇等各事项在指定区域内进行定期（每三个月）检查，其中第11条特别提及调查员须考察各业童工的状况。[①] 1933年，为确保《工厂检查法》在全国范围内的有效进行和统一管理，中央工人检查处宣告成立。这个法令和组织的成立，无疑是与中华基督教女青年会（Young Women Charistian Association）、中华慈幼协会（National Child Welfare Assoication of China）、中华妇女节制会、中华基督教协进会等一系列非政府组织和相关活跃人士的号召和倡导分不开的，对保障工厂童工的权益或已起到了比以往更为积极有效的作用。

其二，与童工有关的劳动法案也遭到一线企业主的强烈抵触或反对，这些业主从自身的利益出发，要求修改法案的部分或全部条款，妄图使他们对儿童的不合理剥削继续合法化，而拒绝将儿童的权益摆在第一位。如1931年《工厂法》颁布之后，上海市华商卷烟厂同业公会对该法中有关对童工的补习教育的部分条款表示不满，要求将之修改为“工厂可以在可能范围内让童工和学徒接受补习教育及负担相关费用”，实际上是在为逃避解决童工就学问题确立法律依据。[②] 1931年，国际劳工局曾派劳工问题专家来华协助中国童工保护事业的开展。经他们的调查，发现在当时的情况下，绝对禁止使用14岁以下的童工是不可能的；关于童工每日工作时间最高八小时和不准夜工的规定在实际操作中也无法实现，因此只能寄希望于国际联盟派考察团来合作解决包括童工教育在内的一切难题。[③] 这两方面都反映出当时中国社会以经济利益挂帅而漠视儿童权益的普遍心态，童工

① 邢必信等. 第二次中国劳动年鉴. 社会调查所，1932：10-11.

② 王莹. 各地修改工厂法意见（一续）. 劳工月刊，1932—05—15，1（2）：36.

③ 包华国. 波安两氏对于以工厂检查实行工厂法之备忘录. 劳工月刊，1933—10—01，2（10）：91-97.

在工厂的处境最终没能因童工立法运动的开展而有显著的改善，不能不说是一种悲哀。

第二节　商店学徒的工作与教育

除了参与工厂劳动之外，儿童也作为学徒参与到各类商店的经营活动之中。这类学徒的出身，多是农村地区的贫苦人家，他们的家长为使子女掌握一技之长，以为谋生的资本，多自愿送他们入某一商业机构，也有一小部分学徒来自富裕的商贾之家，主要是为锻炼能力以继承家业。应当说，一个人要想在彼时跻身商界，非得有足够的学徒经历不可；这段经历也是处于社会底层的民众实现向上层社会流动的重要途径，儿童经历学徒式的训练，便可由农民而转化为帮工、伙计甚至师傅、小业主、富商和企业家等，因此送孩子当学徒是当时中国家庭的普遍愿望。

商业机构内流行的学徒制，其招工年龄普遍在10—20岁之间，又以13—18岁为主体（这段时期被视为学艺的最佳年龄），如根据瑞蚨祥1908—1924年学徒入店情况统计，在81名学徒中，最小的一人14岁，19岁的5人，只有一人20岁，其中16至18岁占总数的90%。[①] 他们每日的劳动时间，因具体商店与行业而有不同，但普遍来看都要比在工厂的劳动来得长和繁杂，他们并不是日出而作日入而息的，因为他们除了协助雇主管理某项营生之外，还须承担雇主家庭的各项生活事宜，具有类似奴婢一样的身份。[②] 同时，学徒学艺期间没有假期，虽然店铺在春节、端午、中秋等节日时会关闭，但学徒仍只能留在店铺内而不能回家，就连平时有事出

① 皮店伙友入号帐，引自谢会敏.近代北京学徒制度研究.河北大学历史学硕士论文，2011.

② 陈振鹭.现代劳动问题论丛.上海：书报合作社，1933.

门都要实行严格的请假制度，若不能按时返回就要受到惩罚乃至开除，只有少数老字号才有双周休息一日、一月休息两日等稍人性化的规定。如瑞蚨祥规定工作时间为“自上午七时起至下午十时止”，劳动时间总计15小时；龙顺成学徒则按传统三节休息，平时没有任何休息日，每天干活达十五六个小时。当时很多学者及有一定学识的学徒都揭露了这种高强度作业的学徒制度。如唐海就曾详细描述了学徒一天的生活场景：“一清早就要起身，因为没有正式睡觉的地方，就睡在店堂以内，所以第一件事，就是收拾铺盖。铺盖整齐好的，就要洒扫揩拭，开排门，侍候店中的先生和老班，侍候东家娘娘，侍候东家的小孩子，在百忙中间，还要助理店里的生意，接待顾客，倒茶，洗烟筒，甚至清洁溺器，真是忙得不亦乐乎。直到深夜，还要上排门，在睡觉时，还要看门。一切的事情，都是他包办的。”①《农南公报》1916年2月第19期所反映的学徒处境亦复如是：“小店学徒之生活尤苦……店主店主妇恒待学徒若奴役婢牛马……为学徒者终日无片刻暇也。”②鸿鼎的《悲哀之音》、赵充的《五年前的我》等文也都控诉了学徒奴隶般的劳动生活。③在这般高强度的工作环境下，学徒若要重返学校继续享受正规教育，则近乎是不可能的事，更何况还有雇主千方百计阻挠学徒上学者。如松之在《你要读书店门叫谁看》一文中即表示自已有上夜校的愿望，却苦于没有固定的下班和休息时间，又被店主恶意阻挠，于是感到很痛苦。④为改善商店学徒的处境，当时很多有识之士都提出缩短工作时间的意见，认为只有缩短时间，儿童的身心健康才能得到保障，才能更好地提高工作效率，如有人提出学徒应该像学校的学生一样，有正当的工余活动，能够扩充见闻和增加涵养，希望学徒可以远足、逛公

① 唐海.中国劳动问题.上海：光华书局，1926：253.

② 转引自刘明达，唐玉良.中国工人运动史（第一卷）.广州：广东人民出版社，1998：217.

③ 鸿鼎.悲哀之音.生活，1916，1（9）：53；赵充.五年前的我.生活，1916，1（34）：201.

④ 松之.你要读书店门叫谁看.职业生活，1916，1（6）.

园或去听音乐会和名人演讲；有空暇时间看书阅报等。[①] 也有人提出学徒每天应至少享受2小时受教育的时间。[②]

应当指出的是，儿童在学徒制的环境下，本身就是在接受教育，这种教育被学者称为学徒教育。这种教育集教育、职业和资历于一身，具有学校教育所不具备的三个优势：①注重实际作业与经验，学与用相联贯，学不到则已，凡学到的事物，均可应用，无空虚不切实际之弊；②养成耐劳耐苦之习惯，无妄自尊大之恶习；③膳宿由店主供给，无所谓学费，贫苦之父兄，得轻其担负，于是穷苦之子弟，亦有学习一技艺以自立之机会。[③] 理论上来讲，店铺都应传授学徒特定职业的相关知识与技能，使他们在指定时间内完成学艺的任务，但事实上很多雇主并没有真心实意地教授给学徒任何知识与技能，只是要求学徒无偿为他们服务，有当时民谣为证，“学三年，帮三年……伤病残伤都无关，饭钱房金勿能欠。横巴竖巴六年满，请师谢师又三年，前前后后共九年，学着个洗衣烧火把饭添”[④]。即便师傅愿意教学徒，他们也倾向于将核心技术藏起来，因此学徒往往只能学到某项技艺的皮毛，并不足以将来自谋生路。

照看店铺是学徒的工作内容之一，摄于1947年

但那些较大的店铺会在系统化地传授技术知识的同时，也对学徒进

① 杨流云. 改良学徒生活的初步. 生活，1916，1（24）.

② 耐儿. 三年学徒生活的讨论. 生活，1916，1（19）.

③ 李权时. 商业教育. 上海：商务印书馆，1933：18.

④ 吴地歌谣. 引自谢会敏. 近代北京学徒制度研究. 河北大学历史学硕士论文，2011：55.

行简单的文化知识教育，因此部分承担了学校的功能，如在鹤年堂，“生徒一律参加文化业务学习，每天识字，临帖练习写大小楷”[①]；稻香春的学徒则在学习“包包儿，捆瓶子，捆食品”的同时，也学习“打算盘，约称”“学口算、学说话”等[②]。一些商人的传记也表明部分雇主确实对儿童的教育事业十分关心和支持，或者创造余暇时间给他们学习，或者送他们入夜校。如沈鸿13岁到上海协太布店做学徒，第二年便被师傅送到“商家联合会”的夜校学习。师傅给予沈鸿许多业余时间，使他得以自学中学数理化全部课程，后他又被送到上海总商会图书馆、商务印书馆图书馆读书，因此最终事业有成的沈鸿对这位师傅一直十分感激。[③]荣德生15岁时入上海永安街通顺钱庄作学徒，师傅激励并支持他学点真本事，给他足够的业余时间使之得以学习各项基础知识，其学业上的进步深得师傅赏识，因此他认为自己一生事业的基础便是在学徒时期奠定的。[④]1902年清政府农工商部创办的工艺局也执行业务教育和普通教育相结合的策略，如奉天工艺局延聘教习艺师传习工艺，兼教国文、测算、绘画等学科；北洋工艺局的实习工场规定，“凡在场工徒，均课以修身、汉文、历史、地理、算学、体操等项浅近课程。俾得略具普通知识，归于驯良”[⑤]。除此之外，较为正规的店铺也会承担起对儿童进行品行与职业道德教育的责任。晋商的店铺常教导学徒“总是谨慎小心惧怯怕人，不要放荡轻狂”，“学徒先要立品行，行有行品，立有立品，坐有坐品，吃有吃品，睡有睡品，以上五品，务要端正方成”等。[⑥]

---

① 中国人民政治协商会议北京市委员会文史资料研究委员会编. 驰名京华的老字号. 北京：文史资料出版社，1986：21.

② 中国人民政治协商会议北京市委员会文史资料研究委员会编. 驰名京华的老字号. 北京：文史资料出版社，1986：160.

③ 张永新，张忠文. 沈鸿——从布店学徒到技术专家. 北京：科学普及出版社，1989：8.

④ 乐农文史料选编. 荣德生文集. 上海：上海古籍出版社，2002：13.

⑤ 章开沅，周学熙集. 武汉：华中师范大学出版社，1999：173.

⑥ 佚名. 贸易须知辑要. 太原：山西古籍出版社，1995.

虽然20世纪上半叶送子女去商铺当学徒是全社会普遍流行的风尚，但一些家长并不心甘情愿让孩子在那么小的年纪就去商店打工，把童年的光阴费在干苦力而非游戏和学习上，毕竟当时社会舆论对学徒生活的描述总是以负面居多，因此这些家长宁可自己投入更多的劳力，竭力把孩子留在学校里。如肖劲光15岁时辍学在家，忽然听说一家铜元局招收学徒工人，决定前去应聘，但他的母亲“舍不得我这样小就去做工，犹豫不决，结果错过了招工机会”。耿飚的父亲也不希望“我的童年都在干活中度过，他希望我读书认字，将来能做一番事业”，因此“父亲白天外出做泥瓦匠，晚上回家干木匠活”，勉力供应耿飚上了两年私塾。更多的家长则是由于家庭经济的贫困，无力支付孩子的学费和其他费用，才不得不让孩子辍学，全职去当学徒，在他们的内心里，上学仍然是他们希望给予孩子的最佳选择。如宋任穷二哥宋骍臣在读书一两年后，因家里无力继续供其上学，便被送到镇上舅舅开的店里当学徒。① 罗明小学毕业之后，想要继续升学，但大埔县当时只有一所中学，只有家庭富裕的孩子才能读得起，而罗明家庭根本无钱供他上学，所以他只好去一间小洋货店当店员，兼做伙夫。② 郭化若13岁时家里穷得不得不将房子也卖掉，母亲不得不要求他停学去当学徒。③ 但是亦有一些家庭经济尚算充裕的家长，出于自己的私心（如继承祖业，赚更多钱等）而置儿童教育于不顾，或者让他们在入学之前便直接去店铺，或者干脆让他们中途停学。如王平的父亲眼见其友在村里开了药铺，便送王平到他那里，学习中医和照看铺面，王平便不得不停学去当学徒。④ 蔡和森在13岁时，就被父亲安排到“蔡广祥”酱园当全职学徒，因为父亲希望他出师后能继承祖业，并尽快养家糊口。⑤ 梁灵光小学毕业之际，母亲把他叫到身边，“抚摸着我的

① 宋任穷. 宋任穷回忆录. 北京：解放军出版社，1994：3.
② 罗明. 罗明回忆录. 福州：福建人民出版社，1991：2.
③ 郭化若. 郭化若回忆录. 北京：军事科学出版社，1995：2.
④ 王平. 王平将军自述. 沈阳：辽宁人民出版社，1998：2.
⑤ 李永春. 蔡和森年谱. 湘潭：湘潭大学出版社，2008：16.

头，对我说：‘阿湛，你看家里这环境，是不是该改变一下呢？’明地说：‘你已经长大了，懂事了，要是你能去帮帮叔伯打理店铺，免得我们家的股份老是被人侵吞，也可以多帮补一点家用’”。[①] 在这里，母亲丝毫没有顾及梁灵光的升学问题，而纯以家庭的经济利益为中心。

第三节 家务、农业劳动与儿童教育

从事家务和农业劳动可以说是农村儿童生活的必然组成部分。儿童既为家长所生，家长理所当然地认为儿童有为他们自己服务的义务，作为家庭事务一环节的家务和农务，自然就成为这类义务不可缺少的部分。一般来说，男童所从事的家庭劳动主要是那些需要消耗较多体力或安全系数较低的活，如上山砍柴，给地主放牛羊、种地、割草，下田播种施肥、收割庄稼等，有时也包括一些家务活（如挑水等）；而女童所从事的家庭劳动多局限在家务的范畴，如烧水、烧饭、照顾年幼的弟妹等，有时也会包括一些体力活，如种地等。

儿童从事这些劳动，并不必然与他们到学校读书形成尖锐的冲突。他们中很多人都能把干活和学习很好地结合起来，或是在放学之后才加入劳动的队伍中，或是将一天或一年的时间合理地分成两部分，一部分用来学习，一部分用来干活。如朱德在读私塾期间，放学后才帮母亲打理家务或者外出放牛，而在种地的季节里，他只把下午的时间用于种地，上午则用来读书。李德生回忆自己13岁时，是边放牛边到私塾读书的。[②] 余秋里小时候有三年时间，是利用冬闲季节，断断续续到夜校读书的，其余时间则

① 梁灵光. 梁灵光回忆录. 北京：中共党史出版社，1996：6-7.

② 李德生. 李德生将军自述. 沈阳：辽宁人民出版社，1997：2.

一直帮父亲干各类农活。[1]张鼎丞虽没有明确说明自己是如何调和家庭劳动与学校教育的，但他的童年轨迹说明这两者曾经是同时存在于他的生活中的，他说："由于家庭穷苦，我六岁就跟母亲上山砍柴和照顾小弟弟，十岁就牧牛和做较轻便的耕田事情……同时这些年头里也到私塾读书。"直到16岁那一年，他才彻底脱离家庭事务，进入区立高级小学。[2]

儿童砍柴，摄于1944年

另一些儿童，虽然全职在家从事家务及农业劳动，但他们的辍学并不是由于家长对他们受教育权的恶意剥夺，而往往是家庭经济过度贫困，无力缴纳上学所需的费用所致，一旦家庭经济好转，家长可能会重新送孩子返回学校。如邓子恢的母亲除做家务外，还长年上山砍柴、下田种地，勉力供应邓子恢上学，至16岁时，家庭经济再无力供邓子恢上中学，他才不得不在家跟着母亲从事农业劳动。[3]吕正操在附课学习准备入中学期间，家里连书都买不起，父母担心上中学后他们更负担不起学费、食宿费等，于是只好让吕正操在家干农活。[4]江渭清上完初小后，家里便无力供他继续读书了，他只好跟随父兄在家种田，那时他才11岁。[5]何长工小学毕业后，由于家境困难，父母又已年迈，于是被兄长建议弃学务农。[6]杜义德

① 余秋里. 余秋里回忆录. 北京：解放军出版社，1996：2.

② 萧心力. 我的选择——六十三位中共高级干部自述. 北京：中共中央党校出版社，1998：324–326.

③ 邓子恢传编辑委员会. 邓子恢传. 北京：人民出版社，1996.

④ 吕正操. 吕正操将军自述. 沈阳：辽宁人民出版社，1997：7.

⑤ 江渭清. 七十年征程——江渭清回忆录. 南京：江苏人民出版社，1996：8.

⑥ 何长工. 何长工回忆录. 北京：解放军出版社，1987：6.

河北昌黎三屯营的柴禾市场，许多小孩也参与卖柴，摄于1913年

也是由于家境贫寒，只读了八个月的私塾，到了八九岁不得不辍学给地主放牛，并做其他家务。[①] 刘震在10岁的时候，为了照顾得了严重哮喘病的父亲，也不得不暂时中断学业，全职在家干农活，并做家务，等到父亲病稍好又能重新劳动时，父亲便再次把他送进了学校。[②]

但是有一种情况却会造成劳动与教育之间的对立，那便是在农忙的季节，儿童不得不暂时中断学业，全天候跟在父母身边从事农业劳动。如朱德就坦诚自己“一到农忙，便整日在地里跟着母亲劳动”[③]。吕正操在跟一位老师附课补习国文、数学、英文等期间，也只是在农闲的时候学习，而农忙的时候则不得不全职干活。[④] 由于农忙是农村家庭生活的最重要时刻，直接关系全家人的生存，因此家长要求孩子停学来协助他们，应该说是情有可原的。政府也深明此理，因此出台法令调整学校的作息和上课时间，使儿童既能够在农忙的时候全职干农活，又能够跟上学校教育的整体

① 萧心力. 我的选择——六十三位中共高级干部自述. 北京：中共中央党校出版社，1998：244.
② 刘震. 刘震回忆录. 北京：解放军出版社，1990：18.
③ 中共中央文献研究室第二编研部. 朱德自述. 北京：国际文化出版公司，2009：201.
④ 吕正操. 吕正操将军自述. 沈阳：辽宁人民出版社，1997：7.

两兄妹开荒，摄于1942年

进度。如《实施义务教育暂行办法大纲施行细则》（1935）便规定："乡村短期小学，得放农忙假，但应缩短其他假期，以补足修业时数。"[①]《学龄儿童强迫入学暂行办法》（1937）也规定："各种义务小学或小学之就学时期及上课时间，应按照当地学龄儿童之生活环境，酌予伸缩，使贫苦儿童于帮助家庭工作或农田工作之余，仍得有就学机会。"[②]老解放区内的学校则一贯倡导学校教育与生产劳动相结合，许多学校根据农作闲忙情况，灵活采用整日制、半日制、早午制、小组教学等多种方式，以使学生的学业和劳动两不耽误，[③]还有学校干脆将劳动纳入学校课程系统中，组织学生参加家庭和学校的各类劳动。当然，除了农忙，家庭内部若出现其他忙碌的事务，家长也可能会让儿童中断学业，全职从事家庭劳动，但家长在这种情况下的作为，却在相当程度上违背了义务教育的原则，忽略了儿童有无条件享受义务教育的权利。如王平在12岁那年，父亲决定在院子里再盖几间房子，而人手又不够，于是主动让王平停学，"专门上山砍柴烧水，给修房的工匠们送茶送水，干些杂活"[④]。不过相对来说，这种个案比较少见，家长的主流做法仍是以各种方式，将参加农务和家庭劳动与儿童的教育整合起来。

① 宋恩荣，章咸. 中华民国教育法规选编（1912—1949）. 南京：江苏教育出版社，1990：302.
② 宋恩荣，章咸. 中华民国教育法规选编（1912—1949）. 南京：江苏教育出版社，1990：335.
③ 陈元晖主编. 老解放区教育简史. 北京：教育科学出版社，1981：57.
④ 王平. 王平将军自述. 沈阳：辽宁人民出版社，1998：2.

第五章
义务教育体系的确立与实施

在传统的中国社会，对儿童来说，受教育历来只是家长对他们的馈赠，他们能否上学及读书到何种程度，全不是由他们做主而是听家长安排。孩子既是家长的私有财产，在家长眼中就没有所谓的儿童权益可言，儿童存在的目的只是尽子女的义务，使家长或整个家庭的目的得以实现，利益得以维护或增强。只有到了20世纪上半叶，伴随整个国家的初步现代化，“义务教育”这个观念才开始浮现并逐步在全国普及，受教育开始成为国家和家庭必须履行的义务和儿童的基本权益。本章即在回顾中国义务教育发展历程的基础上，考察当时官方和民间在义务教育事宜上的基本观念与实际作为，主要分两节来叙述：第一节透过法令研制的历史进程，探索成人是如何逐步体认到义务教育的必要性，又是怎么界定义务教育的本质的，从中反映出他们怎样的童年观；第二节通过对义务教育执行情况的考察，分析国家和家长在哪些方面履行了自己对保障儿童受教育权的义务，哪些方面又做得不够，以揭示理论与实际之间的差距。

第一节　建立义务教育的背景与目的

一、国家本位视野下的义务教育

中国自古以来并没有义务教育的观念，私塾、书院等旧式学校的存在，只对少部分家庭经济宽裕的儿童才有影响，大部分儿童是通过家长或族内其他亲人的直接教导，而获得有限的家庭教育，文盲则是社会的普遍现象。自近代以来，国家饱受西方侵略者的欺辱，清政府为维护自己的统治地位，改变落后挨打的局面，纷纷派官员至海外，对西方社会的各个方面（包括教育）进行详细考察，同时支持国内优秀青年到欧美和日本进修，期待他们将在国外学到的优秀技术引入到中国。这些留学生和出洋官员成为中国最早一批亲历并介绍西方义务教育制度的国人，也正是他们的持续宣传和大力推动，才使清政府最终建立起中国历史上第一个义务教育体系。

但无论是东西洋留学的学生，还是清政府内部的官员，在推行义务教育的动机方面，都带有鲜明的政治色彩和“宏大叙事”的特点。他们看到那些先后强盛起来的国家，都在竭力普及民智，兴办学校，培养人才，认为教育是这些国家能够强盛的最关键因素之一，于是纷纷建议清政府采取同样的措施，期盼以此实现中国的再度复兴。而清政府对此当然是喜闻乐见的，因为这种复兴也就意味着它的统治危机可以被解除，它的政治合法性可以持续为民所认可。因此，义务教育便被劫持为一种政治的工具，列为政治议程的一部分。1890—1894年访问西欧诸国的官员薛福成，在《出使英法义比四国日记》中就明确提到义务教育是西方国家之所以强盛的重要原因："夫观大局之兴废盛衰，必究其所以致此之本原。学校之盛有如今日，此西洋诸国所以勃兴之本原欤？"[①] 时任湖北农务局官员并对中国近代学制的设计者张之洞有深刻影响的罗振玉在其《日本教育大旨》中也指出义务教育对于国家统治的重要性："今日教育家言，若有一国于此无义务教育，是其国无法令也。非真无法令之谓，有法令而不能施之人民也。故教以忠孝，而后能行不忠孝之罚；导以业务，而后能行废弃业务之惩；不然者是不教而诛，野蛮之行也。发挥义务教育之说，此为最切。"[②] 在另一篇文章《教育赘言八则》中，罗振玉再次强调义务教育是培养民众爱国心的必由之路（当然，这里的爱国心，归根结底就是爱清政府的心）："近来教育家说，佥以义务教育为教育之基础……国民若不施义务教育，则国人不知国与民之关系，则爱国之心何由而生？古语所谓：'愚民百万，谓之无民'，即指此未受义务教育之人民矣。今日立学，必定义务教育主义，必使全国人民悉受普通之教育，悉具尊爱之知识。"[③]

时任山东巡抚袁世凯在其奏折中则明确提出人才立国的观念，认为清廷统治的衰弱源自人才的匮乏，只有通过普及教育大力培养人才，才能改变颓废的局面。他说："臣伏维国势之强弱，视乎人才，人才之盛衰，原于学校。诚以人才者，立国之本，而学校者，又人才所从出之途也。以今日世变之殷，时艰之亟，将欲得人以佐治，必须兴学以培才。"[④] 他的这一观点得到许多当朝权贵（乃至后世许多当权者）的首肯。例如时任两江总督的刘坤一便提到"窃谓中国不贫于财而贫于人才，不弱于兵而弱于志气"，因此主张"童子八岁以上入蒙学……十二岁以上入小学校……十五岁以上入高等小学校"等。[⑤] 湖广总督张之洞也认为"国势之强弱在

① 熊贤君. 中国近代义务教育研究. 武汉：华中师范大学出版社，2006：78.
② 熊贤君. 中国近代义务教育研究. 武汉：华中师范大学出版社，2006：91.
③ 引自璩鑫圭，唐良炎编. 中国近代教育史资料汇编：学制演变. 上海：上海教育出版社，1991：151–152.
④ 山东巡抚袁世凯. 奏办山东大学堂折（1901年9月）. 引自上书，第41页.
⑤ 湖广总督张之洞，两江总督刘坤一会奏变法自强第一疏（1901. 07. 12）. 引自上书，第12–13页.

人才，人才之消长在学校。环球各国竞长争雄，莫不以教育为兴邦之急务”[①]，因此，政府应竭力推行义务教育。

留学东西洋的中国学生，也同样持有一种社会进化论的观念，认为日本与欧美的强盛正在于教育的全国性普及，中国只有积极仿效，才能在世界的竞争中立于不败之地。如严复就注意到“西洋今日，业无论兵、工、商；治无论家、国、天下，蔑二事焉不资于学……各国皆知此理，故民不读书，罪其父母”，认为“中国忍此终古，二十年以往，民之愚智，益复相悬，以与逐利争夺，必无幸矣”。[②]一位署名为“云窝”的留日学生则指出教育是否普及直接关系到国家的生死存亡：“使一国之中人人有爱国心，而具普通之知识，则兴也，勃焉。人人无爱国心而缺普通之知识则亡也，忽焉。”[③]凡此话语，不胜枚举。基于这种海内外的共同造势，清政府在最初制定学制、推行义务教育时，才可以堂而皇之地称“小学堂教育与国家有重要关系”，“国民之智愚贤否，关国家之强弱盛衰”，只有“民皆知学，人能自存”，才能“保固邦基，消弭外侮，无负朝廷振兴教育之至意”。[④]

总起来说，义务教育开始在中国得以建立，主要是基于它对国家和民族的长远贡献，而非对儿童的积极意义言，本质上是一种“国家本位”（而非“儿童本位”）意识形态的产物。这种“义务教育论”自清末形成之后，在中华民国时期继续盛行，或可说是本书所论时段整个教育界的主流观念。如在政府方面，《教育部整理教育方案草案》（1914）即指出，“人民向学为国家第一之生命”，“盖自国家主义盛行，以民力之厚薄为国力强弱之比例差；国有一人不学，则失一人之用，故国家恒视就学儿童

① 湖广总督张之洞：筹定学堂规模次第兴办折（1902. 10. 31）. 引自上书，第97页.

② 严复. 救亡决论. 王栻主编. 严复集：第一册. 北京：中华书局，1986：48–49.

③ 熊贤君. 中国近代义务教育研究. 武汉：华中师范大学出版社，2006：99.

④ 奏定初等小学堂章程（1904）. 引自璩鑫圭，唐良炎编. 中国近代教育史资料汇编：学制演变. 上海：上海教育出版社，1991：292，302–303.

为国家之一分子，祈有以浚发其智德，以张内治而御外侮”，“征诸世界各邦，必以国家能履行义务教育而后称为有教育之国，其通例也。顾欲国家主义之贯彻，非可求诸私塾，必在乎公共教育”。[①]《教育部呈拟订国民学校令呈请核定公布文》（1915）也指出“今后生存之计，惟有以全国一致之决心，养成全体国民之品性与其生活能力，以从事于世界之竞争，庶几国民得以保持其生存，而国家有巩固健全之望”。[②]《第一次中国教育年鉴》（1934）也表明，“以吾国国民程度幼稚，无论对内对外，均非厉行义务教育，提高人民程度，不足以挽救国族之阽危”[③]。

这种国家本位的观念在民间的知识分子中间也占有极大的市场，在他们的著作和论文中，对义务教育的意义或重要性的认识往往局限在对国家或民族的有用性上，而很少注意到义务教育对儿童本身的价值。如高凤谦曾言，“国何以盛？进国民之程度，斯国盛矣。国民程度何以进？兴教育，斯国民程度进矣”，因此“教育为国家之根本，而国民教育又根本之根本”。[④]常子忠说，“义务教育是国民的基本教育，是复兴民族国家的基础工具”[⑤]。王祖培也持同样的观点，他说“在民族自决的呼声中，第一个显示着的，就是义教的抬头。他一步步地迈进着，竟扼住了现教育的中心，成功了复兴民族的途径”[⑥]。王琪认为“处于现世界的一个国家，因为要谋得政治、经济的开展，必须实施义务教育，以提高国民程度，这是不容否认的”，而“中国在以前是轻忽了这一点，因而造成政治的黑暗和经济的纷扰”。[⑦]蒋梦麟则不无忧虑地说，如果不抓紧推行义务教育，“使

① 璩鑫圭，唐良炎编. 中国近代教育史资料汇编：学制演变. 上海：上海教育出版社，1991：734.

② 璩鑫圭，唐良炎编. 中国近代教育史资料汇编：学制演变. 上海：上海教育出版社，1991：771.

③ 教育部. 第一次中国教育年鉴，上海：开明书店，1934：487.

④ 《教育杂志》1912年2月第3卷第10期，引自璩鑫圭、唐良炎编. 中国近代教育史资料汇编：学制演变. 上海：上海教育出版社，1991：616.

⑤ 义务教育第三区义务教育月刊社. 义务教育月刊（第一卷第一期）. 北平：义务教育月刊社，1937：5.

⑥ 义务教育第三区义务教育月刊社. 义务教育月刊（第一卷第一期）. 北平：义务教育月刊社，1937：1.

⑦ 义务教育第三区义务教育月刊社. 义务教育月刊（第一卷第一期）. 北平：义务教育月刊社，1937：10.

全国识字的人数增加，增加到欧美各国的比例率差不多，说句悲观的话，中国终久是归于文化演进淘汰的"[①]。

当然，无论是政府，还是知识分子，他们在论述义务教育对国家之意义的同时，也不乏提及它对个体发展的重要性，毕竟，只有每个个体实现现代化，才能造就出一个真正现代化的国家。一方面，为要使个体参与到国民经济的建设中，以造就更发达的物质文明，个体必须接受基本的国民教育，以掌握生产所需的基础知识和技能，这就使个体具备了比过去更强的生存能力；另一方面，为要使个体了解并遵守国家的主流意识形态，切实参与到国家的政治生活中，履行自己对国家的义务，个体就必须接受义务教育，学习尊君爱国、礼义廉耻、民主权利等观念，但这同时使他们具备了反思现实生活的意识和创建更现代政治文明的能力，这两方面都表明尽管国家在推行义务教育时主要是基于它对自身发展的考虑，却潜在地创造了促进每个个体发展的合法性舞台。也有知识分子明确提到义务教育对儿童身心发展的必要，虽然这类话语在研究者收集的史料中很罕见。如朱有瓛即指出，义务教育除了对国家政治经济有意义之外，也有在生物学和心理学上的意义：在生物学方面，个体在幼年时期接受教育，就可以具备适应复杂环境的更大能力，增加自身的智慧程度；在心理学方面，"人类的习惯要靠教育养成，总不能离开教育"，"尤其在幼稚时期，日常基本的习惯都在此中养成，所以更为重要"，"义务教育，就是这时期所需要的教育"。[②]

与此同时，中国共产党也在苏区内积极倡导普及义务教育，如《中华苏维埃共和国宪法大纲》（1931年11月）规定，"在进行国内革命战争所能做到的范围内，应开始施行完全免费的普及教育"，"一切工农劳苦群众及其子弟，有享受国家免费教育之权"，"中国苏维埃政权以保证工农劳苦民

① 朱有瓛. 义务教育ABC. 上海：ABC丛书社，1933：10.

② 朱有瓛. 义务教育ABC. 上海：ABC丛书社，1933：15-16.

众有受教育的权利为目的”；[1]《陕甘宁边区抗战时期施政纲领》（1937）也规定实行普及免费的儿童教育[2]；在解放战争时期，各解放区也着意加强小学教育的普及[3]。《目前教育工作任务的决议案》（1933）同样指出，“苏维埃教育制度的基本原则是为着实现一切男女儿童免费的义务教育到十七岁为止”[4]。中国共产党在区域内建立政权，就是为了探索出一条新的“挽救民族危亡、解放全国人民”的革命道路和创造一个不同于中华民国的新中国。如毛泽东在《第二次苏维埃代表大会的报告》指出文化教育建设的中心任务是厉行全部的义务教育，是努力扫除文盲，文化教育的总方针“在于以共产主义的精神来教育广大的劳苦民众，在于使文化教育为革命战争与阶级斗争服务，在于使教育与劳动联系起来，在于使广大中国民众都成为享受文明幸福的人”[5]。解放战争期间，陕甘宁边区政府发布的《战时教育方案》（1946）也指出，各级学校都应立即动员起来，发挥教育上的有生力量，直接或间接地为自卫战争服务。[6]而在抗日战争时期，义务教育的根本目的除了巩固抗日政权以外，还直接兼顾对民族精神和觉悟的培养，将每一个人缔造为挽救民族危亡的一份子。如毛泽东在中国共产党六届六中全会扩大会议上所做的报告《论新阶段》（1938）指出抗日战争时期的教育政策，其中一条就是“办理义务的小学教育，以民族精神教育新后代”[7]；《晋察冀边区施政纲领》也规定“在提高国民文化水准及民族觉悟的目标下，实行普及的、义务的、免费的教育”[8]。

① 陈元晖主编. 老解放区教育简史. 北京：教育科学出版社，1981：5–6.
② 陈元晖主编. 老解放区教育简史. 北京：教育科学出版社，1981：54.
③ 陈元晖主编. 老解放区教育简史. 北京：教育科学出版社，1981：166.
④ 陈元晖主编. 老解放区教育简史. 北京：教育科学出版社，1981：10.
⑤ 陈元晖主编. 老解放区教育简史. 北京：教育科学出版社，1981：6.
⑥ 陈元晖主编. 老解放区教育简史. 北京：教育科学出版社，1981：128.
⑦ 陈元晖主编. 老解放区教育简史. 北京：教育科学出版社，1981：54.
⑧ 陈元晖主编. 老解放区教育简史. 北京：教育科学出版社，1981：55.

二、儿童公育视野下的义务教育

义务教育观念的兴起与儿童公育思潮有重要的联系。义务教育是由国家建设公共的机构，强迫儿童进行统一的教育，而儿童公育在根本上也主张由国家设立公共机构来教育（和抚养）儿童，以补充甚至取代过去家庭私自教育的模式，因此两者在本质上是一致的。而且提倡儿童公育的学者，无论是维新派的康有为、梁启超，还是五四时期的先锋人物蔡元培、恽代英、沈兼士等，也同时是倡导义务教育的重要代表。总体上，儿童公育的观念来源于学者对“家”与“国”这两个概念及制度的深刻反思，他们将封建家庭制度进行了釜底抽薪式的批判，称家是“万恶之源”，[①]而主张将家庭的功能（如养育和教育功能等）分离出来，由国家来承担，由此才能解放儿童。

儿童公育的支持者们之所以认为只有国家——而不是家庭——才能够担负起培养优秀儿童的重任，其主要原因有三：

第一，“教育是专门的事业，不是人人能担任的”[②]，而当时的家长普遍缺乏教育儿童的专门学识（教育学、心理学、保育知识等），虽然社会上已经陆续出版了各类辅助性的期刊、书籍，但大多数人或者不具备足够的识字基础来阅读这些读物，或者为摆脱贫困地位而疲于工作，以至于根本无暇阅读。而实行儿童公育之后，国家可以聘请那些受过专业训练的人担任教员和保姆，为儿童提供更科学的课程模块和教学方法，并配备游戏场所及所需恩物玩具，再加上精美且卫生的学习、生活环境，必能使儿童更加健康地成长。[③]

第二，封建家庭“太腐败”，百弊丛生，各个阶层的家庭，无论其

---

① 傅斯年. 万恶之源. 新潮，1919，第1卷第1号；李大钊. 万恶之源. 每周评论，第30号，1919年7月13日.

② 蔡元培. 贫儿院与贫儿教育的关系. 高平叔. 蔡元培教育文选. 北京：人民教育出版社，1980：77.

③ 向警予. 女子解放与改造的商榷. 少年中国，1920年5月26日，2（2）.

生活环境如何优越，都无法“善诱他的子女”，反而易使儿童受到家庭的不良影响，而减损其健康成长的机率。中国传统的家庭制度是以父系为主体的家长专制制度，这种制度“以家族为本位，而个人无权利，一家之人，听命家长”[①]，“那家长的权力，大半和专制魔王一般。什么经济呀，交际呀，子女教育呀，婚姻呀，都要由他主裁”[②]，因此在这样的家庭中，儿童是没有自由和权利可言的，只能听任家长的安排，从而丧失了培养自我发展的独立个性和自治意识，也无法按照自己的兴趣、品性自由发展，反而易养成依赖家长、缺乏责任心、畏惧权威的不良品德。在家庭教育的模式下，儿童也没有机会参与社群性的活动，因此培养不了儿童的集体生活能力与其他民主制度所需的公民素养。而且当时大多数家长，由于他们是旧的封建制度的产物，因此事实上他们也“不配做儿童的榜样”。而公育机构的存在则能在很大程度上减弱乃至消除封建家庭对中国儿童的“戕害”，按照国家的意志培养具有独立人格、能够参与“联合生活”、敢于追求个人事业的现代化公民，而使儿童获得更加全面的发展。

第三，当时中国社会以贫困家庭居多，为摆脱生存的危机，许多家长不得不忙于各类工作（甚至要求儿童过早加入劳动大军，因为在他们看来，到了工厂至少还有厂主可以派人照料他们），所以他们中很多人都难有实行教育乃至照顾子女的时间，[③]而使儿童德、智、体各方面都无法获得良性发展的机会。但实行国家公育之后，照顾和教育儿童的任务便可由专门的人员负责，家长既不用担忧儿童独自生活所面临的危险，也不用担心他们的学识、心理得不到健康发展。

然而，支持公育事业的学者们并不以儿童为他们话语叙述的唯一焦

① 陈独秀. 东西民族根本思想之差异. 新青年，1915年12月15日，1（4）.

② 周建人. 中国旧家庭制度的变动. 妇女杂志，1921，7（6）.

③ 蔡元培. 贫儿院与贫儿教育的关系. 高平叔. 蔡元培教育文选. 北京：人民教育出版社，1980：78.

点，尽管他们认为公育对儿童的成长具有不可估量的意义，但这种意义仍具有附属的性质，因为它服从于国家的整体利益。在他们看来，儿童公育关乎社会的改造和国家的前途，儿童不是父母的私产，而是整个国家或社会的公共财富，“伤害儿童的前途，就等于伤害民族的前途”[①]，公育“更可以培养出健全的国民，而造成建强的民族”[②]。同时，儿童公育也是“彻底的妇人问题解决法”[③]，儿童归由国家教养之后，妇女可以从“主中馈”“抚子事姑”的事业中解放出来，少受家庭和婚姻的束缚，而可以参与到学校教育以及社会职业之中，提高自己的学识与技能，为社会贡献自己的力量，使国家获得发展所需的更多的人力资源。由此可见，建立在儿童公育思潮基础上的义务教育，其终极目的也不在儿童自身，而在儿童之外的国家利益上，发展与解放儿童在根本上只是为提升国家竞争力而锻造出更多更优秀的国民。

第二节　义务教育的实施：国与家之间的角力

“义务教育”翻译自英文compulsory education，其译名直接从日文著作中而来，这个词，从最直接的意义上讲，便是“强迫教育”，那么强迫和义务二词何以能并列在一起，同指一个词呢？最常见的解释认为，“义务”和“强迫”本质上是一样的，只是针对不同的主体而言，如《第一次中国教育年鉴》（1934）就曾指出，“盖就人民之责任者，则为义务；就国

① 托儿事业，亟待提倡. 中央日报. 1934年9月13日. 转引自李伟博. 浅议清末民初时期的儿童公育思潮. 知识经济，2009（16）：172.

② 儿童公育之我见. 中央日报，1937 年 1月 27 日. 转引自同上文献，第172页.

③ 沈兼士. 儿童公育. 新青年，1919，6（6）.

家之政策者，则为强迫”[①]；《中华民国宪法草案》（1936）也做了类似规定，“国家对于全国各地，应普遍设立各类小学，使全国学龄儿童，均有入学之机会，在预定年限内达到普及教育之目的。同时全国人民，对于子女，均应尽强迫入学之义务，使全国学龄儿童，至少均须受此最低限度之义务教育”[②]。但也有人将义务一词的含义扩大化，使之包含“强迫”在内，最早提倡义务教育的学者之一袁观澜的解释便最具代表性，他认为义务教育有四层意思：一谓国内人民，在国家规定之学龄期间，有应尽教育之义务；二谓父母或其家长，对于在学龄期间之子女，或其监护之儿童，有绝对使受教育之义务；三谓国家对于人民，在学龄期间，有制定法律使受教育之义务；四谓一般社会，对于人民在学龄期间应就学者，有纳规定之税额，设立学校或相当场所，使受教育之义务。[③]

但有不少学者反对把“义务”一词广义化，特别是反对将义务一词延伸到作为读书者的儿童身上，他们纷纷主张把受教育看作是儿童不可侵犯的权利而非义务，这是极其可贵的观念。如朱有瓛便指出，义务教育一词“不能包括这种教育的含义，在受教的一方面说不通，因为教育是人民的权利而不是义务”[④]。常导之在《教育行政大纲》（1934）一书中从法律的角度批判了“广义义务教育论”的荒谬性，他指出，根据《民法总则》（1929年国民政府公布）规定，未满7岁无行为能力，满7岁而未及20岁则有限制行为能力，因此对儿童不能科以义务；相反，“人之权利能力，始于出生，终于死亡”，“所以教育为儿童应享之权利，照法理解释，尤较妥当”。[⑤]孙中山先生在地方自治施行方法中也明确提到，“凡在自治区域之少年男女，皆有受教育之权利”。陶行知在《读〈实施义务教育暂行办

① 教育部教育年鉴编纂委员会. 第一次中国教育年鉴. 上海：开明书店，1934：487.

② 宋恩荣、章咸. 中华民国教育法规选编（1912—1949）. 南京：江苏教育出版社，1990：66.

③ 朱大章. 推动中国新式教育发展的先驱——记我校原常务校董袁希涛先生. 同济大学校友网.

④ 朱有瓛. 义务教育ABC. 上海：ABC丛书社，1933：5.

⑤ 常导之. 教育行政大纲. 上海：中华书局，1934：63.

法大纲〉有感》（1935）一文中更是一针见血地指出受教育是儿童的一项人权，他说："受教育是一种权利而不是一种义务。求学好比吃饭。人生在世，要想生存就必得吃饭，吃饭是人权。从来没听过要人家负吃饭之义务。所以拿这个义务放在人民身上是说不通的。但反过来说，政府倒有这种义务。"①

在义务教育的实施过程中，各届政府通过广设学校，设计完整学制，培训师资等，缓缓推进普及国民教育的进程，应当说在总体上，他们是在不断履行自己的义务的。但在家长方面，基于各方面的复杂因素，却往往不能履行送学龄子女上学的义务，为此，国家不得不启动强迫和惩罚的法律程序。事实上，强迫家长送儿童上学这一条从一开始就得到高度重视，作为铺展义务教育不可分割的举措之一。清末民初官员及学者多有提及"儿童及岁不入学堂罪其父母"的必要，如《奏定初等小学堂章程》（1904）便规定"儿童就学之义务，责之养育儿童之父母；无父母者责之任保护儿童之亲族人"②。《强迫教育章程》（1906—1907）第7条规定"幼童及岁不入学堂者，罪其父母"③；1913年民国教育部拟定《强迫教育办法》，其第4条规定"为儿童当人之年，八岁一律入学，违者重罚其父兄"④。梁启超在《答某报第四号对于〈新民丛报〉之驳论》中也多次强调国家有强迫推广义务教育的必要，"不先利用国家之强制力，以实行一切行政法规，则教育断无普及之理"，"今中国不欲兴学则已，苟欲兴学，则必自以政府干涉之力，强行小学制度始"，"及岁不遣就学，则罚其父母"。⑤陶行知在《强迫教育新义》一文中也指出，"我们要强迫有权者允许人求学……凡阻碍别人求学、教人者都要罚得重，因为他们是妨害整

① 陈建华. 论陶行知的义务教育观. 湖南师范大学教育科学学报，2008，7（2）：6.
② 引自璩鑫圭，唐良炎编. 中国近代教育史资料汇编：学制演变. 上海：上海教育出版社，1991：303.
③ 熊君贤. 中国近代义务教育研究. 武汉：华中师范大学出版社，2006：310.
④ 熊贤君. 中国近代义务教育研究. 武汉：华中师范大学出版社，2006：310.
⑤ 熊贤君. 中国近代义务教育研究. 武汉：华中师范大学出版社，2006：110-111.

个民族之进步……强迫之重心要压在家长、店主、厂长、任何机关团体之负责人的身上……铲除民众儿童上进之阻碍，使民众儿童有自动求学之可能，才是普及教育及教育采用强迫手段之真义”[①]，等等。中国共产党在其管辖区域内也一再强调推行强迫教育，如土地革命战争时期中华苏维埃政府宣布“采取强迫性质的教育”，规定父母如果不送子女上学，就要受到惩办[②]；陕甘宁边区政府于1940年也颁布“强迫推行义务教育的法令”，其中包括了对父母不送子女入学的惩办方法[③]。

但最开始时，政府只是把心思放在鼓励、劝导和奖励家长送子女上学这个维度上，并不打算真正动用国家公器对人民施行严厉地强迫，也迟迟没有设定谁在什么情况下进行怎样层级的惩罚等问题，因此这种强迫根本无法在实践中实现。如《钦定蒙学堂章程》（1902）一方面指出“蒙学为各学根本，西律有儿童及岁不入学堂罪其父母之条”，但同时也指出“今学堂开创伊始，尚未能一律仿照”。[④]《奏定初等小学堂章程》（1904）也是同样规定：“外国通例，初等小学堂，全国人民均应入学，名为强迫教育……中国创办伊始，各地方官绅务当竭力劝勉，以入学者日益加多，方不负朝廷化民成俗之至意。”[⑤]

政府起初之所以把重心放在劝导上，而完全没有施加惩罚的举措，也与他们害怕激起民众与政府之间的矛盾有重要关系。当时，民间对强迫教育仍有较强烈的抵制情绪，毕竟在他们眼中，孩子是他们的亲生骨肉和私有财产，是否送孩子上学自古以来就是家庭内部的私事，家长愿意时孩子便入学，不愿意时便退学，轮不上政府来干涉他们的内部事务，因此为

① 陶行知. 强迫教育新义. 生活教育. 1935年5月16日，第2卷第6期.
② 陈桂生. 我国实施义务教育与免费教育的历史经验. 现代教育论丛，1986（01）：20.
③ 陈桂生. 我国实施义务教育与免费教育的历史经验. 现代教育论丛，1986（01）：20.
④ 璩鑫圭，唐良炎编. 中国近代教育史资料汇编：学制演变. 上海：上海教育出版社，1991：282.
⑤ 璩鑫圭，唐良炎编. 中国近代教育史资料汇编：学制演变. 上海：上海教育出版社，1991：291–292.

推行义务教育而设立的学校常常遇到招生、退学、旷课等各种麻烦。[①]如中华苏维埃政府在反思强迫教育的政策时提到它是一种脱离群众的错误办法，于是明令禁止强迫，而改用说服动员的方法；抗日战争初期中国共产党也一再批评这种行政强迫的方法，认为它“绝对不可采用”，因为家长即便暂时送孩子上学，也容易让他们休学、辍学乃至停学，于是“夏多秋少春满堂，不见人的冬三月”的现象十分普遍。[②]即便是为考察义务教育的实施情况而展开的对各家各户学龄儿童的统计性调查，也遇到民间的强烈抵制，如在1915年袁世凯政府颁布的《特定教育纲要》中就提到，“调查学龄儿童，易起乡民之误会，近日浙江已见风潮”，因此不得不建议地方政府委托自治团体进行调查，[③]以免激化政府与民众之间的矛盾。

但光是厉行劝导和说服的政策，虽然比较切合实际，但在根本上难以完成普及教育的迫切任务，常子忠就指出北平市短期小学1937年时普遍学额不足，“劝导入学，颇不容易，所以只好用强迫办法”[④]。所以20世纪30年代中后期，民国中央及地方政府纷纷建立起详细的强迫条例和惩罚体系，“威逼”家长送学龄儿童入学。1935年2月，河南省洛阳县在其《强迫儿童入学办法》中，最先开始制定详细的惩处办法：若家长不送适龄儿童入学，应先由村校董劝导，若无效，则将他们送交该管区公所，由区长劝导；若再无效，即呈送县村惩办。[⑤]北平市推行的强迫办法则有四条：①请乡保长督令失学儿童家长令子女入学读书；②由校中和警局，公布应入学儿童名单期限入校；③通知警局派警，会同校务员，劝告失学儿童家

① 王琪：关于短小招生旷课与退学. 见义务教育第三区义务教育月刊社. 义务教育月刊. 北平：义务教育月刊社，1937：10.

② 陈桂生. 我国实施义务教育与免费教育的历史经验. 现代教育论丛，1986（01）：20.

③ 璩鑫圭，唐良炎编. 中国近代教育史资料汇编：学制演变. 上海：上海教育出版社，1991：748.

④ 常子忠. 一年来义教三区的回顾与瞻望. 见义务教育第三区义务教育月刊社. 义务教育月刊. 北平：义务教育月刊社，1937：9.

⑤ 熊贤君. 中国近代义务教育研究. 武汉：华中师范大学出版社，2006：311-312.

长；④拘捕失学儿童家长，到局处罚现金或服务公役。[①]中央政府也先后颁布了《实施义务教育暂行办法大纲施行细则》（1935）、《学龄儿童强迫入学暂行办法》（1937）、《强迫入学条例》（1944）等法规，规定要成立强有力的强迫入学委员会（这个强迫入学委员会，一般由县长、教育科科长、督学、各乡镇长及县公民代表所组成，具有较强的行政影响力）来实施标准明确的惩罚体系。家长或监护人若不将适龄儿童送入学校，将按照如下四级程序严肃处理：

1. 劝告。凡应入学之儿童而不入学，逾各种义务小学及小学开学期10日以上者，应由强迫入学委员会的有关人员用书面或口头劝告其父母或监护人限令10日内送儿童入学。

2. 榜示姓名以作警告。若经劝告后，父母或监护人仍不令儿童入学，得于劝告期限届满后5日或7日，将其姓名榜示，并仍限令10日内入学。

3. 罚款。若榜示姓名后仍不遵行，得于限满7日内，由强迫入学委员会决议，处以一定数量的罚款。

4. 征工。若在罚款后，成人仍不送儿童入学，则令其参与与所罚款项等额之工作日，并仍限于10日内入学。

此外，上述法令还规定了已入学的儿童无故旷课者，对其家长或监护人的处罚标准，分别按一周、二周、三周、一月、两月以上等层级处以相应的罚款或征工。[②]

这些法令的实施，对保障儿童受教育的权益，促进义务教育的普及，具有非常积极的作用。但要注意到“失学儿童的家庭持观望态度的多，真需要强迫制裁的占极少数”[③]，很多家庭中的成人未必没有送孩子上学的

① 常子忠. 一年来义教三区的回顾与瞻望. 见义务教育第三区义务教育月刊社. 义务教育月刊. 北平：义务教育月刊社，1937：9.

② 熊贤君. 中国近代义务教育研究. 武汉：华中师范大学出版社，2006：317–318.

③ 常子忠. 一年来义教三区的回顾与瞻望. 见义务教育第三区义务教育月刊社. 义务教育月刊. 北平：义务教育月刊社，1937：12.

意愿和决心，他们也深知教育可以改善他们子女及整个家庭的命运，但是读书所须承担的经济支出却经常超出他们的承受能力，这里的支出不仅包括基本的学费，也包括膳食费、住宿费、书本费等其他开支，一般家庭若要送孩子入学校，或要倾尽家产勉力维持，或者根本难以为继，而只好忍痛放弃或“剥夺”孩子上学的机会。如徐海东就指出，在他9岁入私塾读书的时候，其同班同学大多是富家子弟，而他家虽然能勉强供其上学，却已经贫困至极，不仅穿得破破烂烂，连买纸和笔的钱都拿不出来。① 吕正操在小学只待了不到4年时间，家里就供不起了，即便是在读书期间，像平常买一支铅笔，都要哭好几次，家里人才肯花钱买。② 江渭清8岁入小学，但这所小学学费很贵，为此，家里的父亲和兄弟们不得不全部参加劳动，不计寒暑帮工挑炭、割稻，才能筹集到全部学费。③ 刘瑞龙7岁入本镇陆洪闸小学，其费用也不得不依赖家中多人协力支持，才能支持学业，譬如其衣食和学费由大哥大嫂负责供给，日常开支由母亲挣钱提供；待到行将去高等小学读书时，家里却再难支付其学费和膳食费，刘瑞龙不得不面临失学的危险。④ 余秋里同样只在本村私塾中待了三年，后因家中生活困难，无力负担每学期六斗米的学费，只好辍学。⑤ 王平好不容易考上了县城的高等小学，但父母以家庭困难为由拒绝了他读书的请求。⑥诸如此类的案例可谓数不胜数。

为提高义务教育的普及率，各届政府曾出台多项措施（特别是义务教育的免费化政策），力图消除或缓解贫困家庭送孩子上学的经济顾虑。对贫困家庭的经济辅助政策一直都存在，如《奏定初等小学堂章程》

① 徐海东. 生平自述. 北京：生活 · 读书 · 新知三联书店，1982：7.
② 吕正操. 吕正操将军自述. 沈阳：辽宁人民出版社，1997：7.
③ 江渭清. 七十年征程——江渭清回忆录. 南京：江苏人民出版社，1996：6.
④ 刘瑞龙. 刘瑞龙回忆录. 合肥：安徽人民出版社，1991：1–2.
⑤ 余秋里. 余秋里回忆录. 北京：解放军出版社，1996：2.
⑥ 王平. 王平将军自述. 沈阳：辽宁人民出版社，1998：3.

（1904）便规定“学龄儿童，如有因其父母或认保护儿童之亲族人家实贫穷不能就学者，本乡村绅耆可禀明地方官审查酌量，或免除，或暂缓其就学”[①]。教育部颁布的《乡村小学充实儿童学额办法》（1931）也规定“乡村小学为减轻人民负担使其子女易于入学期间，得多设免费学额。并得由主管教育行政机关，酌给书籍用品，或购办书籍用品，以供贫苦儿童借用”[②]。《学龄儿童强迫入学暂行办法》（1937）更提出八项救济举措，以帮助那些确系赤贫的家庭，使他们的子女得以入学，例如“依照各级学校设置免费学额及公费学额规程，给予贫苦儿童以免费学额或公费学额，使之就学”；“地方如有公款，应拨给若干，在当地各种义务小学及小学内设置贫苦儿童公费学额”；“就地方慈善人士或慈善机关劝募捐款，为贫苦儿童就学时衣食之用”；“以强迫入学各项罚锾，作为补助贫苦儿童入学之需”；“由地方筹建工厂，施行半工半读制，收容当地贫苦儿童入学工读”；“对已赤贫之学龄儿童，由学校贷款与其家长或保护人，经营小规模之商工业”等。[③]但义务教育在一开始是采取收费政策的，如1906年5月颁布的《劝学所章程》就明确规定，在筹款方面，可“酌量各地情形，令学生交纳学费”[④]，直至20世纪30年代中期之后，教育部的法令中才开始出现“免费”的字眼，意图进一步减轻家长的经济负担。如1936年5月公布的《中华民国宪法草案》规定，“六岁至十二岁之学龄儿童，一律受基本教育，免纳学费”[⑤]；1947年公布的《中华民国宪法》规定，“六岁至十二岁之学龄儿童，一律受基本教育，免纳学费。其贫苦者，由政府供给书籍”[⑥]，等等。

① 璩鑫圭，唐良炎编. 中国近代教育史资料汇编：学制演变. 上海：上海教育出版社，1991：303.

② 宋恩荣，章咸. 中华民国教育法规选编（1912—1949）. 南京：江苏教育出版社，1990：218.

③ 宋恩荣，章咸. 中华民国教育法规选编（1912—1949）. 南京：江苏教育出版社，1990：315.

④ 朱有瓛. 义务教育ABC. 上海：ABC丛书社，1933：61.

⑤ 宋恩荣，章咸. 中华民国教育法规选编（1912—1949）. 南京：江苏教育出版社，1990：64.

⑥ 宋恩荣，章咸. 中华民国教育法规选编（1912—1949）. 南京：江苏教育出版社，1990：70.

然而就现实情况来看，尽管政府所出台的各项政策对保障儿童受教育权极有帮助，但在战事频繁的年代，教育经费常常被政府无端挪用而没有着落，如全国教育独立运动会就指出，“教育经费，东西各国无不占国家预算之大部，我国岁入除军费政费之外，教育费用，所值几何。乃近年来，并此区区之数亦尽饱入武人政客之私囊……反转而以养兵”①。就连访问中国的美国教育家杜威也察觉到了这个糟糕的问题，他在1921年的一次广州讲学中就指出：“据各省的情况观察，军费与教育费的比较，差不多成八与一，至二十与一之比例……他们的大宗款项多用于军政，以致教育的经费不但不能保留原有的数目，还要时时裁减，那么教育事业怎样能发达？”②至于国民政府时期，由于抗日战争等战事的拖累，政府收入更被大批用于军事，使义务教育的经费比民国初年时更难有着落。同时，各地在普及义务教育的力度上也是参差不齐，事实上，在民国前半期，只有山西省最早且最完备地在全省推行了义务教育制度（就连中央政府也是受了山西经验的鼓舞才拟定了一些切实可行的义务教育法令），其他省份对义务教育的实施多采取敷衍塞责的态度。这种情况虽至20世纪三四十年代而稍有改观，但全国学龄儿童的失学率仍是居高不下，大约维持在70%—80%左右。总之，阻碍儿童上学的经济因素仍在现实中发挥着重大的影响，并没有因那些善意的法律法规文件的公布而得到根本性解决，而政府因没有真正落实义务教育的相关政策，而未能完全履行国家在义务教育方面的义务，使得保障儿童受教育权的事业仍面临重重困境。

① 全国教育独立运动会宣言. 新教育，1922，4（5）.

② 杜威. 南游心影. 见袁刚等民治主义与现代社会——杜威在华讲演集. 北京：北京大学出版社，2004：641.

第二部分　管理篇

儿童进入学校的主要功能是通过各门课程的学习掌握基础知识与技能，并养成一定的情感态度与价值观，但成人为了将儿童更好地塑造成为他们所期望的形态，往往对儿童的日常生活与行为施以严格的管理与规训。这种管理带有隐性课程的性质，是学校道德教育的一部分，对儿童生活世界的影响要远远大于正规的课堂学习，因此在无数传记中，每当作者谈起自己的校园生活时，校内成人如何以各种手段管理他们，他们又是如何反抗学校管理的有关政策的，往往成为史料的主体内容，从而为本部分的书写奠定了坚实的基础。但学校对学生进行管理的项目甚多，包括学籍管理、课堂管理、日常生活管理等各方面，并不是所有方面都能非常鲜明地折射出校内成人与儿童的动态关系。为此本部分着重从两个角度分别揭示20世纪上半叶中小学校学生管理的实际情况。第六章重在探索私塾和现代学校所建立的惩罚机制，以及家长、儿童对种种惩罚事件的态度与具体反应；第七章则以儿童自治为切入口，重点揭示儿童与成人在管理权问题上所形成的复杂关系。

第六章 学校对儿童的惩罚机制

在学校管理中，惩罚是一类较为普遍的管理手段，而由于儿童、家长与教师常会围绕惩罚事件发生各种互动和交涉，因此尤能反映社会各方面对待儿童的态度，从而成为众多国际学者集中探讨的主要方面。考虑到20世纪上半叶处于新旧教育的交替时期，现代管理制度已经在国家法律层面获得初步建立，儿童的权利意识也已开始觉醒，但大多数学校的管理实践却没有因这种新的形势而发生适时的变革，改良与未改良的私塾也普遍存在，而造成师生之间频繁发生不愉快事件乃至冲突，其中很大一部分是围绕“惩罚”这个议题展开的。因此本章拟沿袭国际儿童史学的基本思路，揭示学校成人制定并实施惩罚的具体情况，家长对学校惩罚事件的态度及儿童的应对和反抗，以反映学校教育界及家长的儿童观念，并展示儿童的真实生活体验及力量。

第一节　学校惩罚体系的演变历程

一、惩罚体系的确立和体罚的盛行

基础教育阶段现代管理体系的建立，当自清末“壬寅学制”始，在《钦定蒙学堂章程》《钦定小学堂章程》和《钦定中学堂章程》中，政府即已制定了一些管理规则，包括礼仪、堂规等，但这时候的管理系统还相当初级，许多规则仍处于缺席的状态。直至“癸卯学制”下《奏定各学堂管理通则》（1904）的颁布，第一个完整全面的现代学校管理系统才宣告诞生，因为在这个系统中，斋舍、讲堂、礼仪、操场、放假、实验室、赏罚等各类规条都被一一作了详细说明。此后，北洋政府所颁布的《学校管理规程令》和国民政府制定的《训育纲要》等都对这套管理系统予以了继承与发展。建立现代管理系统的积极意义在于教师对儿童的规训必须照章进行，而不能完全凭着个人的喜好任意赏罚，儿童至少能明确自己应该遵守哪些规则，而使自己有规避惩罚的可能。但那些延续几千年且在20世纪上半叶仍然存在的各类私塾，在成文的管理制度方面与现代学校相比较不系统、规范，使儿童无法达成规避所有风险的可能。所以从私塾跨越到新式学校，就管理而言无疑是一个重要的进步。不过，由于20世纪上半叶私塾依然在中国民间大量存在，对于许多儿童（尤其是乡村地区的儿童）而言，在私塾的求学经历是其生活的重要组成部分，特别是在初等教育时期；同时，当时社会上现代学校已经开始普及，受其影响，私塾的管理在不同程度上也有改良的迹象，所以，对私塾管理状况的个案分析仍是必需的。

教育上对儿童的惩罚可以有很多种。《奏定各学堂管理通则》（1904）规定："凡罚分三种：一记过，二禁假，三出堂。"[①]而厦门大学教育学院实验小学则以"训诫、直立、留置、停止自由活动、记号示众、剥夺荣誉、停学、退学"[②]为惩罚的基本方式，较能代表各小学的惩罚体系。此外，在学校和私塾中，各式体罚广泛存在。在惩罚的所有形式或种类之中，唯体罚最受到儿童史学家的密切关注。本书导论中已提到儿童史学家对教育的研究历来较少，大多数文献中涉及教育的部分总是篇幅短小，而在这短小的片段中，体罚却总是占据着重要地位。本章循此经验，也将在探讨惩罚的过程中着重研究体罚的有关状况。这里所说的体罚，不仅指那些对身体造成直接损害的惩罚，如用各种工具打学生身体不同部位，也包括限制学生身体自由或阻碍身体正常运作而造成间接损害的惩罚，如罚站、罚不准吃饭、罚跑步、关禁闭、罚不准出课堂或校门、罚不准放假或放学等，因此也可以用身体虐待指称之。

总的来说，在以往的私塾教育时代，体罚作为教师捍卫权威、规训儿童品行的基本工具而普遍存在，可以说是私塾先生管理学生的必备方法。自20世纪初以来，教育界对体罚的危害性已有明确的认识，各届政府和不同时期的学者都曾提出过在学校减轻乃至废除体罚的主张。如《钦定小学堂章程》（1902）规定"凡教授儿童，须尽其循循善诱之法，不宜操切而害其身心……夏楚之事[③]断不宜施"[④]，明确表达了废除体罚的决心。其后的"癸卯学制"对此在语气上虽有缓和，但依然表达了慎重施行体罚的态度，如《奏定初等小学堂章程》（1904）指出："凡教授儿童，须尽其

① 璩鑫圭，唐良炎编. 中国近代教育史资料汇编：学制演变. 上海：上海教育出版社，1991：483.

② 李相勖. 训育论. 上海：商务印书馆，1935：145.

③ 夏，读jiǎ，通"榎"；楚，荆条。《礼记・学记》中有"夏楚二物，收其威也"的句子，"夏楚"就是教师使用的教鞭，是用来警惕鞭策学生，收到整肃威仪的效果的，后泛指体罚学童的工具。

④ 璩鑫圭，唐良炎编. 中国近代教育史资料汇编：学制演变. 上海：上海教育出版社，1991：294.

循循善诱之法，不宜操切以伤其身体……夏楚只可示威，不可轻施，尤以不用为最善。”[①]《奏定高等小学堂章程》（1904）认为：“夏楚万不可用，有过只可罚以直立、禁假、禁出游、罚去体面诸事，亦足儆。”[②]而民国时期各界对体罚则一概持禁止的意见，如《小学校令》（1912）规定“小学校校长、教员，认为教育上不得已时，得加儆戒于儿童，但不得用体罚”[③]。刘百川（1931）引述国民政府建立初年的训育大纲，指出当时政府在训育的基本原则上，是主张“惩罚的方式，宜少用，无论如何，不用体罚”[④]。1946年，国民政府颁布《国民学校及中心国民学校规则》，再次明确指出，训育应按照部颁小学训育标准实施，“对于儿童不得施行体罚”[⑤]。可见整个20世纪上半叶，中国教育界对体罚的态度总体上是反对的。

然而，上述态度虽盛行于官方的意识形态，却没有被有效落实到实践领域之中。在当时，仍然有相当多的学校坚持将体罚视为管理儿童的必备工具，特别是在乡村地区，这可以从大量的传记（下文会有提及）或教育志中得到佐证。如《平罗县教育志》即指出，民国时期的平罗县学校，教师对学生的管理普遍寄托于戒尺。[⑥]《怀宁县教育志：1898—2002》也指出，在民国前期，怀宁县各中小学，建立了各种学生公约，来约束儿童的言行，对犯规的儿童则以“警戒”，包括辱骂、责打与其他体罚。[⑦]《宜宾教育志》指出，民国初年，宜宾市各小学按照教育部的《学校管理规程》管理儿童学习、生活等各项行为，对违反校规者轻则体罚记过，重则斥退（开除学籍）；到了1922年，教育界明确提出废除体罚，但宜宾学校体

① 璩鑫圭，唐良炎编. 中国近代教育史资料汇编：学制演变. 上海：上海教育出版社，1991：301.
② 璩鑫圭，唐良炎编. 中国近代教育史资料汇编：学制演变. 上海：上海教育出版社，1991：314.
③ 璩鑫圭，唐良炎编. 中国近代教育史资料汇编：学制演变. 上海：上海教育出版社，1991：656.
④ 刘百川. 小学训育法ABC. 上海：世界书局，1931.
⑤ 熊明安. 中华民国教育史. 重庆：重庆出版社，1997：353.
⑥ 平罗县教育志办公室. 平罗县教育志. 银川：宁夏人民出版社，2007：166.
⑦ 怀宁县教育局. 怀宁县教育志：1898—2002. 合肥：安徽大学出版社，2005：57.

罚现象依旧普遍存在；至1944年，宜宾各县城镇中学体罚学生现象有所改善，但小学体罚依然存在，尤其是乡村小学体罚学生更为严重 。[①]《藁城教育志》同样指出，即便在五四运动之后，城镇地区的学校已经形成民主之风，而拒绝对学生的体罚，但在广大农村学校，教师对违纪儿童施以体罚的事件仍频频发生。[②]还有全国许多其他县市的教育志，也都明确反映了体罚广泛存在的事实。

二、分析框架的构建

现代学校都建立有明确的学生管理制度，作为训育的一部分来规范学生的思想行为。为了确保这套制度能够为学生所认可，学校又建立起奖励和惩罚机制，对那些遵守校纪校规的学生施行奖励，而对那些违纪犯规的学生则施加不同程度、不同形式的惩罚。于是，惩罚就成了现代学校管理系统必不可少的元素。在是否必须使用惩罚的问题上，或许只有极端人本主义的学者（如William Glaaser，Thomas Gordon等）才会否定惩罚存在的必要性，大部分的学者都主张有限度地使用惩罚，而不是完全排斥惩罚。事实上，无论是中国等尚未实现现代化的国家，还是英国、美国等已经实现现代化的国家，对儿童的惩罚（包括体罚）一直存在于各级各式学校之中。于是，较实际的问题便是我们应当如何适度使用惩罚，才能确保儿童利益的最大化。[③]对于“适度”，联合国《儿童权利公约》（以下简称《公约》）给出了一个界定。第19条规定：“保护儿童在受父母、法定监护人或其他任何负责照管儿童的人照料时，不致受到任何形式的身心摧残、伤害或凌辱，忽视或照料不周，虐待或剥削，包括性侵犯。”第28条也规

① 宜宾市教育局. 宜宾教育志. 重庆：西南师范大学出版社，2005：234–235.

② 张中义主编. 藁城教育志. 石家庄：河北人民出版社，2002：149.

③ 但这是一个内在冲突的问题，因为使用惩罚的目的本身就是为了规训儿童，使之遵守由成人所规定的“游戏法则”，所以无论应用何种形式的惩罚，也许都免不了“操纵儿童”的嫌疑。

定“应采取一切适当措施，确保学校执行纪律的方式符合儿童的人格尊严”。依据这个界定，凡是对儿童的身体及心理构成摧残、伤害、凌辱、忽视、虐待、剥削或侵犯的，都不能算作“适度”的范畴。然而，在实际上，即便是程度最轻的惩罚如口头批评，也会对儿童的心理构成伤害，因此《公约》的界定似乎在实际中很难落实。《公约》中提到的“尊严”（dignity）一词，尽管在政治学、法学、医学、哲学等学科中从未得到明确界定，却一直是人权教育的核心词汇，其意在弘扬人人生而自由平等，任何人都须受到人之为人的应有待遇，即尊重他/她的言论自由、思想自由等《联合国人权宣言》所规定的一切基本权利。在对待儿童问题上，捍卫尊严即意味着将儿童视为与成人同等重要及有价值的人（而不是低成人一等的所谓“未成年人”），尊重儿童的一切权利（特别是受教育权），对儿童施加的一切惩罚都必须以不损害儿童的利益为前提。同时，在西方哲学界，尤其是在启蒙运动时期的哲学家看来，人的尊严即意味着人有自由意志（free will），有能力依据自己的旨趣做出行动的选择，因此便符合了当代儿童研究的主流观念，即“儿童是积极的社会建构者”。所以研究者以为，应当将“不损害儿童尊严”视为对儿童施加惩罚的先决条件之一，这也是现代儿童观的基本要求。

如何将这一点要求落实到管理实践之中？我国学者李相勖早在1935年出版的《训育论》中就明确提出了13条惩罚儿童的原则。研究者认为颇有参考的价值，兹列举如下：

1. 调查明白犯规的事实，如我们发现某生有犯规的嫌疑，第一要注意的，就是先要明白这犯规的事实的原委究竟是否确实为该生所犯，不可以风闻或一方面人告发，即加处罚；

2. 诊断视察犯规的原因；

3. 教师应先自省察有什么地方影响到学生犯规的原因没有，尤其在预备处罚儿童犯规的时候，例如教师教法不良，或教材不引起儿童的兴趣，致令学生不肯听讲而犯规，做教师的人，反予儿童一种惩罚，这未免太冤枉了；

4. 处罚前教师应有相当的情感或善言的感化及训导；

5. 处罚前应先设想有什么妥善方法可以补救或替代；

6. 应当使儿童有充分反省的机会，不可强迫儿童自己认过；

7. 儿童如真心认错或有悔改决心的表示时，教师应即予以原谅，减轻或免除惩罚；

8. 处罚前须先使被处罚的人明了所以受罚的原因；

9. 处罚儿童时教师要有同情的态度，不可以儿童当犯人看，更不可声色俱厉；

10. 不可为了少数儿童犯规罚到全体；

11. 最好不在大众前处罚，我们觉得儿童的人格和廉耻，教师应该特别要注意，尊重；

12. 最好免去体罚，小学训育不应该用体罚；

13. 处罚后还要特别使儿童有改过的决心。①

这13点原则可以说处处都体现了敬重儿童尊严的观念，因此可在相当程度上视作本书分析20世纪上半叶惩罚案例的重要参考。

但是光借用李相勖的分析架构是不够的，因为这个架构仍有鲜明的成人中心的色彩，尽管教师可以在处罚儿童时多顾及儿童的权益，显示出对儿童的关爱，但儿童在他们眼中依然是一个被动的、脆弱的、无力量的存在，需要被特别保护，这与当代儿童研究的主流认识是有距离的。“新儿童社会学”主张儿童是主动的社会行动者（social actor）和有影响力的，他们有能力且希望在足以影响他们利益的事件上发挥实质性作用，正如威廉·格拉萨（William Glasser）的需求理论所揭示的，这是儿童天然的内

① 李相勖. 训育论. 上海：商务印书馆，1935：143-145.

在需求。根据这个理论，无论是儿童还是成人，都有5个方面的基本需求（从低到高）：生存的需求、归属的需求、自由与做选择的需求、权力与影响的需求、游嬉和娱乐的需求。儿童在学校内出现种种犯规的行为，通常是由于学校未能满足他们的基本需求（尤其是第三、四两个需求）所致，造成儿童不信任成人，不认为学校是一个“好地方”（good place），因此学校应采取措施使儿童充分意识到“我是重要的”“我是自由的”“我是有力量的”等。[①] 为要达到上述目的，构建参与式或民主型管理模式则是必由之路，这不仅是要将儿童的声音纳入管理之中，使他们也有机会参与到管理规则的制定、实施等过程中，而且要保障儿童有充分自治的权利。就惩罚本身而言，其目的自是要消除儿童的犯规行为，但要使儿童减少犯规次数甚至不再违反校纪校规，光有消极的惩罚是不够的，让儿童参与到管理过程之中，满足儿童的内在需求，或许才是更有效的举措。因此我们除了要依循李相勖的架构考察学校在实施惩罚的前后究竟有无顾全儿童的权益，也必须借助儿童自身的体验甚至反抗，来探查学校有没有给予儿童展现自身力量的机会。无疑地，在惩罚这件事上，我们可在很大程度上觉察出当时成人与儿童之间复杂的权力关系。

第二节　私塾内的体罚现象与各方的反应

20世纪上半叶，尽管学校教育开始在全中国沿着从城市到乡村、从发达地区到欠发达地区的轨迹逐渐推广，但私塾教育在大多数儿童的学习历程中仍然占据了极其重要的地位，不管是家庭富裕的中产阶级及以上阶级

① Robert T. Tauber. *Classroom management: Sound theory and effective practice*. Westport, CT: *Bergin & Garvey Books*, 1999, pp. 143–145.

出身的儿童，还是广大贫苦家庭出身的儿童。其原因大致有三：①私塾设立的成本比学校要低得多。师资上最低只要有一位教书先生即可，教材极其简单而且品种稀少，设备上只需普通的桌椅、讲台、文房四宝等，因此私塾在广大农村乃至个别的家庭中被建立的可能性要远远大于现代学校。同时，低成本也就意味着低学费，且这种学费不一定以货币的形式呈现（在农村，可以是牲畜或粮食），这直接决定了一般家长往往以私塾作为其子女受教的首选之地。②这段时期，尽管幼儿园开始在中国出现并逐渐在城乡推广，但始终未曾达到相当普及的程度，在绝大多数成人传记中，我们难以见到儿童在幼儿园的生活经历，而私塾在中国几千年封建历史中一直都承担着对儿童进行启蒙教育的重任，因此家长通常更相信，也不得不将私塾教育作为儿童读书之始。③因家庭或社会环境的种种原因，儿童很容易被迫转校，甚至离开学校。在儿童辍学之后及过渡时期，为满足儿童的学习需要，家长往往以私塾作为学校的替代品，有许多个案都反映了这样的情况。

一、私塾内的体罚现象

由于尚未建立较为规范的现代管理系统，依据儿童不同的犯规行为而施加不同程度、不同种类的惩罚，中国的私塾历来以体罚作为惩罚儿童的主要甚至唯一的方式。出生在20世纪上半叶的儿童，凡是在私塾读过书的，除了那些表现特别优异、家庭势力庞大的儿童等之外，大多数人有过痛苦的体罚经历。事实上，这种经历是如此刻骨铭心，以至于在大量传记、回忆录、口述史料中，尽管作者们对童年时代读书生活的描述一般都比较简略，但对在私塾受体罚的事件却总有稍详细的记录，因而为本部分的写作提供了丰富的素材。在现代人们的印象中，私塾内的体罚一般总给人以不人道之感，但在当时的中国民间却被认为是“合理的”。因为一则私塾先生不一定是外聘的异姓教师，很多场合是本家庭或家族的亲人；二则家长总是有意无意地鼓励教书先生对其子女“严加管教”，坚信先生对儿童的体罚是“为着儿童的好”，如果先生对儿童采取“仁慈”的态度及举措，反而会在家长们心目中形成“不负责任”的恶劣印象；三则家庭内部对儿童的体罚也相当盛行，私塾的体罚其实是家庭内体罚的延伸。当然，我们不应仅仅停留在这个“不人道”的肤浅感觉之中，而必须通过考察实施的原因、具体实施情况及效果等方面，来实事求是地探问私塾体罚的基本面貌，以便揭示20世纪上半叶私塾教育中儿童观念的可能变化。因此，研究者将依循上文所提供的分析架构，着重就下列数个子议题展开具体讨论。

（一）实行体罚的工具及方式

私塾先生对学童的体罚，在工具上主要有藤条、竹竿、戒尺或先生自己的手脚，以戒尺为主。“戒尺”亦称戒方，从字面意义上理解即是警戒学童遵守私塾的规矩，它总是被放在先生的案桌上，先生一旦察觉学童有不对之处，即可操起戒尺立即实行体罚。这戒尺一般是两指宽的竹板或长方形木板，江渭清还形容它是“沉甸甸的”①，可见这竹板是实心的，因此才得显出体罚学童的效果。桌子旁通常还会有一根藤条，即丈把长的竹竿，“如果学生妄言妄动，先生不须离开座位，就可拿起竹竿，当头打去。屋子小而竹竿长，所以书房内每个学生的头，他都鞭长可及”②。先生有时也会用自己的手脚为工具，或打或踢儿童，如据张恨水回忆，他小时的一位私塾先生就喜欢用自己的手在学童的头上施加“暴栗”③；高崇民小时在其大舅的私塾中读书，大舅总是在崇民“犯错”的时候，一脚将崇民踢到柜底下④。

在体罚的方式上，有用藤条鞭打、用戒尺打、揪（拧）耳朵、扣脑

① 江渭清. 七十年征程——江渭清回忆录. 南京：江苏人民出版社，1996：7.

② 李宗仁口述，唐德刚撰写. 李宗仁回忆录. 南京：广西人民出版社，1988：19.

③ 张伍. 张恨水自述. 郑州：河南人民出版社，2006：3.

④ 白竟凡，鲁煤. 忆高崇民同志. 北京：华龄出版社，1992：2.

袋、罚站、罚跪、罚不准吃饭等。在身体部位上，体罚涉及了全身上下，如脑门、脖子、肚子、手、背、屁股、大腿等等，一般以手和头为主。例如何迟小时候的塾师唐先生惯用藤条教鞭抽打学生的背部[①]，李宗仁的私塾先生经常用戒尺打学童头部或手心[②]，叶圣陶和顾颉刚小时的共同塾师常以戒尺袭击学童的头部[③]，徐向前的村塾先生常给学童“打板子、罚跪”等惩罚[④]。赵一曼8岁时的私塾先生总是用木尺打她的手板[⑤]，黄克诚的私塾先生则实行“三打”：打头、打手心、打屁股[⑥]。此外，先生还常会拧着学童的耳朵，使其跪在孔夫子神位前“忏悔”[⑦]，或令学童不准回家吃饭[⑧]等。

在体罚的身体效果上，轻则造成挨打时的疼痛，重则留下终生的疤痕，对身体的健康发展构成程度不同的危害。即便对于“最轻”的那种疼痛，在身上也能造成明显的伤痕，对学童来说仍是“难以忍受”的，以至于事隔多年，传记的作者们仍对此刻骨铭心。例如陈再道形容戒尺、藤条一齐上的体罚造成的是“火烧火燎钻心疼”[⑨]。何迟回忆小时受先生的鞭打，“一教鞭下去，背上便是一条紫红色的印迹”[⑩]。李宗仁的私塾先生总是将学童的头部或手心“打破打肿”[⑪]。在父亲的体罚下，有一次邹韬奋的“右手掌被打得发肿，有半寸高，偷向灯光中一照，通亮，好像满肚子装着已成熟的丝的蚕身一样”，年幼的邹韬奋已是呜呜咽咽，连在旁的母

① 何迟口述，王天颐等整理. 何迟自传. 北京：中国民间文艺出版社，1989：19.
② 李宗仁口述，唐德刚撰写. 李宗仁回忆录. 南京：广西人民出版社，1988：18-19.
③ 商金林. 叶圣陶年谱. 北京：人民教育出版社，1986：5.
④ 徐向前. 徐向前元帅回忆录. 北京：解放军出版社，2005：5.
⑤ 胡世宗. 坚贞不屈的赵一曼. 沈阳：辽宁少年儿童出版社，1991：6.
⑥ 黄克诚. 黄克诚自述. 北京：人民出版社，1994：4.
⑦ 张伍. 张恨水自述. 郑州：河南人民出版社，2006：3.
⑧ 雷啸岑. 忧患余生之自述. 台北：传记文学出版社，1982：6.
⑨ 陈再道. 陈再道回忆录（上）. 北京：解放军出版社，1988：12.
⑩ 何迟口述，王天颐等整理. 何迟自传. 北京：中国民间文艺出版社，1989：19-20.
⑪ 李宗仁口述，唐德刚撰写. 李宗仁回忆录. 南宁广西人民出版社，1988：14.

亲都“唏唏嘘嘘地泪如泉涌地哭着”。[①]而就严重的来说，体罚构成了终生的影响。如傅抱石8岁至10岁时在俞家私塾旁听，在此期间被先生“用戒尺击伤后脑”，“后留下伤疤，终生不长发”。[②]刘宁一儿时的第一个私塾先生，一位六十多岁的老学究，非常崇尚体罚，曾用戒尺将刘一位同学的脑袋打了一个洞，留下了一生的疤痕。[③]张申府七八岁时，有一次因始终记不住一个字，被私塾先生（即其父亲）“磕在炕桌上，流了很多血”，“过了好长时间，前额才好，但直到现在左眉上仍留下一个疤”。[④]张治中的业师常常用一块厚厚的板子敲在学童头上，造成头破血流的惨剧，张治中说他自己的额头上一直保留着这个惨剧所遗留的“古迹”。[⑤]类似的案例可谓屡见不鲜。

（二）实行体罚的原因

私塾先生虽然没有建立一套完备的现代管理体系，但在他们心目中自有管理学生的基本规则，这些规则以学童准确完成各项学习任务为核心，如读书、背书、描字等，其中又以背书为主要方面。倘若学童在读书过程中没有依照先生所期望的标准学习，他们便会立即受到先生的各种体罚。最常见的一种原因，即如大多数传记所描述的，就是儿童无法将先生所讲的经书熟练地背诵出来。例如在傅雷小时的私塾中，学生们必得照背先生所讲，若稍有差错，便要受戒尺的惩罚。[⑥]在李志民小时所在的私塾中，谁背不出书，先生就要用竹板子打小腿肚子。[⑦]陈再道也回忆道，在私塾时，“学习不好的伢儿们，要是背不下头天念的书，先生把眼皮往上一

① 马仲扬，苏克尘. 邹韬奋传记. 重庆：重庆出版社，2008：12.
② 陆衡. 傅抱石大典. 石家庄：河北美术出版社，2004：2.
③ 刘宁一. 历史回忆. 北京：人民日报出版社，1996：12.
④ 张申府. 所忆——张申府忆旧文选. 北京：中国文史出版社，1993：3.
⑤ 张治中. 张治中回忆录. 北京：中国文史出版社，1985：8.
⑥ 金梅. 傅雷传. 长沙：湖南文艺出版社，1993：5.
⑦ 李志民. 李志民回忆录. 北京：解放军出版社，1993：9.

翻，立刻就变成了阎王爷，藤条、戒尺一齐上”[①]。白崇禧童年时的私塾先生对他也是如此，背诵若有错误，便行处罚。[②]陆定一回忆在私塾中，其哥哥、姊姊常常因为背不出书，而被先生责打手心。[③]在很多情况下，这种背诵必须做到准确无误、一字不错，倘若稍有错误，即便背错了一个字，儿童也将遭到先生的处罚。如戴季陶的私塾先生（即其长兄戴传薪）制订了严格的学习计划，要求戴季陶上午读经传3000字，下午亲自抽默100字左右，若是有一字差错，即行重罚。[④]当然，并非所有的先生都对学童有如此严格的要求，在某些案例中，先生会放宽对学童背诵的要求，如允许其犯少许错误，提示几个字等。如邹韬奋的父亲在邹背不出来的时候，虽叫他回转身把手掌展放在桌上，拿起竹板重重地打下去，但同时也会提示一个字[⑤]，这毕竟给了儿童一丝“仁慈”。至于幼时的何迟则更加幸运，若他背不出来，唐先生开始时会提示两三个字，如再背不下来，就会命令他克日背熟，假如最后日子到了还是背不下来，唐先生才会动用藤条体罚之。[⑥]然而，无论先生动用何种策略意图缓解儿童背书的压力，都改变不了其“反童年”的本质。在这一方面，儿童受罚的原因并不是破坏了什么塾规，而是在学习上没有符合教师的期待，即没有按照教师所希望的方式完成学习任务。

当然，若儿童无法按照先生的期待完成其他学习任务时，他们同样会遭到体罚。如在写字时不合老师要求，便会被打板子、罚跪。王宗槐在描大字时，由于“不知不觉中脑袋歪了”，后脖子上便挨了一板子。[⑦]不

① 陈再道. 陈再道回忆录（上）. 北京：解放军出版社，1988：12.
② 苏志荣，范银飞，胡必林等. 白崇禧回忆录. 北京：解放军出版社，1987：3.
③ 陈清泉，宋广渭. 陆定一传. 北京：中共党史出版社，1999：6.
④ 范小方，包东波，李娟丽. 戴季陶传. 北京：团结出版社，2007：6.
⑤ 马仲扬，苏克尘. 邹韬奋传记. 重庆：重庆出版社，2008：12.
⑥ 何迟口述，王天颐等整理. 何迟自传. 北京：中国民间文艺出版社，1989：19.
⑦ 王宗槐. 王宗槐回忆录. 北京：解放军出版社，1995：2.

过，就主要的方面言，在学习上自是背书，其余便是在课堂内外的一切行为之中，只要儿童的行为违背了先生的期待，他们便会立刻遭到体罚。在堂上，如偷偷地在纸上画个小人儿，或是在抽屉里折个纸玩意，若被先生看到，就会被拧起耳朵罚跪；和邻座同学说句话，便会被“啪啪啪！头上三个暴栗”[①]；在抽屉里私藏文房四宝和书本外的其他东西，也会遭罚，如赵一曼的抽屉里经常能翻出一盒吃桑叶的春蚕，或是几只色彩斑斓的蝴蝶，先生便总是用木尺打她的手板。[②]在堂外，例如王宗槐“中午放学回家时，到水坑扎猛子（潜水），把先生写在手背上的红字洗掉了”，下午被先生知道，就遭到了戒尺的痛打[③]；刘宁一也因“放学后爬墙乱吵”而第一次挨打[④]等。王宗槐和刘宁一这两个案例，可说是学童因顽皮或贪玩而受罚的典型，尚有许多其他传记作者也记述了相似的情形，但不一定局限在课外。例如杨成武说自己小时候顽皮，教书先生常罚他跪在孔子圣位面前[⑤]；莫文骅也说自己小时常贪玩，因此母亲常手里拿着鞭子，坐在他旁边，教他读书写字[⑥]。秦基伟小时“总是找机会逃学，或到山坡上和放牛的小伙伴们嬉戏，或到附近的河沟里捉鱼摸虾，眼看到了放学时间，才装着放学回家”，后来被先生知道，便被罚下跪，还用戒尺打手心。[⑦]李志民则回忆了一个发生在课堂内的“调皮”案例：“有一天，一个调皮的同学恶作剧，趁李日旺老师还没来上课的时候，把捉来的一只癞蛤蟆拴在老师讲课的桌腿上。老师开始没注意，不一会，发现桌子底下一只癞蛤蟆在蹦跶，想用脚把它踢走，才发现是有人用绳子故意拴在他的桌底下的，大发脾气，追查是谁干的，没有人敢承认，我和其他同学又不敢检举，结果

① 张伍. 张恨水自述. 郑州：河南人民出版社，2006：3.
② 胡世宗. 坚贞不屈的赵一曼. 沈阳：辽宁少年儿童出版社，1991：7.
③ 王宗槐. 王宗槐回忆录. 北京：解放军出版社，1995：2.
④ 刘宁一. 历史回忆. 北京：人民日报出版社，1996：12.
⑤ 杨成武. 杨成武回忆录（上册）（第2版）. 北京：中国人民解放军出版社，2005：2.
⑥ 莫文骅. 莫文骅将军自述. 沈阳：辽宁人民出版社，1997：3.
⑦ 秦基伟. 秦基伟回忆录. 北京：解放军出版社，1996：2.

全班十几个学生每人都挨三板子。”[①]

在上一段落所揭示的有限案例中，我们可发现不少儿童是因自身的调皮捣蛋或贪玩而遭到教师的体罚，对于这种行为，尽管现代学校一般不会采用体罚的手段，但也会对儿童施加其他形式的处罚，因此私塾先生在这种情况下的体罚，即便在现代人看来，也是有一定程度的合理性的。然而这种合理性终是十分有限，在更大程度上它仍是反儿童的。例如秦基伟总是逃学的原因，虽然一部分在于他自己的贪玩，更重要的则是他的天性使然，因为他“生性好动，好奇心强，尤其喜欢无拘无束自由自在”，而坐在私塾里，每日“摇头晃脑啃书本，感觉很不自在”[②]；赵一曼总在抽屉里收藏自然界小动物的原因，也同样是由于她的天性，因为“一曼生性喜爱大自然”，她在进入私塾之前，就喜欢在大自然之中自由自在、无忧无虑地生活，与各种动物为伴。[③]事实上，喜爱与大自然为伴、调皮、贪玩、好动等都是个体在童年时代的普遍特征，但中国文化自古以来就主张让儿童“静”而非“动”，认为只有静才能使儿童潜心学问，而动只会让儿童荒废学业，因此对儿童动的天性总是持否定的态度，这一点鲜明地体现在私塾教育之中。例如张恨水回忆私塾生活时讲道：在读书时，全班都得摇头晃脑地读书；到了描红模子阶段，全私塾就像“死去了一样，谁都不能哼一声儿”；写完了字，大家可以坐在位置上一二小时，但这绝不是休息，而是更加难受，因为什么也不能动，什么话也不能说。[④]前文对私塾教学特点的描述也进一步证明，整个私塾教育根本上就是否定儿童动、玩的天性的。因此儿童在课堂内外所搞出的大小动作，甚至是恶作剧，皆是他们自身本性使然，本质上是对私塾之“静”生活的无意识反抗。而私塾

① 李志民. 李志民回忆录. 北京：解放军出版社，1993：9.

② 秦基伟. 秦基伟回忆录. 北京：解放军出版社，1996：2.

③ 胡世宗. 坚贞不屈的赵一曼. 沈阳：辽宁少年儿童出版社，1991：6.

④ 张伍. 张恨水自述. 郑州：河南人民出版社，2006：3.

先生对学童一切动的行为施行体罚（甚至连像王宗槐这般写字时不知不觉脑袋歪了，也绝不放过），在根本上即是对儿童权益的严重侵犯，其结果必使儿童无法按照自身的发展特点健康成长。

（三）其他方面

依据前文提供的分析架构，还有一系列问题与教师施加体罚的行为息息相关，如教师是否确认某行为是某儿童所为？处罚前是否使被处罚的人明了所以受罚的原因？处罚前教师是否有相当的情感或善言的感化及训导？处罚前是否设想有什么妥善方法可以补救或替代？处罚儿童时，教师是否有同情的态度，将儿童当犯人看？是否尊重了儿童的人格与廉耻？是否发挥了儿童的力量？体罚的效果如何？等等。在私塾教育系统中，大多数先生对体罚施加的对象是非常明确的，因为一则私塾的学童数量本就很少，有时甚至只有一二人，先生对学童们的一举一动了如指掌；二则课堂教学活动单一，儿童如有异动马上就能被先生察觉；三则先生与家长们普遍很熟，学童课外调皮捣蛋的行为也常能准确地传到先生耳中。只有极少数的案例指出私塾先生未能准确鉴定犯规行为的实施者，如在上文中李志民所反映的癞蛤蟆恶作剧中，李日旺先生试图追查是谁干的，但当时没有人承认，也没有人检举，因此不得不对全班十几个学童都打板子。[①] 同时，对于受罚的原因，大多数儿童自是心知肚明的，否则他们就不能在传记中详细地回忆出自己挨打的缘故（当然，这也与私塾本身的体罚标准比较简单明确有关系），所存疑问的只是先生体罚他们的方式。如杨成武回忆自己有一次因顽皮，被教书先生罚跪，他表示自己当时根本不懂为什么先生要那么做。[②] 由于在私塾的惩罚系统中，只有体罚才被认为是“有效且合理的”方式，使之几乎成为私塾的唯一惩罚方式，因此先生很少想到过可以用其他什么方式（如言语训斥、放学不准回家等）来代替体

① 李志民. 李志民回忆录. 北京：解放军出版社，1993：9.

② 杨成武. 杨成武回忆录（上册）（第2版）. 北京：解放军出版社，2005：2.

罚，往往是立即就施行体罚。在他们的头脑中，绝没有用善意的情感或语言去训导学童的观念，也从不怀有同情的态度，因为这就意味着把自己与儿童的距离拉近，事实上他们总是刻意把自己塑造成不可挑战的有着“阴冷面孔”的绝对权威，自以为这样可以造成对儿童的威慑。所以，在施行体罚时，他们不仅罔顾儿童的人格与廉耻之心，公开在大众面前进行各种体罚（如打屁股），造成对儿童的羞辱，且总是将犯规的儿童当作“囚犯”[①]，对之声色俱厉、毫不留情，从不让他们有任何辩解的机会。至于儿童的力量，私塾先生是毫无认识的，那体罚的规则向来只是先生们主观意识的产物，他们从未向儿童明确完整地说明过，更不用说邀请儿童参与到规则的制定甚至执行过程中来了，即便儿童们后来群起反抗体罚，先生也没有表现出修改体罚规则乃至废除体罚的丝毫意愿，可见，自始至终，私塾先生都没有把儿童看作是与自己平起平坐的对等主体。在这种情况下，体罚的效果又会如何？诚如下文所揭示的，体罚非但没有起到真正规训儿童的目的，使他们乖乖地听从先生的“旨意”，不再犯规，反而引发了师生之间的剧烈冲突，迫使儿童做出各种形式的反抗，使犯规的程度和频率均大幅增加，甚至酿成儿童退学的悲惨结局。因此，无论从哪方面来看，私塾先生所实行的体罚制度都是极端不合理的，其“反童年”的本质昭然若揭。

二、家长及儿童对体罚的反应

（一）家长对体罚事件的复杂态度

20世纪上半叶，伴随现代学校制度的建立和私塾的逐步衰落，尊重儿童权益的呼声已经开始在社会上流传，特别是在五四时期及之后。但在官方教育文件和一般家长的心目中，儿童仍被定位为一个生而空白、后天易

① 商金林.叶圣陶年谱.北京：人民教育出版社，1986：5.

受“恶”的影响的实体，他们始终不信任儿童有能力自发地在“善”的指引下健康成长。因此，为要阻止儿童往“恶”的方向发展，成人开始动用严厉的惩罚机制，来实行最彻底的干预。他们以为儿童是一个行为主义心理学意义上的个体，在不断遭遇“恶刺激”的情况下，必会主动停止某些“不良”行为，严格地循着成人所设定的“正确”轨道行进。在这样的观念下，对儿童身心造成最痛苦效果的体罚即被视为最有效的惩罚方式。这段时期的许多家长，特别是在广大乡村地区的家长，对“儿童权益”的观念还远未有明确的认识，在他们的心目中，只有子女好好读书，才能确保“将来有出息”，才能改善家庭的处境，一切有碍于实现这一目标的行为都被认为是“不合情理的”，必须以严厉的体罚“镇压”之。因此，总的来说，家长对私塾内体罚是持支持态度的，而很少站在儿童自身的立场上否定体罚，这种态度集中体现以下三种角色之中：

1. 直接“怂恿”者。“有责任心的”家长或对儿童有“高期望”的家长，往往主动叮嘱私塾先生，对其子女严加管教，鼓励他们在子女不认真学习时“狠狠教训”之，不必顾及家长的颜面或感情。而私塾先生因得了这样的“怂恿”，加上平日和家长们的特别关系或得着他们的好处，便会对被家长“特别关照过”的学童采取更加强硬的手段，使这类学童成为私塾内“处境最惨”的群体。例如何迟的父亲事先对私塾先生唐某做了特别嘱咐，于是每当唐先生欲对学童施加体罚时，何迟往往首当其冲。[①] 不过在一些情况下，家长的嘱咐并不能改变私塾先生对学子一视同仁的态度或他们的教学作风。例如在李志民第一天上私塾时，其父亲便嘱咐先生说：“我把这伢子交给你，请你严加管教，如果不好好念书，你尽管打，我不会心疼的。”而李先生也立即回答：“是的，是的，玉不琢不成器，人不学不知义。你放心，你放心！”但是这位李先生虽然要求严格，对学子却

① 何迟口述，王天颐等整理. 何迟自传. 北京：中国民间文艺出版社，1989：19.

从不轻易打骂，对李志民也是如此。[①]

2. 坚定支持者。儿童是有力量的存在，面对私塾先生日复一日的严厉体罚，儿童起初可能会像《水浒传》里的林冲一样忍气吞声、逆来顺受，但随着时间的推移，必然心生反抗，这一点研究者会在下文有详细阐述。由于先生和家长结成了“战略同盟”，在遭遇儿童的抵抗后，先生自会拉出家长来加重对儿童的“弹压”，迫使儿童“就范”，而站在先生一边的家长即是用各种手段予以积极配合。因此在体罚事件上，儿童为要捍卫自身的权益，常会遭到先生和家长的双重阻碍，这便加剧了儿童的不利处境。雷啸岑的幼时经历便极为典型，“一日午间，我背书不完备，雷老师声言不许我回家吃饭，我即以粗言詈骂，书斋在我家隔壁，他走去告诉我母，说学生骂先生，母亲持着竹枝到书斋痛打我一顿”[②]。

3. 亲身参与者。前文已提到过，家长不仅仅是私塾体罚的外在支持者，他们更是体罚的直接实施者，不止在私塾内，更是在家庭中。因部分儿童的家长本身就有学识，便主动担当起教育子女的责任，使其就读于自家办的私塾或在家中单独面授。在这种私塾中，家长对儿童的态度与先生并无两样，反而因着对子女的更高要求，而对其施加更严厉、更频繁的体罚。例如李宗仁的第一个塾师就是自己的父亲，由于父亲“责功心切”，李宗仁便经常被斥责、罚跪、打手心等。[③]

通过以上的分析，我们可以看到，20世纪上半叶一般家长对私塾体罚的态度是随着先生走而很少立足于儿童利益的，因此儿童在私塾的学习环境中，事实上遭受着来自先生和家长的双重压迫。不过，家长对儿童的关爱仍然是普遍存在的，许多家长的内心世界实际上是充满矛盾的，他们一方面主张对儿童进行严厉的体罚，迫使其一心一意念书；另一方

① 李志民. 李志民回忆录. 北京：解放军出版社，1993：8.

② 雷啸岑. 忧患余生之自述. 台北：传记文学出版社，1982：6.

③ 李宗仁口述，唐德刚撰写. 李宗仁回忆录. 南宁：广西人民出版社，1988：19.

面他们又意识到体罚对儿童造成了严重的身体创伤，所以心存怜惜，尤其是作为孩子的母亲，常常因此暗暗落泪。更进一步来说，即便是对儿童的体罚，在最根本的方面，也是家长希望儿童有一个好的前程之故，是以牺牲儿童的眼前利益为代价顾全其长远利益。此外，还有些家长对先生的体罚有不同程度的反对情绪，他们则较多地顾及了儿童的尊严或权益。例如在何迟幼时的私塾中，面对唐先生的残酷体罚，学童们便以写打油诗表示反抗，这些诗很快便传到他们父母耳中，父母们便联合起来“罢免”了这位严厉的教师。[①]后来，何迟转学到了另一家私塾中，那位先生对何迟依然常用体罚，每当星期六回家，“母亲给我洗澡的时候，看到我背上的道道鞭痕，便忍不住落下泪来”[②]。张治中有一次被先生罚不准吃饭，母亲心里难过，便买了两个糍粑偷偷地送给他吃，回家后，又以百般慈爱的心情安慰他。[③]钱穆第一个塾师对孩童经常体罚，其父“看了心疼”，“于是到年终，他回绝了这位亲自从镇上请来的塾师”。[④]嫡母对杨宪益的关爱则更甚，她曾向先生明确交代：“不许打小宪益，不准欺负他，只能听他的。”于是在杨宪益的家塾中，便出现了杨宪益打先生而不是先生打杨宪益的“怪”现象。杨宪益回忆道，“几个教四书五经的老学究都给我打跑了。后来有一个老师投合我的意思教我《西游记》，教我念《三国演义》，我把他也给打跑了。有一次他给我讲孙猴子，他做出孙猴子的样子，我说做的不像，就拿戒尺……要打他，他就跑，还装猴子样子给我看……（后来）老师就跟我娘说这个少爷太厉害，……就辞职了”[⑤]。由此可见，在私塾种种体罚事件中，中国家长对其子女的温情仍是存在的。但温情本身并不能说明家长就有了明确的童年意识，正如阿利埃斯所指出

① 何迟口述，王天颐等整理. 何迟自传. 北京：中国民间文艺出版社，1989：20.
② 何迟口述，王天颐等整理. 何迟自传. 北京：中国民间文艺出版社，1989：21.
③ 张治中. 张治中回忆录. 北京：中国文史出版社，1985：9.
④ 印永清. 钱穆. 石家庄：河北教育出版社，2003：59.
⑤ 雷音. 永远的求索：杨宪益传. 香港：明报出版社，2004：24.

的，最终要看他们是否将童年看作是与成年期具有同等价值但却具有不同特性的存在。很显然，从中国家长竭力支持私塾先生对其子女的体罚来看，他们的眼中是没有童年意识的，因为他们根本就没有把捍卫儿童的尊严或权益放在理所应当的高位上，而只是一味摧毁儿童的意志，以达成外在于儿童的目的。

三、儿童对私塾体罚的反抗

多数先生和家长以为儿童在遭遇严酷的体罚之后，必会放弃自己的立场或禀性，乖乖地顺从大人的意愿，在这种观念中，儿童只是一个需要依赖成人的脆弱存在，没有任何实质性的力量，他们唯一能做的便是依附成人，因为他们不得不如此才能生存。然而，事实一再证明，即便有冒犯成人而失去支持的危险，儿童们也没有选择“逆来顺受”，容忍成人对他们肆无忌惮地虐待，而是以各种方式宣示自己的力量，奋起反抗“强权”。这里也许存在时间上的延迟，因为对于部分儿童来说，读书的机会是极其宝贵的，他们并不想轻易放弃，因而较易选择忍耐，但他们对体罚的怨气始终存在，且在积累一定程度之时，仍会爆发出来。所以，从最终成效来看，先生们对儿童所用的体罚，非但没有造就一批老实温顺、对大人唯唯诺诺、没有主见的“小人”，反而培养出反感甚至反对私塾、敢于和先生搞对抗的“新一代”，这自然超出了成人们的预想和目的，却是符合童年特性的正常现象。以下，研究者将从四个方面来详述儿童面对私塾体罚时所显现的主体性力量，这四个方面也构成了儿童反抗私塾体罚的四种基本形态：

（一）当面抵抗。在私塾先生的体罚来临之际，儿童正常且直接的反应便是躲避这种体罚，然而在中国传统文化中，这种反应却历来被视为对教师权威的公然挑衅，而成为一种禁忌（名曰“大逆不道”）。但即便如此，仍有儿童凭着正常的身心反应以及勇气，正面反抗私塾先生，使之不能加诸体罚。如李聚奎坦言，自己小时对私塾先生的戒尺“又怕又恨”，有一次，先生挥着戒尺又要打他，他一气之下拾起一块石头便向先生扔了过去，只可惜没打着，引起了先生的勃然大怒，于是遭到了更严厉的体罚，但李聚奎并未就此后悔。① 钟期光九岁那年，朱先生说他没有帮助好一位同学，他不服气，于是就顶撞先生，但先生抓住他的手便要抽打，钟期光"猛一抽手，撒腿就跑"，只可惜最终还是被老师抓住打了一顿手心。② 雷啸岑小时，有一次背书不完备，先生声言不许他回家吃饭，雷啸岑便以粗言詈骂先生，以示抗议。③ 在这些案例中，儿童明知先生不会放弃虐待他们的"权利"，甚至可能加重惩罚，却仍然敢于和先生直接对抗，捍卫自身权益，从而展现出相当强度的力量。但是这种反抗的方式过于直接，并不能使儿童有效规避体罚，因此许多儿童便创造性地使用了其他方式。

（二）对先生实行"反惩罚"。由于意识到当面顶撞先生往往会造成更加不利的后果，许多儿童便采取"背后搞鬼"的迂回策略，对先生实行"反惩罚"，即破坏先生之物，以达到平衡心理的目的。由于这种行为是"匿名操作"，无法为先生所识别，因此常取得积极的效果。如在遭遇先生一顿痛打之后，钟期光偷偷地将先生的水烟筒上的烟嘴拿走，丢到河里，使之无法吸烟。④ 傅抱石有一次被先生用戒尺击伤后脑勺，于是当晚便悄悄砸碎塾师家的酱缸若干。⑤ 当然，儿童们的这些行为属于挟私报复的性质，在理论上提倡不得，但在儿童们看来，这却是极其正当的：既然先生从不顾惜学童们的尊严，日复一日地痛打他们，作为被害者一方的儿童，为何就不能让先生也遭受一定的惩罚？如此才显示出师生之间的"平等关系"。这也是在提醒身为教育工作者的成人，决不可小觑儿童的力量，任何虐待儿童的行为，都有可能最终受到儿童的报复。

① 李聚奎. 李聚奎回忆录. 北京：解放军出版社，1986：2.
② 钟期光. 钟期光回忆录. 北京：解放军出版社，1995：5.
③ 雷啸岑. 忧患余生之自述. 台北：传记文学出版社，1982：6.
④ 钟期光. 钟期光回忆录. 北京：解放军出版社，1995：5.
⑤ 陆衡. 傅抱石大典. 石家庄：河北美术出版社，2004：3.

（三）逃学甚至退学。在以上两种方式中，儿童都一意与先生进行顽强对抗，但其最终结果，常常只是平衡了自己的心态，却无法改变先生体罚儿童的习惯性思维与做法。面对先生的保守与僵化，儿童们对私塾的敌意和厌恶日趋加重，纷纷逃学，甚至公然退学。这种方式，既可被视为最消极的方式，因为学童放弃了与先生进行对抗的一切可能性，转而选择逃避或离开，但也可被视为最积极、最彻底的方式，因只有这样，才能使儿童真正摆脱先生的虐待，又可对先生产生一定的威慑。如张执一小时在私塾里，由于和一个同学争吵并恰好被老师发现，“（先生便）骂我”，“我生了气，就装着上厕所跑掉了，家里人找到我，妈妈把我送回学校，要老师别再打我，老师答应了，可是我决意不再在那里读书了，老师说我破坏了学规，不读也要打一顿，说着就打了一顿”，“一气之下我便跑到武汉去找父亲”，永世离开了这家私塾。① 李聚奎表示自己8岁时因不堪忍受先生对他的反复体罚，愤然退学，从此再也没进过学堂。② 傅抱石在砸碎先生家的若干酱缸之后（10岁时），也不愿再上私塾读书，从此到集市做贩卖甘蔗等活计赚钱。③ 刘宁一小时的私塾先生非常迷信体罚，因此学童们都“很讨厌他，谁也不愿上学”。④ 由以上的案例我们也可知，儿童们放弃本是难得的读书机会，毅然选择退学的缘故，一定程度上要归咎于先生对他们无休无止的体罚，或者说，是私塾先生的“冷漠无情”剥夺了相当一部分儿童的受教育权。

（四） 勤奋学习，规避体罚。并不是所有儿童都不得不走上与比自己更有力量的先生进行对抗的道路，一些儿童凭借自己的出色表现，成功地迎合了私塾先生“严酷而无理”的学习要求，使他们成为先生所满意的

① 中国人民政治协商会议湖北省委员会文史资料研究委员会.张执一自述.武汉：湖北人民出版社，1988：11.

② 李聚奎.李聚奎回忆录.北京：解放军出版社，1986：2.

③ 陆衡.傅抱石大典.石家庄：河北美术出版社，2004：3.

④ 刘宁一.历史回忆.北京：人民日报出版社，1996：12.

学子，从而有效规避了先生的种种体罚。这些儿童，并不是没有看到私塾学习的“无趣性”和先生的“野蛮”，但他们把保存来之不易的学习机会看得更重，以至于可以忍受私塾种种“反童年”的教学方式。这种行为诚然是消极的，但儿童通过自己的努力，既保存了受教育的机会，也使自己免于体罚，那么对于他们来说，这或许就是最符合他们利益的反抗方式。例如在第二所私塾中，尽管刘先生每天早上都抽查学生背书，背不出的就罚跪，但由于张执一都能背出，所以基本上没有跪过。① 吴富善非常珍惜去私塾上学的机会，他“每天都早早到校，整理学堂，并帮助老师做些事情”，“放学后又是最后一个回家，一直到把当天学习的都弄懂才离校”，他的学习成绩一直非常出色，因此从未受过先生的惩罚，反而颇受先生的喜欢。② 江渭清在私塾时每学期成绩都位列第一，先生对他总是另眼相看，因此从未挨过骂，也从没有挨过戒尺打。③ 陆定一小时所在的私塾，哥哥、姊姊常常因为背不出，被老师责打手心，但他自己记忆力强，几能过目成诵，因而经常受到老师的称赞，从未挨过打。④ 同样，杨贤江所在村塾的冯先生虽经常体罚背不出书的学童，但杨贤江自己却因“过目不忘、背诵自如”，不曾受到任何体罚，反时时为先生所表扬。⑤ 这样的案例并不多见，一般发生在贫苦家庭出身、天资聪颖的儿童身上，对于大多数儿童而言，这种反抗方式或许难度过大了，因此（一）到（三）的方式往往更为普遍。

① 中国人民政治协商会议湖北省委员会文史资料研究委员会. 张执一自述. 武汉：湖北人民出版社，1988：11.

② 吴富善. 吴富善回忆录. 北京：蓝天出版社，1995：9.

③ 江渭清. 七十年征程——江渭清回忆录. 南京：江苏人民出版社，1996：7.

④ 陈清泉，宋广渭. 陆定一传. 北京：中共党史出版社，1999：6.

⑤ 华长慧等. 伟大的一生、不朽的业绩：杨贤江生平事迹简介. 北京：光明日报出版社，2005：10.

第三节　现代中小学校的处罚现象与儿童的反抗

一、学校教师对儿童的处罚

（一）处罚的种类与方式

清政府和民国时期各政府对现代学校的处罚方式都有相对明确的规定，但一线学校在实施处罚时，并没有完全按照官方的规定运作，因此他们之间的处罚系统既有重复之处，也有不同之点，不可一概而论。如苏州中学实验小学对儿童的处分计有训诫、剥夺荣誉、限制自由、罚金、停学、退学六种。[①]浙江省临海私立回浦学校（1930）规定其惩戒方式：一是口头惩戒，二是揭示惩戒，三是惩戒无效，唯有退学。[②]覃怀中学堂对违犯堂规者，轻则记过，重则除名。[③]江苏省立第一师范学校的处罚方式则有训诫、记过、剥夺权利、停学、开除学籍、停止毕业等六项。[④]四川通省师范学堂附属高等小学堂仅以记大过和退学为其惩戒方式。[⑤]湖南省双峰初级中学也是如此，但它区分了甲、乙、丙三个层次的处罚方式：三次丙过合一次乙过，三次乙过合一次甲过；丙过、乙过悬牌示儆，甲过则开除学籍。[⑥]岳郡联合中学（1934）则建立了四个层级的“儆”系统：丁儆——扣操行成绩，并以书面儆告，遇必要时公开儆戒；丙儆——扣操行

① 苏州中学校史编委会. 苏州中学校史（1035—1949）. 苏州：苏州大学出版社，1999：262.

② 浙江回浦中学校志编纂委员会. 回浦中学校志. 北京：研究出版社，2002：45.

③ 沁阳市第一中学. 沁阳市第一中学校志. 郑州：中州古籍出版社，1997：31.

④ 苏州中学校史编委会. 苏州中学校史（1035—1949）. 苏州：苏州大学出版社，1999：95.

⑤ 肖顺情. 四川大学附属实验小学校史稿. 成都：四川大学出版社，2008：8.

⑥ 双峰一中百年校庆办公室. 湖南省双峰县第一中学校志（1905—2005）. 双峰一中百年校庆办公室，2005：63.

成绩3分，并书面儆告，于必要时公开儆戒；乙儆——扣操行成绩10分，并公告儆戒；甲儆——开除学籍。[①]老解放区的学校则推崇批评与自我批评的处罚方式，如在冀鲁豫边区第三中学，一般小毛病，启发学生通过每周两次生活检讨会，以自我批评方式改正，自己认识不清的，别人帮助分析，批评改正；而共性的缺点和不良倾向，则由年级主任在队前进行集体批评。[②]总的来说，现代学校根据自身情况，普遍建立起结构化的、有相对标准、更易操作的惩罚体系，在这些惩罚系统中，几乎没有任何关于体罚的明文规定，这相对于私塾那种以体罚为主要惩罚方式，且无明确标准可循而较多依赖教师主观意愿的惩罚体系，的确是要先进许多。但一则执行惩罚的力度在这段时期普遍有过度、泛化的倾向，特别是在运用记过和开除学籍的惩罚方式上，教师易掺入个人主观的因素，将其对学生的不满合法化为对学生的处罚，从而对学生造成不良影响（这点在下文会有进一步分析）；二则很多学校并未将体罚真正抛弃，通过传记和校史，我们可以发现体罚在新式学校中依旧普遍存在。因此我们不能对这些学校在惩罚机制上的改进报以过分乐观的态度。

当时学校对儿童普遍施行体罚，与私塾在很大程度上是相同的，教师仍会用戒尺打手心，用木板打儿童的屁股，用烟杆子打脑袋，打耳光或拧耳朵，用手敲脑袋，以及罚站、罚跪等。如施雅风于1924年入新河镇乡村初小时，老师一旦发现学生有过错，就让学生伸出手来，用戒尺或轻或重地打几下。[③]李敖的劳作老师喜欢劈头狠揍学生。[④]叶浅予的国文老师“一天到晚旱烟管不离手，有的学生做小动作，他竟然用旱烟管的铜烟斗

① 岳阳市一中校志编纂委员会. 湖南省岳阳市第一中学志. 北京：中国文史出版社，2003：131.

② 中共菏泽市委党史资料征集研究委员会. 战火中的摇篮——冀鲁豫边区第三中学. 北京：中共党史出版社，2006：70.

③ 施雅风. 施雅风口述自传. 长沙：湖南教育出版社，2009：14.

④ 秦文. 李敖传奇. 成都：四川人民出版社，1997：41.

敲学生的脑袋瓜”[①]。柏杨的算术老师侯万尊惩罚学生的唯一办法就是打，“每错一道题，就打五手板”，“每一板下去，手都痛得像火烧一样”。[②]胡绩伟所在的四合堡小学，崇尚对学生打屁股。有一次老师“命令我脱下裤子，俯卧在长条板凳上，用竹板把我的屁股打得又红又肿，痛得钻心”，足足地打了30大板。[③]在湖南省桃源中学，学生若在课堂上打瞌睡，就会遭遇到三种处罚：一是吃“爆栗子”，二是被拧着耳朵提得站起来；三是被老师的粉笔攻击。[④]河南省开封市第五中学的学监韩老师则对自习课迟到的学生一律处以“罚站”。[⑤]湖北省天门中学在1945—1949年，对参加早操和升旗仪式迟到的学生，轻则罚站，重则罚跪，一直等到早操结束，才能进教室朝读。[⑥]通常来讲，现代学校中的上述体罚方式，在执行程度上，与私塾相比，丝毫不逊色。如四川省福彭中学的教导主任在对学生打手板时，使用自制的一个木料打板（长约0.3米，宽约0.04米，前端呈毒蛇头形，后端为手柄），“打时不是徒具形式，而是用力施刑，一板下去，打得学生两脚跳起，三板打下，学生两眼泪汪汪，十板打够，手心红肿，端碗、握笔都困难”，若遇学生反抗，则“一把抓起学生，按倒在戟门门坎上，一屁股坐压身上，用木板狠打屁股，一直打到认错求饶为止”。[⑦]季羡林的小学老师有一次就用大竹板狠狠地将一群学生打了一顿，“我们每个人的手都肿得像发面馒头”[⑧]。

但现代学校还使用了一般私塾所未有的体罚方式，如罚跑步、禁假、

① 叶浅予. 叶浅予自传：细叙沧桑记流年. 北京：中国社会科学出版社，2006：13.

② 柏杨口述，周碧瑟执笔. 柏杨回忆录. 北京：中国友谊出版社，1997：22.

③ 胡绩伟. 青春岁月——胡绩伟自述. 郑州：河南人民出版社，1999：14.

④ 桃源一中七十周年校庆筹备委员会. 校史回忆录（1925—1995）：桃源一中. 桃源一中七十周年校庆筹备委员会，1995：5.

⑤ 开封市第五中学. 百年名校——开封市第五中学. 开封市第五中学，2004：86.

⑥ 天门中学校史编写组. 湖北省天门中学校史. 天门中学校史编写组，1992：62.

⑦ 《彭州一中百年校史》编委会. 彭州一中百年校史（1906—2006）.《彭州一中百年校史》编委会，2006：254.

⑧ 季羡林. 季羡林自传. 南京：江苏文艺出版社，1996：23.

关禁闭、罚不准离教室或学校等，这些方式并未对儿童身体构成直接的伤害，但由于限制了儿童的身体自由，因此也属于体罚之列。如四川省福彭中学的惩罚方式中便有罚跑步，“戟门前的泮池便是罚跑步的施刑地，一般罚跑20—40圈”，若一些学生只跑了没有跑完便停下来了，“便由教导主任指示几位同学来‘拖死狗’，拉的拉，推的推，必须跑够才能休息”。[①]四川三台中学和遂宁中学都有对学生禁假的惩罚条例。[②]绥远第二中学的学生若指甲未剪或毛巾、被褥叠放不整齐，就会受到周日不准离校的处罚。[③]云南省宣威一中的管理制度中，也明确提出有关学生禁闭的处罚条款。[④]四川彭县中学亦复如是，有一次“将全部男生统统关进东西楼上的自习室内，规定只准读书，不准外出，不准窥视”，学监本人则在楼下左右环顾，来回监视。[⑤]部分女校还因有对女童头发的规定，便有“老师剪发”的处罚发生。如江苏省立松江女子中学规定女子头发必须齐耳直梳，若个别同学报到时留发过长，训育老师便会当场剪上一刀，毫不留情。[⑥]国立北平师范大学附属女子中学1942年左右时，提出“发不过耳”的校规，每天早晨，学监站在校门口检查，如发现谁的头发长，便用剪子齐耳一剪，然后轰其回家。[⑦]

（二）施加惩戒的条件或原因

所谓惩戒的原因，就是儿童破坏了学校的规章制度，因此种种校规，便成了实施惩戒的依据及标准。这些校规，从课堂、图书馆、自习室到寝

---

① 《彭州一中百年校史》编委会. 彭州一中百年校史（1906—2006）.《彭州一中百年校史》编委会，2006：254.

② 四川省三台中学校. 四川省三台中学校百年校史. 四川省三台中学校，2006; 遂宁中学校志编纂委员会. 四川省遂宁中学校志（785—2005）. 遂宁中学校志编纂委员会，2005.

③ 包头市第一中学. 包头市第一中学校史（1925—2005）. 包头市第一中学，2005：19–20.

④ 宣威一中校志编纂委员会. 宣威市第一中学校志. 昆明：云南民族出版社，2007：143.

⑤ 刘光祺主编. 四川省彭州中学志（1901—2001）.《四川省彭州中学志》编写领导小组，2001：83.

⑥ 上海市松江县第二中学. 上海市松江县第二中学建校八十五周年纪念册（1904—1989）. 上海市松江县第二中学，1989：54.

⑦ 袁爱俊. 北京师范大学附属实验中学校史（1917—2007）. 武汉：长江文艺出版社，2007：28.

室、食堂，从学习、娱乐到日常生活，巨细无遗，若要完全分析，既无必要，也非本书所能及。本部分着重考察的，是那些相对不合理的、曾引起儿童不满或对儿童学校生活构成重大影响的校规，如带有私塾时代色彩的体罚条例，因师生冲突所遭遇的惩处等。这些方面因在传记史料中有相对完好地保存，最便于分析，同时也能更好地反映学校教育领域对儿童的基本观念。

1. 实施体罚的条件

20世纪上半叶的中小学在教育理念上的分化是比较严重的，一些学校，譬如边远地区的学校或农村学校，还未完全从私塾中脱胎出来，保留了相当程度的传统教育观念，如以死记硬背的方式学习儒家经典著作；教师对学生拥有绝对的权威，不容许学生有丝毫的挑战等，因此它们对学生的体罚既在形式上与私塾相似，在实施体罚的条件方面，也是如出一辙。一方面，一些学童在学习方面不能令教师满意，完不成预定的学习目标，便构成教师施加体罚的一项理由。如季羡林高小时有一位珠算教员，只要学生打算盘错一个数，他就会打上一板子，而打算盘过程中错上十个八个数，乃至上百数，都是难以避免的，因此连同季羡林在内的许多学子在珠算课中都遭受了体罚。①叶浅予在葆华小学时，如果学生不认真读书，背不出课文，国文老师就会打手心。②柏杨在河南省立第四小学读书时，其算术老师侯某每遇学生答错一道题，就打五手板，即便有学生家长前来抗议，他依然信誓旦旦地说："我不在乎任何家长抗议，只要学生功课不好，或者是犯错，我还是要责罚。"③胡绩伟所在的四合堡小学也要求学生背诵古书，如果背不出，甚至可能遭遇"打屁股"的体罚。④张潭所在村小

① 季羡林. 季羡林自传. 南京：江苏文艺出版社，1996：22.
② 叶浅予. 叶浅予自传：细叙沧桑记流年. 北京：中国社会科学出版社，2006：13.
③ 柏杨口述，周碧瑟执笔. 柏杨回忆录. 北京：中国友谊出版社，1997：23.
④ 胡绩伟. 青春岁月——胡绩伟自述. 郑州：河南人民出版社，1999：14.

的教学程序与私塾几无二致：先生头一天讲的课，学童第二天必须能背诵出来；先生点名听背诵，点到谁谁就得走到先生跟前，转过身，背向先生，面向同学高声背诵，若背不好先生就要打手板。[①]四川福彭中学体罚规则中也有一条是“背不得书，打十个手心”[②]。在这些案例中，学校体罚儿童的理由不再仅仅是完不成私塾时代的学习任务，如背不出书等，而是扩散到不能有效完成所有科目的学习任务上，可见体罚有更加泛化的趋势。问题在于，教师对学生的学习期待，究竟是否符合学生的身心发展要求，是否充分尊重了儿童的人格尊严。如果像季羡林的那位珠算教师、柏杨的那位算术老师，完全不顾及教学中儿童犯错的必然性，而肆无忌惮地体罚儿童，则完全是对儿童学习特点的漠视和对儿童尊严的践踏，最终也断不能起到纠正错误的真正目的。教师负有督导学生达成预定教育目的的责任，但这项责任却很容易成为教师滥用惩罚的借口，由此便存在一个尺度的问题，然而无论这个尺度如何变动，对于那些在学习上犯错的学童，都不应施以任何形式的身体虐待。

另一方面，学生因在课堂上开小差、做小动作、打瞌睡等而破坏了课堂规则，或者在课间或课外时与同学打架，调皮捣蛋搞恶作剧，损坏公物等，也都成为教师施加体罚的种种借口。如李敖在北平新鲜胡同小学时，在劳作课上，老师教学生刻印，几个学童不肯刻，只用朱笔偷偷描成印文，妄图蒙混过关，被老师察觉，便遭到一顿痛打。[③]叶浅予葆华小学的国文老师赵某，一看到学生在做小动作，就用旱烟管的铜烟斗敲学生的脑袋瓜。[④]胡绩伟伙同几个小孩，“从老师的地里摘了一些茄子、辣椒，然后翻过学校的院墙，钻进老师的厨房，用老师的猪油和辣酱做了一锅

① 张谭. 笔墨春秋：张谭自述. 出版社不详，2001：31.

②《彭州一中百年校史》编委会. 彭州一中百年校史（1906—2006）.《彭州一中百年校史》编委会，2006：252.

③ 秦文. 李敖传奇. 成都：四川人民出版社，1997：41.

④ 叶浅予. 叶浅予自传：细叙沧桑记流年. 北京：中国社会科学出版社，2006：13.

香喷喷的大烩菜，大家高高兴兴、痛痛快快地美餐了一顿”，后被老师发现，遭来打屁股的惩罚。①四川福彭中学的体罚条例中也提到：同学彼此打架，各打十个手心；乱拿、损坏东西，打十个手心。②湖南省桃源中学的学生若在课堂上打瞌睡，便会遭到体罚。③河南省开封市第五中学和四川三台中学对与那些上课或自习迟到的学子，都有罚站或打手心的传统，这个传统也为当时许多其他学校所有。学生也会因服装上的问题而遭到体罚。在四川三台中学，若学生的服装不够整齐，便会有被禁假的可能④；四川遂宁中学的学生若制服上有一个纽扣没扣好，就会被禁假一周⑤。如果说对那些在学习上犯错的学童进行体罚，人们尚且心存疑虑，那么对于课堂内外调皮捣蛋、故意破坏校规的行为，运用体罚的时段进行惩戒，则往往为人们所认可。这里的规训已经上升到日常思想与行为的层面，更能引起成人的高度重视；且“不打不成器”的古训在家长和教师的头脑中根深蒂固，使得这个层面上的体罚成为当时学校教育惩罚系统中的核心方面之一。但对于儿童在日常行为上的犯规，是否只能以体罚这种方式才能达到所谓的“最佳效果”，有没有其他方式可以代替？这些体罚是否对儿童的行为规范起到了教师所预期的效果？这些问题值得每一位教师深刻反思。在当时，根据许多史料的描述，尽管有儿童确实比以往对成人更加顺从了，但更多的儿童在接受体罚之后，非但没有改进自己的言行，反而以种种方式进行反抗，酿成师生之间更加紧张的关系。归根结底，这种体罚，作为较激烈的惩罚方式，极易给儿童造成巨大的心理创伤，激发儿童的逆反心理，因而体罚的结果往往“事与愿违”。李敖小时候所经历的一

① 胡绩伟. 青春岁月——胡绩伟自述. 郑州：河南人民出版社，1999：14.

②《彭州一中百年校史》编委会. 彭州一中百年校史（1906—2006）.《彭州一中百年校史》编委会，2006：252.

③ 桃源一中七十周年校庆筹备委员会. 校史回忆录（1925—1995）：桃源一中. 桃源一中七十周年校庆筹备委员会，1995：5.

④ 四川省三台中学校. 四川省三台中学校百年校史. 四川省三台中学校，2006：131.

⑤ 遂宁中学校志编纂委员会. 四川省遂宁中学校志（785—2005）. 遂宁中学校志编纂委员会，2005：385.

次事件，便能使我们意识到成人的行为可以对儿童的心理造成怎样深刻的影响。“有一次他在学校门口向一位男老师敬礼，一边敬礼一边大喊老师早，那天那个老师大概有什么不开心的事，心情不好，竟然当面斥责起李敖来了。李敖为之大为伤心，回家后大骂，感觉到自尊心受到极大的伤害。”后来李敖的五叔查出了那个男老师，跑去把他骂了一顿，替李敖出了气，才使小李敖得以释怀。为此李敖告诫教育工作者，务必要对小孩多加小心，因为“小孩子是最容易受伤害的”[①]。口头的谩骂尚且如此，直接的体罚，其危害性更不必说，所以引发儿童强烈的反抗自属正常，这一点在下文会有更详细的阐述。

2. 师生冲突事件的惩罚机制

如上所述，在儿童的学校生活中，遭遇形形色色的体罚仍是平常之事，但社会上对于体罚的态度正在发生变化，反对体罚的声音此起彼伏，官方教育政策中也明确规定不准体罚，因此在一线学校的管理条文之中，一般已不再出现“体罚”字样。取而代之的是其它各种形式的惩罚，每种惩罚又都配以相对明确的实施标准，规定哪些犯规行为应遭受何种程度的惩罚，为教师管理学生提供了清晰的操作指南，这是极重要的进步。如四川通省师范学堂附属高等小学堂于清末时制订了惩罚条款十项：①不告假私自出堂者退学；②敢作市井下流状以戏侮人者退学；③借故告假者查出实属欺诳者记大过；④作秽亵语者记大过；⑤涂抹墙壁窗格者记大过；⑥便溺不于定处者记大过；⑦挟嫌诬告人者记大过；⑧携带不正之图书器具者记大过；⑨故意破坏公物者除记大过外并责令赔偿；⑩容服不整洁者记过。[②] 湖北荆州中学于1947年时颁布了如下训令：①无故请假旷课的学生，严格处理；②学生三次不交作业练习者，勒令退学；③自习和就寝时点名不到的学生应按校规严予惩处；④凡在校外滋事与人斗殴或赌博的学

① 秦文. 李敖传奇. 成都：四川人民出版社，1997：35.

② 肖顺情. 四川大学附属实验小学校史稿. 成都：四川大学出版社，2008：8.

生，一经查实，即予开除学籍。⑤凡学生借故叫嚣鼓噪或对师长漫无礼貌者，严惩；⑥学生纠众威胁学校当局干预行政者，开除学籍并追缴其公费。①

中国历来有尊师重道的传统，20世纪上半叶，尽管校园内的民主之火已被点燃，学生自治事业开始蓬勃发展，教育部及各中小学仍将教师权威视为高于学生自治的头等原则，因此纷纷制定条款来严厉惩罚那些敢于挑战这权威的学子。在整个处罚系统中，这一条最能反映教师和学生之间复杂的权利关系，也较能反映当时学校教育究竟把儿童的权益置于何等地位，因此研究者将对这一方面予以简要论述。总的来说，从1902年到1949年，现代学校将教师的尊严一直放在核心地位，不仅制定有严密的学生敬礼制度，申明学生在学校内外任何场合，在遇见教师时，都必须行尊敬之礼；而且对学生挑战教师威权的任何行为，无论何种程度，均严惩不贷。如江苏省立第一师范学校（1911—1927）规定，出言不逊、藐视师长者，受训诫；有侮辱师长之行为者受记过处分；暴戾恣睢，行为悖谬，反对师长，有重大不敬之行为者，即开除学籍。②湖南岳郡联合中学（1934）也是如此：对师长简慢者受丙儆（即书面儆告），违反师长训导者受乙儆（即公告儆戒），侮辱师长者受甲儆（即开除学籍）。③

从大量传记和校史文献中，我们也可看出师生冲突中学生处于何种劣势的地位，在学校一面，他们始终将保障教师的权益放在优于学生权益的方面，极少顾及冲突背后的真正缘由以及学生在此过程中所遭受的不公正待遇，只是一味对学生施以不留任何情面的惩罚，甚至将他们视为“犯罪之人”，动用地方刑事机构将其拘留。如李燕杰在北平第三小学时，有一次国文老师在读课文时把一个字念错了，李燕杰勇敢地站起来，大声说：

① 荆州中学校史编委会. 荆州中学校史（1938—1998）. 荆州中学校史编委会，1998：82-83.

② 苏州中学校史编委会. 苏州中学校史（1035—1949）. 苏州：苏州大学出版社，1999：96.

③ 岳阳市一中校史编纂委员会. 湖南省岳阳市第一中学志. 北京：中国文史出版社，2003：131.

“老师错了！”虽然老师在当时尴尬地承认了错误，但对李燕杰却怀恨在心。没过几天，他就把李燕杰和另外两名同学单独排在一行，算作特别生，使李燕杰遭受歧视性待遇。[①]柯灵小时有一次在美术毕业考试时，很快完成了题目，随后又在作业纸上画了一只小乌龟，他画这个乌龟纯粹出于无心之举，可是当时美术老师正在和本校的另一位老师谈恋爱，她以为这是柯灵在嘲笑她，于是怒发冲冠，狠狠地训了他一顿，还向校长申诉，要求开除柯灵，校长予以坚决支持。经过柯灵妈妈苦苦哀求，校方才收回成命，改记大过一次，还将考试成绩扣去三十分，美术老师余气未消，又故意给他打了一个低分，这对美术成绩历来优异的柯灵是一个莫大的打击。[②]1942年，湖北荆州中学高三学生杨某在《新湖北日报》上撰文，揭露本校训育主任平时对学子的虐待，使训育主任恼羞成怒，竟以“污辱师长，毁坏校誉”之罪，于一次降旗仪式上，把杨某捆绑着推上台，迫使其向师生赔罪，后扭送至警察局关押。杨的同班好友数人在校长面前为杨辩护，也被一起送至警察局。[③]史良13岁在常州女子师范附小读书时，其算术教员不学无术，引起学生强烈不满，史良带头发起抗议活动，驱赶了这位教员，结果被校方记大过一次。[④]福建省立莆田初级中学的学生在1933年时，因质疑数学老师对课业评分不公，于是集体涌进教室评理，学校却找来保安队进行镇压，此后开除了两名学生，退舍处分了一名学生。[⑤]湖南省桃源一中的案例则更能说明，当时学校对于学生“顶撞”教员的事件，是如何不顾情面，对学生予以坚决惩处的。该校一位女生，公然撰文批评训育主任刘某，轰动全校，被陈校长得知后，不顾该生父亲为师长的

① 李燕杰. 爱与美的追求——李燕杰自述. 银川：宁夏人民出版社，1988：10.

② 姚芳藻. 柯灵传. 上海：上海教育出版社，2002：19.

③ 荆州中学校史编委会. 荆州中学校史（1938—1998）. 荆州中学校史编委会，1998：79.

④ 史良. 史良自述. 北京：中国文史出版社，1987：2.

⑤ 吴智园主编. 福建省莆田第一中学百年史稿（1906—2006）. 福建省莆田第一中学，2006：31.

权势，也不顾他家人送礼说情，“毅然”悬榜，将该生开除学籍。[①]根据现代民主的原则，每个人的尊严都应受到敬重，儿童的尊严与教师的尊严并没有孰轻孰重之分，两者同等重要。所以从这个意义上讲，以上新式学校尚没有建立起健全的现代儿童意识。

（三）处罚的执行情况

当时的学校基本建立了完备的规章制度，而那些素以严格执行管理制度著称的学校（这些学校不在少数）则往往在学子和家长群体中有较好的口碑，代表了当时“理想”学校的原型。如陈嘉禄回忆自己的母校浙江省慈溪中学管理极严，甚至立下“一旦作弊，即刻开除”的处罚条款，且在执行上没有半点含糊，因此造就了良好的校风，正是在这般校风的熏陶下，“使我们终身受益”。[②]四川沱江中学校友黄明光认为当时学校的严格管制令“校风相当不错”[③]，也造就了在地方上的良好声誉，对许多学生的发展具有正面影响。但并非所有的学生都对这种严格的（甚至苛刻的）管理制度抱有好感。贝满女中的一位校友就反映自己“深感学校管理学生的某些条例未免太过拘束”，对当时许多规定在心理上都有抵触情绪。[④]江苏省立松江女子中学的学生也觉得学校在某些方面管得过严，有些方面的规定则很不合理，因而颇有意见。[⑤]四川明耻中学的一位校友更将校方的严格管理比作“法西斯”。[⑥]

需要注意的是，中国是一个人情社会，对有不同人情关系背景的学

① 桃源一中七十周年校庆筹备委员会. 校史回忆录（1925—1995）：桃源一中. 桃源一中七十周年校庆筹备委员会，1995：5.

② 宁波市慈湖中学. 师古晓月：宁波市慈湖中学百年校庆纪念文集. 宁波市慈湖中学，2002：139.

③ 四川省内江市第二中学. 四川省内江市第二中学校志（1925—1995）. 四川省内江市第二中学，1995：93.

④ 北京市第一六六中学. 沃土百年育栋梁：北京市第一六六中学140周年校庆回忆录. 北京市第一六六中学，2004：165.

⑤ 上海市松江县第二中学. 上海市松江县第二中学建校八十五周年纪念册（1904—1989）. 上海市松江县第二中学，1989：54.

⑥ 遂宁中学校志编纂委员会. 四川省遂宁中学校志（785—2005）. 遂宁中学校志编纂委员会，2005：390.

子，学校的处罚情况往往会截然不同，这是非常普遍的现象。如据陈修武回忆，河南省南都中学的校规“都是给那些没有‘人情面子’的学生规定的”，若是有些人情面子之人，即便犯了规，也绝不会记过，只会打手板，手板无论打多少次，也不会达到开除学籍的地步，他自己就被校长打过很多次，也被教导主任罚站过无数次，却连一个小过也未记过。[①]李逸民在浙江丽水师范附小的时候，有一次晚上外出看戏，回来时超过了规定时间，校门已经落锁，他便从墙上爬了进去，不料被校监发现，非得要求处分不可，但该校的校长碍于李逸民二舅父的情面，竟说服了校监，没有予以追究。[②]也有些学校因受到外部社会或政府的压力，不得不修改惩罚学生的标准，或加重或减轻对犯规学子的处罚。如福建省莆田中学高三班的学生朱某，在写作文时，有意将“蒋介石”写成“鸟介石”，被国文老师发现后，要求勒令改正，但朱某坚决不改，学校也未再深究；但事后被军事教官黄某察知，他上报国民党县党部，对学校施加压力，学校无奈，最终只能给朱同学以开除学籍的处分。[③]

依据李相勖（1935）的分析架构，我们首先需要考察教师在实施处罚之前，究竟有没有对儿童持以必要的尊重，如用善言感化，给予儿童反省之机，适当减轻处罚等。在一些校史资料中，我们可以看到，此时已有部分学校开始在这方面做出实质性的努力，这是相对私塾的进步之处。如河北省立正定中学规定“学生犯过，必予以劝告，促其反省”，仅在情节重大之情况下，才予以惩处，以警示他人。[④]山东广文中学（1931—1945）规定：“不要轻易给学生加以罪名，惩罚学生，不可过急，应给其以自新机会。”[⑤]老解放区太行公立新乡中学也规定，儿童在受处分后，若转变

① 艾廷和、阎勇主编. 南都中学. 北京：中央文献出版社，2006：126.

② 李逸民. 李逸民回忆录. 长沙：湖南人民出版社，1988：5-6.

③ 吴智园主编. 福建省莆田第一中学百年史稿（1906—2006）. 福建省莆田第一中学，2006：68.

④ 孙浩文主编. 河北正定中学史稿. 北京：中国文史出版社，2007：30.

⑤ 潍坊二中校志编纂组. 山东潍坊二中校志（1883—1983）. 潍坊市新闻出版局，1983：21.

很好或有明显成绩者，可以减轻乃至取消处分。[①] 江苏省立第一师范学校指出“本校对于犯规学生施以惩戒，处于不得已之举”，“除重大过失应开除学籍外，其他过失，如能悔悟者当酌量抵销”。[②] 湖南省立第一中学也提倡开导而非压制，“对于学生一切令行禁止，务使其内心觉悟其意义”，“凡遇学生须受惩戒，事前事后，均加以恳切之开导，以收心悦诚服之效”，“凡学生犯过能诚恳告白者，均从轻处理”。[③] 从以上学校的规定可见，当时教育界已能从发挥惩罚的最大功效出发，从消极防范走向积极引导，虽然依旧使儿童的犯规行为与某些恶的刺激相联系，利用个体排斥恶刺激的本能来达到阻止犯规的目的，但同时也通过说服教育，使学生明了规则本身的意义，依赖内在认知的改变来避免犯规。不过，我们不能对以上学校的文本规定抱持过分乐观的态度，因为当时仍然有相当多的教师在对儿童实施惩罚时，依旧像传统的私塾一样，不问是非缘由，也没有给儿童任何反省、悔过的机会，当下即刻便执行的。

其次，学校在对儿童进行处罚之时，是否表现出同情的态度，顾及儿童的人格尊严，是否有因少数儿童犯规而惩罚全体。与私塾时代不同，当时一些开明的学校的确开始注意对儿童尊严的保护，不以对儿童施加严厉处罚作为管理他们的手段。如江苏省金坛中学的校长对学生虽然严格要求，但却始终充满爱心，对那些犯有过失的学生，总是摆出一股诚恳帮助的态度，从不以疾言厉色来斥责学生，把学子当作犯人来看待。[④] 冀鲁豫边区第三中学的老师也从不在班级面前指明批评学生。[⑤] 山东广文中学（1931—1945）规定处罚学生时“态度要庄重，处事要镇静，不能感情用

① 新乡市一中. 新乡市一中校志（1940—1992）. 新乡市一中，1993：28.

② 苏州中学校史编委会. 苏州中学校史（1035—1949）. 苏州：苏州大学出版社，1999：96.

③ 湖南省长沙一中. 湖南省长沙一中. 北京：人民教育出版社，1997：65.

④ 华罗庚中学校史室. 华罗庚中学校史（1922—1989）. 华罗庚中学校史室，1992：8.

⑤ 中共菏泽市委党史资料征集研究委员会. 战火中的摇篮——冀鲁豫边区第三中学. 北京：中共党史出版社，2006：44.

事”①。一些学校充分降低处罚的标准，尽可能少用、象征性使用乃至不用较高层级的处罚手段，或者在详细核实不同学生的有关情况之后，才进行不同程度地处罚，而并非在当下即刻实施。如河南省景武高中规定，在一般情况下，不采用记过、离校查看、停课反省、勒令休学等处分办法。他们同时还规定，学生迟到、早退、旷课，因视其原因、次数、时数等不同情况，结合其他行为表现，按操行成绩处理；对不参加自习与课外活动者，通宿生与寄宿生情况不同，要全面掌握其具体情况之后再实施惩戒，而不依据单纯的缺席次数来评定；学生如有特殊原因来不及请假而迟到、旷课和超假者，学校会审查后准予补假，对准予补假和请假的学生，不作操行的处理。②贵阳清华中学的学生自行制作了“清华杖”，当有严重损害学校荣誉者，经学生大会充分讨论决定，用它象征性地轻击犯者三下，以示集体对他的最高责罚。③

更有一些学校老师几乎不对学生施加任何惩罚，乃用语重心长的教导或沉默代替之，有时却能“奇迹般”地收到更好的效果。如冀鲁豫边区第三中学的一些学生，在晚点名之后，偷偷溜回家拿吃的填饱肚子，后被级主任刘某知道了，但刘老师完全没有责备他们，反而只是轻声慢语地说道：“出去不请假不好，出了事怎么办？”这种语重心长的叮嘱，结果比严厉批评更有效。这些学生后来一直保持了极强的自觉性和克制能力，有时“老乡们的花生就放在学生住房的屋角或床头边上，（也）没人动一粒”④。严文井小学六年级的国文老师邓某也从不斥责学生，更不用说打骂了，但他却尤其受到学生们的一致敬佩，严文井受他的人格影响尤深。⑤

① 潍坊二中校志编纂组. 山东潍坊二中校志（1883—1983）. 潍坊市新闻出版局，1983：21.

② 南阳市第三中学. 南阳市第三中学校志（1905—2000）. 南阳市第三中学，2004：158.

③ 贵阳清华中学校史编写组. 贵阳清华中学校史. 贵阳清华中学校史编写组，1988：30.

④ 中共菏泽市委党史资料征集研究委员会. 战火中的摇篮——冀鲁豫边区第三中学. 北京：中共党史出版社，2006：70.

⑤ 巢扬. 严文井评传. 太原：希望出版社，1999：72.

南都中学校友陈修武回忆自己有一次偷偷闯进本校陈老师房间，想从床底下取出篮球，出去玩耍，没想到碰巧被陈老师撞见，于是匆匆放下篮球，一溜烟跑回教室，他以为自己一定会“大祸临头”，没想到陈老师没有给他任何处分，连提都未提一字。①

但是正面的例子虽不缺乏，反面的例子却也不少，有些学校恶意加重对学生的惩罚，并有明显的扩大化倾向，或把犯规的学生们当作犯人一般监管起来，将学生与教师或学校对立起来。如四川彭县中学，有一次一位男生带了个外校同学进校参观，结果训育主任并不单惩罚那个学生，且把所有的男生统统关进楼上的自习室，只准他们读书，不许他们出门，也不准窥视，而主任自己则在楼下左右环顾，实行严密监视。②四川省开江中学对那些违反校规的学生，实行非常频繁的体罚手段，面对学生于1929年起发动的“择师运动”，采取高压政策，动不动就记过、除名，甚至开除整个班的学生。③

再则，在长期的学校生活中，少数学校在依赖直接的处罚之外，还开始运用隐性的校园文化，来间接影响学生的秉性与行为，达到消除儿童犯规的目的。如河北省立正定中学（1933）和湖南省立第一中学（1929）的训育实施方针都明确规定，全体教职员应在平日里以身作则，其言语态度、服用起居等各方面，都必须堪为学生楷模，给学生树立良好的榜样，希望如此来促成潜移默化的功效。河北省立正定中学（1933）更主张“从事积极的领导，养成良好的校风，使学生感受校内空气之优美，而不得不克服其思想上行动上之各种弱点也”④。

① 艾廷和，阎勇主编. 南都中学. 北京：中央文献出版社，2006：131.

② 彭州一中百年校史编委会. 彭州一中百年校史（1906—2006）. 彭州一中百年校史编委会，2006：255.

③ 开江中学志编写组. 开江中学志：建校70周年纪念（1920—1990）. 开江中学志编写组，1991：90.

④ 河北正定中学校史编委会. 河北正定中学史稿. 北京：中国文史出版社，2007：32.

二、儿童的反抗

在20世纪上半叶，特别是民国时期，受教育界自五四时期兴起的“儿童本位”教育运动所推动，知识界和各省市许多学校，争取教师和学生平等、实现学生自治的呼声及行动此起彼伏。当时的儿童，常常在学生自治的名义下，公开讨伐学校的贪污腐败，驱赶那些虐待学生或不学无术的教师，因此他们对校方所施加的各种体罚，尤具更强的反抗意识，也更能动员有关力量进行卓有成效的抗争。当然，由于不少学校仍保留了私塾时代的特色，儿童对教师的反抗模式也在相当程度上与前述私塾的情形相一致，但也稍有一些独特的表现方式，研究者将在以下三个方面做简要论述：

（一）维持或强化犯规行为

现代学校建立了复杂的惩罚体系，其目的在加强对儿童思想与行为的规训和控制，但与私塾相比，现代学校并未能在“收服”学生方面取得更为显著的成效。一个方面的原因可能是体罚的大量存在，同时教师个人素质参差不齐，造成校内常发生对犯规学生的不公平处置，引发学生的强烈反弹。当然，儿童贪玩调皮的本性也部分阻碍了规训工作的进行，使之难以达到理想的效果。如何迟因厌恶中学课程，长期逃课，而受到训育主任的训斥与罚站，可是何迟继续选择逃学，并不理睬，训育主任提高体罚的层级，命其罚跪，甚至打板子，然而“他越罚，我越不听他的话”①。钱锺书10岁在东林小学读一年级时，上课经常玩射弹弓，“别的同学在听课，他却口袋里装些小泥丸，拿着弹弓瞄准，别的同学正听得聚精会神时，不防被他弹了一下，顿时嚷起来”，教师便将他拉出去训斥，并罚站，可是钱锺书却“一边站着，一边乐”，显得若无其事。②

① 何迟口述，王天颐等整理. 何迟自传. 北京：中国民间文艺出版社，1989：35.

② 孔庆茂. 钱钟书传. 南京：江苏文艺出版社，1992：25.

（二）正面回应

面对教师的严厉体罚以及一些无理的惩罚时，如私塾学童一样，现代学校的部分儿童也可能不顾未来的后果，勇敢地对教师进行面对面地反抗。所不同的是，现代学校的儿童已更能相互联合，利用团体的力量来挑战教师权威，不仅公开向教师质问缘由，甚至群起而攻之。如季羡林高小一年级时，其珠算教员对学生的体罚甚为严厉，几乎每个学生都挨过不少打，于是学生们全体商议，制定出一个计划，即在他上课时，把课桌弄翻，大家一起离开教室，躲在假山之后。学生们以为这样做，该教员将无颜见人，被迫离校。尽管最后没有成功，因而遭到老师的毒打，可是没有一个参与者由此落泪。① 何长工在岳阳第三联合中学读书期间，校长苏某对穷苦学生十分刻薄，不但体罚稍有不逊者，就是连一些好学上进的学生，想起来就要教训一番，引起学生的强烈不满。于是，学生们相互联合，派代表前去质问，可是苏某气焰嚣张，反扬言要开除他们。学生们实在忍耐不住，便一个个冲上去，对他拳脚相加，以示惩戒。②

当然，个体的直面反抗也普遍存在，其力度似比私塾学童更强一些。如吕正操在山后村小学读书期间，班主任华老师以一位地主子弟为班长，这位班长时常欺负穷孩子，引起吕正操的不满，便与之厮打，后被华老师知晓，孰料华老师偏袒班长，竟要拉他去打手板，吕正操一气之下，把板凳条卸下来一根，狠狠地打了老师一下。③ 李逸民在大舍村作人学校遭遇国文教员的一记耳光之后，一头向他撞去，让他跌了个倒栽葱，半晌透不过气来。④ 肖劲光在一所教会学校读书期间，“有一次，牧师让我

---

① 季羡林. 季羡林自传. 南京：江苏文艺出版社，1996：22-23.

② 何长工. 何长工回忆录. 北京：解放军出版社，1987：7-8.

③ 吕正操. 吕正操将军自述. 沈阳：辽宁人民出版社，1997：6.

④ 李逸民. 李逸民回忆录. 长沙：湖南人民出版社，1988：5.

起来背《圣经》，我背不出来，牧师让我在教室前罚站。我受不了这种侮辱，一气之下把《圣经》狠狠地摔在地上”[①]。这种激烈的反抗形式不仅发生在年龄稍大的儿童身上，就连年幼一点的儿童也不例外。如茅于轼5岁时（1934年）在遭遇校长面向全体同学的公开训斥之时，因自认为没有犯错，心中不服，即伸出自己的小脚用力在校长的脚上踩了一下，以示抗议。[②]

此外，由于相比成人的弱小性，一些儿童在预料可能遭遇的惩罚之际，会利用儿童所特有的纵情大哭的“权利”，来软化教师的意志，迫使其减轻甚至免除惩罚，这方面虽有消极的成份，但在相当程度上也是儿童力量的展现。如吴作人小时对教室里的粉笔非常喜爱，常偷偷地将它们收藏回家，可是不久便被老师发现，在老师行将惩罚之前，吴作人竟大哭起来，使教师心生怜悯之意，只说了句“以后你不准再拿彩色粉笔回家了”，便不了了之。[③]

（三）背后的还击

并非所有学生都敢于与教师进行面对面地较量，也有一些学生采取了背后还击的方式。有些学生主要是害怕遭到老师进一步的体罚，或失去学习的机会，因而意图保护自己。如李敖在北平新鲜胡同小学时，其同班中几个学生，因顽皮遭受劳作教师的体罚，心生不满，但他们没有在老师面前进行直接的抗议，而是在课间戏谑教师为“老头”，并且用毛笔在镜子上画“打倒老头”的图文，再用日光反射到墙上，引起全班大笑，以此来嘲弄教师。[④]但另一些学生与那些正面较量的学生一样，丝毫不顾及被开除学籍的后果，他们之所以选择背后还击，只是由于这样做才更能起到反

① 肖劲光. 肖劲光回忆录. 北京：解放军出版社，1987：8.
② 岑科等. 茅于轼. 西安：陕西师范大学出版社，2003：34.
③ 萧曼，霍大寿. 吴作人. 北京：人民美术出版社，1988：5.
④ 秦文. 李敖传奇. 成都：四川人民出版社，1997：41.

惩罚教师的效果。如李逸民在丽水师范附小期间，有一次特别怕热，便搬到走廊上睡觉，被校监发现，第二天便出牌示，给他记大过一次。李逸民看见后，心生怒意，立即摘下牌示摔个粉碎，后被学校变相开除。[①] 王稼祥所在的南陵县乐育小学的十几位学生，因不堪忍受外籍教师的频繁打骂，竟以火烧教室的方式进行最强烈的抗议，虽然参与者事后都被开除学籍，但无半点后悔之心。[②]

① 李逸民. 李逸民回忆录. 长沙：湖南人民出版社，1988：5.
② 徐则浩. 王稼祥年谱. 北京：中央文献出版社，2001：5.

第七章

儿童自治的实施与保卫

“惩罚”这个视角已能在很大程度上反映校内成人管理儿童的情况，处于现代化初期的中国学校也开始主张让儿童实行自我管理，并通过建立各种学生组织来训练儿童的自治能力，因此这个时期的儿童已具备相当的空间来行使自己的应有权利。然而成人与儿童对自治分别有不同的看法与作为，成人希望将儿童培养成为民主社会的合格公民，但他们同时将自治视为对儿童的一种馈赠，所以在不同自治机构中，儿童所具有的实际权利并不相同，且成人总是出于各种理由削减自治的权限，剥夺儿童参与民主管理的机会。儿童则倾向于将自治视为自己的一项天赋权利，并乐于投身到各种民主实践之中，当成人干涉自治组织的内部事务，甚至取消他们部分自治权利时，儿童常以各种方式进行抗争，从而与成人发生比惩罚事件更严重的冲突。正由于这种观念上的矛盾和冲突的激烈性，使得学校环境下成人与儿童复杂关系的图景更能得到充分地显现，因此本章即以自治为主题，着意揭示20世纪上半叶教育界发展儿童自治事业的基本情况及各学校的具体实践。同时，这部分的探讨也可为儿童史学研究提供适当的经验，因为关于自治的研究还没有引起学者们的足够重视。

第一节　儿童自治在学校的演变历程

一、儿童自治的确立及其根据

儿童自治的理念主要源自美国，早在18世纪末，美国即已在专门学校推行这种管治模式，但彼时的自治局限仅针对高等教育领域的青年学生，直至后来才延伸至中小学。而在19世纪中后期，伴随国门的洞开，中国的教会学校也开始采取这种制度，如山东的登州文会馆即在学生社团中鼓励青年进行自主管理。[①]到了20世纪初的清政府时期，在梁启超等民主人士的大力宣传和推动下[②]，全国各地区有更多的学堂设立儿童自治机关进行试验，并且其范围开始从高等教育拓展至普通的中等学堂，如陕西宏道学堂尝试创立全堂自治会，湖南常德府官立中学堂建立了“舍监宪政”的学生自治组织，上海义务学堂和广州岭南学堂都成立了学生自治会等。[③]但是此时的清政府教育文件中仍然未见对儿童自治的提及乃至推崇，他们所强调的依然是对儿童自由的压制和对“师道尊严”的遵从。

自中华民国成立之后，共和的观念日益深入人心，留美中国学生和知识分子（如陈独秀、蔡元培、陶行知、杨贤江、蒋梦麟等）加大了对欧美教育思潮的宣传力度，儿童自治乃进一步为中国教育界所接受，政府高层也将之视为民主建国的基础，遂通过各项立法加以保障。如《教育部饬知教科书编纂审查会各教科采取方针》（1914）规定修身科应帮助学生“养

① 何晓夏，史静寰. 教会学校与中国教育近代化. 广州：广东教育出版社，1996：337.

② 如在1902—1906年期间，梁启超便在《新民丛报》上发表数篇政论文章，号召国人从君主专制时代之臣民转变为现代民主国家之公民，鼓励人们积极向西方国家学习身为公民的基本素养，其中一条便是自治。

③ 王伦信. 清末民国时期中学教育研究. 上海：华东师范大学出版社，2002：184-185.

成国民公共心及自治习惯”①。《特定教育纲要》（1915）也指出“学生在学时，固在教育之善诱善导，使其有迎刃而解之领悟，尤宜励其自动力，为将来自进深求之先机，故养成自动力，亦属教育要道”②。在这种情况下，儿童自治机关在全国更多的中学乃至小学建立起来。可以说，五四运动之所以能在短时间内迅速爆发并造成全国性的辐射性影响，乃至取得初步胜利，在很大程度上与各区域已经建立起来的学生（包括儿童）自治组织有密切关系，而这场运动的爆发又为自治组织的运作提供了最佳的实践机会，反过来更进一步推动了儿童自治的普及和儿童自治机关在更多中小学校的建立。随后1919—1921年美国教育学者杜威在中国各地的巡回演讲，则为中小学反思各自的儿童自治模式创造了极好的平台，促进了中国儿童自治事业往更加健康的方向发展。也就是在这段时期，鉴于儿童自治在全国范围内已广泛普及的事实，全国教育联合会正式在大会上确立“学生自治纲要案”，声明对这股趋势的积极支持。从此，儿童自治成为当时中国官方和民间教育机构所共同推动的重要事业。事实上，据1922年陆殿扬对当时20个省份69所中学的调查显示，正式成立学生自治会的达62所，占总数的89.9%。③因此可以说，五四时期特别是在1919年前后，是中国儿童自治运动最鼎盛的时期。

对于推行儿童自治的根据或必要性，民国时期的教育学者及教育当局主要从以下三个方面加以佐证，这三个方面都与他们对道德（公民）教育的反思和改革有根本的联系。

首先，他们认为推行儿童自治是由共和国体所决定的。在彼时民众的心目中，建立民主共和国是政治上解救中国的根本途径，但自1912年中华民国成立之后，种种倒行逆施以及实际运行方面的乱象，都显示出中国

① 郑应杰主编. 中国教育大事典：1840—1949，杭州：浙江教育出版社，2001：453.

② 郑应杰主编. 中国教育大事典：1840—1949，杭州：浙江教育出版社，2001：453.

③ 王伦信. 清末民国时期中学教育研究. 上海：华东师范大学出版社，2002：187-188.

人尚未具备行使民权的意识和能力。为要将中国建设成为如欧美国家一样健全、强大的国家，就必须通过学校教育，使下一代从小就掌握必需的公民素养，而学生自治即是促进他们形成这种素养的最佳途径。如江苏省立第一师范附小的吴研因就指出："要救国，只有竭力造就公民；要造就公民，只有在教育上设法；要在教育上设法，只有注意学校自治；要注意学校自治，则小学校的训练自治为尤要。"[①]芮佳瑞也认为："共和国家公民之需要，为自治之能力。吾国既为共和国矣，即应有自治能力之公民。而自治能力公民之产出，必自学生练习自治始。"[②]李康复也指出，在全国上下渴望自由而又不善运用的当儿，只有给人们制造种种机会，训练自治的能力，才能使他们约束自己的欲望，所有的精神能力，也才能向着正当的地方发泄，"潮流所趋，非学校中提倡自治，人人受着基本的陶冶，不足以建立巩固的基础"，"使用专制方法的结果，是养成服从的人民；使用自治方法的结果，是养成适于民主政治的人民"，"小学教育唯一的使命，（就）是培养这种能够共同自治的儿童，否则就不应当算为民主国的学校"。[③]此外，第六届全国教育会联合会大会通过的《学生自治纲要案》也同样强调共和国教育，应养成全国学生人人有共和国国民之资格为基本，而欲养成学生的共和国民资格，各学校就必须实施学生自治。

其次，提倡儿童自治是改革德育教学方法的必然要求。自清末以及民国初年，教育者在"修身"的课程框架下对学生进行道德训练，虽然在理念上已经开始重视道德实践，但在教学上仍是以讲授法为中心。及至1922年全国教育会联合会拟定新的《中小学课程标准》，将"公民科"纳入课程体系之中以取代修身，在教学方法上开始呈现多元化的趋势，儿童自治才正式成为公民训练的重要方法。1932年及1936年国民政府对德育再

① 杨彬如. 儿童自治施行实况（上）. 上海：商务印书馆，1925：5-6.

② 芮佳瑞. 学生自治须知. 上海：商务印书馆，1924：1.

③ 李康复著. 儿童自治指导书. 上海：世界书局，1931：9.

次进行了改革，将公民科的理论部分放在综合课程之中，而将其实践部分纳入新设立的“公民训练”科，并颁布《公民训练标准》以作指南，儿童自治的地位得到进一步确认，并有了明确、具体的活动指引。1942年的课程改革则将“公民训练”改为“团体训练”，强化了包括自治在内的集体活动的重要性。在教育学者方面，人们普遍认为道德品质是一种抽象的、没有特定标准的事物，如果仅仅是进行口头上的传授，其效果是很差的，而自治可以使学生将“所闻于教员或所得于书本上的东西，临事不得不显出来”[①]，在不知不觉中，习得、巩固和强化特定的道德品质。自治作为一种道德行为的练习，可以使课堂上习得的知识与学生的生活实际联系起来，“用知识应付生活，使生活扩张知识”[②]，也是使学生在校内习得的道德品质流露于校外的必然举措[③]。

其三，学校即社会，让儿童从事自治活动，是他们了解社会、积累社会经验的重要途径，也是为将来毕业后加入改造社会的行列创造必要的条件。民国的学人普遍认为，不应使学校和社会相互隔绝，也不能因为儿童还未成年，就使他们远离成人的生活，而应当创造机会，使他们从小就接触、了解并适应社会，而自治就是其中一种极有效的方式。[④]此外，自治作为一种群体活动，儿童在参与的过程中，可以训练其“集体意识与组织能力”[⑤]，有利于养成“社会观念、协同行动观念和集体主义观念”[⑥]以及“团体生活的习惯”“民治的精神”[⑦]。但光是让儿童实现社会化是远远不够的，因为当时的中国社会，“有些不配做社会化的对象”，因此学校办理学生自治事业，其更大的目的应是“化社会”，即改造社会，使将来人

① 杨彬如. 儿童自治施行实况（上）. 上海：商务印书馆，1925：5.
② 杨彬如. 儿童自治施行实况（上）. 上海：商务印书馆，1925（序一）：3.
③ 李康复. 儿童自治指导书. 上海：世界书局，1931：8.
④ 杨彬如. 儿童自治施行实况（上）. 上海：商务印书馆，1925（序一）：2–3.
⑤ 郑应杰主编. 中国教育大事典：1840—1949，杭州：浙江教育出版社，2001：459.
⑥ 杨贤江. 学生自动之必要及其事业. 学生杂志，第2卷第5号，1915年5月20日.
⑦ 杨彬如. 儿童自治施行实况（上）. 上海：商务印书馆，1925：2.

人都有机会享受共和民主所带来的福祉。[①]

二、儿童自治的曲折发展

儿童自治机构和大学的自治会，无论是在五四运动还是在国共两党共同北伐的过程中，都曾发挥过举足轻重的作用。南京国民政府对此有深刻认识，为防止这些自治组织构成对国民党统治的威胁，他们出台了各种旨在限制儿童自治的教育政策。1928年国民政府召开全国教育大会，决议通过《确立教育方针实行三民主义的教育建设以立救国大计案》，明令各个学校的学生自治团体，不得超越范围，滥用权能，干涉国家政治和学校行政，其活动范围仅限于：①自治：学校生活秩序的维持，拟定学生集会、结社、辩论等方面的章程和组织训练实施等；②智育：科学、研究活动的组织等；③德育：私德和公德的互励等；④体育：一切体育活动。[②]在此基础上，1930年国民党执委会通过了《学生团体组织原则》《学生自治会组织大纲》，进一步强调自治会必须置于国民党的领导之下：自治会须以“三民主义”为一切活动的指导思想；自治会筹备会、会员大会或代表会，须呈请当地国民党高级党部及学校派员指导；自治会章程草案须报请当地高级党部核准；自治会组织完成后须备具章程及职员履历表、会员名册等，呈请当地高级党部核准后，呈报学校及主管官署备案。[③]由此开始，儿童自治组织虽仍在着力发展儿童的自治能力，但在功能上已被大大压缩，不能再以与学校行政机关平起平坐的姿态，积极参与到学校管理中，而沦为学校对学生进行控制的辅助机关，受到校方的严密钳制和领导。

① 朱智贤. 儿童自治概论. 上海：中华书局，1930：115.

② 王伦信. 清末民国时期中学教育研究. 上海：华东师范大学出版社，2002：197.

③ 中国第二历史档案馆. 中华民国史档案资料汇编（第五辑第一编）：学生运动. 南京：凤凰出版社，1994：5–10.

抗日战争时期，国民政府对儿童自治团体进行了补充规定，指出这些团体必须“注重严密组织，竭力限定个人自由。对于服从、互助等习惯，尤须注意养成。须求国家与民族之自由，放弃个人之自由。若在团体中求个人之自由，就是自私自利”[①]。这就将儿童自治组织的设立与其发展儿童独立自主能力的宗旨割裂开来，回复到封建时代“忠君爱国”的观念体系中，更加赤裸裸地剥夺了儿童的自由，而使之沦为国家或民族的附庸。但是儿童依托自治组织，持续与校方和国民党当局进行顽强抗争，这股趋势在20世纪三四十年代时愈演愈烈。为进一步强化对儿童的控制，1943和1947年，国民政府又接连颁布《学生自治会规则》和《修正学生自治会规则》，规定自治会的筹备人员和理事由学校当局指派或圈定，学校可随时命其退职，自治会的活动内容限于学艺、健康、服务、风纪等方面，由学校派人监督，学校有权撤销其决议，或以违背校规为名解散自治会。[②] 这些规定赋予了学校管理和控制自治会的更多权力，使自治会的自治功能受到极大地削弱，进一步沦为学校成人管理儿童的机构，而非儿童实行自我管理的机构。

与此同时，在老解放区，儿童自治事业也呈现出与国统区相似的发展趋势。在土地革命战争时期（1927—1937），不超过16或18岁的儿童往往会参加童子团或儿童团，一些16—18岁的儿童可能还会参加少年先锋队。无论是童子团还是少年先锋队，当时的苏维埃政府都强调它们是共产主义青年团的附属组织，必须在政治上完全接受中国共产党的领导，其领导集团一般是由其上级组织委派相关人员所构成，如各省县乡工农团体（工农协会等）的童子团由该团体青年委员会（如农民青年部）直接指导[③]，苏

① 教育部训育研究委员会编. 训育法令汇编. 教育部训育研究委员会，1940.

② 王伦信. 清末民国时期中学教育研究. 上海：华东师范大学出版社，2002：197.

③ 全国第五次大会儿童运动决议案（1929）. 见陈元晖、璩鑫圭、邹光威. 老解放区教育资料（一）：土地革命战争时期. 北京：教育科学出版社，1981：384–385.

区少先队的各级队部应由党和团及红军机关各派一人组织，团的代表做队长[①]。不过值得一提的是，这些组织虽在政治上须完全服从于苏维埃，但在组织上却有相对的独立性，苏维埃不能直接去指挥它，或任意调动其负责人。[②]

列队的儿童团，摄于1939年

我们是抗日小兵，摄于1940年

至全面抗战时期（1937—1945），除儿童团继续保留外，16—18岁的儿童还会加入青年救国会，有的根据地还设立有学生会。对于这些自治组织，教师可以担任其中的顾问或指导员，但它们是独立性的群众团体，学校不得出面干涉。[③]同时，许多地区规定儿童可以派代表列席校务会议、教务会议，这些代表有向学校提出建议或批评学校工作的权利，而学校的重大决策也一般是要通过有儿童代表参加的会议才能执行的，如盐阜区、山东（胶东）区、晋察冀边区和陕甘宁边区等。[④]因此这段时期可以说是儿童自治事业在老解放区发展最健全之时。但是，到了解放战争时期

① 苏区少年先锋队的性质与组织构造（1932）. 见陈元晖、璩鑫圭、邹光威. 老解放区教育资料（一）：土地革命战争时期. 北京：教育科学出版社，1981：358-363.

② 少年先锋队组织和编制决议案，见陈元晖、璩鑫圭、邹光威. 老解放区教育资料（一）：土地革命战争时期. 北京：教育科学出版社，1981：359.

③ 陈桂生. “训育”辨析——兼论我国20世纪上半期实施“德育”的历史经验. 杭州师范学院学报（社会科学版），2004（9）.

④ 陈桂生. “训育”辨析——兼论我国20世纪上半期实施“德育”的历史经验. 杭州师范学院学报（社会科学版），2004（9）.

（1945—1949），特别是在后期，形势却发生了显著变化。儿童自治组织的管理模式已主要由儿童自己管理自己转变为教师民主地管理儿童，教师成为自治组织名副其实的领导者，儿童总体处于被领导的地位，自治的范围也受到了更多的限制。儿童参与学校行政的口号已很少提起，华北解放区和东北解放区改为让儿童家长列席学校行政会议，基本排除了儿童代表参与的可能性。自治组织曾在土地革命战争和抗日战争时期如火如荼地开展各项社会活动，并取得显著成效，但到了这段时期，其活动无论在时间还是在空间上都开始受到明确限制。

第二节　儿童自治组织的实际运行机制

1902—1949年的儿童自治在组织形态上复杂多样，没有一种全国统一的通用模式，但基本上是对现实政府统治制度和社团管理制度的模仿，常见的类型包括少年共和国制、学校市制、学校村制、模仿县制、模范区制、模范乡镇制、会社制、级会制和保甲制等等。具体模仿什么制度与学校所处的区域有重要关系，譬如位于乡村的南京燕子矶小学就确立了“新村”式自治制度，地处都市的通常会采用“学校市”的制度，如江苏省立第一师范学校高中部的“紫阳市”和扬州中学实验小学的“五都市”。“会社制”的种类最多，应用范围也最广，包括公仆会（以东南大学附属小学为代表）、协动社（以南京中学实验小学为代表）、少年会、幼童会、生活互助社等。而在一般的初级小学或学级较少的完全小学，结构简单的“级会制”则更为流行。总体来看，无论是哪种类型的儿童自治组织，都是学校内众多小型的学生组织的联合体，各班级的班会、各年级的级会、各领域的社团、学术研究会等都可以说是这些自治组织的基本成员。以下我们将从三个维度，对儿童自治组织的内部运作及其权力关系进行详细探索，以揭示当时学校教育中儿童的具体地位。

一、学生自治的组织架构

由美国学者威尔森·吉尔（Wilson L.Gill）在19世纪末开创的“学校市”制度是民国时期（特别是20世纪20年代）中小学采用的最常见形式。这种制度遵循“三权分立”的原则，设置立法、行政、司法三大独立的职能部门，使之拥有不同的权利，并在相互监督、牵制中达到权力的平衡。浙江省秀州中学便是实行该制度的典型。在朱经农的主持下，这所学校曾将学生自治组织划分为市议院、市政院、市法院三大部门，分管立法、行政、司法三大职能。如市议院由议长和各年级两名议员组成，负责通过一切有利于学校及市民的法律，监督和弹劾本市重要职员的旷职或违法等事务；市政院由市长和各科科长组成，主要职责是执行市议院通过的法律；市法院则由推事、录事、律师、秘书组成，旨在审理市民所有诉讼案件，解决一切纠纷，判断起诉人及被告人的是非曲直等。[①] 更为可贵的是，当时中国的教育者们在设计“学校市”时，并没有全盘照搬美国的思路，而是有结合国情的独特创造。例如李康复等人所设计的“大同市”，遵循的便是孙中山先生的“五权宪法”制度，因此设置了五个平级的权力机构，包括市政府、市议会、裁判所、考试委员会和监察委员会。[②]

然而就当时的政情而言，三权乃至五权分立的原则并没有得到真正贯彻，特别是在国民党在形式上统一全国之后。更为常见的制度形式，乃是仿效当时苏联的“委员（会）制”，也就是通过由数人组成的委员会，以集体领导的方式来行使行政、立法和司法等最高权力；或是将各项权力集

---

① 芦正芝，洪松舟．“学校市”：杜威“学校即社会”的本土化实践——秀州中学早期办学思想和教育传统研究．教育理论与实践，2009（6）：24.

② 李康复．儿童自治指导书．上海：世界书局，1931：84.

中于议会，由议会选举出各级领导机关的成员。受此影响，学生自治组织的制度设计，也逐渐以委员制为主。如学生自治会即以会员大会为最高权力机关，在会员大会闭会期间由代表会履行其权责，代表会闭会期间则交由干事会负责处理各事务。[①]国立东南大学附属小学的公仆会也是以公仆大会为最高权力机关，集立法、行政、司法于一体，旗下设级务部、舍务部等13个部门，各设部长一人，主持本部一切事务。[②]革命根据地小学的学生会，也以全校学生大会或代表大会选举委员会为执行机关，并在校长的领导下，进行儿童自治及参加政治动员的工作。[③]当然，这种体制由于权力的集中，更有利于实事的开展，但由于其缺乏有效的权力制衡和监督机制，既容易导致权力的滥用，也便于成人施加整体的控制，因此对于学生自治事业的发展而言，反而产生了阻碍作用。

此外，由于民国时期政府推行地方自治，许多教育者不仅以地方自治来论证学生自治的“合理性”，且仿效地方自治来组织学生团体，以便相互配合、共谋地方的发展，而在管治风格上，依然属于委员制或其变式。其中最具有中国本土特色的形式便是“保甲制”。这种制度形成于宋朝王安石时期，并在20世纪30年代初时成为江苏省办理地方自治的主要方式，后来江浦县教育科率先将其引入学生自治体系中，并逐步流行于安徽、湖南、湖北、江西、陕西、福建等省。具体而言，这种制度就是将全校学生组织为一个乡（镇），设正副乡（镇）长；在此之下，将各学级编为保，设正副保长，组织保办公处作为乡镇的基层组织；在保之下，把教室内儿童座位的一排或一列，编做一甲，设立甲长；甲再分为户，户即儿童本人。[④]此外还有模仿县制，在学校里设立“县政府”，旗下再设教育、财

① 中国第二历史档案馆编. 中华民国史档案资料汇编第五辑第一编：学生运动. 南京：凤凰出版社，1994：5.

② 俞子夷. 一个小学十年努力记. 上海：中华书局，1927：299-300.

③ 郑应杰主编. 中国教育大事典：1840—1949. 杭州：浙江教育出版社，2001：459.

④ 黄阅. 儿童自治组织. 南京：正中书局，1947：15.

政、建设、公安等局，县长总揽全局，而各分局局长则负责所在部门的一切事务。

二、学生自治的权限与范围

（一）一般学生事务

儿童自治的宗旨即在使儿童通过自我管理的方式获得发展，因此从理论上来说，凡涉及儿童利益的一切事务，都应在该组织的管辖范围之内。但是在权力集中和思想控制严格的民国时期，学校都会对学生事务（或权力）的范围做出不同程度的限定。一般而言，建制相对完备的自治组织，都会在形式上确保学生拥有一定的立法权、行政权和司法权，并对权力的安排做出不同的设计。如学校市、少年共和国制等仿效美国的自治组织，会将立法权、行政权和司法权等权力分散在不同的机构，造成相互监督的效果（如秀州中学）；而在推行委员制的儿童组织中，这些权力则会汇集到同一个机构，而不作明确的区分，如在上海中学实验小学的“实验市”，司法权即归属于行政权，因为裁判机构只是市政府辖下公安局的一个部门。①

然而，我们也必须注意到，这些最高权力的实施者，未必会是儿童本人。尽管学校市的创立者威尔森·吉尔曾指出，教师不应是学校市的市民或领导者，他们应置身事外，协助儿童更成功地运营好自己的组织。② 但在中国本土的实践中，教师或学校领导常常会加盟到自治组织的权力机构中，甚至取代儿童进行全盘的控制，从而阻碍自治组织的正常运作。如江苏省立第一师范高中部“紫阳市”，市长是由校长直接兼任，其最高权力机构是参事会，其委员都是由本校训育员、各处或科的主任和首席教员担

① 马国良. 儿童自治活动指导法. 上海：大东书局，1933：48–49.

② Wilson L. Gill. *The School Republic, School City Helps For Teachers and Pupils*：*A System of Moral and Civic Training*. New York City and Philadelphia：The Patriotic League, 1906, p. 6.

任，学生只能在下位的课、区、里、室等层次掌握实权。[①]而在扬州中学实验小学“五都市”的最高权力机关“市民委员会”的章程中，并没有明确规定其成员必须是教职工，但他们往往占据主导的位置，而且市长的人选也必须得经由校方组织的“市政指导委员会”认定。[②]

与此同时，儿童还享有一定的选举权。民国时期中小学校的自治组织，其各分支机构的干部，基本上经由选举产生，包括直接选举和间接选举。虽然根据当时中国的政情以及控制儿童活动的需要，历届政府一贯推崇间接选举制。如《学生自治会组织大纲》（1930）即规定，学生自治会先由各年级或各院科系按照比例选举的模式选出代表，而后组成学生自治会代表大会，再选出各机关的领导人。[③]由成人直接任命学生干部的现象也普遍存在，特别是到了20世纪40年代，伴随国民政府通过的《学生自治会规则》（1943）和《修正学生自治会规则》（1947），无论是自治会的筹备人员还是其核心干部，都变成由学校当局指派或圈定。[④]但那些崇尚直接民主的学校，认为儿童自治组织不应限于现实的适应，因为当时的中国，“有些不配做社会化的对象”，而应是理想的进取，乃至改造社会本身，[⑤]因此主张实行直接选举制。如20世纪20年代的秀州中学，其立法部议长、行政部正副市长以及司法部推事，即由全体儿童以无记名方式普选产生，过半数的代表才有资格当选。[⑥]在山东潍坊二中协动社中，各学级的级长和各股委员，也是由全体儿童直接选举产生。[⑦]扬州中学实验小学

① 苏州中学校史编委会编. 苏州中学校史（1035—1949）. 苏州：苏州大学出版社，1999：98-99.

② 马国良. 儿童自治活动指导法. 上海：大东书局，1933：50.

③ 中国第二历史档案馆编. 中华民国史档案资料汇编（第五辑第一编）：学生运动. 南京：凤凰出版社，1994：5.

④ 郑应杰主编. 中国教育大事典：1840—1949. 杭州：浙江教育出版社，2001：97-98.

⑤ 朱智贤. 儿童自治概论. 上海：中华书局，1930：115.

⑥ 芦正芝、洪松舟. “学校市”：杜威“学校即社会”的本土化实践——秀州中学早期办学思想和教育传统研究. 教育理论与实践，2009（6）：25.

⑦ 潍坊二中校志编纂组编. 山东潍坊二中校志（1883—1983）. 潍坊市新闻出版局，1983（24）.

“五都市”甚至创立了类似当代的公务员选拔制度，要求市政府下属机关的工作人员，在经过普选获得资格之后，再由考试甄别并录用，而不是通过上级领导任命产生，这在当时是一种重要创举。①

由李康复等人所设计并实施的“大同市”，在学生干部的直接选举方面堪称表率。在选举进行前，由各选区推定委员二人，组成选举委员会，随后由该委员会分组到各区调查选民，调制选民册，公布候选人名单，分配投票管理和开票管理的职务，公布选举日期，再印刷选举票。在选举进行时，委员会须分别标明签到处、领票处和投票区，设置桌椅铅笔和黑板等，还要邀请市政指导委员会出席监督。就市长、考试院长和监察院长这三个最重要的领导职位而言，选举委员会事先确立了人选的九条基本标准，如热心服务、爱护小市民等，每个职位最终确定了五个候选人，由各选区联名推荐产生。在选举时，选民只须在选票上圈出自己中意的候选人姓名，即表示投票结束。最后，选举委员会则会进行唱票，根据票数统计公布选举结果。②

此外，当学生干部在任职期间没有认真履行职责、损害学生利益时，各自治组织通常都有权凭借相应的罢免或弹劾程序，来替换这些不合格的干部。《学生自治会组织大纲》（1930）早就明确规定，自治会会员在会务范围以内，对学生干部有罢免之权。③山东潍坊二中的协动社也规定学生干部在任期内若有失职或舞弊，得由全级过半数会员同意进行罢免。④但是在思想控制严密、政治斗争激烈的时代，学生干部的存留极易受到学校和当地政府或政党的干扰，而造成事实上的限制，为此引发过许多学潮事件。如在二十年代末，山东文美女子中学的校长经常肆意干涉学生自治

① 马国良. 儿童自治活动指导法. 上海：大东书局，1933：50.

② 李康复. 儿童自治指导书. 上海：世界书局，1931：96-100.

③ 中国第二历史档案馆编. 中华民国史档案资料汇编（第五辑第一编）：学生运动. 南京：凤凰出版社，1994：6.

④ 潍坊二中校志编纂组编. 山东潍坊二中校志（1883—1983）. 潍坊市新闻出版局，1983：24.

会的工作，并对人员安排进行随意调整，为此学生们以罢课的方式进行抗议，但最终以会长遭开除和许多人受处分的方式黯然收尾。[①]

在具体的事务方面，各个学校都会允许儿童参与到许多领域的管理之中，其服务范围也大同小异，而在这些方面，学校一般不会做出严格的限制。如在学生自治会中，学生皆有权参与包括文书、总务、学术、游艺、体育、卫生、纠察、娱乐等事务。省立杭州师范学校附属小学的童子军自治组织则允许学生参与团刊社、图书馆、清洁队、风纪队、消费合作社、储金救国会等机构的活动。[②]东南大学附属小学也成立级务部、舍务部、膳食部、图书部、新闻部、演讲部、表演部、体育部、清洁部、俱乐部、巡察团、商社、裁判所等多个部门，邀请学生自主管理。[③]最难能可贵的是部分学校有了更明确的儿童意识，其自治组织乃依据儿童的年龄特点和能力，为他们设置了不同的参与范围。如在商务印书馆创办的尚公学校，三年级的儿童可以参与读书、书画、讲演、风纪、卫生及娱乐表演等事务，而五年级的儿童则可在此之外，参与到体育部、养性会、美术部、交际部、值日生部等部门的事务之中。[④]东南大学附属小学的公仆会则将整个小学分成高级、中级、低级三个年龄组，按其不同的身心特点设计成不同的自治组织，年龄愈小，则自治组织愈简单，自治的范围也愈细小而微。全校性的公仆会委员会主要由五六年级儿童选出，负责调控全校事务，中低级儿童若有异议，可直接向公仆大会或各部提出，并得推举代表列席会议；中年级的儿童成立小公仆会，分纠察、清洁、运动、管理遗失物品等各部，也有会长、部长和每日的当值员，负责中年级儿童的相关事务；低年级儿童的组织形态则更有不同，仅有领袖和委员两部分构成，领

① 潍坊二中校志编纂组编. 山东潍坊二中校志（1883—1983）. 潍坊市新闻出版局，1983：11.

② 程维藩. 指导儿童自治的一条新路线. 进修半月刊，1936，5（14）：783-786.

③ 俞子夷. 一个小学十年努力记. 上海：中华书局，1927：301.

④ 尚公学校编. 尚公学校行政概况. 上海：商务印书馆，1928：175-177.

袖专门负责管理某项事务，如清洁、图书、排队，具体类目由儿童自己要求，而由各级推举的委员则负责召集开会，讨论需要杜威院全体学生参与的事务。①

但是在伙食管理这项事务上，由于涉及较大数额的资金流动，普遍的情况却是由成人掌管，儿童或者无参与权或至多只有监督的权力，如国立北平师范大学附属女子中学的学生自治会下设生活部，负有伙食监督之责。②慈溪中学校友略带自豪情绪的回忆，也可从侧面说明大多数学校对伙食的控制权是在成人手中的，这位校友提到当时，许多学校都建立了学生自治组织，但大多数组织只是形式，实际并未起什么作用，“而慈中则不同，学校领导不仅对学生自治会给予充分信任，而且实实在在把学生的事情交给学生自治会去办”，特别是在伙食事务上，学生自治会经学校授权，组织了膳食委员会，由各年级派代表参加，根据学生意见不断改善伙食，这在当时是非常难能可贵的。③此外，由于成人经常滥用手中权力进行贪污，因而屡屡造成师生之间的冲突事件，这其中只有少数学校的儿童通过持续的策略性抗争，得以收回这项管理权。如四川省立乐山中学的学生发现校方有贪污伙食费的问题，遂借助学生自治会成立伙食团，经过多次抗争，乃与饭店老板签订承包合同，最终解决了贪污问题。④

（二）学校行政事务

在民国时期，无论是教育当局、知识分子还是一线学校，都普遍认为儿童的参与权是由成人赐予而非天赋的，他们指出学校所有事务应由两个相互分离的领域所组成：一个领域是学生事务，由儿童自主管理；另一个领域则是学校行政事务，须由成人独立决策。在他们看来，教师和行政人

① 俞子夷. 一个小学十年努力记. 上海：中华书局，1927.

② 袁爱俊. 北京师范大学附属实验中学校史（1917—2007）. 武汉：长江文艺出版社，2007：28.

③ 宁波市慈溪中学. 师古晓月：宁波市慈溪中学百年校庆纪念文集. 宁波市慈溪中学，2003：126.

④ 乐山一中百年校史编纂委员会. 四川省乐山市第一中学校百年校史（1903—2003）. 乐山一中百年校史编纂委员会，2003：251.

员指导儿童自治活动是天经地义的，因为这是“为学生好”，而儿童参与学校行政则是不可接受的，甚至将这种参与定性为“干涉”或“侵犯”。如果儿童一定要参与进来，则学校当局有权采取强硬手段，削弱乃至收回儿童的参与权。

例如陶行知[①]、芮佳瑞[②]、李康复[③]等知识分子都曾提到儿童自治之权出自学校；学校里面的事务，一部分应由学校主持，儿童不得干涉，另一部分则可由儿童主持，双方权限必须分明。而教育部公布的《学生自治纲要案》（1920）、《学生自治会组织大纲》（1930）和《学生团体组织原则》（1930）等文件也都规定，学生自治会的职权应以不侵犯学校行政为限。《学生自治会规则》（1943）甚至提出，如果自治会的决议涉及学校行政，学校有权撤销之，情节严重的话，学校还可以直接解散学生自治会。[④]此外，在一线学校中，学校行政和学生事务分离的现象也普遍存在，如四川彭州中学就明令“学生自治会是学生的课外活动团体，不得干涉学校行政”[⑤]。

然而，杜威曾在一次演讲中指出，“学校里的一切事情，教师和学生当合而为一，互相尽职，不必分彼此的权限”，教师应该和学生一起做事，如此才能使学生们感受到学校是他（她）们自己的学校。[⑥]而在当时，的确有部分教育者坚守杜威的思想，认为学生作为学校大集体的核心成员，不可避免地会受到学校行政每一个方面的影响，因此学生参与到校政中，既是他们谋求自身福利改善的必由之路，也是学校民主化的题中之义和学校改进的重要途径。在这种思想的指引下，他们主动邀请儿童列席

① 《陶行知全集》编辑委员会编. 陶行知全集（第一卷）. 成都：四川教育出版社，1991：35.

② 芮佳瑞. 学生自治须知. 上海：商务印书馆，1924：4.

③ 李康复. 儿童自治指导书. 上海：世界书局，1931：43.

④ 郑应杰主编. 中国教育大事典：1840—1949. 杭州：浙江教育出版社，2001：97–98.

⑤ 彭州一中百年校史编委会编. 彭州一中百年校史（1906—2006）. 彭州一中百年校史编委会，2006：251.

⑥ 单中惠，王凤玉编. 杜威在华教育讲演. 北京：教育科学出版社，2007：406.

学校行政会议，赋予其一定的发言权和表决权，并认真倾听、考虑学生的意见。如四川桂溪中学也规定学校召开校务会议，儿童自治会可派“新闻记者”参加，并允许其在会上直接批评校长或教师，只要言之成理、态度诚恳，其建议便可能被接纳。[①]国立东南大学附中的儿童自治组织，如在决议时涉及学校行政，即可交由学校行政会议核议，若是被否决，儿童也可申请再议，并在学校开会时派代表前往申诉理由。[②]或者允许儿童参与到学校经济事务的监督、管理，学校教学的评议过程之中，使他们对学校改进发挥更大的影响力，如安徽芜湖一中的儿童自治会在1917年成立时，即有“管理审查学校经费开支”和“评议教师讲课情况”两项重大权力。[③]

三、学校的保障与培训

民国时期，中小学校十分重视对儿童自治的扶持，主要体现在两大方面。其一是为儿童参与提供制度性的保障。教育部就曾规定，学校在正式成立儿童自治会之前，必须先推荐儿童成立筹备会，在两周或更长时期内讨论通过组织大纲和办事细则。[④]而事实上，无论是学校市、少年共和国等大型的儿童自治组织，还是以班会、级会为基础的小组织，一般都会在事先订立完整详细的组织法，明确组织的基本架构、实际的职权、办事的形式和程序、儿童与教职员的关系等，然后再照章行动，并在实际的运行过程中，依据儿童的需要和能力做出细节上的调整。但是也有许多教育者反对这种“居高临下”的建设方式，认为这种根据成人社会所拟定的制度，脱离了儿童的生活经验，而且在程序上过于繁琐，因此主张“起初不妨零碎，不妨简单，不必多立名目，也不必有整齐的系统”，“等到零碎的

① 黄黎扬，李治安主编. 川大附中校志：1908—2008. 成都：川大附中校志编委会，2008：152.

② 李康复. 儿童自治指导书. 上海：世界书局，1931：191.

③ 芜湖一中校史编纂委员会编. 芜湖一中校史. 芜湖一中校史编纂委员会，1987：8.

④ 郑应杰主编. 中国教育大事典：1840—1949. 杭州：浙江教育出版社，2001：97.

事业渐渐地多了，而且渐渐地复杂了，那时有一种趋势可以造成组织系统的机会，于是设法组织起来"，便"可以使儿童都明了"。[①]也就是说，在开始的时候设定一个比较简单的自治章程和组织架构，或者不设任何条文和框架，而后根据儿童的活动情形、实际需要与能力，逐渐改良或发展出完善、复杂的组织与章程。[②]前述提到的尚公学校和南京中学实验小学的"协动社"即采用这种方式。

其二则是在儿童参与相关事务前后，为他（她）们提供各类培训，这种培训主要有两种类型：

（一）"职前"培训

儿童在正式进入自治组织任职之前，学校会开设相关课程，向他（她）们介绍自治的原则、程序和要义，以及执行各具体事务所需的基础知识，并使其明确自身的主体地位。如尚公学校和"大同市"都曾设立自治讲习所，要求那些有志参与儿童事务工作的人，都参与到具体科目的学习之中，尚公学校的科目包括青年会、银行、新闻、巡察团、图书馆等[③]，而"大同市"在课程设置上更为复杂，既有面向全体学员的通识课程（如市组织原理及行政大要），也有涉及各学生事务领域的具体科目（如图书馆大要、新闻学大要、艺术大意、警务大要及消防实施法、普通医药及看护常识、体育设施大要、银行组织法大意、邮务管理法、消费合作大意、园艺大要等）。[④]所有科目均按学校正规课程进行设计和实施，如配备一定的学分，儿童须完成3/4以上总学分，方能准予毕业，自治机关所有服务人员，均以获得毕业证书者充任；设所长、教务主任和各科讲师若干；定在每学年开始时，训练时期为一周或数周，基本上是在每天下午的课后，

① 杨彬如. 儿童自治施行实况（上）. 上海：商务印书馆，1925：10.

② 李康复. 儿童自治指导书. 上海：世界书局，1931：40–42.

③ 杨彬如. 儿童自治施行实况（上）. 上海：商务印书馆，1925：13.

④ 李康复. 儿童自治指导书. 上海：世界书局，1931：65.

以一小时或数小时为限，也可就某些问题，在学科课堂内加以讨论。[①]

（二）“在职”培训

这种培训形式多样，最常见的则是为自治组织各级机关设指导员或导师，事先讨论、制定具体的指导方案，然后分派有相关知识或经验的教师到适宜的部门去，随时就学生在参与过程中所面临的问题提供在地指导。如“大同市”的教师在对学生干部进行在职培训时，即主要采取两种方式：其一是属于活动的指导，包括各机关会议时出席指导、各机关办公时出席指导、“阴暗问题”的指导和解决、关于记录方面的指导、关于编造统计调制表册的指导、关于起草规程细则和函牍的指导以及关于办事上应有之德性和常识的指导；其二是属于诊断和矫正的，包括思想、言语、行为和办事手续等各方面。[②]

同时，学校还会邀请来自其他学校、行政部门或学术界的人，到校介绍经验、发表演讲；或带领学生外出参观兄弟学校或自治成绩的展览活动（如1928年11月无锡全县各小学儿童自治成绩展览会、1929年5月江苏实验小学联合会的儿童自治成绩展览会、1929年8月杭州西湖博览会教育馆中的自治成绩展览等），以汲取其他学校推行学生自治的经验。此外，还有学校“实行名誉奖或实物奖”，利用儿童的“好荣心”，激励他（她）们向表现优异的学生干部学习，以起到同侪互助的作用。[③] 亦有教育者主张结合各学科的课堂教学，使儿童对自治有进一步的认识与理解。[④]

① 李康复. 儿童自治指导书. 上海：世界书局，1931：66.
② 李康复. 儿童自治指导书. 上海：世界书局，1931：88–89.
③ 张咏午. 指导儿童自治要注意的几点. 无锡教育，1928：15.
④ 李康复. 儿童自治指导书. 上海：世界书局，1931：40.

第三节　学生运动与儿童自治权的保卫

儿童自治组织的成立与运作，本身是学校邀请儿童参与校园管理的主要方式，但这种参与归根结底是由学校单方面决定的，学校当局会随时因自身的变化而重新调整参与的方式及范围，特别是在学校利益（或校内某些成人的利益）和儿童利益相互冲突的时候。由于儿童在与教师、学校领导的关系中，总体上居于弱者地位，因此在这种冲突爆发的时候，学校当局常倚重自身的强势，公然推行违背儿童意愿甚至侵犯儿童权益的政策，在这种情况下，儿童既有的参与模式已不足以改善眼前的不利处境，只有走公开抗争的道路，主动介入学校事务之中，才有可能使学校当局做出适宜的调整或改变。这种参与本身，从主动找学校领导、教师谈话，到集体抗议，都会对儿童造成不可挽回的损失和牺牲，如课业的损失、精神上的损失、社会名誉的损失、退学甚至遭军警逮捕等。但它是儿童作为一个有尊严的个体所应具备的基本权利，而且在事实上也对当时的学校改进及整个教育体系的改革产生了重要影响，因此仍然值得深入研究。此外，它也有助于昭示儿童的参与并不总是学校单方面提出的改进策略，也同时是儿童主动改善自身处境的必然结果。

当时中小学校的儿童对校方的反抗，可以全然是个体的、小规模的，但除此以外，通过有意识地联合，某些个体性的事件也常易演变成全班、全年级乃至全校范围的学生运动。在此过程中，各层级的自治组织便起到了关键性的动员作用，而抗议风潮又往往以自治组织为领导机构，才得与学校长期周旋，乃至取得最后胜利。当然，并非所有学生运动都会在自治组织的筹划下进行，由于学校中侵犯儿童权益的行为普遍存在，不限于特定儿童，因此许多遭受相似不平等待遇的儿童常会产生“同病相怜”之感，并进而“同仇敌忾”，于适当的时机内总爆发，同样会酿成大规模的抗议活动。但这种类型的反抗终究避不开儿童自治的既有组织，因为这些组织，无论其是否实质上是校方的傀儡，都是儿童集体行动的基本单位，尚未发现史料表明儿童们绕过了这些组织，成立了新的自治机构，而且推究起来，此类运动的目的其实也是为了实现儿童的真正自治，减少或消除成人的压迫，所以本质上与第一类是相仿的。不过值得一提的是，当时的学生运动，并非都是从捍卫自治权益的立场出发，由于民国时期政治斗争的激烈，学生运动常被扭曲为党派之间争权夺利的工具，被指向校外政治事件。在接下来的行文中，我们将不涉及这些政治斗争性质的学生运动，只谈论那些为保卫儿童自治权而发起的更为纯粹的学生运动。

一、学生运动的起因

儿童发起抗议风潮的原因有多种，而且往往是多重因素共同作用的结果，但是以下所述三个方面，却是其中最主要的因素。由对这些因素的分析可见，当时学校内学生运动之所以风起云涌，并非是儿童故意“惹是生非”之故，而主要是成人滥用权威、恶意压迫儿童、侵犯儿童尊严使然，因此身为教育者，应时常反省自己言行，务使自己站在儿童立场上，才有望与儿童构建和谐的人际关系。

（一）经济利益的侵犯

民国时期学校经费短缺，教员及职工的待遇普遍不尽人意，因此校方多有巧设名目搜刮儿童钱财，甚至公开敲诈勒索，或将儿童所缴公款挪作私用，而造成贪污的事实。钱财对于儿童非常重要，当时多数儿童因家庭贫困，所获求学机会实属不易，又随时有辍学的威胁，因此对经济权益的捍卫，往往是儿童们最为关心的方面之一，也正构成抗议学校的主要理由之一。如云南省立丽江中学高中毕业班第13班于1946年的罢课斗争中，明确提出校方应经济公开，特别是在学生伙食方面，必须要有学生代表监督其资金运用的具体情况，防止学校部分职工中饱私囊。[①]重庆市梁山中学校长张某在1943年时对学生肆无忌惮地敲诈勒索，每个学生每学期都要被他夺去二百斤稻谷，因此引发了学生们的群体抗议，要求清算张某的贪污罪行。[②]四川省立乐山中学的校长肆意侵吞了学生们捐献的抗日救国款项，引发学生们的一连串抗议事件，意在逼迫校长下台。[③]湖南省祁阳县立中学违规乱收学生俸米，立即招来了学生们近四个月的持续抗争。[④]湖南省永州府官立中学堂当局将学生的学杂费挪用去放高利贷，学生自治会立即推举六位代表向校长和总务处质问，抗议不公。[⑤]黄克诚所在的中等师范学校规定学生每人每天须缴纳两毛钱伙食费，但实际上用到伙食上的只有八分钱，余者皆被校长和经办人员克扣，在学生中引起公愤，于是学生们便发起学潮，群起而攻之。[⑥]郑州客车招待生训练所（一所中等职业学校）的食堂管理员和师傅在开学不久后便被发现有贪污学生伙食费的罪行，于是以何迟等为代表的自治会暗中串联各学生，举行了一场声势浩大的绝食运动。[⑦]

（二）教学质量的低下

这段时期，一方面由于学校的待遇普遍不高，选择教师职业的人基本没有提升专业素养的热情，另一方面教师选拔机制的不透明，导致许多教

①《丽江一中校志》编纂委员会. 丽江一中校志. 昆明：云南民族出版社，2005：252–253.

② 梁平中学校史编写小组. 梁平中学校史. 梁平中学校史编写小组，1987：20–21.

③ 乐山一中百年校史编纂委员会. 四川省乐山市第一中学校百年校史（1903—2003）. 乐山一中百年校史编纂委员会，2003：265.

④ 湖南省祁阳一中校史编委会. 湖南省祁阳县第一中学校史（1912—2002）. 北京：文化艺术出版社，2002：402.

⑤ 湖南省永州市一中百年校史编委. 湖南省永州一中百年校史（1903—2003）. 湖南省永州市一中百年校史编委，2003：190.

⑥ 黄克诚. 黄克诚自述. 北京：人民出版社，1994：10.

⑦ 何迟口述，王天颐等整理. 何迟自传. 北京：中国民间文艺出版社，1989：45.

师是凭借“走后门”进入学校，因此学校教师的素质是普遍不高的。儿童们来到学校的核心目的即是要接受良好的教育，受教育权不仅仅是保障任何儿童有进入学校就读的机会（availability），而且是有资格获得适合儿童禀性天赋、满足儿童求知需求的教育（acceptability）。①因此当他们的教育需求没有得到应有的满足时，儿童便会奋起反抗，主动要求校方辞退不合格的教师，这正是20世纪早期学潮频繁发生的另一重要因素。如竺可桢所在澄衷中学有一位美术教员在教学上颇不称职，但对学生的态度却非常蛮横，引得学生忍无可忍，身为班长的竺可桢在同学们的一致要求下，带头到校长办公室，与校长交涉，要求撤换这位教员。②施雅风有一位郭姓的物理老师，学识浅薄，甚至讲不清楚物理学的基本观念，引起了学生们的普遍不满，于是大家便公然在课堂内起哄，要求教师改善教学。③李宗仁所在广西陆军小学任管理人员及术科教练等职务的助教们，多是识字不多的老粗，他们因受到的教育有限，批示出来的文字，往往错别字连篇，这引起本来国文程度就很高的儿童们的极度不满，激发了儿童们的抗议。④重庆市梁山中学甚至联合本市其他学校公开发表宣言，反对不学无术的张某出任教育局局长，迫使军阀杨森将其撤换，这就超出了一所学校的范畴，展现了儿童自治组织的巨大力量。⑤

（三）管理措施的不合理

学校在管理方面多有对儿童处置不公的现象发生，或恶意对儿童加重处罚，或公然侮辱儿童人格，引发部分儿童在情绪上的激烈反弹，而受此不公正待遇的儿童又常能激起其他儿童的同情与共鸣，而造成多数儿童一

① Birute Praneviciene and Aurelija Puraite. *Right to education in international legal documents*. Jurisprudence, 2010，3（121）, pp. 133–156.

② 谢世俊. 竺可桢传. 重庆：重庆出版社，1993：22–23.

③ 施雅风. 施雅风口述自传. 长沙：湖南教育出版社，2009：25.

④ 李宗仁口述，唐德刚撰写. 李宗仁回忆录. 南宁：广西人民出版社，1988：35.

⑤ 梁平中学校史编写小组. 梁平中学校史. 梁平中学校史编写小组，1987.

起反抗学校的局面。这种反抗并非是一时兴起的，多是由于校方在长期的管理过程中对儿童进行无理虐待，儿童们忍无可忍，才被迫与校方公然决裂的。如江苏省培心中学一学生星期日外出没有请假，归来后竟遭到舍监毒打，引起所在班级全体学生的义愤，于是他们一起涌入现场，痛打正在执行处罚的教员，而学生们平日对校方的不满也借此总爆发，风潮很快波及全校。[①]山西平定中学校有三位学生负责策划成立学生自治会，在成立大会召开之前，他们曾找校长曹某说明开会要占用上课时间，曹某欣然允诺，但在会议结束后，校方却指责开会占用上课时间，构成违纪行为，宣布要将三人除名，这种“出尔反尔”的行为激起了全体学生的义愤，纷纷罢课以抵制学校的决定。[②]云南省立丽江中学的事务处代售课本时遭遇短款，但他们却诬告高十一班学生“作弊”，并进行非法搜身，严重侮辱了学生的人格，激起学生广泛愤怒，于是引发了高十一班的集体抗议，并进而获得了全校同学的声援，斗争活动最终令专横的学阀校长周某辞去校长职务。[③]浙江省立杭州高级中学的一位学生要求音乐教师多教些抗日歌曲，和音乐教师争吵了几句，随后竟遭到校方开除学籍的处分，遂激起全校学生的抗议。[④]

同时，为防备敌对势力意识形态的渗透和对学生力量的利用，无论是北洋政府，还是国民政府，在学校里都十分注重对儿童的控制，禁止其集会游行，剥夺其言论自由，而这种控制又经常达到颇为无理的程度，因此压制本身往往未能起到真正有效的作用，反而激发了儿童们强烈且持续的反抗。如山东济宁一中的国文教员杨某在讲课时故意引诱学生发表“进步”言论，然后一一记录在案，企图向国民党党部汇报，借机镇压，自治

① 杨宪东主编. 徐州五中志. 徐州：中国矿业大学出版社，2004：31.

②《平定一中校志》编纂委员会. 平定一中校志. 北京：方志出版社，2003：133-134.

③《丽江一中校志》编纂委员会. 丽江一中校志. 昆明：云南民族出版社，2005：251-252.

④ 杭州一中. 杭州第一中学校庆七十五周年纪念册. 杭州一中，1983：28.

会的儿童识破其阴谋，借机向校长和杨某出击，发动全校学生把他们赶出学校。[①]山东文美女子中学校长李某制定了一系列过于苛刻的校规，如不准随便出校门，不准订阅书报，禁止与男同学接触，禁止集会活动等。她还常派人偷听学生的谈话，监视学生的行动，私自检查学生宿舍中的物品。为此，自治会集体向校方提出“读书自由、出入自由”的要求，派代表与校长交涉，如不答应要求，即行罢课，而李某对学生的要求竟不予理睬，最终触发了学生们的罢课斗争。[②]宁乡县第一高等小学学生举行反日示威，要求查禁日货，校方迫于宁乡县政府的压力，予以严令禁止，并公然污蔑学生有扰乱社会治安的行为，于是以刘少奇为首的学生团体便带上书籍、行李，公开宣布离校罢课。[③]

二、学生运动的最终结局

（一）成功的案例与经验

学生运动中成功的案例自是不少，但成功的程度却稍有不同。最理想的情况，自是完全达成运动起初的目标，校方全部同意学生的诉求，师生关系由此进入到更和谐的状态。如山东济宁一中的学生运动是以国文教员杨某和校长王某为反抗对象，通过斗争，校长王某终被调走，杨某也离开了学校，从而达到了预期的目的。[④]重庆梁山中学的学生运动意在驱逐新任县教育局局长张某，最终军阀杨森将其调走。[⑤]山西平定中学校反抗曹校长的斗争也以曹校长被迫离任为结局。[⑥]湖南省祁阳县乡村师范初中部学生于1946年要求提高伙食待遇的斗争，以校方改善主食的加工质量而告

① 济宁一中校志编写组. 济宁一中校史. 济宁市新闻出版局，2002：16.

② 潍坊二中校志编纂组. 山东潍坊二中校志（1883—1983）. 潍坊市新闻出版局，1983：10.

③ 金冲及. 刘少奇传（上册）. 北京：中央文献出版社，1998：10–12.

④ 济宁一中校志编写组. 济宁一中校史. 济宁市新闻出版局，2002：16.

⑤ 梁平中学校史编写小组. 梁平中学校史. 梁平中学校史编写小组，1987：9.

⑥《平定一中校志》编纂委员会. 北京：平定一中校志. 北京：方志出版社，2003：134.

终。[①] 湖南省立第三师范学校的学潮也最终迫使省长对校长职务进行了调整。[②] 郑州客车招待生训练所学生的绝食斗争亦使学生们最终夺回了伙食自主管理的权利。[③] 稍次的情况则是学潮并未完全取得胜利，因为一则参与者在此过程中遭到开除、记过、扣压毕业证书等严重处分，且至最后都未得到平反；二则学生所要驱除或挽留的人物并未如愿去留，校方领导阶层或教师队伍只是局部性地做了调整，没有完全遵循学生的意愿；也有一些学生则遭到了学校的变相报复。如浙江省立第一师范学校于1920年发动的旨在挽留校长经亨颐和“四大金刚”（陈望道、刘大白、李次九、夏丏尊）的斗争，取得了一定意义上的成功，因为新任校长姜琦继位后，保留了经亨颐所开创的教育改革精神，在某些方面甚至还有发展，但原任校长经亨颐和受学生爱戴的“四大金刚”却无一留任。[④] 山东文美女子中学学生1927年发动的反抗校长压迫的斗争，终以校长离职了结，但校长却借此停办了学校，学生也不得不因此转学，最终遭受了不小的损失。[⑤] 四川省立乐山中学的抗议事件使时任丁校长被迫离任，但在抗议过程中已有十多名学生被开除，几十个人被记大过，无数人被记了小过，且这些惩罚并没有在事后被撤销。[⑥]

这些校园运动之能取得成功，当然主要是儿童集体的强大力量而非成人的怜悯所致，推究起来，这种力量集中体现在下述三个方面：

1. 与校内成人展开针锋相对、不屈不挠、坚持到底的斗争，有“不达目的誓不罢休”的勇气与行动，这一点在大多数案例中都得到了鲜

① 湖南省祁阳一中校史编委会. 湖南省祁阳县第一中学校史（1912—2002）. 北京：文化艺术出版社，2002：5.

② 黄克诚. 黄克诚自述. 北京：人民出版社，1994：10-11.

③ 何迟口述，王天颐等整理. 何迟自传. 北京：中国民间文艺出版社，1989：45.

④ 杭州一中. 杭州第一中学校庆七十五周年纪念册. 杭州一中，1983：53-83.

⑤ 潍坊二中校志编纂组. 山东潍坊二中校志（1883—1983）. 潍坊市新闻出版局，1983：11.

⑥ 乐山一中百年校史编纂委员会. 四川省乐山市第一中学校百年校史（1903—2003）. 乐山一中百年校史编纂委员会，2003：265.

明的体现。事实上，许多学校在开始时对学生的正当意见是置之不理的，或者惩罚带头及参与“闹事”的学生，或者耍阴谋诡计（如搞两面派），甚至从当地政府那里搬来救兵，妄图武力镇压，惟在遭遇学生持续且强烈的反抗之后，才不得不软化态度，与学生达成妥协。如在宁乡县第一高等小学读书的刘少奇等学生，曾公开以离校罢课方式进行斗争，但学校当局毫不示弱，立即宣布开除刘少奇等人的学籍，而这引起了更多学生的不满，随后有愈来愈多的学生加入离校罢课的斗争之中，以至于闹得不可收拾，最终迫使宁乡县县长出面调停，撤销对刘少奇等人的处分，才算平息事态。[①] 郑州客车招待生训练所学生的绝食斗争在开始时并没有受到校方的重视，所长怒斥学生的行为是一种“侧来污”（无理取闹、耍无赖），命令他们“老老实实地学习”，学生们以为这是一种威胁，于是绝食斗争继续进行。直到第三天，车务处处长出面，以温和的态度主动承认食堂存在的问题，还主动与学生们一起吃饭，并在饭毕后答应了学生要求自主管理伙食的要求，风潮才得以结束。[②] 湖南省祁阳县立中学的学生运动开始后，校方将为首的几名学生代表开除，并宣布全校停课，以此来威胁学生就范，但学生们并未因此屈服，他们向国民党县党部和县政府申述、请愿，未果，转而两度向省教育厅告状，终于拿到“复学手令”。可是校长置之不理，反而指使教师罢课，并歪曲事实致函学生家长，让其接孩子回家。学生们则针锋相对，立即发快邮代电揭露校长的阴谋，并组织同学日夜护校，与校方继续谈判，最终迫使校方撤销对学生的处分，并撤换校长。[③] 1927年，山东文美女子中学学生提出“读书自由、出入自由”的要求，并开展罢课斗争。可

① 金冲及. 刘少奇传（上册）. 北京：中央文献出版社，1998：12.

② 何迟口述，王天颐等整理. 何迟自传. 北京：中国民间文艺出版社，1989：44.

③ 湖南省祁阳一中校史编委会. 湖南省祁阳县第一中学校史（1912—2002）. 北京：文化艺术出版社，2002：402.

是校方却派人检查学生宿舍，并借机开除数位学生的学籍。这引起了全校学生的更强烈反应，派代表向校方提出恢复那些学生的学籍，并誓言斗争到底。随后还成立罢课斗争指挥部，向大家介绍事件真相，号召更多学生团结起来。学生们甚至高呼口号，冲进司监刘某的宿舍，将她痛打一顿，并将其衣服、被褥扔出门外，倒上粪水，以示惩戒。校长为避免事态扩大，只好宣布辞职。① 除此以外，云南省立丽江中学1942年高十一班的斗争，1946年高十三班的斗争，著名的“一师风潮”（浙江省立第一师范）等事件都经历了曲折反复的过程，而学生都能在面对学校的敷衍、镇压的威胁下，坚持不懈地展开斗争，并最终取得胜利。应当说，这一条是所有儿童抗议事件能取得成功的决定性因素，也是儿童力量的最集中体现。

2. 收集校方侵犯儿童权益、肆意犯罪的确凿证据，使学生可以有理有据地展开斗争，使一切意图包庇校方的人士无所作为。如在重庆梁山中学针对县教育局局长张某的抗议事件中，学生自治会公开发表声明，列举其种种贪污罪行，到杨森那里告状，杨森只好派人来查，但来人意图包庇张某，学生据理力争，拿出确凿证据，终使杨森无可奈何，不得不将张某调走。② 当然，光是掌握证据，使反抗有正当理由也往往是不够的，还得配上学生的坚定斗争，才能最终达成目标。如常州女子师范学校校长也极端无能，对学生多有压迫，以史良为首的学生会在收集到足够证据之后，勇敢地开展了罢课斗争，同时“大闹县公署，包围县长达三小时，围困劝业所达十三小时”，这才取得最终胜利。③

3. 争取社会上有识之士及其他民众的支持，造成有利的社会舆论以及对地方政府的压力，迫使校方就范。如山西平定中学校学生对校方的罢课

① 潍坊二中校志编纂组. 山东潍坊二中校志（1883—1983）. 潍坊市新闻出版局，1983：10.

② 梁平中学校史编写小组. 梁平中学校史. 梁平中学校史编写小组，1987：9.

③ 史良. 史良自述. 北京：中国文史出版社，1987：5.

斗争，在本地社会中引起强烈反响，学生顺势争取到校内部分教师及学界名流的支持，才最终取得了成功。① 但是真正做到这一点的学生运动并不多，也正因如此，许多学生运动由于孤立无援而没能最终取得胜利，足可见争取外方支持、建立统一战线是极其重要的。

（二）失败的案例与教训

并非所有的学生运动都会以成功的结局收场，实际上，在当时儿童权益普遍得不到尊重的年代里，校方公然罔顾儿童合理诉求的事件是屡见不鲜的。以上成功的案例，尽管在根本上是由儿童坚持不懈地斗争所造就的，但与学校一方稍能宽容，体谅学生难处，或者不想过分扩大事态，造成学生与教师彻底决裂的心态有关系。然而，也有不少学校根本就不想与学生达成任何形式的妥协，而坚持与学生对抗到底，他们自恃掌握着支配学生前途命运的把柄（即文凭），以及当地政府军警的支持，公然镇压抗议学生；或者搞两面手段或采取“秋后算帐”的卑鄙策略，迫使学生运动归于失败。在这些学校眼中，儿童是依赖于成人的“附属品”，只有儿童尊重成人的责任，而没有成人尊重儿童的义务，因此儿童权益的观念在他们那里是断然不存在的。

学生运动失败的表现方式，从根本上来说即是初衷诉求未得到校方的丝毫满足，其次则是参与学潮的学生遭到不同程度的处罚，特别是领头的学生代表，往往被勒令退学或剥夺毕业文凭。这两方面反映了校方对抗议学生的强硬态度，意在使学生屈服，从此之后不敢再公然对抗学校。如山东文美女子中学1927年为反对校长过分干预学生自治会的工作进行罢课抗议，但最后会长被开除学籍，许多参与者也受到了记过处分。② 江苏省徐州中学的学生运动也以校方开除了一批

① 《平定一中校志》编纂委员会. 平定一中校志. 北京：方志出版社，2003：133.

② 潍坊二中校志编纂组. 山东潍坊二中校志（1883—1983）. 潍坊市新闻出版局，1983：11.

学生代表而失败。[①] 湖南省立七中1948年的学生抗议事件中，学生冲进校长办公室，拍桌打凳争执起来，最后，学生代表被勒令退学，运动以失败告终。[②] 广西陆军小学的学生在抗议过程中要求总办蒋某撤销对开除学生代表的旧令，惩罚侮辱学生的助教，可是校方坚决不同意，继续开除更多肇事的学生，风潮遂被迫中止。[③] 澄衷中学以竺可桢为首的班级团体与校长交涉，要求校方辞退不称职且对学生态度专横的教师，可是校长却怒斥竺可桢等人不尊师重道，学生们便开始罢课，孰料校长不但不接纳学生诉求，反而勒令全班停学。于是，参与罢课的这些即将毕业的学子，不得不转到其他学校，使运动终以失败结尾。[④]

推究学生运动失败的原因，最主要的，当然是学校一方坚持罔顾学生诉求，采取高压政策迫使学生屈服，这在上一段文中已有论述。其次则是校方采用“两面派”或“出尔反尔”的龌龊伎俩，向抗议学生释放“烟雾弹”，软化反抗力量，再配以军警等武装力量的威慑，亦使学生运动不得不归于失败。如云南省立丽江中学1946年高十三班的抗议活动历时两个多月，在迫近毕业前夕，学校态度突然放软，学生受校方貌似接受要求的迷惑，终于草草停止。但不久，不但所提条件均未兑现，且有几位学生受到扣发毕业文凭的不合理处罚，等于被变相开除。[⑤] 重庆梁山中学的学生运动旨在清算校长张某的贪污行为，张某一面蛊惑学生，宣称一定严加彻查，一面却调动军警，在各班学生中收集情报，进行威胁，于是运动被迫中止。此外校方也会采用“化整为零”的策略，利用停课整顿、提前放假

① 杨宪东主编. 徐州五中志. 徐州：中国矿业大学出版社，2004：31.

② 湖南省永州市一中百年校史编委. 湖南省永州一中百年校史（1903—2003）. 湖南省永州市一中百年校史编委，2003：190.

③ 李宗仁口述，唐德刚撰写. 李宗仁回忆录. 南宁：广西人民出版社，1988：35.

④ 谢世俊. 竺可桢传. 重庆：重庆出版社，1993：23.

⑤《丽江一中校志》编纂委员会. 丽江一中校志. 昆明：云南民族出版社，2005：253.

等手段，化解学生的集体力量，而后再对抗议学生进行报复。[①]如山西铭义中学1935年学生闹学潮意图赶走压制学生民主的训育主任，学校当局借故停课放假，学潮被迫停止，在开学后学校还公然宣布开除19个闹学潮积极的学生。[②]江苏省徐州中学的一些学生虽然采取了离校罢课的形式，但毕竟数量有限，而校方宣布提前放暑假，命令所有学生离开学校，运动不得不由此中止。[③]

当然，在这些失败的案例中，学生自治团体本身的失误也是要负一定责任的。一个重要的方面，即是他们没能成功向外争取到更多的支持，造成有利的社会舆论，而对校方构成多重压力。例如广西陆军小学在“倒蒋”运动中，有些学生设法把风潮扩大到校外去，但没能争取到一般人士的同情与支持，因而最终以学生向校方屈服，甘受惩处而收尾。[④]另一方面，则是自治团体内部的意见未必完全一致，尤其在面对校方的强力威胁或口头允诺的诱惑时，便容易出现分化或软化抗争的局面，而造成运动的失败。例如在重庆梁山中学1943年的学潮中，校长张某“假惺惺地自我表白：鄙人清廉，断无枉法之举”，还说“粮食的事一定复查， 结果一定相告”，学生中有不少人受到迷惑，从而放弃了斗争。[⑤]1946年云南省立丽江中学高十三班在毕业前夕，为了自己能拿到毕业文凭，且受校方答应要求的蛊惑，主动结束了抗议活动，终于造成了运动的失败。[⑥]由此可见，争取社会支持和坚定不移地斗争对学生运动的成功而言，确实是不可缺少的要素。此外需要说明的是，在这些林林总总的学生运动中，儿童始终是弱势的一方，校方则因掌握了大量的社会资源以及足以影响儿童教育生涯的

① 梁平中学校史编写小组. 梁平中学校史. 梁平中学校史编写小组，1987：21.
② 赵力之. 赵力之自述. 北京：中共党史出版社，2005：5-6.
③ 杨宪东主编. 徐州五中志. 徐州：中国矿业大学出版社，2004：31.
④ 李宗仁口述，唐德刚撰写. 李宗仁回忆录. 南宁：广西人民出版社，1988：35.
⑤ 梁平中学校史编写小组. 梁平中学校史. 梁平中学校史编写小组，1987：21.
⑥《丽江一中校志》编纂委员会. 丽江一中校志. 昆明：云南民族出版社，2005：253.

“把柄”而占据着强势地位，儿童为自己的生命安全及未来前途计，在对抗这般强势的过程中，发生妥协退让的现象，应当说是情有可原的。但他们毕竟与学校展开了激烈长久的斗争，这份勇气与力量仍然是值得钦佩和欣赏的。

第三部分　课程篇

基础教育是面向儿童的教育，在这个阶段的教育中，对儿童的本质为何，如何处理儿童与成人的关系、课程与儿童的关系等问题的认识，直接决定了整个课程与教学改革的内容与方向。所以当我们在分析一个国家特定时期的教育改革时，如果仅仅从教育学的角度进行检视，而忽略当时社会对待儿童的根本观念，那便不能更全面地理解教育改革的真实意图及其本质。数千年以来，儿童作为接受基础教育的一方，其主体性的地位一直没有得到确立，不仅受教育本身被成人视为对儿童的一项馈赠，而非儿童的固有权利，且整个课程体系和教学方案的设计亦以成人的标准为标准，既罔顾儿童的身心发展规律，亦脱离童年的生活实际。因此在这种前现代的教育中，儿童只是以一种“小大人”而非儿童的身份存在，学习的目的正在于尽快脱离“幼稚的”“不文明的”“不理性的”童年而成长为各方面皆“完美”的成人；同时，儿童还不得不无条件接受成人的“善意”安排，被置于被压迫和被支配的一方，失去应有的学习自主权。可以说，教育现代化事业的奠基与建设过程，也就是社会不断冲击这股落后的儿童观，并最终“发现”和“解放”儿童的过程。中国自清末新政以来，政府和民间有识之士已逐步从不同维度反思传统教育体制的“反儿童”特性，并在确立现代儿童观的过程中发动一轮又一轮的课程改革与教学革新，但由于理论和实践领域都存在着大量阻碍性因素，改革的历程充满坎坷与艰辛，以至于直到21世纪的今天，教育领域的现代化大厦仍没有完全树立起来，所以反思20世纪上半叶的教育者在“发现”儿童的过程中不断建造新教育体制的经验与教训，必可为当代中国完成教育启蒙的大业提供重要的启示。

为此，本部分将通过以下三章来探索课程学习领域儿童观的演化程度，在这个探索的过程中，研究者将儿童置于话语的中心，以是否照顾到儿童的发展规律、个别差异和学习权益等视角为线索，重新统整和审视已有及尚未应用的教育史资料，试图解决本书的研究问题。第八章考察的是学前教育领域的课程设计和教学革新。由于史料的限制和学前教育本身的不普及，在其余两部分中，研究者对学前教育都未有涉及，但是在第八章中，由于当时的幼稚园遗留下不少教育实践的档案，使本部分对学前教育的考察得以可能。在第九章中，研究者将视角转移到对中小学校课程改革的探索上，对阶段教育的划分、基于儿童个别差异的课程开发和训育课程的改革等构成这一章的重点。（这里的中学只是普通中学，并不涉及师范和职业学校）除此之外，研究者还专辟一节探讨中国共产党在老解放区推行中小学课程改革的情况，以更全面地反映当时课程改革的整体面貌。第十章的内容则集中在教与学的领域，虽然前一章在探讨课程改革时多少已提到教学革新的情况，但并不构成研究的重点，本章则从儿童的体验出发全力探讨课堂内教学的具体情况，兼谈他们在课外的学习生活和文体、社会生活。第九章和第十章的研究思路各有不同，因而可以起到互补作用，因为第九章所借助的是官方公布的政策文本，意在揭示当时理论界对儿童的认识程度，而第十章倚重的是传记和校史等描述性史料，可以更微观地展现学校领导者和教师对待儿童的具体态度。

第八章
学前教育改革与童年观念的初步确立

已有的儿童史研究文献对学前教育领域的课程改革几乎鲜有涉及，然而学前教育作为儿童接受学校教育的开始，对儿童的个体发展具有极其重要的意义，并且由于在这个阶段中，处于低龄的儿童极为脆弱，需要受到更多的关照和保护，所以成人在对他们施教时设计怎样的课程，采用哪些教学方法等，更能折射出他们内心的儿童观念。在本章中，为展示这种观念，研究者特意选取了三个角度：第一个角度是教育者究竟在何种程度上尊重并依循儿童身心发展的总体规律和他们的兴趣，来设计幼稚园的课程；第二个角度是教育者在实施班级教学时，是否以及在何种程度上顾念了儿童的个体差异；第三个角度则是儿童的生活经验在当时的课程设置与教学中占有怎样的地位。兹详述如下。

第一节　阶段教育的区分与联络

现代儿童观要求课程设计者应因不同年龄段儿童的特点而制定不同的

课程体系，学前教育阶段的儿童，在身心各方面自然不同于小学阶段儿童，因此幼稚园课程的设置不应向小学看齐。这样一个看似朴素的原理，在近代中国却经历了一番曲折的演进过程。清末民初，教育界普遍“以日为师”，无论是官方教育当局，还是地方官僚、乡绅兴办的少许幼稚园，如湖北武昌蒙养院（1903）、湖南蒙养院（1905）、天津严氏蒙养院（1905）、京师第一蒙养院（北京）、女师附属蒙养园（杭州），一律奉日本幼稚园的教育理念为圭臬。这种理念，在当时的教育学人（如张雪门、陈鹤琴、张宗麟等）看来，就是将学前教育小学化，所注意的乃是使幼稚园的课程尽可能与小学课程相衔接，而鲜有顾及幼稚生区别于小学生的特点，因此日式的幼稚园又可称为小学式幼稚园。此点在《钦定蒙学堂章程》（1902年）的条文中，有着鲜明的体现，在这个“壬寅学制”的框架下，蒙学堂的课程表与小学堂几无二致：初等小学堂的课程门目为修身、作文、习字、读经、史学、舆地、算学和体操，而蒙学堂的课程门目也为修身、字课、习字、读经、史学、舆

辅仁大学附属小学幼稚园第二届学生的毕业照，摄于1945年

地、算学和体操。此外，师资培育机构的设置也都照搬日本模式，担当培育之责的专家均系日本人士或从日本留学归来之人，以致当时社会上绝大部分学前教育的教师（尽管数量并不算多）大抵心中只有日式幼稚园的模板，更加上当时课堂教学所用材料大多为日语翻译而来的读物，使日式幼稚园对中国学前教育的影响甚大。

这种影响从1902年开始，一直持续到20世纪20年代末，有以下两点可兹证明：其一是日本模式下的幼教机构常冠以蒙养园或蒙养院三字，而通常不叫幼稚园（幼稚园一词是福禄贝尔的创造），在“壬寅学制”（1902年）、“癸卯学制”（1904）和“壬子癸丑学制”（1912）中，都只使用了日式用语，直至1922年“壬戌学制”的颁布，才正式将幼教机构定名为“幼稚园”，使之成为学校教育系统的正式部分。其二，据张雪门在1926年对幼教师资培育机构的考察，指出“由日本教师教授的学校，在近年早已消亡了，就是参酌办的保姆科也一校都没有，那么现在养成师资的地方，只有教会里惟一的路径”①。师资的断绝是最为致命的，即便仍有人士意欲倡办日式幼稚园，也是无力回天的，尽管当时仍有少数幼稚园在维持着日式的课程模式，却已处于中国整个学前教育体系的末流。但对于日式幼稚园的停办，却不能说是因师资力量不足这一貌似客观的因素所致，在根本意义上，乃是民国的教育学人们已日益认识到幼稚生与小学生的不同，欲推动学前教育创建独特的课程架构。如张雪门在《参观三十校幼稚园后的感想》（1926）中即批评蒙养院/园“所顾到的是成人的主观，却忘怀了孩子的心身……他们只接受了成人的一片主观的意见，却拒绝了孩子的跳跃的生命和烂漫的天真”，并指出随着教育的进步，这种幼稚园被淘汰实属必然。②薛钟泰根据其在南京高等师范附属小学幼稚园的经验，在是否需要分科的问题上（此点会在下文有更详细的阐述）表明了幼稚园和

① 中国学前教育史编写组编. 中国学前教育史资料选（全一册）. 北京：人民教育出版社，1989：188.
② 中国学前教育史编写组编. 中国学前教育史资料选（全一册）. 北京：人民教育出版社，1989：190.

小学的不同之处："学生的生活是一个全体，他还不会分析，所以幼稚园课程不必分科，各方面都和全体生活保持重要的关系……到了低年级，科目所以分开，材料的选择和组织，也可以严密些，学习也可以详细些。"①

事实上，在日本模式引入中国的同时，由西方在华教会创办的幼稚园也已开始萌芽，然而由于后者厉行宗教教育，与中国传统伦理有较大差异，而不能为中国学人所认同，于是较多转向日本模式。虽然其后也有学者意识到日本模式的弊病，奈何一方面因教会在师资培养上的缺乏，另一方面西方教育著作引入中国的太少，那些间接仿效西洋传教士的，也是随学随教，只知其皮毛，却不能领悟其系统的原理；同时教会出身的女子，"多半家境贫寒，年龄又轻，甚至连本国史都不十分明白，且国文的修养又浅，驯致摒弃本国有用的材料，只会盲从累赘的译文"②，所以无法将西洋的教育原则妥当彻底地贯彻。直至五四时期，伴随西方儿童中心的观念日渐深入人心，并有更多的教育学人，将此种观念投入到一线的实践之中，因此依循幼稚生的禀性而创设独特的幼稚园课程成为一时之潮流。该潮流一直延续到民国末年，不仅其后的官方文本再次做了强调，地方幼稚园也一直推行区别于小学的课程架构。如1943年颁布的《幼稚园设置办法》就明确规定："幼稚园对于儿童应顺应其个性，依照其身心发展之程序，施以适当之保育，不得授以读书写字等类于小

杭州市立横河小学幼稚园，摄于1937年

① 李桂林，戚名琇，钱曼倩. 中国近代教育史资料汇编. 上海：上海教育出版社，1995：432.

② 张雪门. 我国幼稚园的改革. 见李桂林，戚名琇，钱曼倩. 中国近代教育史资料汇编. 上海：上海教育出版社，1995：418-424.

学功课之事项。”[①]而南京鼓楼幼稚园在20世纪40年代时则按照陈鹤琴“五指活动”的原则将自己的课程统整为五大领域，即健康活动（包括晨间检查、健身操、体格检查、餐点、静息午睡、游戏等）、社会活动（主题包括学校生活、家庭、邻近的社会、邻近的事业、重要的节期、日常交通工具、日常礼节和集会等）、科学活动（主题包括自然现象、动物和植物、生活用品等）、艺术活动（包括欣赏音乐、唱歌、乐器演奏、图画、木工、泥工、纸工、编织、缝纫、积木、饲养、家事等）和语文活动（如儿歌、故事、阅读、发表、课文），[②]这与我国当前学前教育领域的课程设置已基本相同。

北平某幼稚园的一群小朋友

不过，正如舒新城所指出的，即便教育界有识之士和教育部已明确认识到学前教育和小学教育的差异，社会上一般人士对于学前教育，却“仍以小学教育相待，而以遣儿童入幼稚园读书识字为目的”[③]。虽然无从调查家长们究竟对此差异持何态度，至少可说明关于幼稚园课程是否须区别于小学课程的问题并没有在全社会达成明确的共识。更进一步来说，关于幼稚园课程与小学课程的衔接性问题，即便理论界也没有达成完全的共识，仍有一些学者认为幼稚园的课程不能完全自成一体、搞特殊，以至于和小学课程彻底断裂，这样便不利于儿童的升学，因而他们主张幼稚园课程至少在一定程度须去接轨小学的课程。如薛钟泰便指出，幼稚园的作业和一

① 中国学前教育史编写组编. 中国学前教育史资料选（全一册）. 北京：人民教育出版社，1989：228.
② 周淑钟. 鼓楼幼稚园及小学低年级的生活课程. 儿童福利通讯，1948（16）：8-11.
③ 舒新城. 中国学前教育小史 . 教育杂志，1927：19（2）.

年级有密切的关系，小学一年级自是要开始分科，但这种基础，却要在幼稚园里建立，所以幼稚园应当为小学一年级的分科做好准备。[①]俞子夷也指出，自民国13年之后，学前教育界便有一个革新的试验，即破除幼稚园和小学的界限，幼稚园的地位应当在家庭和学校之间，其办法应当在一方面有些像家庭，另一方面亦应有些像小学第一年。他批评当时许多幼稚园自成一种特殊的形式，认为“这不衔接的状况，是不应当有的”[②]。在实践中也有许多幼稚园为了能够和小学衔接，因而在课程设置上会添加一些小学类的课程，如南京仓顶小学幼稚园的课程体系中除了自由作业、社会自然、音乐、游戏、儿童文学、静息餐点等常规课程之外，还设有读法、算法等小学科目。[③]另一些学者虽然也主张幼小衔接，但他们认为需要改变的不是幼稚园，而是小学低年级，即应当使后者幼稚园化，这样可以充分保障幼稚园课程的纯粹性。如姜兴祖就指出，“现在我们小学低年级的教学，是不会满足儿童的需要的”，因为小学低年级整天以读写算为学习的中心，儿童的“小脑袋已闹得昏天黑地，哪里还谈得到什么兴趣”，他主张小学低年级虽可以保留读写算，但不能以此为课程的主要部分，而应该仍以“游戏式的社会活动及自然活动为中心”，使小孩在各种生活化的游戏中，获得人类的生活经验。[④]由此可见，20世纪上半叶（尤其是在五四时期），我国教育者已能遵循教育顺应自然的原则，逐步认识到幼稚园和小学是因应儿童不同发展阶段而设立的，所以其课程体系必须依照对应的年龄阶段进行设置。但是无论在理论界还是在普通民众的意识中，这两者之间的区分并没有成为一项广泛的共识，仍有许多人主张将幼稚园小学化，或至少使儿童在幼稚园阶段学习部分小学课程，而这种做法实际上就

① 李桂林，戚名琇，钱曼倩. 中国近代教育史资料汇编. 上海：上海教育出版社，1995：435.

② 李桂林，戚名琇，钱曼倩. 中国近代教育史资料汇编. 上海：上海教育出版社，1995：444.

③ 王光瑜，刘渤. 仓顶小学幼稚园课程科目实验报告. 首都教育研究，1930，1（1）：9–12.

④ 姜兴祖. 幼稚园与小学之沟通. 海王， 1937，9（14）：228.

等于模糊了幼稚园和小学之间的界限，违背了幼儿身心发展的规律，并损害了儿童的学习兴趣及其健康状况。

第二节　兴趣教育的盛行

“儿童”是一个总体，作为儿童，天然有区别于成人的特殊爱好、能力和需求，这些正为全体儿童所共有。现代儿童观的核心原则是承认童年区别于成年期的独特价值，不从成人的视角衡量儿童，不以成人的标准要求儿童，而是切切实实尊重儿童的特殊性，因为“儿童是有他特有的看法、想法和感情的；如果想用我们的看法、想法和感情去代替他们的看法、想法和感情，那简直是最愚蠢的事情”[①]。因此，在教育上，成人应根据这种特殊性来设计和组织课程，按近代中国学人的话语，也就是要推行所谓“兴趣教育”。当然，现代学界对儿童天然具有哪些本能自有不同的看法，如在卢梭、裴斯泰洛奇、福禄贝尔等学者眼中，儿童主要有生长、自由、兴趣、活动等方面的本能，而在杜威心目中，则是社交、制作、探究和表现四大类本能，儿童哲学家们如

惠风女校幼稚园儿童与小学生，摄于1931年

① 卢梭. 爱弥儿. 李平沤，译. 北京：人民教育出版社，2006：91.

马修·李普曼、安妮·夏普等人则将儿童对自我及世界的哲学探究视为其最重要的本能。近代中国教育学的视角则不同，他们将幼儿在游戏、音乐（或唱歌）、手工制作、户外活动等方面的兴趣视为关注的焦点，并没有照搬某个特定的西方理论。在传统的私塾教育中，儿童的天性与有限的能力并没有得到很好地重视，其教材的核心即“四书五经”竟与成人所读者无异，课程系统中亦无发扬儿童活泼好动本能的空间，而总将儿童限制在由桌椅固定的狭窄空间内，以镇定不动、一心读背书为善。相比而言，20世纪上半叶的中国学前教育，已能在相当程度上依循自然主义的课程设计原则，充分尊重儿童的种种兴趣，因此有了重大的进步。

在20世纪上半叶的中国学前教育界，尊重儿童的兴趣或本能，并将其中具有教育意义的部分转化为实在的课程，早已得到学者们的普遍认可。如陈华便指出：“教育以本能为基础，故研究儿童者，首宜于是加意焉。”他认为儿童的本能有二：社会本能和非社会本能。社会本能包括群居本能、竞争本能、游戏本能、同情、模仿、兴奋与残暴，而非社会本能则包括搜集本能、好动本能、求食本能、好奇心、攻略本能、恐惧本能。他认为儿童的这些本能不尽适应于个人及社会生活，因此教育者对于儿童的本能应加以审查判别，“择其良好者而利导之，使之发荣滋长，并抑制其不良好者”[①]。吴增芥、黄勖哉则具体地指出：“爱好音乐，是儿童的天性……

江苏海虞市立女校附属幼稚园的一堂游戏课，摄于1923年

① 陈华编. 实际幼稚园学. 上海：商务印书馆，1933：11–15.

儿童有唱歌的欲望，音乐教育，正所以满足这种欲望。”[①] 陈鹤琴也指出：“音乐是儿童生来喜欢的……所以幼稚园为满足儿童的欲望起见就应当特别注重音乐。”“游戏是儿童生来喜欢的。儿童的生活可以说就是游戏。儿童既然有这种强烈的本性，我们就可以利用这个动机去教导他。……因为游戏的直接用处，虽只是寻求快乐，然而间接的用处则甚大，因为他可以发展儿童的身心，敏捷儿童的感觉，对于儿童的生活有莫大之帮助，所以幼稚园应当采用游戏式的教导法去教导儿童。”[②] “凡是儿童，都喜欢户外生活，都喜欢野外生活的……（所以）草地、花园、户外游戏场等等是幼稚园必需的设备；万一没有草地、花园，教师必须常常带领小孩子到公园野外去玩。”[③]

爱群托儿所的小朋友在唱歌和游戏

以上这些原子式的观念，没有停留在理论的层次，而是被逐步渗透到官方课程法令及地方幼稚园的运作之中，但这种渗透并不仅仅发生在五四时期及“后五四时代”。清末建立新学制的初期，诚如上文所言，确实没有把学前教育的特殊性突显出来，其所设课程与小学如出一辙，因此在1902年公布的“壬寅学制”中，是没有兴趣教育的地位的。然自仿效日本幼稚园以来，清政府及后来的民国政府便开始在课程文件中明确尊重儿童兴趣的必要性，建立游戏（或游嬉）、歌谣（或唱歌、音乐）、谈话、手技（或手工）等区别于小学的学科课程。这些科目在官方课程文本中得到不断强调，自“癸

① 吴增芥，黄勖哉编. 幼稚园的音乐. 上海：商务印书馆，1934：2.

② 我们的主张（1927）. 见中国学前教育史编写组编. 中国学前教育史资料选（全一册）. 北京：人民教育出版社，1989：148–161.

③ 幼稚教育之新趋势（1927）. 中国学前教育史编写组编. 中国学前教育史资料选（全一册）. 北京：人民教育出版社，1989：161–169.

卯学制”（1904）以来直至民国末年，它们一直是幼稚园课程大纲中的核心要素。然而在大部分的文本中，这些科目的地位虽然是明确的，却没有在教育原则、实施方法等方面做出详细的规定，也就无法对民间的幼稚园形成更有效、明确的约束或指导，必使实施兴趣教育的观念沦为空谈。直至1932年《幼稚园课程标准》的公布，政府才改变过去只做总体规定的状态，在目标、教育方法方面也进行了具体注明。在这个文本中，幼稚园的课程计有音乐、故事和儿歌、游戏、社会和常识、工作、静息、餐点等七个科目。如在“餐点”方面，文件即规定其目标为“适应需要：儿童食量小，所以进食时间的距离须短，自早餐至午刻，有五时之久，中间一定需要少许饼饵之类充饥”。在“教育方法要点”部分，第六条规定“教师所提出引导儿童活动的材料，和指导儿童活动的方法，……都须体察儿童的心理，切合儿童的经验”。第八条规定“幼稚园的设计教学，须注意……在设计中应有的一切活动，应该早就体察儿童的能力，把儿童不能做、或做不成功的部分省去，以免儿童因不能做而废止，或因中途失败而懊丧”。并强调幼稚园须利用自然的和社会的一切设备进行户外教育，这些设备务必“要适应儿童的需要，体察儿童的生理状况、心理状态、生活情形，随其需要”而调整。①

在各地的学前教育课程系统中，儿童在游戏、唱歌、听故事等方面的兴趣，从表面上看确实得到了重视，因为他们的课程表上几乎都有这些科目或包含这些内容的科目，从清末以至于民国末年，皆是如此。如《湖北幼稚园开办章程》（1904）所规定的课程类目包括行仪、训话、幼稚园语、日语、手技、唱歌、游嬉②，天津严氏蒙养院（1905）有唱歌、游戏、讲故事等科目③，上海公立幼稚舍（1907）的课程表囊括了谈话、手

① 中国学前教育史编写组编. 中国学前教育史资料选（全一册）. 北京：人民教育出版社，1989：230–242.
② 李桂林，戚名琇，钱曼倩. 中国近代教育史资料汇编. 上海：上海教育出版社，1995：7–9.
③ 中国学前教育史编写组编. 中国学前教育史资料选（全一册）. 北京：人民教育出版社，1989：110–114.

南京市第一托儿所的户外活动，摄于1935年

工、识字、图画、游戏、唱歌等科目。[①]厦门集美幼稚园（1919）的科目有唱歌、音乐、游戏、自然和社会、识字和计算、工作等[②]，四川省立成都实验幼稚园（1941）则有说话（包括故事和儿歌）、唱游（由音乐和游戏合并而来）、讨论等科[③]。虽则如此，这些幼稚园究竟如何实施兴趣教育，在多大程度上依循了儿童的兴趣而设计课程，则是因校而异的。事实上，20世纪上半叶，在这方面有明确规定的学校并不多，大多数幼稚园的实际教学情况，因史料的限制而无从得知。如湖南蒙养院（1905）在游戏科的设计方面，主张“保姆领袖之，或在课堂、或在室外，以有趣之动作寓自然之规则，盖活泼其生趣而又暗调和其性情也”[④]。厦门集美幼稚园（1919）创建的信条之一便是“深信教育应以儿童为中心，教育的基础，是建立在儿童的需要与生活的经验上”[⑤]。四川省立成都实验幼稚园（1941）以“注意顺应儿童之自然发展，使儿童藉教育之力量，得到合理之生长”为实施原则，并规定“一切教学，注意培育儿童兴趣，利用兴趣，保持兴趣”；“均需适合儿童个性，深入浅出，全视各

① 李桂林，戚名琇，钱曼倩. 中国近代教育史资料汇编. 上海：上海教育出版社，1995：12-13.
② 中国学前教育史编写组编. 中国学前教育史资料选（全一册）. 北京：人民教育出版社，1989：260-265.
③ 中国学前教育史编写组编. 中国学前教育史资料选（全一册）. 北京：人民教育出版社，1989：306-315.
④ 中国学前教育史编写组编. 中国学前教育史资料选（全一册）. 北京：人民教育出版社，1989：109.
⑤ 中国学前教育史编写组编. 中国学前教育史资料选（全一册）. 北京：人民教育出版社，1989：261.

儿童之需要为转移”。[①]

至于户外教育，则可能是例外，因为它从未以独立学科的形式出现在课程表上。据陈鹤琴描述，在20世纪20年代之前，中国学前教育存在的两大弊端之一便是“与环境接触太少，在游戏室的时间太多”，一般的幼稚园，差不多很少注意到儿童有喜欢户外生活甚至野外生活的爱好，他们的校园“总是几间房间，把小孩子关在里面；户外即有宽敞的空地，也不知道充分地利用”，儿童在“幼稚园的生活，几乎都是室内的生活，邻近即有田园即有街市而不领幼稚生到外边去看看，呆板地天天叫他在一间小房子内生活。虽然有的幼稚园的教师有时领儿童到外边去游览，但那也是偶一为之而已”。他还举例道其中“有一个幼稚园设在楼上的，儿童所有的地方不过几个房间”。也有其他几个幼稚园，“他们所有的儿童太多，而所有游戏室太小，因此，这种儿童在游戏时，不是你碰着我就是我撞着你”。只有到20世纪20年代中期，幼稚园才开始注意户外生活的重要性，草地、花园、游戏场才渐渐成为幼稚园的必需设备，或者带领孩子去野外去玩。[②]在他的主持下，南京燕子矶幼稚园（1927）便奉行“户外生活多，室内生活少”的教学方式，为顾全该园学子多为乡村儿童的现实，及“乡村自然环境之于他们是有了相当的陶冶了的，常常把儿童关在屋里，儿童是会不愿意的”，因此“在形式上虽有一间房子，但实际上是没有把孩子囚住的”。[③]由于户外活动对学校设备的要求较高，在很大程度上限制了学校实施户外教育的可能，但硬件的限制还不能构成人们不施行户外教育的充分理由，由此可见，对儿童户外活动兴趣的肯定，极可能是五四运动之后的事。在下文关于课程生活化的片断中，还将进行更多的有关此方面的阐述。

---

① 中国学前教育史编写组编. 中国学前教育史资料选（全一册）. 北京：人民教育出版社，1989：313.

② 中国幼稚教育之新趋势（1927），现今幼稚教育之弊端（1924），参见中国学前教育史编写组编. 中国学前教育史资料选（全一册）. 北京：人民教育出版社，1989.

③ 中国学前教育史编写组编. 中国学前教育史资料选（全一册）. 北京：人民教育出版社，1989：289.

第三节　个别指导与团体授课之间的张力

儿童不仅是总体的存在，因而彼此有着相似的旨趣，且同时是个体的存在，相互之间的差异不可避免，所以教育的过程亦应兼顾不同儿童的能力、意愿、需求与个性，尽可能推行个别化的教育。传统的中国教育历来以教师在台上讲，学生在台下听的教学格局为主，这是一种典型的团体授课（如今在教育界则称为“集体教学”）格局。清末以来，伴随夸美纽斯倡导的班级授课制的引入，这种团体授课的模式非但没有消除，反而得到日益加强。普及教育的需要，加上师资力量的缺乏，使团体授课在全社会广受欢迎。因此无论是小学，还是在幼稚园，师生比为1∶20或1∶30的情况比比皆是。这种情况在当代中国亦不能完全避免，更何况处于现代化初期的中国学校在资金、设备、人员方面都面临着更多的阻碍，因此问题的关键不是去考察学校是否有可能提供合理师生比的条件，而是要注意教师是如何处理团体授课与个别指导之间的张力的。对此，陈鹤琴在《现今幼稚教育之弊病》（1924）一文中即描述了当时中国幼稚园普遍的授课模式：“一般普通幼稚园都是用一种团体教授法的。我常看见教师对着二三十个儿童讲故事，不论其中有不能领会的，有注意力不在听故事的，而总是随性讲去。还有一种毛病为用团体教授法所犯的，就是使儿童居被动的地位而教师反居主动的地位。比方唱歌，教师不管儿童愿意唱不愿意唱，总要他们一齐唱；又比方游戏，不管儿童喜欢玩不喜欢玩，总叫他们一起玩。比方玩沙，不管儿童此刻要不要玩，而教师总叫他们去玩。”因此他主张在幼稚园推行“个别教育”，他说：“儿童的个性不同，我们不能强之以同。……不但他们的年龄有如此不同，他们的动作能力也相差很远的。……就在智力上也有很大的差别。……在这种情形之下，我们应当施以个别教育，或小团体教育。……虽然儿童做事不能任其所欲，我们也应从旁暗示、指导，不过我们不应事事随我们成人的意思去做。要知我们的意思未必尽善尽美的，儿童的意思未必都是错的。有许多地方，我们还是要随儿童的欲望和意思。这样说来，团体教授不应用得太多太滥。除了在唱歌及几种游戏外，团体教授法是不适用的。”①

显然，陈鹤琴并不是要完全否定团体教授法，而是指出该法的使用应是有条件的，它并不适用于所有的科目，在大多数科目中，应当以个别教授法代替之。无疑，这是一种处理团体授课与个别指导矛盾的重要思路。事实上，如天民所言，当时多数著名教师和思想家都主张采取个别教授法，以之为最优良、最有效的方法，他也提到“盖儿童者，各有特殊之气质，特殊之精神，特殊之能力”，故教学宜适应于这些个别化的儿童。教师若以此方法为基础，“得与一名或数名之儿童缔结密切之个人的关系，……即可静察儿童之日常举动而理解儿童之个性”，从而调整自己的教学方法，使整个教育过程更能适应儿童的发展需要。②

在实践中，陕甘宁边区第一保育院（1938）则发展出另一种不同的思路。该院的教师意识到二岁到四岁的儿童与年龄稍大一点儿童的不同，认为二岁到四岁的儿童之“生活经验是极片断的，兴趣是极易变换的，如果仅以计划的内容的进行教学，必不能引起其兴趣”，但“较大一点的幼稚儿童，求知欲很旺盛，他们要求教员给他讲有系统的、对一个对象的整个概念，因此，教育的计划性程度就加重了”，因此他们主张“在教育工作实施中，计划教育与兴趣教育是结合起来并行的。一方面注意儿童之个性发展，培养具有特殊爱好的天才儿童，对他们的活动爱好，给予保护与发挥的机会；另方面也注意儿童之平均发展，使其对每一件问题，每一

① 中国学前教育史编写组编. 中国学前教育史资料选（全一册）. 北京：人民教育出版社，1989：144–148.
② 天民. 团体教授个性之注意. 教育杂志，1919，11（1）：9–10.

个课程，都有基本的爱好与重视”。[①] 这里其实包含了两条教学策略：其一是实行分化教育，即对2—4岁的儿童侧重于个别化的教育，而对4岁以上的幼儿侧重计划性的教育（也即团体性的教育）；其二是在团体教授的过程中，亦注重发现不同儿童的天分与爱好，并予以其发展的机会。这比陈鹤琴所提倡的思路更为精细，也更贴近教学的实际，因而很有教育学的价值。与此类似的是，位于延安的洛杉矶托儿所（1940）在教学中也特别注意发现并引导不同儿童的天分，奉行以下核心原则：“发现儿童的创造性，要很好的培养，有的儿童喜欢音乐，他有唱歌的天才，有的儿童喜欢做工……有的儿童喜欢写画……当我们发现儿童有这样特点，要发挥他，准备他需要的东西，有计划的领导和帮助，使他更能尽情发挥。”[②]

此外，梁士杰认为幼稚园教材的选择与编写也必须遵循适应各个儿童之不同生活这一原则，他指出：“因儿童身心的发达，各时期各有不同，其适应环境的能力和满足需要的欲望，也各不一样……儿童的生活状态，不但各时期各有不同，各地的儿童或是同一地方的儿童，也会各不相像……各个儿童的生活状态，即发生差异，为教师的，要把幼稚园教材来适应各个儿童的生活，就要根据各个儿童的生活状态的普遍点，拟定富有弹性的活动教材，俾儿童得以自由学习，为教师的方有活动应用的可能。”[③] 这里，梁士杰将尊重儿童个别差异的观念引入教材领域，无疑是一个重要进步，同时他也提及了“生活”这一概念，这一点会在下文中做更详细的阐述。

总之，根据已有的史料，可以约略判断，从20世纪初到五四时期，中国各地幼稚园普遍实行的是如小学一般的“团体授课法”。直到五四后期及之后，学者及幼稚园的实务工作者们才开始意识到个别教育的重要性，

① 天民. 团体教授个性之注意. 教育杂志，1919，11（1）.

② 中国学前教育史编写组编. 中国学前教育史资料选（全一册）. 北京：人民教育出版社，1989：425-427.

③ 梁士杰. 幼稚园教材研究. 上海：商务印书馆，1935：3-4.

并在理论上和实践中发展出多种实施个别教育的可行路径，不仅应用于课堂教学，且影响到了教材的设计与选用。此种前后对比，即可表明，在尊重儿童个别差异这一点上，中国社会很可能经历了一个从浅到深的认识过程，至少在部分地区、部分幼稚园里是如此。

第四节　走近幼儿生活的课程

在课程史上，针对“什么是课程”这个问题，学者们的分歧历来甚大，而其中尤以“课程即知识”与“课程即经验”两者对20世纪上半叶的中国教育产生最大影响。“课程即知识”主张课程负有传递先人文化传统的责任，这些文化成果已由成人所建成，作为固定不变的事物而存在，儿童必须无条件接纳这些成果，无论他们是否愿意；课程是可还原的，它由一系列不同的科目所构成，且每门科目都有其内在的学术结构与逻辑，因此课程开发应更注重科目本身的特点，而非儿童的接受程度。在这种课程观里，成人仍然表现出了对儿童的好意，即让他们能准确适应未来成人的生活，但它却把受教育视为儿童生活之外的事物，在它的眼中，真正重要的乃是成人已经预备下的知识及未来的成人生活，儿童的现时经验根本无足轻重，且儿童存在的唯一目的便是成为成人，由是童年便丧失了存在的价值与意义。同时，秉此课程观的教育工作者往往以教材为中心，因为成人编写的教材系统整合了成人生产的知识，所以在这种情况下，讲授法便成了唯一可信赖且有效的教学法，从而充斥儿童生活的便只能是对教师和教材唯命是从了。很显然，此类课程观的骨子里充满了对童年的蔑视，对儿童的不尊重，对儿童主体性力量的否认，及以成人为本位的价值观。在中国课程史上，这种课程观的影响非常深远。教师的责任历来被视为“传道授业解惑”六字而已，道即源自“至圣先师”孔子等先贤所编著的经书，儿童仅须记忆这种道，并在生活中贯彻此道，学习的过程便算完成了；儿童还必须对教师的话言听计从，不管这传道的过程是否违背了教材的原意，儿童始终没有批判、思考的机会。自然的，在传统的学校教育中，儿童的经验是毫无地位的，就连儿童自己也一直处于被奴役的状态。

而“课程即经验”则不同[①]，它认为教育即生长，儿童受教育的目的归根结底是为着自己的生长，为着当下的生活，而不是为着未来的成人的生活做准备。这种生长归根结底是儿童自身经验的不断重组或改造，而改造只能源自于与实在生活的直接接触，而非通过教材这个中介的间接了解。因此在教学上，学校应鼓励儿童与其他人、与自然及社会环境进行频繁的互动，让儿童在自己的活动中、在做中发展自己。在这个框架下，儿童的主体地位得到了充分地认可与尊重，为“课程即知识”所厌弃且不信任的儿童的“不成熟的经验”，在此处却得到了格外地重视，甚至被视为课程开发的主要依据；过去起着压迫儿童功用的教师和教材，如今都不能再构成对儿童解放的阻碍，因为教师的教学活动只能以儿童的经验为依归，充满成人知识的教材也不再是唯一或主要的课程资源。所以，不可否认的是，在课程的定义问题上，从知识观到经验观的跨越，实在是社会儿童观的巨大进步。

张雪门对20世纪上半叶中国幼稚教育的取向划分，无疑有助于我们理解中国社会在思考课程与儿童经验的关系这个问题上的演进过程。他将之划为四种取向：其一是以培养封建士大夫为目标的幼稚教育，为20世纪初清政府所推行的教育。这类教育不重视儿童经验，鲜有顾及儿童的兴

① 张华认为经验课程观可分为浪漫自然主义、经验自然主义、当代人本主义三类范式（见张华. 经验课程论. 上海教育出版社，2000）；刘万海认为不同时代的学者对经验的理解的不同，因此存在自然主义式的理解与人本主义式的理解（见刘万海. 从知识到经验：课程本质的现代解读. 全球教育展望，2004，12）。就对清末民国时期的中国教育而言，无疑只有卢梭、杜威、福禄贝尔、蒙台梭利等代表的自然主义式经验课程观才有实际的影响。

趣，基本以教材为中心，采用注入式的授课方式。其二是以宗教为本位的幼稚教育。这类教育自清末以至民国都十分盛行，虽然其带有浓厚的宗教色彩，然而由于深受西方近代儿童观的影响，因而颇重视儿童的经验及兴趣。儿童在这类幼稚园中，无论是上课时还是在下课间，都总是处于“活泼泼”的状态之中。其三是儿童本位的幼稚教育。这类教育盛行于五四时期，其课程设计俱以儿童生活为中心，在课堂教学中，儿童也总是自由的、自动的，而教师“不过站在指导的地位罢了，甚或取旁观的态度”。其四是以改造中华民族为目标的幼稚教育。它兴起于20世纪30年代民族危机深刻之时，重视对儿童进行民族教育和传统文化教育，但课程依然重视儿童的直接经验，因而偏重于各式动手的作业，“儿童对于课程的活动，是团体的、自动的、客观的”[①]。张雪门的划分为我们勾勒了中国学前教育的总体发展脉络。可以说，中国并非自来就意识到课程须与儿童经验有所联结。清末乃至民初的学前教育，在较大程度上仍是将课视为一种既定的知识，所谓教学只是灌输这些知识给儿童而已，因此对幼稚园的课程设置总是偏向于小学化。直至五四时期，伴随经验主义课程思潮的大举引入，大批教育学者和幼稚园开始在全社会掀起“儿童本位”的风潮，也就在这段时期，儿童的生活经验才开始广泛成为课程设计的核心原则之一。20世纪30年代以来，随着民族危机的加深和国民党意识形态控制的加强，“儿童本位”的热潮却有所消退，就连张雪门本人也宣布放弃他先前所热衷的“儿童本位”学前教育模式，开始追求“以改造中华民族为目标的学前教育”。以下我们将结合直接史料做更翔实的阐述。

《钦定蒙学堂章程》（1902）对蒙学堂的课程设置基本是模仿小学堂的，未能体现幼稚生的特殊性，且极重视各类学科知识的传授，不仅只字未提儿童生活或经验之事，即便是从间接或相似的意义上看，文本也无此

① 张雪门. 幼稚教育新论. 上海：中华书局，1936：17–43.

类意思。而在《奏定蒙养院章程及家庭教育法章程》（1904）中规定，官办蒙养院应实施游戏、歌谣、谈话、手技四门课程，官方虽未明言要尊重儿童生活或经验之事，然而在“谈话”一科中，却提到“与小儿对话时，且就常见之天然物及人工物等指点言之”；在“手技”一科中，亦主张于蒙养院附近应设庭院，“播草木花卉之种于地，浸润以水与肥料，使观察其自发生以至开花结实等各形象”[①]，说明官方已开始在一定程度上意识到与儿童生活作联结及利用儿童直接经验对达成教育目标的意义。同时，在1902—1912年这段时期，绝大部分有关地方幼稚园（如湖北幼稚园、上海公立幼稚舍、南京旅宁第一女学附设幼稚园等）的史料中，都未直接提到经验、生活等的关键词，也未提出类似的主张。唯湖南蒙养院是例外，从一则《湖南蒙养院教课说略》的文章中，可见该院明确受了自然主义教育家福禄贝尔的影响。在关于“手技”一科的叙述中，该文提出所谓手技，“即配插恩物是也”，并意识到使用恩物的原因在于“幼稚园非讲学之地，惟发其天然知识使自习之，异日用心不觉其烦，得自然之进步”。不过可惜的是，这种进步的观念并没能拓展到整个课程体系，其他科目如谈话、行仪、读方、数方、乐歌、游戏等依旧因袭了官方课程文本的语调。[②]对于恩物的引进和使用，其实不光湖南蒙养院如此，其他官办的幼稚园也都有不同程度的应用，这与当时中国社会积极模仿日本学前教育模式有密切关系，因为日式幼稚园本就吸纳了福禄贝尔关于恩物的观念，也在实践上自行研发了更多的恩物。然而对于利用恩物的本质目的，并非所有国人自办的幼稚园都能理解，史料中提到天津严氏蒙养院虽然也使用恩物，但只是用以帮助儿童“认识一些几何形体”[③]，即掌握知识而已，这与湖南蒙养院的认识绝不在同一水准上。因此可以说，20世纪最初几年中

① 璩鑫圭，唐良炎编. 中国近代教育史资料汇编：学制演变. 上海：上海教育出版社，1991：397.

② 李桂林，戚名琇，钱曼倩. 中国近代教育史资料汇编. 上海：上海教育出版社，1995：13-17.

③ 严仁清. 回忆祖父严修在天津创办的学前教育（节录）. 李桂林，戚名琇，钱曼倩. 中国近代教育史资料汇编. 上海：上海教育出版社，1995：21.

国学前教育界虽已开始认识到儿童生活经验的重要性，但从全局来看，这种认识并没有转化为主流的教育行动。一些幼稚园已能使用福禄贝尔恩物教学法，但他们对该法的深层内涵却不知晓，只是肤浅地模仿而已。

民国初年政府所公布的教育法令，如《国民学校令施行细则》（1915、1916、1920），虽有涉及学前教育的条款，但并未详细提及课程设置的情况。但在整个20世纪10和20年代，伴随日式保姆培训机构的衰落和人们对日式幼稚园的不满，教会幼稚园开始进入人们的视野。这些幼稚园自清政府推行学前教育以来便已在民间存在，只是为数极少，且因伦理上的冲突历来不受国人重视，因而影响甚微。这些所谓宗教本位的幼稚园，虽然特别强调对儿童的宗教灌输，而屡遭国人抵触，但因深受西方近代教育理论的影响，对儿童的经验自来重视，较倚重福禄贝尔和蒙台梭利的方法，相比国人自办的幼稚园，自是要进步不少。至民国初年，由于国人自办的幼稚园逐年增多，却又面临师资短缺的困境，不得不邀请教会出面负责师资培育。这些新培育出来的教师便自觉不自觉地担负起推广西方教育观念的使命，加上西洋留学生回国之后的大力宣传，使国内更多的幼稚园意识到尊重儿童经验的必要性，并在实践中开始试行。自五四运动之后，国内关于介绍和讨论各式西洋教育学说的著作瞬间大增，一些教育学者还积极在幼稚园试验相关理论，并通过发表经验总结报告、邀请其他幼稚园教师和学者参观等方式扩大自身影响力，再加上杜威、克伯屈等西方学者频繁造访中国，使“儿童本位”的观念日益为国人所认识，并被热烈追捧。因此，整个五四时期可以说是“儿童本位学前教育”建立并推广的关键时期。也正是由于民间学者的大力推动及幼稚园的积极实践，这种以儿童为中心的教育观念最终影响了其后官方制定的课程法令。1932年和1936年，教育部颁布《幼稚园课程标准》，明确提出教师所提出的引导儿童生活的材料和指导儿童活动的方法，都须体察儿童的心理，切合儿童的经验。“幼稚教育所用的材料不是空话，而是日常可见可接触至少可想象的实物、事实”。“幼稚教育所用的场所，不限于室内，而须以户外的自然界、家庭、村、市、工商业……为最好的活动的地方”。并提倡使用设计教学法，“从儿童的自由活动中，发现设计的题材”，使儿童利用自身的生活经验进行自由地探究。[①] 1943年，教育部又颁布《幼稚园设置办法》，再次明确了创办和经营幼稚园必须遵照以上要点，还同时提出“幼稚园之各项活动，应充分应用乡土材料”，而使儿童本位的教育原则得以延续。[②]

幼稚园的小孩子们围在一起，共同完成某项作业，摄于1933年

从20世纪10年代末至40年代，全国各地不少幼稚园，无论是在国民党统治区，还是在老解放区，皆以儿童的经验来设计课程，或至少重视儿童经验。如北京女高师附属蒙养院于1923年时锐意推行课程改革，作为蒙台梭利高徒的卢氏主任以蒙氏新法为指导，改旧班以知识灌输为主的学科课程为经验课程，鼓励幼儿做“智识感觉口齿视听臭触诸感觉之自由训练，饮食操作户外游戏简单体操之自由运动”[③]。南京高师为推行杜威的课程理念，建成“杜威院”，以供附属幼稚园和附属小学一二年级儿童之用，其幼稚园以儿童生活的全体为主，处处是作业，而作业的材料多采取儿童经验世界中关系最密切者，“无论自然界方面、社会方面的生活材料，多按时令的排列，更拿职业的动作、节目、运动等做中心”[④]。南京燕子矶幼稚园（1927）则注意

① 中国学前教育史编写组编. 中国学前教育史资料选（全一册）. 北京：人民教育出版社，1989：238-242.
② 中国学前教育史编写组编. 中国学前教育史资料选（全一册）. 北京：人民教育出版社，1989：228.
③ 李桂林，戚名琇，钱曼倩. 中国近代教育史资料汇编. 上海：上海教育出版社，1995：428-430.
④ 李桂林，戚名琇，钱曼倩. 中国近代教育史资料汇编. 上海：上海教育出版社，1995：430-440.

充分利用学校周围的生活材料，如“滚滚长江、燕子矶头、四季的新鲜的花草农产、满山遍地的废物”等[①]。四川省立成都实验幼稚园（1941）在课程实施方面的第一条原则即是“教育与生活打成一片，使儿童于生活中获得适当之教育”，在进行教学设计时又“完全以生活为中心”，一方面须做到具体，使一切教学都以具体事物为根据，“使儿童易于了解，及增加兴趣，不事空谈”，且“不重视课室活动，尽量取材于大自然，活动于大自然中”；另一方面强调类化，使一切教学“均以儿童旧经验为出发点，使利用旧经验来体会了解新事物”。[②]

在老解放区，情形亦复如是。大场农村托儿所（1947）以“儿童本位”“做中教学”“利用环境”为课程实施的三大原则。[③]陕甘宁边区第一保育院（1938）提倡与实际生活相结合的生活教育，主张“从儿童实际生活体验中，给以启示与教育”，且“幼稚教师的教育指导活动，决不只局限于教室内，绝大部分时间是深入儿童生活的各个方面”。[④]延安完小幼稚园也主张在儿童的生活中进行教学，“如见了张王珠，就教认‘模范学生张王珠’等字”[⑤]。而延安第一保育院也提倡课程贴近儿童的生活，如1946年上半年儿童常识教育中心的教学内容便极贴近当时延安儿童的生活特点，包括新年、春来了、敬爱师长、手的用处、牛、羊、儿童节、苍蝇和传染病、蜂和蚁、蜘蛛、奇怪的天空、飞机来了等。[⑥]

“课程即经验”坚信儿童的经验是一个整体，强调课程的统整以及儿童各项活动之间的密切联络，反对过早过细地分科，任意割断学科之间的联系。杜威就曾指出，儿童总是从一项活动快速进入另一项活动，他们从

① 中国学前教育史编写组编. 中国学前教育史资料选（全一册）. 北京：人民教育出版社，1989：288.
② 中国学前教育史编写组编. 中国学前教育史资料选（全一册）. 北京：人民教育出版社，1989：309–310.
③ 中国学前教育史编写组编. 中国学前教育史资料选（全一册）. 北京：人民教育出版社，1989：318.
④ 中国学前教育史编写组编. 中国学前教育史资料选（全一册）. 北京：人民教育出版社，1989：403–404.
⑤ 中国学前教育史编写组编. 中国学前教育史资料选（全一册）. 北京：人民教育出版社，1989：452.
⑥ 中国学前教育史编写组编. 中国学前教育史资料选（全一册）. 北京：人民教育出版社，1989：410.

不知过渡或中断，也没有明确区分的意识，儿童对自然和社会的兴趣早将占据儿童心灵的各项事物统一起来。在儿童的观念中，世界是一个整体。但学校却将儿童的生活切割得支离破碎，他们向儿童呈现的是一个分裂的世界，这个世界显然不是儿童所能经验到的。因此杜威主张在一门学科成为一种学问之前，应当先让儿童以直接经验去探索之。[①]这种整体主义的课程观念，在较浅的层次上，则应使教学科目尽可能合并或减少。近代中国的幼稚园已逐步做到了这一点。在《钦定蒙学堂章程》（1902）中，蒙学堂的课程与中小学堂相差无几，计有修身、字课、习字、读经、史学、舆地、算学、体操共8门科目。受日式幼稚园的影响，此后《奏定蒙养院章程及家庭教育法章程》（1904）将科目迅速缩减为游戏、歌谣、谈话、手技4门，同时也创造了近代中国幼稚园最少科目的记录。这项记录在《国民学校令实施细则》（1916）中依然得到了保持，但到了1932年和1936年公布的《幼稚园课程标准》，除去静息、餐点等活动外，其学科课程因增加了“社会和常识”，而在总数上变为5门（其余科目与上相似）。这“社会和常识”的内容相当一部分与清末所谓修身相似，重视对儿童的意识形态灌输，也是中小学课程表中极常规的科目，这与清末以来教育界反对在学前教育阶段进行小学化的训育的观点是背道而驰的，可显示此时在课程编制方面出现了一定程度的倒退。

此整体主义的课程观，在较深的意义上，则是彻底打破学科之间的界限，将教学活动依据儿童的经验而划分为有相对集中的主题活动。在这方面，政府的官方文件从未提起，但是学前教育界有不少专家对此持支持的态度。如张雪门就指出幼儿“对于自然界和人事界没有分明的界限，他看宇宙一切的一切，都是整个儿的。花开，鸟啼，客人来，凡能够引起他注意的，没有一样不当作自己的生活看待。不但自然和人事辨别不开，

① John Dewey. *The Child and the Curriculum*. Chicago & London：The University of Chicago Press, 1966, p. 5–7.

而且研究的对象和他自己也连在一起”。所以在编制幼稚园课程时，应特别注意将自然界和人事界常相联络，分科式的课程设置，不适合儿童生活需要，而且“如果分得太清楚太有系统了”，也将“不能引起儿童的反应”。[①]雷震清也指出，幼稚园招收六岁以下的幼童，其主要目的在“扩大其生活，丰富其发育”，因此幼童的学习应置于整体的活动之中，“本无所分其课程”。[②]而在民国中后期，也有不少幼稚园在实践中做了大胆尝试。如南京高师附属幼稚园在1925年的课程变革中主张“幼稚园小朋友的生活是整个的，并不能把各种作业归类分清了设计”，因此在这所幼稚园中，并无显分科目，而只有游戏、工作、研究、故事四个环境。且“这四个环境，是房屋和设备去造成功的，或者是小朋友自己去找出来的。儿童进了幼稚园，在四个环境中生活，只知道一件件事情的解决和成功，身心上得到‘快乐’‘安适’”。[③]浙江大学教育系培育院（1935）亦无明定课程，而一律以活动命名，可分为团体活动与个人活动、领导活动和自由活动、设计活动和随机活动，包括节会、养蚕、种毛豆、风筝、写信、烹饪请客、旅行、做豆浆等，虽然他们并不排斥文字教育，“教师常就画报插文及其他文字材料，随时指教儿童”，但“无一定课程，亦不强迫考问”[④]，因此也是将儿童的经验视为整体来看待。四川省立成都实验幼稚园（1941）亦以各式活动为主要学习形式，同时注重主题的统整，将音乐与游戏合并为唱游，将故事和儿歌合并为说话。[⑤]

① 张雪门. 幼稚园教育概论. 上海：商务印书馆，1948：26–28.

② 雷震清. 幼稚园自然课程及其教学要点. 教育杂志，第19卷第2号，台湾影印1975年版.

③ 俞子夷记南高师附属幼稚园. 见李桂林、戚名琇、钱曼倩. 中国近代教育史资料汇编. 上海：上海教育出版社，1995：440–450.

④ 中国学前教育史编写组编. 中国学前教育史资料选（全一册）. 北京：人民教育出版社，1989：303–305.

⑤ 中国学前教育史编写组编. 中国学前教育史资料选（全一册）. 北京：人民教育出版社，1989：306–315.

第九章
中小学课程改革与儿童观的演变

中小学的课程改革是目前东西方儿童史研究文献中的重点内容之一，

本章将依循已有研究的基本思路，通过对官方教育文本的分析，着意解答以下三个方面的问题：一是教育者是否以及在何种程度上根据中小学生的身心发展规律来设计学校系统和安排授课计划；二是教育者在进行课程设置时，是否以及在何种程度上顾及了儿童的个体差异，在这里主要指他们的学科倾向和性别；三是教育者在对儿童实施道德教育时，是否以及在何种程度上尊重儿童的精神自由，鼓励他们发挥个体的力量。此外，为了平衡对国统区的研究，并更全面地展示当时课程改革的全貌，研究者在最后一节集中探讨了老解放区课程改革的基本情况。

第一节　阶段教育的确立与改革

要判断一个时期的学校教育有没有童年的观念，其中一个很重要的指标就是看它有没有意识到儿童与成人的区别，以及儿童在整个童年的发展历程中有不同的阶段性特点，使整个课程系统能够依循这些区别和特点而设计出有别于成人教育的阶段性教育，即当代所谓学前教育、小学和中学。20世纪上半叶的中国教育，虽然从“壬寅学制”开始就制定出包含不同学级的学校系统，但是划分不同学级的标准，究竟是依据学科学习的特点、社会发展的需求、儿童的职业前途抑或是他们的身心发展规律，却不甚明了，这就构成本节的第一部分所要着重探讨的方面。同时，作为学校系统整体设计的一个环节，教学计划的安排是否有因顾念不同阶段儿童的学习特点，而做出相应调整和规范，也是本小节行将探讨的另一个方面。

一、学级的划分与变动

由管学大臣张百熙所主持制定的“壬寅学制”是中国教育史上第一个具有现代化特征的学校制度。这套学制首次将儿童的基础教育分为蒙学、寻常小学、高等小学和中学四个阶段，其中“蒙学堂卒业以四年为限”，以六、七岁入学为原则；“小学堂分为高等、寻常二级，其修业各限三年”，“以十岁入寻常小学，修业三年，至十三岁入高等小学”；中学限修业四年，“以十六岁为入学之年”，因此从总体上看是一种“4—3—3—4”制。该学制与当时东西洋的学制并不完全相同，张百熙曾言“查各国学堂之制，大抵取幼童于蒙学卒业之后，先入小学三年，卒业乃升入中学堂，如是又三年，乃升入高等学堂，如是又三年，乃升入大学堂”，事实上，它是典型的中西合璧的产物，“虽中外政教风气，原本不同，然其条目秩序之至赜而不可乱，固不必尽泥其迹，不能不兼取其长，此次所拟章程，谨上溯古制，参考列邦”。① 从各自的宗旨来看，四个学级的教育有着不同的定位，如蒙学“在培养儿童使有浅近之知识，并调护其身体”；小学

① 陈宝泉. 中国近代学制变迁史. 上海：中华书局，1927：25–26.

“在授以道德、知识及一切有益身体之事”；而中学则旨在使“诸生于高等小学卒业后而加深其程度，增添其科目，俾肆力于普通学之高深者，为高等专门之始基”。因此“壬寅学制”划分学级的标准主要是儿童掌握学识的程度，而不是依据童年期在各阶段的基本特点或儿童的发展性需要，而这所谓的程度显然也是成人主观臆断的，并没有依据儿童智力测验等成果。此外，该学制中的蒙学在课程设置上完全走的是小学化的路线，所以被后世教育学者和官员普遍视为是小学教育的一部分，① 由此小学教育的年限实际上有10年，与中学教育形成了鲜明的“头重脚轻”的格局，同样是一种罔顾儿童身心发展规律的体现。

“壬寅学制”未及真正施行，便被新的管学大臣张之洞所主持制定的“癸卯学制”所取代。这套学制继承了“壬寅学制”的传统，将小学分为初等和高等两段，而中学则沿用一贯制。但在学习年限上，“癸卯学制”则做了明显的改变。虽然总体上基础教育的年限仍旧是14年，但初等小学的年限却由原来的三年变成五年，其原因在于新学制部分合并了“壬寅学制”中的蒙学。高等小学和中学则被分别延长至四年和五年，意在使儿童“于所受经书得以从容诵习”（《奏定学务纲要》），但其实是由于清政府在保留传统学科的同时又增设了各种新课程，使儿童的课业压力陡然增加，不得不依赖延长学制来解决，因此“癸卯学制”可被归结为“5—4—5”制。对于分级的依据，《奏定学务纲要》曾有明确的指示，“大小学堂理原一贯，惟各学堂各有取义：家庭教育、蒙养院、初等小学堂，意在使全国之民，无论贫富贵贱，皆能淑性知礼，化为良善。高等小学堂、普通中学堂，意在使入此学者通晓四民皆应必知之要端，仕进者有进学之阶梯，改业者有谋生之智能”，这一点也在各学堂的章程中得到体现。如《奏定初等小学堂章程》指出设立初等小学堂的目的是“启其人生应有之

① 张百熙本人也认为壬寅学制中的蒙学并不等同于西方所谓幼稚教育，他在和张之洞、荣庆联名起草的《重订学堂章程折》（1904）中，明确提到“原章有蒙学堂名目，但章程内所列，实即外国初等小学之事”。

知识，立其明伦理、爱国家之根基，并调护儿童身体，令其发育为宗旨；以识字之民日多为成效”；《奏定高等小学堂章程》则认为高等小学“以培养国民之善性，扩充国民之知识，强壮国民之气体为宗旨；以童年皆知做人之正理，皆有谋生之计虑为成效”；而设立普通中学堂的宗旨则在“施较深之普通教育，俾毕业后不仕者从事于各项事业，进取者升入各高等专门学堂均有根柢”。可以说，与“壬寅学制”一样，蒙学和初等小学被视为儿童做学问和知礼数的开始，是一切国民都必须接受的基础教育，而高等小学和中学则具有双重功能，既精进儿童的学问，又使他们掌握谋生的技能，但它们不属于义务教育的范畴，因此各阶段的区别主要是依据个人和社会的发展需要来划定的，而儿童的身心特点则仍未被列入考量的范畴之列。

民国初年建立的“壬子癸丑学制”则把各个阶段的年限都减少了一年，使儿童接受中小学教育的整体年限从14年缩短为11年，形成了一套“4—3—4”制，如《小学校令》（1912）指出“小学校分初等小学校与高等小学校”，“初等小学校修业期限为四年，高等小学校修业期限为三年”；《中学校令》（1912）则规定“中学校修业年限定为四年”。对于将初等教育（即义务教育）定为四年，教育部认为四年是最基本的，再不能减少，但由于当时国民经济的状况并不好，只能暂时维持四年，待日后经济发达后方可再议延长。在高等小学的年限方面，教育部则认为四年过长，因为高等小学毕业者“大半升入专门学校，以冀修得职业，应用于世”，“故欲定高等小学之期限，但使生徒学力能入专门学校已足”，若继续坚持四年制，“在父兄则忧负担之过重，在子弟亦虑成效之难期；而社会一般职业，又不能早得人智之士，助其营业发达”。[①] 但在教育部召开的旨在讨论新学制的临时教育会议（1912年7月）上，各省代表对于高小

① 璩鑫圭，唐良炎编. 中国近代教育史资料汇编：学制演变. 上海：上海教育出版社，1991：637.

的年限却存在较大的分歧，有主张四年者，也有主张二年或三年者。而在中等教育方面，教育部起初仍选定为五年，其后认为高等小学的课程与中学多有重叠，中学不必再设，加上读经科被正式废除，所以觉得四年对于增进儿童的学识已是足矣。不过在为何将整个儿童教育划分为初小、高小和中学三个阶段，以及三个阶段彼此之间的区别是什么等问题上，“壬子癸丑学制”相关法令并没有提供清楚的解释，可能只是纯粹出于对清末旧制的继承。教育部虽然为中小学各自拟定了教育宗旨，但两者之间的区别却不甚明了，如小学教育是“以留意儿童身心之发育，培养国民道德之基础，并授以生活所必需之知识技能为宗旨”，而中学教育是“以完足普通教育、造成健全国民为宗旨”。此处将中学教育的升学预备功能淡化，而强调其作为普通教育的身份，虽然是出于提高全民素质的考虑，却潜在地模糊了小学和中学之间的界限。

袁世凯夺取政权后，对“壬子癸丑学制”中的初等教育部分进行了修订，决定采取双轨制，即在保留原有初等小学和高等小学学级的基础上，设立平级的预备学校。初等小学被更名为国民学校，意在强调这一阶段的教育是国民生存发展所必需的义务教育，“国民学校施行国家根本教育，以注意儿童身心之发育、施以适当之陶冶、并授以国民道德之基础及国民生活所必需之普通知识技能为本旨”，其修业年限为四年。高等小学的名称得以沿用，“吾国高等小学系缘国民教育之程度递引而生，本非与初等小学之名义相对而起。职是之故，对于高等小学自无改定名称之必要”，其宗旨在“增进国民学校之学业、完成初等普通之教育”，所以与国民学校属于同种教育，是对义务教育的补充，“将来义务教育延长年期，即可将高等小学课程以次消纳”，其修业年限则为三年。[①] 与此同时，在小学阶段并设预备学校，“专为升学之预备”，一样分为前后两期，前期四年，后期三年。当时

① 教育部呈拟定高等小学校令请核定公布文并批令. 引自璩鑫圭、唐良炎编. 中国近代教育史资料汇编：学制演变. 上海：上海教育出版社，1991：773–774.

的教育部认为“在只求识字之平民子弟与有志深造之士族子弟，受同式之教育，于人情既有未顺，于教育实际亦多违碍”①，因此决定效法德国学校系统，将小学分为以上两类。这些修订虽然回应了民间重视孩子升学的心态，却衍生出相当多的弊端：一是儿童自进入国民学校和高等小学之后，由于其课程设置缺乏与中学的衔接和联络，造成了他们升学的困难，因此事实上儿童的前途自他们选择入国民学校或预备学校时便已决定，但是让才六七岁的儿童做出这样的选择是不负责任的，也罔顾了他们当时心智发展的特点；二是过度强调了学校的升学预备功能，在清末和民初的学制中，初等小学作为一项基础教育，是每个国民所必须接受的教育，不管儿童将来的意向是升学抑或从事职业活动，民初的学制甚至将高小和中学也视为普通教育的一部分，鼓励民众接受这类教育，而刻意淡化它们的升学预备功能，但袁世凯政府却反其道而行之，将升学预备的功能从高小一直延伸到初小阶段，这便会使部分儿童的心智从一开始就往畸形的方向发展。

袁世凯政府的改制并没有赢得民间教育学者们的认可，而且随着政权的垮台，这些改革措施很快就遭到废除。1921年民国政府颁布了《学校系统改革案》，形成了一套新的学制，史称“壬戌学制”。这套学制基本上以第七次全国教育会联合会通过的“辛酉学制草案”为蓝本，是我国教育史上第一套以儿童身心发展的阶段作为划分学制的根本标准的学制，因此具有里程碑式的意义。该学制曾明确指出：“童年时期（六岁至十二岁）为初等教育段；少年时期（十二岁至十八岁）为中等教育段；成年时期（十八岁至二十四岁）为高等教育段。”②具体来说，“小学修业年限为六年，自满六岁起至十二岁止，但得分为二期，第一期四年，第二期二年，其专办第一期者听”。中学则以“3—3”制为主，分为初高两期，因

① 教育部呈拟定高等小学校令请核定公布文并批令. 引自璩鑫圭、唐良炎编. 中国近代教育史资料汇编：学制演变. 上海：上海教育出版社，1991：749.

② 璩鑫圭，唐良炎编. 中国近代教育史资料汇编：学制演变. 上海：上海教育出版社，1991：859-860.

为“按儿童生理心理，十二至十五岁为少年发育时期，与十五至十八岁其身心发达有不同之点，为教授便利计，亦宜划分”，但“4—2”制和“2—4”制也可应用。[①]这套学制对儿童身心发展特点的高度重视，也可从民间教育学者的赞誉声中看出来。如有学者直言，“综观整个草案，最受关注之处，厥为初级教育与中等教育阶段，草案之定四二、三三制，完全在儿童身心及社会需要上着想”[②]；陶行知在《评学制草案标准》中也认为“学制草案对于学生求学的能力，是很注意的”[③]。但也有学者批评新学制在划分学级时对儿童的发展规律有一种过度依赖的倾向，而忽略了社会需要、学科学习的特点等其他要素，如陶孟和在《论学制系统》中便直言不讳地指出“学校年限不能专以心理发展为根据，还应该以学科为参考，因为学科的教授，也能发展心理的”，他同时认为现行学制与以前的规定一样，很少注意到社会发展的情形，因此主张“从社会的需要方面着眼，考求现在人生所必需的发展，所必需的知识技能，斟酌情形，规定学科的范围、内容”。[④]陶行知则认为制定学制必须考虑三个要素：一是社会之需要与能力，即各种社会对于学问的需要和设学的能力；二是个人之需要与能力，即学生对于学问上的需要和求学的能力；三是生活事业之需要与能力，即“各种生活事业在学问上所需之基础”，“他们所需的准备的最低限度”和“这种基础和准备之伸缩可能”。他指出新学制“对于社会之需要能力和个人之需要能力两种要素已经顾得周到，但对于生活事业本体上之需要，却无显明之表示”[⑤]。

相比民初的“壬子学制”，这套学制做出了两个重大改变。其一是废除初等教育领域国民学校（初等小学）和高等小学的分类，将它们统称为

① 璩鑫圭，唐良炎编. 中国近代教育史资料汇编：学制演变. 上海：上海教育出版社，1991：863.

② 三志新学制运动. 教育杂志，14卷2期，转引自上书，第684页.

③ 璩鑫圭，唐良炎编. 中国近代教育史资料汇编：学制演变. 上海：上海教育出版社，1991：902-903.

④ 璩鑫圭，唐良炎编. 中国近代教育史资料汇编：学制演变. 上海：上海教育出版社，1991：904.

⑤ 璩鑫圭，唐良炎编. 中国近代教育史资料汇编：学制演变. 上海：上海教育出版社，1991：902-903.

小学校，施行六年一贯制，但得分为两期，首期四年，第二期二年。同时再次缩短小学的修业年限，主要基于两层考虑，一是将省出的一年加到中等教育上，使六年的中学制容易推行；二是减轻学生家长的经济负担。但这一点仍然在各省教育界引起了较多的争议，例如浙江省教育会就曾声明反对，他们认为“初等教育采用四二制，就小学毕业后谋职业者言，无端剥夺其一年求学之权利，社会程度不但难望提高，或反因而减低”；“再就升学者言，与初级中学采用选课制亦有不能衔接之虑”，因为“以十二岁之儿童而使之入中学，选科目，窃恐能力有所不及”[①]。经亨颐在《新学制研究》中也直言“只有两年毕业，觉得教育精神上不免减少兴味，所以从事高等小学的人，要保存小学段仍用四三制：就是第二期小学仍办三年”[②]。另一个重大变化在于增加中学修业年限，并将其由四年或五年一贯制变成六年分段制，前一段为初级中学，后一段为高级中学，但对于中学究竟采用“3—3”制、“4—2”制还是“2—4”制，教育部和各省教育代表之间则颇有分歧。教育部主张实行“4—2”制，他们认为初级中学是一种普通教育，“于陶冶国民性上，至有关系，年限过短，实不相宜”，而高级中学则完全是为升学做准备，因此两年便足矣[③]；但第七届和第八届全国教育会联合会的代表们则坚持中学须以“3—3”制为原则（但得依设科性质和地方情形而调整为“4—2”制或“2—4”制），以前三年为普通教育，使学生继续增长学识，后三年入选科，使他们有足够时间为升学或未来职业做准备，而且两者之间可达至一种平衡。最终教育部采纳了联合会的建议，其公布的《学校系统改革案》（1922）也以此为原则。

国民党在形式上统一全国之后不久，便通过颁布《中华民国学校系统》（1928）而建立起新的学制。不过这套学制基本继承了“壬戌学制”

① 璩鑫圭，唐良炎编. 中国近代教育史资料汇编：学制演变. 上海：上海教育出版社，1991：881.

② 璩鑫圭，唐良炎编. 中国近代教育史资料汇编：学制演变. 上海：上海教育出版社，1991：910.

③ 学制会议昨日开议. 晨报，1922年9月21日，2版.

的要点，如将小学修业年限定为六年，并分初、高两级，前四年为初级，可以单设；中学修业年限为六年，分为初高两级，初级中学三年，高级中学三年，但可依设科性质而定为初级四年，高级二年，两者可以并设或单独设立。但此后教育部和地方政府对学制的探索和改革仍在继续，特别是中学教育阶段。20世纪30年代广西省推出了别具一格的“国民中学制度”，将中学分为前后两期，每期两年，前期结业后再进行一年以上的社会服务或实践活动，方能升入后期继续进行学业。这套制度将中学的使命主要定位于培养地方建设的人才和发展地方文化，而升学和职业预备则退居次位。然而由于在实施过程中的各种阻碍和不足，不仅使办学目标难以落实，且未能很好地解决前期中学毕业生的升学问题，导致这套制度在短时间内迅速消亡。与此同时，自20世纪30年代中期起，不断有学者建议政府在中学推行与小学一样的“六年一贯制”。如杨廉曾指出，以三年作为一段落，第一年师生适应，第三年初高中都要准备会考，真正有效率的学习只有一年多的时间，难以使学生的知识与道德得到深厚的培养，因此建议添设六年一贯制中学 。直至1939年4月，第三次全国教育会议乃通过教育部提交的改制议案，声明要在保留原有的“3—3”制中学外，增设不分初高中的六年制中学。[①] 到了1940年，国民政府教育部颁布《六年一贯制中学课程标准草案》，指定若干国立中学和四川、重庆等12个省市教育厅认定的几所成绩优良的公私立中学试办六年一贯制中学，1944年又开始在部分中学施行五年一贯制。教育部称施行这套新的中学制度是为了提高学科程度和教学效率，使学生在各个科目上都能得到平衡发展，且可以为升学打下更坚实的基础。但在学校实践中却遇到了不少问题，使它的影响力仅能局限在少数中学：缺乏相应的一贯制教材；学生虽经严格选择，但学习进度仍然快慢不齐；1—6年级学生年龄跨度大，不易于统一管理和训导；等等。

① 教育杂志，1935，25（1）：75.

总之，20世纪上半叶的学校系统从创立伊始经历了五次大型的改革，从清末的“4–3–3–4”制和“5–4–5”制到民初的“4–3–4”制，再到20世纪二三十年代的“6–3–3”制，最后到民国末期的“6–6”制。在这个改革的历程中，政策制定者们基本上是从学科学习的特点、社会发展的需要以及儿童个人的前途等角度出发来设计不同学级的，特别是初等小学、高等小学、初级中学和高级中学是否应被视为普通教育的一部分，重在学科知识的普及，还是被看作是一种升学的预备，抑或是职业的准备，成为各个时期教育学者之间争论的焦点。但是儿童在各阶段的发展规律和学习特点，在很长一段时期内都被游离于这些争论的主流话语之外，直至20世纪20年代“壬戌学制”制定时，才被视为划分教育阶段的根本标准。然而这种做法即便在当时也仍受到一些学者的批评和质疑，在此后的20世纪三四十年代，更受到“六年一贯制”实践者们的公然挑战，使之重新退回到幕后和边缘化的角色之中。由此可见，在学校系统的确立和改革这个方面，当时中国的教育界的确存在“发现童年”的阶段，但这个观念并没能在全社会得到普及，也没有被后世的教育学人继承和发扬光大。

二、授课时间的缩减与规范

在私塾教育时代，先生每日授课时间往往多达六小时甚至更多，清政府在20世纪初首次推行课程改革之时，其各章程的规定沿袭了私塾教育的教学制度，每日平均授课时间也至少为六小时。如根据《钦定蒙学堂章程》和《钦定小学堂章程》所列的每周课程表，儿童每日必须学习六门功课，每门功课须费时一点钟，所以儿童每日的课程学习时间达六小时；而根据《钦定中学堂章程》的规定，儿童每周六日的上课时间总计在37—38点钟之间，所以平均每日的上课时间在六小时之上。但其后，清政府的官员通过考察东西洋各国的教育系统，开始意识到儿童的每日上课时间应当被控制在合理限度，这是为顾及儿童的学习承受能力起见。如《张百熙、荣庆、张之洞：重订学堂章程折》（1904）和《学部：奏改订两等小学堂课程折》（1910）都提到，“臣等考各国学制，初等小学率以每日四小时为准”，“每日讲堂功课，少或四五点钟，多亦不过六点钟。所授之学，排日轮讲，少或四五门，多亦不过六门，皆计日量时以定之，绝不苦人以所难”，因此拟将“初等小学第一、第二两学年，改为每日授课四小时；其第三、第四两学年，则增至五小时”。因此在其后的课程改革纲要中，儿童每日上课时间便被不同程度地缩短，特别是在幼童阶段。如相比同级的《钦定蒙学堂章程》《奏定初等小学堂章程》和《变通初等小学堂章程》，在规定儿童每周的上课时间上已经减少了整整六个小时（每周上课时间为30课时），使得儿童每日上课时间仅为五小时；《改订两等小学堂章程》则做出了进一步缩减，“初等小学第一、第二两学年，改为每日授课四小时，其第三、第四两学年，则增至五小时”。高等小学堂的每周学习时间则保持不变（36课时），但中学堂的上课时间也有小幅度的缩减，每周总课时从36至38点钟不等。

民国初年，缩减儿童上课时间的趋势仍在进一步延续。《普通教育暂行课程标准》（1912）将初等小学校的课时从清末的每周30小时减少为每周从21到27小时不等，高等小学的课时也从原来的36小时减少为29到33小时不等。中学校的情况亦复如是，《中学校令施行规则》（1912）规定“校长得通计各科历年教授时数，就各学年变通增减，每周至少须满三十二小时，至多不得过三十六小时”，而从翌年公布的《中学校课程标准》来看，儿童每周的课程学习时间从32—35小时不等，但总的来说都少于清末的36小时。到了五四时期，对儿童课程学习时间的改革则从量上的减少提升到整个度量系统的变化。当时的教育学者对清末民初在课程领域实行的“钟点制”多有批评的意见，如“第一次全国教育会联合大会有关议决案”（1915）就曾明确提出：“初等小学授课时间，每回一小时，似嫌稍长。儿童过于疲劳，于身心发育，恐有妨碍。应于初等小学各学年，将一周教授时数，酌量分配不拘于每课一回定占一小时，以期精神疲劳，易于恢复。”[①] 所以此后的“壬戌学制”毅然决定以分钟制取代过去的钟点制，规定各科教学时间为3的倍数，可视科目性质的难易，儿童程度的高低，支配时间的多寡，平均以30分钟为一节，在低年级若干科目，可缩短为15分钟一节，在高年级若干科目，则可延长至60分钟一节，这便大大缩短了儿童每节课的平均学习时间，极利于儿童学习效率的提高，实属我国课程史上的重大进步。

“壬戌学制”的另一个重大改革则是在中学推行选科制和学分制。《新学制课程标准纲要》（1923）规定初级中学和高级中学的授课皆以学分计算，定每学期每周上课1小时为1学分。初级中学的科目分必修科和选修科，修满180学分方可毕业，若分配到三年之内的每个星期，则每周上课时间只有30小时左右；高级中学的课程则包括公共必修科目、分科必修科目和纯粹选修科目，总计修满150学分方可毕业，若分配到三年之内的每个星期，则每周上课时间仅在25小时上下。最为可贵的是，儿童被赋予自行分配每周学习时间的自主权，而不受统一课表的限制，因此这一项改革很显然地照顾到了每个儿童的学习特点，有利于儿童按自己的步伐循序、健康地发展。此外在小学领域，儿童的学习时间继续得到缩减，而且由于对不同年龄儿童的学习特性有了更明确的认识，新学制对学习时间的重新划分也有了更细微的区别，并呈现出逐级递进的特点。如《新学制课程标准纲要》（1923）即规定初级小学一、二年级每周授课1080分钟（即18小时），三、四年级每周授课1260分钟（即21小时），而高级小学则每周授课1440分钟（即24小时）。

国民政府成立后，对授课时间的调整仍在持续，但小学和中学教育各不相同。在小学领域，教育部总计做了五次改动，分别是1929年、1932

① 李桂林，戚名琇，钱曼倩. 中国近代教育史资料汇编：普通教育. 上海：上海教育出版社，1995：498.

年、1936年、1942年和1948年。若以这五次之间的比较来判断，总体上是呈下降趋势的，但若与“壬戌学制”所订立的课程表来看，却有轻微的增加。如在低年级，授课的总分钟数由最低的1020分钟（1936年）到最高的1260分钟不等（1929年）；在中年级，授课的总分钟数由最高的1440分钟（1932年）到最低的1230分钟（1936年）不等；而在高年级，总课时则介于1380分钟（1936年）和1560分钟（1932年）之间。由这些数据可见，国民政府时期，对小学生安排教学时数最少的当在1936的课程改革之时，而最多的则在1929和1932年两次改革之时。此外，相比“壬戌学制”，此时的国民政府已更能意识到每个年级的儿童都存在学习特性上的差异（但这种意识仍有一个循序渐进的过程），因此在安排学习计划时，应根据这些差异来确立不同的授课时间。如在1929年的小学课程改革中，政府对教学时数的区分还只是笼统地限定在低年级、中年级和高年级三个层次上；但到了1932年，这种区分得到了进一步扩展，政府开始对每个年级都设定不同的教学时数：一年级课时总数为1170分钟，二年级为1260分钟，三年级是1380分钟，四年级是1440分钟，五六年级则是1560分钟，其后1936、1942和1948年的小学课程改革都继承了这种传统。

中学领域的改革则总共经历了四次，分别在1932年、1936年、1940年和1948年。自1932年开始，“壬戌学制”所创立的学分制和分钟制都被废除，教学上重新恢复以小时数计算的旧制，这是一种历史性的大倒退，但教育部似乎振振有词：“盖中学有固定之肄业年限……学科之先后有序，非可以任意伸缩。各科分量依时数计算，甚为简单明了”，其“先后多寡亦得分配齐匀”。[①] 从总体上看，初中和高中每周教学时数仍有不断减少的趋势。例如在1932年公布的《正式课程标准》中，初中每周的教学数是34—35小时，而高中每周的教学数则是31—34小时；而到了1936年，初中

① 教育部教育年鉴编纂委员会. 第二次中华民国教育年鉴（第四编）：中学教育. 上海：商务印书馆，1948：7-8.

和高中的每周课时数均有明显的下降：初中减少为31小时，高中则变成29—30小时；1940年的第二次修订则将中学的每周课时数一律固定在31小时；到了1948年，初中的周课时数则在27—34小时之间浮动，高中的周课时数介于25—34之间，但相比1932年仍有小幅降低。同时，政府至最后一次改革时，也开始意识到处于青春期的儿童亦有不同的学习特点，因此学校在安排教学时理应根据这些差异设定不同的时数。如在初中阶段，第一学年的周课时数一律为27小时，第二学年为31—34小时，第三学年为32—33小时；在高中阶段，第一学年的周课时数从25—30小时不等，第二学年一律为30—34小时，第三学年从28—32小时不等。[①]

总之，20世纪上半叶中小学每周的授课时数总体上呈逐渐减少的趋势，如果我们分别将所有小学（初级和高级）和中学（初级和高级）的数据叠加起来，并以各个阶段的最高时数作为该阶段的代表（如某学年的时数在25—30小时浮动，则以30小时为准），就可以得出如下图表。从表中可以看出，虽然这种减少的趋势在小学和中学都有体现，但小学似比中学更为明显；从“壬寅学制”到“壬戌学制”，每周课时数随历次改革而有显著下降，至“壬戌学制”时近乎达到历史的最低点，但到了国民政府时期，每周授课的小时数竟有增加的倾向，特别是在1932年的课程改革之时，而且民国最后十多年基本维持在相对固定的水准。与此同时，教学制度上也出现了一些具有进步意义的改革。如以分钟制取代钟点制，使儿童每节课的学习时间可以从一小时降低到最低15分钟，充分照顾了他们注意力不易持久的心理特点；在中学创立选课制和学分制，赋予儿童自由选择课程和安排每周上课时间的权利；根据各年级儿童的学习特性，为他们设定不同的教学时数。但是分钟制、选科制和学分制在1932年的课程改革中均遭取消，则显示出历史的倒退可与前进并存。

① 教育部教育年鉴编纂委员会. 第三次中华民国教育年鉴（第四编）：中学教育. 台北：中正书局，1957：6.

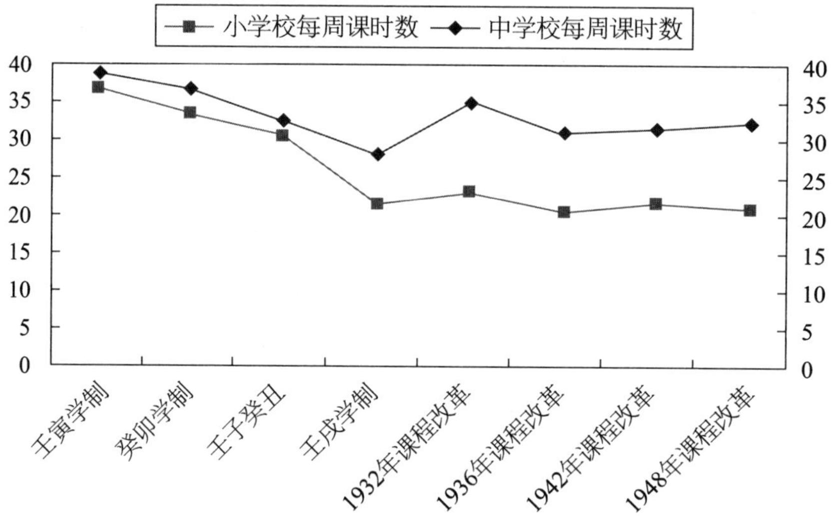

20世纪上半叶中小学校每周课时数的变化

第二节　儿童的个体差异与课程开发

课程开发除了要遵循儿童发展的群体性规律来设置分级教育和教学计划外，还必须依据儿童之间的个体差异来设计区分性的教育模块。这些差异可以表现在许多方面，如身体、心理、性别、学习风格、职业倾向等，其中有两个方面被20世纪上半叶的课程设计师们所重视，一是儿童的学科偏向（是文科或是理科），二是儿童的性别差异。因此在本节中，研究者将集中精力探索这两方面的差异是如何反映在20世纪上半叶的数次课程改革之中的，尤在揭示课程专家们在尊重抑或忽视这些差异的背后所折射的儿童观念。

一、文实（理）分科的推行与废除

关于文实分科的倡议最早在清末时期便已存在。1909年清政府学部发布《奏变通中学堂课程分为文科、实科折》，明确主张将中学课程分为文科、实科两大类，每位中学生所学科目的总数仍是12门，但内部分别有文科、实科的侧重点，“文科以读经讲经、中国文学、外国语、历史、地理为主课，而以修身、算学、博物、理化、法制理财、图画、体操为通习；实科以外国语、算学、物理、化学、博物为主课，而以修身、读经讲经、中国文学、历史、地理、图画、手工、法制理财、体操为通习”。对于在中学阶段而不是小学阶段实行分科制的理由，学部曾有明确的指示：“小学堂之宗旨，在养其人伦之道德，启其普通之知识，不论其长成以后，或习文学，或习实业，皆须以小学立其基，此不能分者也。至中学堂之宗旨，年齿已长，趣向已分；或令其博通古今，以储治国安民之用；或令其研精艺术，以收厚生利用之功，于是文科与实科分焉。”这表明学部当时已经注意到小学儿童和中学儿童在学习特点方面是有区别的。同时，中学生具有不同的研究旨趣、学科偏向和志愿这一点也多次被学部提到：“窃查近日考试，各省中学堂学生毕业分数，或文学优于科学，或科学优于文学，则以平日用功有畸重畸轻之故。至若天资颖异，各科俱优，则一堂不过熟人，未可以常例绳之也。”再加上学生升入高等学堂之后也是要进行分科的，所以“与其于升学之时多所迁就，何如于入堂之始早为区分”。此外，学部也意识到当时的中学课程已是种类繁多，“学生并骛兼营，宜蹈爱博不专之弊”，所以还不如分为文、实二类，使他们“就性之所近，分途肄习，以期用志不纷”。当然，这里的实科并不等于实业或职业科目，而相当于当代教育界所言理科，所以此处的文实分科实际上是文理分科的代名词。应当说，清末的这种文实分科的倡议，尽管存在照搬德国教育体制的嫌疑，但在相当程度上已能意识到并顺应儿童之间的个体差异，主动给予儿童一定的课程选择权，使他们得以依照自己的秉性自由发展，无论如何都具有开辟新时代的意味。

但是这个倡议在随后的实践中遭遇了太多的难题，以致最终不得不归于失败。这些难题主要包括：①分科之后的中学课程过于专业化，而当时中学的师资多“养成于优级师范”，未曾进入过新式学堂，也未接受过分科教育，因此难以适应中学的分科教学；②由于文、实二科趋向各殊、途径悬绝，造成学生改科的困难，“一入中学，而终身求学之局定矣”，万一学生“择述不慎”，则很容易贻误终身；[①]③分科后学校设备“较旧加繁”，特别是对理科实验设施的需求量增加，但当时的中学堂普遍财力不济，尤其是偏远地区，因此存在实际推行的困难；④分科之后，学生虽然对文科或实科有所精专，但在对基础学识的掌握方面却趋于薄弱；⑤虽然处于中学堂的儿童大多已在15—25岁之间，但他们在心智上并未完全成熟，对于自己的职业取向也并非完全清楚，若强使他们决定自己的前途命运，既不是一种负责任的行为，也不利于儿童的全面发展。

到了民国初年，教育部在蔡元培的主持下，取消了这套文实分科的做法。因为在他们看来，中学教育一如小学教育一样，是造成健全的共和国公民所必需的，虽然暂因实际的原因而无法被列入义务教育的范畴，但只要条件许可，人人都应接受这一阶段的教育，但文实分科的设立却使中学从国民教育走向英才教育，强化了中学的升学预备功能，使儿童失去了储备更多普通知识的机会。但是这层观念并没有为此后的袁世凯政府所认可，1915年颁布的《特定教育纲要》使文实分科制在中学得以复活。袁世凯政府所列举的理由与晚清政府相似，即他们也意识到要尊重儿童的兴趣、志愿和能力，保障儿童的未来前途，并造就社会所需的专业人才。《特定教育纲要》说“分为文科、实科二种，或分校，或一校兼备二科，视生徒之志愿以入学，不特适于天性，且学科有所偏重，造诣自有专长，将来毕业后出任事业，能力较优，自足为社会之中坚人物，即升入专门大学亦易深造，较现制实为便利”[②]。

① 直隶提学司详直督变通文实分科文. 朱有瓛编. 中国近代学制史料：第2辑（上册）. 上海：华东师范大学出版社，1987：410–423.

② 李桂林，戚名琇，钱曼倩. 中国近代教育史资料汇编·普通教育. 上海：上海教育出版社，1991：749.

袁世凯政权覆灭之后数年，是否要在中学阶段推行文实分科这个问题仍然没有得到圆满地解决，但在民间却持续升温，一度在各省的教育者中间引起争论。从总体上看，赞成者的一方（如湖南省教育会，江苏省的教育代表如章赋浏、童伯章、李更生、陆规亮等）牢牢占据着争论的主导地位，他们的理由可分列为以下几个主要方面：一是中学课程门类过多，平均发展，非儿童（即便是资优儿童）力所能及，“其敏锐者，虽博闻强识，而实鲜贯通”，“其鲁钝者，则顾此失彼”，而终无一得；二则同样因科目繁多，造成儿童课业压力过大，严重影响身心健康，“中学三四年级生，勤学者辄见神经衰弱之症”；三是各儿童本就旨趣不一，科目各有偏向，不能强求所有儿童走一样的学习路线；四是儿童在未来要谋生，必须得掌握一门技术，并以专精为适用，如果只是博而不精，“投身其间，立见窘拙”；五是便于儿童升入各专业的高等学堂。[①]但是，反对的声音也是普遍存在的（如蔡元培、李步青等，全国教育会联合会第二届会议的决议也持反对态度），他们的理由，若从儿童福利的角度来看，可以被归结为以下一点，即划分文实二科是对中学教育的错误定位，使之沦为升学预备的工具，而不是提升全民智识的必要组成部分，儿童自进入中学之后便一心以升学为念，会使他们的发展畸形化；同时中学毕业后继续求学的，仅在儿童群体中很小一部分，不升学而无事可做的，却占大多数，因此办学者不能以“极少数人之升学，牺牲多数人之生计”[②]。

到了20世纪20年代制定“壬戌学制”的时期，多数教育学人一致认为“教育以儿童为中心，学制系统宜顾及其个性及智能，故于高等及中等教育之编课，采用选科制，于初等教育之升级采用弹性制”[③]。具体来说，

① 李桂林，戚名琇，钱曼倩. 中国近代教育史资料汇编·普通教育. 上海：上海教育出版社，1991：815–817.
② 璩鑫圭，唐良炎编. 中国近代教育史资料汇编：学制演变. 上海：上海教育出版社，1991：811.
③ 璩鑫圭，唐良炎编. 中国近代教育史资料汇编：学制演变. 上海：上海教育出版社，1991：560.

就是将高级中学分为两类，一类以升学为主要目的，称普通科；另一类以就业为主要目的，包括农、工、商、师范、家事等科。其中在普通科推行文实分科制，将学生分为两组，第一组习文，第二组则专注于实科。两组在公共必修科目的种类和学分上都是相同的，区别之处在于分科专修的必修科目，文科组的儿童必须学习国文、心理学初步、伦理学初步、社会学之一种、自然科或数学之一种，而实科组的儿童则须修习三角、高中几何、高中代数、解析几何大意、用器画、物理、化学、生物等。此后，这套制度在全国各地的中学校中被广泛推行，虽然仍有学者（如蔡元培等）持异议，总体上却得到了很好的贯彻。

不过国民政府成立之后，这个构想再次遭到否定。1929年，教育部颁布《中学课程暂行标准》，规定在高中阶段取消文实分科，其理由如下：①文实两科之间有天然的联系，不宜被人为地切断，“治哲学者以高深数学为基础，治心理学者亦取径于生物学”，“自然科学之应用，亦在与社会科学有关”，儿童只有同时掌握两科的知识，才可为将来升学后的专攻做好准备；②儿童有不同的学科偏向，但文实两科的区分显得太粗，因为儿童在选择一科之后，其课程仍然大体是相同的，不能有效适应儿童的不同个性和发展需求，莫如在高中阶段设立选修科目，鼓励儿童“就其性之所近而酌量选习”，才能达到更好的学习效果。[①] 但是选科制并没有在随后的正式课程标准（1932）中得到坚持，因为“高中既以升学为主旨，必须注重培植良好之基础”，除了学习物理、化学、生物等理科课程之外，“凡语文、科学、及史地等科，均应有适当之分量”，“以求文理两类基本知能之均等发展”，[②] 所以凡是进入高中就读的儿童，都不得不学习同样的课程，完全丧失了选择课程的自由。

然而重新恢复文理分科的呼声在民间依然强烈。如廖世承就在《申

① 张文昌. 对于部颁中小学课程暂行标准的意见. 中华教育界：1929，18（9）：1-15.

② 教育部教育年鉴编纂委员会. 第二次中华民国教育年鉴第四编：中学教育. 上海：商务印书馆，1948：8.

报》连续四期探讨文理分科问题，指出“现时中学的人数，一年加多一年，因此志愿能力更参差不一，并且投考大学的数理程度，比较以前提高了许多”①，因此恢复文理分科制，以满足不同学生的学习需求，乃是大势所趋。梅贻琦、张伯苓等人也指出“今日我国中学课程之繁重及因其繁重而发生之教学缺乏效率问题，以及对于青年健康之不良影响，实为国内关于教育者所同感，……普通高级中学课程，虽属为多数升学学生而设，但按之实际，我国高中毕业生并不能普遍升入大学深造。即能多数深入大学，亦不能普遍专攻理科”②。所以教育部不得不多次召开课程修改会议，于1936年和1940年对正式课程标准进行两次大幅度的修订，在高级中学重新分设文、理两组（自第二年起），并且在国文、外语、算学、物理、化学等科目上提出了不同的学习要求：文科组国文每周六课时，外国语第二学年每周六课时，第三学年每周七课时，算学每周三课时，化学每周四课时（仅第二学年开设），物理每周四课时（仅第三学年开设）；而理科组算学每周五课时，化学每周五课时（仅第二学年开设），物理每周五课时（仅第三学年开设），国文每周四课时，外国语第二学年每周五课时，第三学年每周六课时。这些规定一直延续到国民党在中国大陆的统治结束之时。

总之，在1902—1949年期间，关于中学阶段实行文实（理）分科的争议持续了数个会合，总体的趋势始终偏向于维持文理分科的格局。这表明照顾儿童在学习上的个体差异，维护他们在选择课程和未来前途上的自由，以及减轻儿童的学习负担，以保障其身心健康等观念明显占据着教育界的主流；而那些以普及国民教育、为升学做预备等理由而强使所有儿童遵从僵化而统一的学习模式的观念，则基本处于支流和配角的地位。与此同时，由于一方面文科生所修习的课程中往往包括理科课程，理科生所修

① 廖世承. 为全国中学校请命. 申报，1932年12月17日.

② 廖世承. 修订中学课程的意见. 参见汤伯才. 廖世承教育论著选. 北京：人民教育出版社，1992：424.

习的课程也常包括文科科目，也就是说，两者在课程学习的类别上逐渐趋于一致；另一方面两组学生虽然侧重于不同的专业课程，但其差异却被逐渐缩小，特别是在1940年的课程改革中，这种差异仅仅体现在一小时的教学时差上，所以文理之间的界限事实上已日趋模糊，而其内在的联络与沟通则受到越来越多地重视，使得文理分科最终走向“基于合科的分科模式”，而非彻底断裂、隔绝不通的分科模式。

二、基于性别差异的课程设置

中国历史上长期强调“女子无才便是德”，因此在整个教育系统中是没有女学的立足之地的，也就谈不上依照男女童的差异来设计课程了。直至1907年《女子师范学堂章程》和《女子小学堂章程》的颁布，女子教育才首次被正式纳入学校系统的编制之中。而在此之前的1902和1904年的课程改革中，女子学校教育虽未取得独立地位，但政府的态度显然已经有所松动。如《奏定蒙养院章程及家庭教育法章程》（1904）即规定“蒙养家教合一之宗旨，在于以蒙养院辅助家庭教育，以家庭教育包括女学”[①]。在这段时期，女子教育既已出现在师范和小学阶段，政府为“严防女学堂流弊”，明令其与男子学堂分立，“不得混合”，并制定了区别于后者的一整套课程体系。首先，女子小学堂的宗旨被确立为“养成女子之德操与必须之知识技能”，这里的德操主要指封建专制制度强加于女性的种种道德观念，“为妻而能相夫，为母而能训子”、贞节等便是其核心内容的一部分，而其知识技能的训练则以更好地履行“贤母良妻”的职责为旨归，“令其能识应用之文字，通解家庭应用之书算物理，及妇职应尽之道，女工应为之事，足以持家、教子而已”[②]。其次，女子小学堂的课程结构与内容也与男子学堂有显著不同，女子初等小学堂相比同级男子学堂，无论

① 璩鑫圭，唐良炎编. 中国近代教育史资料汇编：学制演变. 上海：上海教育出版社，1991：393.
② 璩鑫圭，唐良炎编. 中国近代教育史资料汇编：学制演变. 上海：上海教育出版社，1991：396.

在科目数量还是在类型上均有不同，前者只授五科，分别为修身、国文、算术、体操和女红，后者却授八科，即修身、读经讲经、中国文字、算术、历史、地理、格致、体操；在高等小学方面，男女学堂的科目总数均为九门，但男童须修习读经讲经，而女童则有女红这门独特的科目，旨在“习熟通常衣类之缝法、裁法；并学习凡女子所能为之各种手艺，以期裨补家计，兼养成其节约、利用、好勤勉之常度”[①]。部分科目的授课内容也呈现出男女童之间的差异，如女子小学堂的修身重在“涵养女子德性……授以孝弟、慈爱、端敬、贞淑、信实、勤俭诸美德”，授课时教师须“援引古今名人及良媛、淑女嘉言懿行，以示劝戒，常使服膺勿忘”[②]；而男子小学堂之修身重在“养成儿童德性，使之不流于匪僻，不习于放纵”[③]，内容方面则偏于中性。其三，在每周授课时数上，男子初等小学堂和高等小学堂分别是30小时和36小时，而在女子小学堂中，这个数值分别是24—28和30小时；在修业年限上，女子初等小学相比男子初等小学也要少一年，所以总的来说，女童的学习时间要比男童少许多。凡此种种都验证了清政府自己所提出的教育原则“女子性质及将来之生计，多与男子殊异”，“凡教女子者，务注意辨别，施以适当之教育”。

但是“癸卯学制”所实行的男女双轨制教育，很大程度上是基于女子智商和学习能力弱于男子的假设，而且只允许女子享有就读小学和师范科的权利，却绝口不言开设女子中学之事，所以尽管从表面上看，男女童之间的差异受到了尊重，但本质上仍是一种性别歧视。而到了中华民国成立之初，“壬子癸丑学制”则在给予女童平等的受教育机会，创建单轨制的课程系统之路上迈出了重要一步。《普通教育暂行办法》（1912）开篇明令“初等小学可以男女同校”，从而为女童享受与男童一样质量的初等

① 璩鑫圭，唐良炎编. 中国近代教育史资料汇编：学制演变. 上海：上海教育出版社，1991：587.
② 璩鑫圭，唐良炎编. 中国近代教育史资料汇编：学制演变. 上海：上海教育出版社，1991：585.
③ 璩鑫圭，唐良炎编. 中国近代教育史资料汇编：学制演变. 上海：上海教育出版社，1991：294.

教育提供了良好的平台；《中学校令》（1912）则提到“专教女子之中学校，称女子中学校”，而使女子中学获得了合法发展的机会。不过在这段时期，“贤母良妻”的观念仍然是女子教育建设与发展的核心指导思想，如在1914年，教育总长汤化龙就直言女子教育的方针，即在“使其将来足为良妻贤母，可以维持家庭而已”[①]。在课程设置上也是如此，女童虽不必遵照另一套有别于男童的课程标准，其所学课程却要比男童多出裁缝、家事或园艺等科。家事和园艺旨在使女童“习得理家及治圃之知识”，“养成勤俭整洁之习惯”，其授课内容为“衣食住及侍病、育儿、经理家产、家计、簿记，并栽培莳养等事”，以及烹饪；而缝纫则在使她们学习“普通衣服之缝法、裁法、补缀法”，[②] 这三门科目的内容很显然都指向使女童成为“贤母良妻”这个目的。但是在其他方面，“壬子癸丑学制”所开发的课程却充分尊重了男女童之间在学习特点和身体上的差异。如在手工科方面，男中学生所学习的内容包括竹工、木工、粘土细工、粘土石膏细工、金工和工业大意，而女中学生则主要学习编物、刺绣、摘棉、造花等工艺；在体操科方面，男中学生学习普通体操和兵式体操，而女中学生可免学兵式体操，改以舞蹈游戏代替；在数学科，女子中学缺三角法，“并得展长算术教授时数至五学期以内，减少代数几何之时数”。

到了五四时期，推广男女同学的范围，促进单轨制课程系统的建立，以保证女童享有与男童平等的受教育机会，成为当时最主要的教育议题之一。围绕这个议题，当时教育界形成相对分明的三个派别。第一派无条件地支持男女在各个教育阶段可以同校、同学，他们认为男女皆是“人”，其性别差异微乎其微，所以不应专设女子小学以及中学，以表明存在一种只适合女子的教育，而应使双方都接受完全相同的教育。如程谪凡就指出“男女同一样是‘人’，而没有‘男子’或‘女子’的教育”，“我们不

① 雷良波. 试论五四时期女子教育的模式. 华中师范大学，2002：2–3.

② 舒新城. 中国近代教育史资料（中册）. 北京：北京人民教育出版社，1981：523–524.

能给女子划出‘人’的范围以外，叫她们另外去受一种‘女子适用’的教育”，“男女既然应同样的享受‘人’的教育，那么，对于教育的设施，自不必严立界限，使男子受男子的教育，女子受女子的教育”；同时，“心理学实验的结果，男子与女子的智力的差别，并不大于男与男或女与女的差别”，也就是说，“男子或女子中的差别，比男女间的差别要大得多”，既然男女性间无甚差异，“在心理方面，男女同学便无反对的理由”了。[①] 李达在《女子解放论》一文中也提出男女自幼稚园以及小学、中学都可以是同校的，因为“教育乃变化人类生活的条件，绝对不可有差别的”，“共学则机会均等，男女受更普通更真实的训练”，“若说男女应该有别，而且操作不同，不宜同校的话，这便是男子因噎废食的恶劣根性，不以‘人’待女子的”。[②] 1920年10月广东省政府也持相同的意见，在一份电令中省政府曾言“教育所以增进国民之程度，女子与男子，同属国民，即应受同等之教育，不宜有畸轻畸重之分。文明先进诸国，凡教育事业，并不歧视男女，学制具在，班班可考。我国狃于故习，男女之畛域过严，因之教育未能刷新。……按诸文明国之先例，参以世界之潮流，考之近世教育家之议论，实属有利无弊，自应亟图实现，以符男女平等之义”[③]。黄日葵也否认男女之家存在实质性的差异，他说：“在生物学、生理学和心理学上看来，男女区别的研究，实在幼稚得很，谁也不敢确定他有什么的区别。除关于生殖的特性以外，谁也不能断定什么是男子的特性，什么是女子的特性。就令男女中有什么特性可以认识，这种特性也不过因数十百年的遗传或境遇的影响所形成，譬如置男子于女子的境遇和生活，则男子也当然得与女子同一的结果。男女既没有必然的分别，那么什么适合

① 程谪凡. 中国现代女子教育史. 上海：中华书局，1936：101–102.

② 李达. 女子解放论. 解放与改造，第1卷第3号，转引自中华全国妇女联合会妇女运动历史研究室. 五四时期妇女问题文选. 北京：生活·读书·新知三联书店，1981：42–43.

③ 转引自程谪凡. 中国现代女子教育史. 上海：中华书局，1936：107.

于男子，不适合于女子，什么最适合女子的话，断断不能说了，我们只能说男女什么都平等。”[①]李光业则一针见血地指出过往的女子教育是建立在对女子的性别歧视，而非男女之间的性别差异之基础上的。他说：“从前的女子教育，缺乏人格的要素，基本上视为劣弱……今后的女子教育，对于此等不合理的观念，当一扫而空，注力于人格的陶冶，图女子人格思想的充分发达。”“历来的女子教育，偏于家庭主义，而于女子同为社会国家的一员的一点，极其蔑视，实为一大缺憾。此后当注意于理知的陶冶，以弥补此种的缺憾，使女子具有男子同样的知识和思想，共同图国家社会的进步发达。”[②]张若民也指出男女之间的性别差异是不存在的，已有的差异完全是教育不均的结果：“女子比男子少受若干年的教育，就是有点差别，亦是当然的。但是只可说教育不发达，不能用心理生理上关系来限制女子受平等教育。”[③]

第二派则坚持男女之间存在难以忽视的差异，凭着这些差异，应该使男女分校，或即便在同一学校，也应实行分班制度，以使他们接受符合各自性别的教育。毫无疑问，这派观点一直是清末民初官方的主流观念，直至五四时期仍然有一大批的信奉者，他们纷纷主张应该在女学中增加家事、园艺、缝纫等科目，以继续将女子塑造成为“良妻贤母”。如1919年5月教育部曾训令各省女子中学，家事为女子中学校最重要的科目，不仅要增加学习时数，而且还要注重实习。随后公布的女子中学课程标准则将家事、园艺、缝纫列为女童所必（选）修的课程，其中家事及园艺在训练女童整理衣食、住家事、卫生、培养蔬果和花木等知识与技能；缝纫则要求

① 黄日葵. 何故不许女子平等. 少年中国：1919，1（4）.

② 李光业. 今后的女子教育. 妇女杂志：1921，8（2）.

③ 张若民. “急先锋”的女子. 觉悟：1920，1（1）.

女童学习普通衣类的裁法、缝法和补缀法，[①]这与“壬子癸丑学制”的规定基本相似。事实上，当时的小学乃至中学，普遍为女子设立了区别于男子的课程，正如高一涵所指出的，这些“教育机关，简直可算是‘良妻贤母养成所’！”，因为“所有的职业，大半属于家庭的事业，所学的知识技能，大半是操持家政的知识技能”。[②]

第三派则持相对中立的态度，一方面认为应该给予男女平等的受教育机会，使他们接受同等质量的普通教育，另一方面则指出男女之间始终存在不可否认的差异，因此学校在设置课程时应基于这些差异做出恰当调整，即增加一些有利于发扬女子特殊性情的课程。如陈东原就指出，接受中等教育的女子，“无论伊将来是升学是谋职业，都应在与学制衔接的功课外授以一种女性特需的教育以别于男子。‘女子治内’的思想，断然不适于今日社会，但断没有谁主张把女子天赋的才能，精神的特质，及其特殊兴味、感情，一笔抹杀而使之以男子为人生极则的。……所以女子除受‘人的教育’外，还应有伊自己应受的教育。新时代的女子，如果一味家政一类的东西完全可以不学，这似乎和从前纯以贤母良妻为目的有一样的错误罢”[③]。姜琦则批评无论是第一派还是第二派，其所谓女子教育，都是“就着全般人类的个性而立论”，他认为在伦理上“男女的人格是平等的”，但是在“心理学上男女的人格是不同的”，所以他主张“男子有男子特殊的教育，女子也有女子特殊的教育”。[④]

以上所列三派的分歧，在当时的教育界是真实存在的，但由于平等主义思潮已经日渐深入人心，全国教育会和教育部都提倡在各个教育阶段实

① 朱有瓛．中国近代学制史料第三辑（上册）．上海：华东师范大学出版社，1990：372.
② 杜学元．中国女子教育通史．贵阳：贵州教育出版社，1995：417.
③ 陈东原．中国的女子教育．引自舒新城．中国新教育概况．上海：中华书局，1928：164.
④ 姜琦．女子教育问题之研究．教育杂志：1921，13（5）.

行男女同校共学制度。如第五次全国教育会联合会（1919）即专门就改革女学案进行决议，认为“男女教育理论上实际上均不应为严格之区别”；在“共和国家，男女皆有受平等教育之权利，教育者不宜歧视之”。该决议并提出渐进的改革方案，“国民学校，男女应绝对共学。女子国民学校、女子师范附设女子国民学校及国民学校中之女子班等分校分班之编制，当即废止”；而在高等小学，“应视地方情形及学生人数多少，或绝对共学，或同校分班，或部分的分班，唯须逐渐废止分校之制”；中学则应“视地方情形，或同校分班，亦须逐渐废止分校之制”。[①] 而1922年形成的“壬戌学制”则宣告了不分男女性别的单轨制学校系统的正式诞生，因为在随后公布的《新学制课程标准纲要》（1923）中，无论是小学、初级中学还是高级中学，都没有为女子设立专门的必修或选修课程，中学虽有文理分科的体制，却没有任何男女分科的痕迹。

但是到了国民党统治时期，这套单轨制并没有得到彻底地贯彻。教育机关与官方会议曾多次主张在中学设立独立的女子学校，或者让那些没有条件设立女子中学的地区，于一校之内添设特别的设施，名为满足女子教育的特殊需要，实则有夸大男女差异、强化不平等教育之嫌。如 1928年全国教育会议宣言就指出，“我们认定女子中学校以单独设立为原则，但因地方人才经费的限制，不能分设两种学校时，亦得于一校内根据女子特殊的需要，变通办理”[②]。1928年5月，第一次全国教育会议议决《中等女子教育应有特殊设施案》，该方案也提出“女子高初级中学，以特别设置为原则，各地方因经济力及教授人才之缺乏，不能分设者，得于中等学校中分设男女两部”[③]。1938年，教育部各省市施行中等学校学区制度，也规定

① 璩鑫圭，唐良炎. 中国近代教育史资料汇编（学制演变）. 上海：上海教育出版社，1991：845-846.
② 雷良波，陈阳凤，熊贤军. 中国女子教育史. 武汉：武汉出版社，1993：364.
③ 全国教育会议报告乙编. 转引自程谪凡. 中国现代女子教育史. 上海：中华书局，1936：122.

各区内都应有女子中学一所或在中学附设女生班。[①]

不过这段时期教育界所认定的女子有区别于男子的特殊性情（所谓“母情”或“母性”之特质）和社会功能（建设良好之家庭与社会生活），仍是具有一定程度的现实合理性的，所以基于这些差异而为女童厘定特殊的教育宗旨和课程内容，也在一定程度上体现了他们尊重儿童的观念。如《中华民国教育宗旨及其实施方针》（1928）就指出，女子教育“须注重陶冶健全之德性，保持母性之特质，并建设良好之家庭生活，及社会生活”[②]。《中等女子教育应有特殊设施案》（1928）则进一步指出，“女子在文化上之天职，不尽同于男子，此为人人所知”，“若认女子与男子之教育体用皆同，实为背于事实”，该案认为各中学应增设一系列特殊设施，使女子获得发扬母性所需的特殊知识与技能：一是“幼儿之保育”，“儿童之教养，为民族生存之基本，若女子于此适当之知识、能力及道德的习练，决不能完成此为大而且要之任务”；二是“良好的家庭之建设”，也是“女子最主要的任务之一”。[③] 为达成这项目的，“中等女子教育之教材，须注重培养特有之社会职分，加入关于处理家政教养儿童等学科及训练”，而在涵养女子德性方面，则“应注意于艺术的陶融及体育”。[④]

1938年教育部部长陈立夫再次强调“男女教育，尤应有别，俾发挥母性优美之特质，建立家庭良好之基础”[⑤]。此后的第三次全国教育会议亦重申：“家庭改善为社会进步之基础，家事教育为普通女子教育之中心。此在平时然，在战时亦然。诚以家庭良好，可促进个人身心之发展，以增

① 教育部公报. 1938，10（12）.

② 中央教育科学研究所教育史研究室编. 中华民国教育法规选编. 南京：江苏教育出版社，1990：45–46.

③ 中等女子教育应有特殊设施案. 转引自程谪凡. 中国现代女子教育史. 上海：中华书局，1936：120–121.

④ 全国教育会议报告乙编. 程谪凡. 中国现代女子教育史. 上海：中华书局，1936：121.

⑤ 教育通讯. 创刊号，2.

广东佛山英华学校的一个教室，显示该班为男女同学，摄于20世纪40年代

加强国卫国之力量；而女子天性宜于家事，应切实予以特殊训练，俾能发挥家庭之效能也。”[①]为此，各中小学在实施女子教育时，除一般正常教育外，都“应有特殊的训练与设施，如家事劳作等，以为将来改造家庭教育的预备”[②]。这正体现在1940年公布的《修订中学课程标准》之中，如在初级中学，该标准规定“女生之劳作以家事与农工艺训练各占一半为原则”，而在高级中学，“女生劳作应注意家事科目，第二年其各校应酌设家事科目，备二年级或三年级女生于甲乙组联系时数内改习家事科目”。[③]1948年国民政府的最后一次中学课程改革则再次对女子实施差别性教育：“女生之劳作，自初中第二学年改习‘家事’；女生之‘公民’，在初中加授‘妇女与家庭’，高中加授‘妇女问题’等教材，以发扬女子之天性与美德。女生之‘体育’，每周教学时数酌减。”[④]

总之，对男女童之间差异的认识，从清末第二个学制建立时即已存

① 第三次全国教育会议报告，1939：235.

② 教育部教育年鉴编纂委员会. 第二次中华民国教育年鉴第一编：总述. 上海：商务印书馆，1948：11.

③ 各级学校对于女生生活应为适宜之社别并切实施行特殊训练以发展女性特长案. 第三次全国教育会议报告，1939：236–237.

④ 教育部教育年鉴编纂委员会. 第二次中华民国教育年鉴第四编：中学教育. 上海：商务印书馆，1948：6.

在。但是不同时期的政府对这种差异的界定各有不同：清政府认为女童从小学以至中学，在智力和学习能力上都要弱于男童，因此为女童设定的课程总数与教学时数在要求上都要比男童少；民初政府否认男女童在初级小学时期即有明显区别，因此主张为他们提供统一的课程与教学，但在高级小学和中学，仍然奉行清末以来的双轨制，为女童设置有助于“相夫教子”的课程；五四时期的北洋政府则受平等主义思潮的影响，坚决否认男女童在中小学存在任何实质意义上的差别，故为男女童设定了完全一样的课程系统，并积极倡导在中学施行男女同学制；而国民政府同样意识到女童有区别于男童的特殊性情与社会功能，为此在教育宗旨和课程设置中多有施行差异教育的因子，但他们并没有完全继承“壬戌学制”那套不分性别的单轨制，而是一度主张恢复独立的女子中学，或者至少在已有的中学添设女学所需的特殊设施，因此有夸大男女差异、强化不平等教育之嫌。由此可见，20世纪上半叶对女学的改革主要围绕在男女之间是否存在“伦理上之差异”和“身心上之差异”的问题上。清末民初以及国民政府时期的教育界对男女的身心差异都有明确的认知，但对他们“伦理之上差异”有过度强调的色彩，而折射出对女童的一种歧视心态；而五四时期的教育界虽给予男女童完全平等的受教育机会，却并不承认男女之间存在身心上的差异，所以事实上各个时期的教育界都有走极端的倾向。建立一个基于男女身心差异的单轨制学校系统，仍是当时教育学人所必须努力奋斗的方向。

第三节　意识形态控制与课程

在教育现代化的过程中，当权者对儿童的意识形态控制从来就没有放松过，只不过从清政府、北洋政府到国民政府，这种控制无论在指导思想、内容还是在实施策略与方法上都各有不同。除了对儿童的校园生活严加管理之外，藉由多种课程的设置，直接灌输社会的主流观念，也是学校教育者惯常使用的一项策略，以便将儿童塑造成为现存社会的继承者而非“颠覆人”。这类课程，依照现代教育的术语，属于德育类课程，以民国时期的话语来说，则属于“训育”的一部分，包括本节所提及的读经、修身、公民、党义、三民主义、党童子军等诸多科目。但是从当时的情况来看，读经科并没有被列入学校训育课程的范畴，因为在《中华民国教育年鉴》和官方的许多训育法令中，都没有提及这门课程，而且作为私塾教育的产物，读经科有其相对独立的兴衰历程。所以在本节中，研究者拟将读经科从训育课程中分离出来做单独论述。但无论是读经科，还是狭义的训育类课程，本节都希望透过它们的发展历史，来揭示成人对儿童进行思想控制的各个维度，是如何随历次课程改革而发生变化的，由此从一个侧面反映当时教育当局所持儿童观的现代化程度。

一、读经科的存与废

（一）清政府末年

读经讲经原是私塾时代儿童学习的主要（乃至唯一的）课程，但为向西方学习来挽救即将崩溃的政权，清末管学大臣张百熙主持进行了一次被后世官员认为相对激进的课程改革。在这次改革中所形成的成果即“壬寅学制”中，读经科虽然是儿童所需学习众多科目中的一类，但从授课时间来看已不占据绝对优势的地位。如在《钦定中学堂章程》中，读经科的课时只有每周3小时，与词章、中外史学、中外地理等科并列，而算学和外国文却是最重要的课程，分别占了6课时和9课时。在《钦定小学堂章程》和《钦定蒙学堂章程》中，读经科和其他科目所占的分量是完全一样的，均为每周6小时。但到了1904年，张之洞、荣庆等管学官员坚持以“中学为体，西学为用”为原则，认为“无论何等学堂，均以忠孝为本，以中国经史之学为基，俾学生心术一归于纯正，而后以西学瀹其智识，练其艺能”[①]，才能造就国家发展所需的人才，因此在当年公布的“癸卯学制”中，读经科被重新拉回到核心课程的行列。如在《奏定小学堂章程》所规定的初等小学堂和高等小学堂的课程表中，所有科目每周总教学时间分别为30和36个小时，很多学科如历史、地理、格致、体操、修身都只有1—2个小时的课时，但读经讲经科的时间居然高达12小时（读经6小时，挑背及讲解6小时），为其他数门科目的总和。此外，儿童尚须每日温习经文半小时，则更显示了读经讲经科的绝对支配地位。入中学堂后，儿童的读经讲经时间虽被降至每周9小时，但其主导地位仍然不能被其他任何学科所撼动。

不过清政府在随后对“癸卯学制”的修订过程中，努力使读经科的比重逐步下降，特别是在初等小学堂中。如在《变通初等小学堂章程》（1909）中，为适应普及义务教育的需要，及考虑到乡村地区教育资源的匮乏，故将初等小学堂分为完全科、四年简易科和三年简易科三类。在完全科中，读经讲经科只出现在第三到第五学年（每周仍为12小时），第一、二学年不设此科；在两类简易科中，读经讲经被合并到修身科中，

① 张百熙，荣庆，张之洞. 重订学堂章程折. 引自璩鑫圭，唐良炎. 中国近代教育史资料汇编：学制演变. 上海：上海教育出版社，1991：289.

但所占学时每周只有3—4小时。[①] 而在《改订两等小学堂章程》（1911）中，读经讲经的地位稍有提升，在初等小学堂中，分别设在第四和第五学年，每周占时5小时；在高等小学堂中，每学年皆有，每周学时为10—11小时，但相比《奏定高等小学堂章程》的规定仍是较少的。[②] 这种下降的趋势，至少在一定程度上说明教育当局已经顾念到了读经讲经对儿童（特别是幼童）学习心理的不适宜性，算是一种进步。然而当时整个小学教育的精神，依然为读经讲经所笼罩，却仍是无法否认的。[③]

对于儿童读经的目的，就清政府而言，主要是为了通过维护弘扬忠君爱国等“三纲五常”的礼教，来延续清王朝的专制统治。如张百熙、张之洞等人在“癸卯学制”《学务纲要》中说道：“中小学宜注意读经以存圣教……中国之经书即是中国之宗教。学堂不读经，则是尧舜禹汤文武周公孔子之道，所谓三纲五常，尽行废绝，中国必不能立国”，因此“无论学生将来所执何业，在学堂时必宜诵读讲解。”[④] 其次是要用这些经文中所涵养的道德规范，来防范和约束儿童，因为在这时成人的眼中，儿童是容易受到外界“污染”，从而走上“离经叛道”之路的群体，所以读经本身便具有了“修身”的功能。如《奏定初等小学堂章程》就指出儿童读经是“令圣贤正理深入其心，以端儿童知识初开之本”；《奏定高等小学堂章程》也指出，“十二岁以后，为知识渐开、外诱纷至之时，尤宜令圣贤之道时常浸灌于心，以免流于恶习，开离经叛道之渐”。[⑤] 其三则是出于保存和传递经文中所蕴含的传统文化，使之不致在下一代中断绝的缘故。如《奏定高等小学堂章程》就指出：“《诗》《书》《易》三经……若少年

① 璩鑫圭，唐良炎. 中国近代教育史资料汇编：学制演变. 上海：上海教育出版社，1991：543-546.
② 璩鑫圭，唐良炎. 中国近代教育史资料汇编：学制演变. 上海：上海教育出版社，1991：550-552.
③ 陈侠. 近代中国小学课程演变史. 重庆：商务印书馆，1944.
④ 朱有瓛. 中国近代学制史料第二辑（上册）. 上海：华东师范大学出版社，1987.
⑤ 璩鑫圭，唐良炎. 中国近代教育史资料汇编：学制演变. 上海：上海教育出版社，1991：294，309.

不读此经，以后更不愿读，则此最古数经必将废绝矣。”[①]以上三项目无一不是从成人的视角出发，维护的是成人的利益和再生产成人已经建构的社会秩序，而根本没有站在儿童的立场，将儿童视为有自我意识的主体和积极的社会建构者，因此读经科本身便成为成人役使儿童的工具。

此时读经科在程序上，正如私塾时代一样，只不过就是“讲解、背诵、回讲、默写”四项[②]，但在实施方法上，却有了明显进步，这点不可否认。如在《奏定初等小学堂章程》中有如下规定：所授经文“字数宜少，使儿童易记”，讲解经文“宜从浅显，使儿童易解”。“凡讲经者先明章指，次释文义，务须平正明显，切于实用，勿令学童苦其繁难；其详略深浅，视学生之年岁、程度而定。”“凡教授之法，以讲解为最要，讲解明则领悟易。所讲经书本应成诵，万一有记性过钝实不能背诵者，宜于试验时择要处令其讲解……若强责背诵，必伤脑力，不可不慎。”“凡教授儿童，须尽其循循善诱之法，不宜操切，以伤其身体……夏楚只可示威，不可轻施，尤以不用为最善。”[③]在《变通初等小学堂章程》中，学部意识到“因《学》《庸》理解高深，《孟子》篇幅太长，恐其记忆较难”，因此改为“专授《孝经》《论语》及《礼记节本》三经”，缓授以上三经至高等小学堂。[④]《改良私塾章程》对改良初等、高等各私塾的方法做了明确阐述，其中明确提到私塾所用读经科的教材须“讲解求详明”，并“不得专注背诵”。[⑤]透过大量传记的描述，在私塾教育的时代，儿童的学习体验都是消极的，一则在私塾里读的书深奥难懂，并非真是浅显易明的，二则教师常不重视讲解，只是单纯让儿童重复记忆与背诵，再加上体罚的盛行，儿童中多有逃学甚至退学者。而在清末的小学课程改革中，尽管所用

① 璩鑫圭，唐良炎. 中国近代教育史资料汇编：学制演变. 上海：上海教育出版社，1991：309.
② 学部：奏请变通初等小学堂章程折. 上海：上海教育出版社，545.
③ 学部：奏请变通初等小学堂章程折. 上海：上海教育出版社，301.
④ 璩鑫圭，唐良炎. 中国近代教育史资料汇编：学制演变. 上海：上海教育出版社，1991：545.
⑤ 舒新城. 中国近代教育史资料（上册）. 北京：人民教育出版社，1981：110.

教材，依然是私塾时代所流传下来的儒家经典，依然是严重脱离儿童生活的抽象教条，但政府已然开始注意尊重儿童的心理特点，并使读经科的教学尽可能适应这些特点，以更好地达成灌输的目的，一定程度上可以缓解小学堂内师生之间的紧张关系。

（二）民初及五四时期

这段时期，读经科的存废问题是教育界最为重大的议题之一，虽然总体潮流已很明显偏向于铲除读经科，但仍有相当部分学者和政府官员对读经科念念不忘，所以这门课程经历了多次起起落落的反复。这种反复，从相当程度上可以看出当时教育界在宣扬中国传统文化（尤其是礼教）与尊重儿童学习心理之间的矛盾心态，研究者会在下一个阶段，通过总结各方针对读经科的意见，来全面展现这种复杂的心态，此处只将读经科在本阶段内的兴衰历程，做一简要回顾。

中华民国初年，时任教育总长蔡元培以“忠君与共和政体不合，尊孔与信教自由相违”为由，颁布“中小学堂读经科一律废止”“各级学校不应祭孔”等法令，因而在《普通教育暂行课程标准》（1912）中，读经科在课程表中确无立足之地。[①]但是袁世凯在窃取政权后，采纳了教育总长汤化龙的意见，“中小学课读全经，俾圣贤之微言大义，浸渍渐深，少成若性，此厚根底之说也”[②]，并欲为复辟帝制做好思想准备，竟又在中小学校恢复了读经科的必修地位——虽然在国民学校、高等小学的课程表中，读经科只有每周三个小时的课时，算不得特别重要的课程。同时，他也积极在所有其他学科中渗透孔子的思想与传统道德，“各学校宜注重训育，以孔子为模范人物，不宜偏重知识一方面”[③]。但是袁世凯政权并非没有意

① 舒新城.中国近代教育史资料（上册）.北京：人民教育出版社，1981：598-601.

② 蒋纯焦.近现代教育史上的读经问题.河北师范大学学报：教育科学版，2008，10（3）.

③ 教育部整理教育方案草案.引自璩鑫圭，唐良炎.中国近代教育史资料汇编：学制演变.上海：上海教育出版社，1991：737.

识到读经科有不适合儿童阅读的特性，“以儿童心理及教材排列与夫道德实用而论，经书诚有不能原本逐读之理由”，然而“为道德教育计，为保存民族立国精神计”，[①]只有将读经列为专科这一条出路。不过这次恢复毕竟只是昙花一现，随着袁世凯政权的迅速垮台，读经科迅即重被废除。1916年10月教育部对《国民学校令》和《高等小学校令》都进行了修订，明确表示要在课程表中删去“读经”二字。[②]此后在“壬戌学制”所公布的《中小学课程标准纲要》（1923）中，也绝没有提到读经这一科目。

但是，当时的山东省政府却不顾教育部关于试行新学制的法令，通饬全省小学加添读经、讲经。1925年，时任教育部总长章士钊，积极主张恢复体现“农国”精神的中国传统文化，特别是儒家的礼教，因此再次颁布“读经令”，规定小学从四年级起，每周读经一小时，至高小毕业为止。[③]1926年，孙传芳致函江苏省教育厅，通令禁用国语文，特重读经。[④]1927年，北京军政府教育部咨山东省省长：加添经学，准予试行。[⑤]由此可见，当时中央与地方在读经科的存废议题上并没有达成完全一致的意见，读经科仍受到相当多的知识分子和军阀的青睐。

（三）国民政府时期

这段时期有关读经科的争议在沉寂一段时间之后，于1934年前后再度掀起高潮，此时中央及许多地方政府又开始大张旗鼓地在学校推行读经科。如在中央层级，1934年2月，蒋介石发表《新生活运动要义》的演讲，开始公开倡导所谓礼义廉耻等传统道德，提倡“尊孔读经”，发布恢复“祭孔”的法令。1937年，何健在国民党五届三中全会上提出明令读经议案，认为中小学生应读《孝经》《孟子》《论语》《大学》《中庸》。在

① 璩鑫圭，唐良炎. 中国近代教育史资料汇编：学制演变. 上海：上海教育出版社，1991：753.

② 璩鑫圭，唐良炎. 中国近代教育史资料汇编：学制演变. 上海：上海教育出版社，1991：807–808.

③ 贾万刚. 民国读经思潮的文化反思. 教育评论：2007（5）.

④ 江南教育之反动的倾向. 教育杂志：1926，18（10）.

⑤ 教育部公报：1927，16（2）.

地方上，1935年春，湖南省主席何健通令全省各校一律读经，山西省主席阎锡山紧随其后，广东的陈济棠也意图在中小学恢复读经科，广东军事政治学校秘书卢允衡还特地编辑了《孝经新诂》一书，冀、察两省也都提出了在中小学读经的方案。此外，一些文化保守主义知识分子也公开主张恢复读经科，如汪懋祖撰文主张小学五六年级应参教文言，初中学生应读《孟子》[①]；章太炎也发文指出："于今读经，有千利无一弊也。今日一切顽固之弊，反赖读经以救。"[②] 与前段时期相比，1934年前后兴起的读经风潮，中央和地方互相配合，有更多的省份参与其中，其影响力实有过之而无不及。这个风潮与自民国元年以来推行的课程改革（尤其是白话文运动）的精神有如此强烈的冲突，以至于在社会上引起了相当程度的思想混乱。为了解彼时教育界对读经科的复杂态度，时任《教育杂志》主编的何炳松特意向全国有关学者及官员发出100余封信，征询他们关于"读经"的意见，并将其中70余篇文章编辑成该杂志25卷第5期出版发行。[③] 透过此卷杂志，我们便可约略分析时人之保留或反对读经科的理由与他们之儿童观的内在联系。

这70多篇文章所折射的对读经科的态度，依何炳松之言，可分为三派：一派是绝对的赞成者，一派是绝对的反对者，另一派是相对的赞成或反对者。这三派中，第一派和第二派的学者都不多，分别不过十余人，大多数人可被归于中间派。但这中间派的学者，意见分歧也很大，有的主张从小学读起，有的主张从中学起，有的则主张在大学读经，等等。粗略来看，赞成儿童读经的意见是：传统经书有道德训导的作用，儿童性情喜爱模仿，易受所谓不良道德品行的影响，而当时社会普遍存在"道德沦丧"

① 汪懋祖. 禁习文言与强令读经. 中华教育界：1934，22（2）.

② 章太炎. 论读经有利而无弊. 大公报，1935—06—15.

③ 这些文章大部分被收录于《读经有什么用：现代七十二位名家论学生读经之是与非》一书中，所以以下所引诸位学者和官员的意见，皆来自此书。参见龚鹏程. 读经有什么用：现代七十二位名家论学生读经之是与非. 上海：上海人民出版社，2008.

的危机，对儿童的道德管教不甚严格，所以成人应以经书来加强之。如唐文治就认为经书可以“涵养民性，和平民气，启发民智”，“童年知识初开，正当以此等格言，俾之印入脑经，养成德性”。陈朝爵亦认为：“小学教育，应以培养国民共同必要之道德根性为主……（因此）不可不亟行恢复读经……现在小学，虽禁止读经，而人民心理，极为不慊，稍知诗礼之家，多送儿童入私塾，照旧读《论语》《孟子》等书，兼习国文、算学，俟小学招生，随时投考插班，以为私塾读经，稍具根柢，不失国人本性。此等人民爱国之忱，最为可敬。”何健也指出：“儿童的心，如素丝，如白纸，染于苍则苍，染于黄则黄，苍黄既已染定，则少成若天性，将来便不易更改。若至中学、大学始读经，则别的颜色，先已染定，心中既有主宰，虽有至德要道，也格格难以灌入……圣贤知其如此，故立教特慎重于儿童……今令小学读经，不啻使他们都与圣贤为邻，则其进德修业，一定比中学生、大学生，能事半功倍，而且稳固难移。”忆钦同样认为：“圣经贤传，既为我国文化的总根源，立国的真精神，足以救正人心，增进民德，使风俗归于淳厚，就自应从小学读起。因为惟小学读经，才能普遍，才能使风俗归于淳厚。若必从中学起，那就凡不能入中学的，便永远不能沾着圣贤的教化了。”任鸿隽也提出：“我们要造就民族的国民，不但要有文字生活的训练，还应该有种历史性的认识。这种认识，只有诵读古人原文的书籍可以得到。”所以应当在中小学的课程里加入每周一两个小时的读经。

这些理由从表面上来看起来都十分“冠冕堂皇”，因为他们试图将读经与儿童性情的确定挂起钩来，并上升到爱国家、爱本国文化的层次，似乎儿童不读经便不能成为合格的华夏子孙。但从儿童心理的发展规律来看，其性格与品德并不容易被固定在某个层级或阶段，环境的塑造和主体的自我建构从儿童一出生便发挥作用，因此仅仅凭借几本儒家的经典著作，就幻想彻底定格儿童的性情，简直是“天方夜谭”。《论语》

《孟子》等经书自然是蕴含了中国传统文化的精髓，在民族危机深重、西方文化大举入侵中国的时代，确实有被强调的必要（即便在今天也是如此），但对待传统文化的态度，应该如鲁迅先生所言那样采取“拿来主义”的态度，让儿童背读经书，事实上只是让他们全盘接受，因为提倡恢复读经科的人，向来没有提及发展儿童批判阅读及思考能力的必要性。与此同时，读经科的设立也反映出成人在审视童年时的一种居高临下的心态和对儿童进行思想压迫的“泰然自得”，没有表现出对儿童精神世界的任何敬意和对他们自我建构能力的应有重视。在这些成人眼中，儿童被预设为一张更易受“恶”的因素影响的白纸，为要再生产成人所建立的主流价值系统，必须强迫儿童了解这些系统并内化之。不管儿童本人是否同意或认可，这无疑是一种十分野蛮的做派。国民政府时期，小学课程系统中已有公民训练、三民主义、党义、童子军等种种科目，实际上德育已经比北洋政府时期要加强许多，但政府及学者仍试图通过读经来进一步强化对儿童的思想控制，这等用心很显然已经把儿童置于一个更加不被成人所信任的地位。

反对者则以经书文字艰深、义理玄奥、空洞抽象而不切合儿童生活实际，诵读只能损伤儿童脑力，且教授经书者常缺乏详解的能力，往往使死记硬背成为儿童学习的唯一方法等理由抨击读经科。但赞成者则在以上第一点立论的基础上，指出问题的关键不在于是否需要读经，而在于能否运用恰当的方法，若能使经书为儿童所悦纳，不造成对儿童的身心损害，则读经科自可永屹而不倒。在这一点上，有相当多的学者提出了各种改进方案。如在教学时间方面，杨寿昌认为读经科“教授时间不宜太多，以免妨碍各科之课程，又不宜太少，使此科不发生效力，等于虚设”，因此小学应以“一时半（即三节）为宜”。在教材配置方面，雷通群主张“将《四书》《五经》或诸子中关于‘弟子职分’等遗训，切合现代儿童生活者采入，还加上时事的说明，这样才鞭辟入里”。忆钦主张“各级学校的经书支配，应就修养和学业的需要，和各种经义的深浅，与（儿童）各级程度高低成正比例为原则”，因而指出“初小一年级，可选经书中的精华，用图画示意……二年级可选章节中最短少、最易解的做教材，仍配着图画，以引起学生的兴趣；三年级以后，每课就可渐渐加长，图画也可渐渐的不要了”。杨寿昌认为“各经中《孝经》《四书》及《礼记》中之一部，其文义事理，较明白浅近，合乎教材之需要，课本之选择教材，宜以此为基本，而略辅以他经”，“课本之编辑，先由低年级起，逆溯而上，按年计所需约若干字，从上列各书中，选择其教材”。李蒸则认为小学生读经，“只可就经中嘉言懿行，改编为语体文，以为教材，不必读原文”。

在教与学的方法方面，郑师许批判过去死记硬背的读经方式，认为其“冤枉了功夫，糟蹋了精神，教人白白吃苦……全不知内容，只是读得烂熟，背得一字不差，这也有何益处呢”，因而他主张小学生宜选择经书中可高声朗诵者来朗诵，不可朗诵的则只随便浏览，知其大意即可。江亢虎则主张“读经须朗诵、默记，不必全背。讲经须通俗易解，不必考据。更进可略授以大义微言……读经应专重白文，不拘注解。讲经应兼采众说，不分门户”。杨寿昌认为在读经科，应“先使学生明白经中文义及其事理为主，不宜多用经生考证方法，纷乱学生脑筋，反使望而生畏”，同时强调“目前即可履行者，宜就目前环境，指导练习，使之得相当之认识及习惯”；“目前未有事实可履行，而宜深植其意识者，宜解释其意义及事类，更随时鼓舞学生之兴趣，使之了解及向往，而得深刻之印象”。

从当时争议的实际情形来看，大多数批判读经科的学者，并不绝对反对读经科的施行，他们反对的立论点主要在方法上，但以上主张设立读经科的人士，已将方法做了各种改进，其中有相当部分都是建立在尊重儿童身心发展规律的基础之上，因此说这些人毫无儿童概念显然是没有根据的。然而，这种通过儒家经典著作来实施的道德教育，所欲建构的乃是封建时代的礼教，在这种礼教中，本身就蕴含着诸如“父为子纲”，教师作为绝对权威者等不符合现代精神的思想，尽管以上学者指出了多种贴近儿童学习特点及生活的方法（特别是主张配插图、翻译为白话文），却没有任何人主张消除这种封建价值观，因此于现代儿童观的建立与发展而言，改良过的读经科依然是一种阻碍的因子。同时，经书毕竟不同于现代意义上的公民科教材或思想品德教材，它的语体是古汉语（显然这里的大部分学者是不反对保留这种语体的），但此种语言是脱离儿童现代生活的，而且在未来的成人生活中，它的应用价值也是极微小的，因此提倡读经与五四时期以来的白话文运动是相悖逆的。

以上所呈现的争论深切反映了当时教育界在读经科议题上的分歧，其中大部分争论的参与者都是支持读经科的，只是主张进行改良而已，不过这种恢复的声音并没有完全反映在课程改革的官方文本和地方教育实践之中。如在此后多次中小学课程改革所形成的纲要和标准中，都未曾发现读经科的身影，且部分省教育厅在试图推广读经科计划时，也都遭到了地方学校的强力阻击，常常不得不宣告中止。例如在广东省，陈济棠希望在中小学恢复推广读经科，却遭到多方反对，以至于广东省教育厅迟迟不敢明令各校读经，最后只好不了了之。[①]事实上，20世纪30年代所掀起的读经风潮，以反对派的最终取胜而告终，未能蔓延至40年代，它的影响力在30年代之后就渐入沉寂了。[②]由此可见，当时中国教育界对于读经科的主流态度，仍是偏向于不予保留的。

二、训育课程的改革

（一）修身科的创立

修身科是清末课程改革的创举，至少从名称上来看是如此，尽管其

① 蒋纯焦. 近现代教育史上的读经问题. 河北师范大学学报：教育科学版，2008，10（3）.

② 贾万刚. 民国读经思潮的文化反思. 教育评论：2007（5）.

内容仍不过是灌输迎合封建专制需要的道德准则，因而与私塾时代的读经教育并无二致。该科在课程系统中所占的比重并不高，除了在“壬寅学制”下的寻常小学、高等小学和蒙学堂中有每周6小时的课时外，在“癸卯学制”下的初等小学、高等小学和中学，以及“壬寅学制”下的中学堂中，都只占了1—2个课时。但由于其担负的责任重大，而引起教育当局的重视，因此在课程表中一直居于首席地位（所谓修身第一）。修身科的要义，对男童则在“随时约束以和平之奏定规矩”，“指示古人之嘉言懿行，动其欣慕效法之念，养成儿童德性，使之不流于匪僻，不习于放纵”（《奏定初等小学堂章程》），在“坚其敦尚伦常之心”和“鼓其奋发有为之气”（《中小学堂章程》）；对女童则在“涵养女子德性，使知高其品味，固其志操”，传递“孝悌、慈爱、端敬、贞淑、信实、勤俭诸美德”（《女子小学堂章程》），都是将儿童视为需要严加防范的客体，以谨防其思想行为脱离成人单方面指定的道德标准，因此在修身科中，儿童的形象一律是消极的，完全见不到半点儿童的力量在其中。

此外，在修身科的实施方法上，清政府推出了不少积极的举措。一方面，他们在约束儿童思想的同时，也注意尊重儿童的心理感受，“其要义在随时约束以和平之规矩，不令过苦”（《奏定初等小学堂章程》《奏定高等小学堂章程》）；另一方面，他们特别强调讲授法要顾及儿童的理解程度，且须与儿童的亲身实践相结合，“尤当以俗语解说，启发儿童之良心，就其浅近易能之事使之实践”（《奏定初等小学堂章程》）；“就平常切近事项，指导其实践躬行”（《女子小学堂章程》）。不过，修身科的教学实际上仍只是以讲授法为主，清末的课程改革并没有发展出切实可用的实践训练的方法，这一点就连政府自己也有清醒的认识，例如《奏定高等小学堂章程》就明言修身“本贵实践”，但“学堂则除规矩之外无从考其实践，止有讲说一法”，因此相比私塾，当时中小学在修身科的教学上所表现出的进步是十分有限的。

（二）划时代的转变：从修身科到公民科

民国初建，修身科在课程系统中依然占据着首席地位，尽管其每周课时仍不过寥寥。如《普通教育暂行课程标准》（1912）和《小学校令》（1912）皆规定，初等小学校的学科目为修身、国文等，高等小学校的学科目为修身、国文、算术等，每周教学2小时。《中学校令施行规则》（1912）规定儿童每周须学习修身科1个课时。《国民学校令》（1915）和《预备学校令》（1915）也都指出，修身科是必修科目。在修身科的内容方面，"壬子癸丑学制"基本照搬清末学制，就连用词造句也相差无几，其意图也都在强调对儿童进行意识形态的灌输，采取的是一种防范儿童的心态。如在《小学校教则及课程表》（1912）和《国民学校令施行细则》（1916）、《高等小学校令施行细则》（1916）三个法令中，皆规定修身科"宜就孝悌、亲爱、信实、义勇、恭敬、勤俭、清洁诸德，择其切近易行者授之；渐及于对社会、对国家之责任，以激发进取之志气，养成爱群、爱国之精神"。在《中学校令施行规则》（1912）中规定修身"要旨在养成道德上之思想情操，并勉以躬行实践，完具国民之品格"。为了更好地推行封建道德教育，1914年，教育部严饬各类小学在修身科以孔子之言为旨归，公开宣扬尊孔，并对此进行了有根有据地论证，法令指出："凡一国之成立，能维持永久而无失者，必其国民有特殊之风俗历史。""国民教育以国民道德为根本，国民道德之渊源肇于国民特性而集其成于出类拔萃之模范人物也。""惟求之历史人物……我国教育上之模范者，莫大于孔子。""孔子之道……其微言大义亦多散见群经之内，则于学校教科书中采取其言行之切于伦常日用者，发扬吾国民固有之秉彝而示以懿德。"[①] 这种论调无疑是"国家本位"的，无论是推行修身科，还是尊孔，都是为了维护国家和政权的稳定，儿童只是达成这一目的的工具而已，没有任何

① 教育部饬京内外各学校中小学修身及国文教科书采取经训务以孔子之言为指归文. 见李桂林，戚名琇，钱曼倩. 中国近代教育史资料汇编：普通教育. 上海：上海教育出版社，1995：473–475.

主体性的地位。当然，在这段时期，修身科的内容并非全是封建道德，也开始浮现出公民教育的一些元素，如《小学校教则及课程表》（1912）即规定修身科"宜授以民国法制大意，俾具有国家观念"；《教育部饬知教科书编纂审查会各教科采取方针》（1914）规定修身科宜"养成国民公共心及自治习惯"等。特别是"自治"一词的出现，为五四时期重视儿童自治的努力奠定了最初的基础。

至于在实施方法上，与清末时期一样，民国初年的政府也强调学校须在使用讲授法之余，鼓励儿童进行道德实践，以使他们能够知行合一。如《教育部饬知教科书编纂审查会各教科采取方针》（1914）就明令修身科在方法上应"注重道德之实践"①；《小学校教则及课程表》（1912）、《国民学校令施行细则》（1916）②、《高等小学校令施行细则》（1916）、《中学校令施行规则》皆规定"修身要旨在涵养儿童之德性，导以实践"③；《教育部规定小学教授之注意点》（1915）也指出"修身科宜注意于级训而施以实践之方法"④。不过，与清政府一样，此时的民国政府也未能发展出有效的实践方式，在教学指导上也从未指明可操作的方略，终究难免使道德践履沦为空谈，使德育不可避免陷入以讲授法为唯一方法的泥淖之中。正如民国学者陈侠所指出的，1912—1921年期间的修身科，无论教学内容还是方法，仍不脱离清政府时代直接的道德教学范畴，因而只具有"因袭"的性质。⑤

1919年，全国教育会联合会第五届年会首次提出编订公民教材案，主张"凡属国民自应具有公民知识"。根据此案的提议，教育界一方面要编订公民课本，作为中小学公民科的教材；另一方面要编订公民常识表解，

① 李桂林，戚名琇，钱曼倩. 中国近代教育史资料汇编：普通教育. 上海：上海教育出版社，1995：480.
② 璩鑫圭，唐良炎编. 中国近代教育史资料汇编：学制演变. 上海：上海教育出版社，1991：786.
③ 璩鑫圭，唐良炎编. 中国近代教育史资料汇编：学制演变. 上海：上海教育出版社，1991：798.
④ 李桂林，戚名琇，钱曼倩. 中国近代 教育史资料汇编. 上海：上海教育出版社，1995：481.
⑤ 陈侠. 近代中国小学课程演变史. 重庆：商务印书馆，1944：38.

以作为开展公民教育的通俗演讲材料。1922年，全国教育会联合会拟定了《中小学课程标准》，正式将公民科纳入中小学课程系统中，随后被当时教育部制定的新学制（即“壬戌学制”）所认可。从此之后，修身科便正式宣告退出中国教育的历史舞台。

对于从修身科过渡为公民科的理由，众多学者及教育研究团体都曾提出过不同意见，但归纳起来可分如下三点，这些意见都表明相比先前的修身科，公民科在更大程度上顾及了儿童的学习特点，也能更有效地提升儿童作为共和国公民的基本素养。

1. 修身科范围太狭窄，不能适应新时代的需要。程湘帆认为修身“乃所以求个人适于环境，故求‘适’宜特别注意”，但“近年以来我国社会因新旧文化接触，于是发生许多个人与个人，社会，国家和世界之关系”，对此，旧式的修身教材仅有极少的着墨，不能适应新时代造就共和公民的需求。[①] 顾树森亦认为过去的修身科“缺乏培养共和国民之精神”，因其历来不重视“公民应有之常识，国家之组织，法律之大要，以及公民之责任义务”等内容，所以应当特设公民专科，取代修身。[②] 雷震清也指出，过去的修身科仅注重个人修养，而今社会变迁，学校教育应训练有充足的效率，能为社会服务，有实利贡献之人，要达此目的，公民教育便是最好的工具。[③] 中华教育改进社也认为应由公民科替代修身科，因为修身范围太狭，仅斤斤于个人修养，务使个人适应社会，但公民则不同，它是改良社会以适应个人；修身所重视者惟道德之涵养，而无法律之概念，但作为法治国家的人民，以富有法制精神为最要，而能培养此种精神的，莫若公民科；同时，修身往往从消极方面言，与公民积极图谋团体幸福是截然不同的，因此修身是绝不适用于共和之社会的。[④] 《新学制小学学制纲要草

① 盛朗西. 小学课程沿革. 上海：中华书局，1934：6.

② 顾树森. 对于改革现行学制之意见. 教育杂志：1920，12（9）.

③ 雷震清. 公民教育概论. 中华教育界：1926，16（6）.

④ 中华教育改进社第一次年会报告公民教育组会议记录. 新教育：1922，5（3）.

案》（1922年12月）同样指出，公民科的范围要比修身科宽广得多，修身科注重个人修养，而公民科重在研究社会环境的状况，除培植个人道德之外，亦能造成儿童之法律观念。[①] 在研究者看来，以上学者褒公民而贬修身，大都基于“与时俱进”的理念，从造就适应新社会需要的国民出发，要求改革品德教育，因此本质上仍是社会本位及未来取向的，并未把儿童置于话语的中心。但他们在其中提到公民科在尊重并强化个人建设社会的力量，而修身科则只是改造自己以消极地适应现存社会，这便为儿童训练自治能力提供了重要的机会，有利于儿童展现并发展自身的力量。

2. 修身科的内容以传统的儒家伦理为中心，尽管官方总是竭力选择那些相对浅显易解的经书以供儿童学习，但彼类经书，在书写时原不是以儿童为阅读对象，不仅以晦涩的文言文书写，从无形象化的插图，因而了无生趣，且义理上亦不易领悟，作为大学哲学研究之用尚可，若供给儿童阅读，简直是一种折磨。此外，这些被教材化的经书，并没有明确的系统性，彼此之间也缺乏明确的联络，更不是在深刻理解儿童心理的基础上专门设计的，因此修身科注定无法提供给儿童科学明晰的道德教育。而公民科则不同，在“壬戌学制”的《小学公民课程纲要》中，公民教育的内容与儿童生活有极紧密的联系，其所灌输的道德原则都体现出共和国社会的基本精神，而不复是适应专制政体的封建礼教。同时，公民教育的内容亦能伴随儿童学龄的增长而遵循由浅入深的原则，如第一学年的核心在探讨家庭生活，第二学年则以学校生活为主轴，第三学年跨入到市乡、县省的生活，第四学年才开始探讨国家生活，此类设计思路已颇具现代教育的特征。[②]

3. 前文提到，尽管晚清和民初的政府都主张在修身科的教学中，添加实践道德准则的机会，但他们没有设计出切实可行的操作框架，因而往往以纯粹的道德说教作为教授儿童的唯一方式。但在新学制下的公民科中，

① 新学制小学学制纲要草案. 教育杂志：1923，15（4）.

② 全国教育联合会新学制课程标准起草委员会. 新学制课程标准纲要. 上海：商务印书馆，1925：12–13.

教学方法则呈现出多元化的趋向，如以讲述、表演等为公民修养的教学方法，以参观、调查、讨论等为社会组织的教学方法，以学校服务、学校自治为公民训练的具体方法，除讲授法外，其余各法均较易与儿童生活实践相结合。此外，公民科还特别强调对时事的探究，在第四至第六学年中，此类探究占有极重要的地位，充分尊重并发扬了儿童探究的本能。[①]

（三）国民政府时期的训育课程

国民政府成立之后不久，为巩固政权，教育部迅即通过党化教育办法草案，声明一切教育方针都必须建立在国民党的根本政策上，而着力将全国中小学教育国民党化。1928年5月，第一次全国教育会议议决以“三民主义教育”来代替概念模糊的“党化教育”作为教育的宗旨，这里的三民主义教育，意指“以实现三民主义为目的的教育，就是各级教育行政机关底设施，各种教育机关的设备和各种教学科目，都是以实现三民主义为目的的教育”[②]。此后的国民党第三次全国代表大会（1929）再次重申“中华民国今后之教育，应为三民主义之国民教育”，也就是使“一切教育上之设施，全部皆贯之以三民主义之精神，无处不具备三民主义之功用”。在这种观念的指导下，国民政府对中小学的训育课程也进行了相应调整，明令训育应“根据中山先生遗教中合于儿童身心发展之事理，制为信条，以指导其整个的生活”[③]。1928年，根据《小学暂行条例》和《中学暂行条例》的相关条文，儿童所需学习的训育课程足足有三项之多，即公民、党童子军和三民主义。1929年发布的《小学课程暂行标准》《中学课程暂行标准》则对训育课程做了初步修订：改“三民主义”为党义，拓宽其课程学习的范围；将公民合并到综合课程（初小是常识，高小则是社会）之中；党童子军不再列为必修课程，但作为一种课外活动仍广泛存在于初级

① 全国教育联合会新学制课程标准起草委员会. 新学制课程标准纲要. 上海：商务印书馆，1925：14.
② 熊明安. 中华民国教育史. 重庆：重庆出版社，1997：102.
③ 熊明安. 中华民国教育史. 重庆：重庆出版社，1997：103.

中学和小学中；高级中学则专设军事教育课程。

1932年和1936年，国民政府再次对训育课程进行了重大改革：取消党义科，而将其融于国语、社会等所有其它科目之中，意在达成“附学习”（concomitant learning）的效果；公民科的知识部分，依旧在综合课程之中，而其实践操作部分，则以单独设立的“公民训练”科来执行（并增加道德、政治、社会伦理、法律、经济、卫生等方面的内容）。公民训练科的出现具有重要的历史意义，因为它彻底改变了过去道德教育只重视书本讲授而无力着手实践训练的僵局，不仅对道德实践予以了高度的重视（分设为独立的学科），同时通过《公民训练标准》（内含26个具体德目，和249条训练项目，还有实施要点的说明）为教师引导儿童进行道德训练提供了非常详细的指南，这无疑是重要的进步。不过这一科的出现，也即意味着儿童的思想与日常行为受到了更严密的监控与限制，因为《公民训练标准》要求各教员根据条目对儿童公民实践“随时及分期纠正、考查、记载、统计，将考查结果填入成绩表”[①]。如果说在晚清政府和北洋政府时期，儿童尚可以通过“阳奉阴违”等方式，来抗拒教育当局对他们的控制，但在国民政府时期，这种方式却很难再发挥出与过去一样的功效，儿童在思想上的自由度也受到重大削弱。

1942年国民政府发动的新一轮课程改革，对训育课程再次做了修缮。将“公民训练”改称“团体训练”，以突显儿童集体活动的重要性。将《公民训练标准》改称《训育标准》，并做了如下改动：过去的26条德目，“为数过多，训练不易集中，更不易记忆”，故改以《青年十二守则》为德目；使小学公民训练标准与中学、大学的训练标准趋于一致；删减训育条目，由过去的249条减为200条，分别归于各德目之下；增加起居规律，与社交礼仪各18节。[②] 1948年国民政府的最后一次课程改革，基本继承了

① 熊明安. 中华民国教育史. 重庆：重庆出版社，1997：150.

② 教育部教育年鉴编纂委员会. 第二次中华民国教育年鉴第三编：初等教育. 上海：商务印书馆，1948.

1942年小学课程改革的成果，只是将团体训练重新改回公民训练，以便平衡个别训练和团体训练的比例，并在高中增加“三民主义”一科。为这两次课改所重视的《青年十二守则》，其具体内容是：忠勇为爱国之本、服从为负责之本、孝顺为齐家之本、勤俭为服务之本、仁爱为接物之本、整洁为强身之本、信义为立业之本、助人为快乐之本、和平为处事之本、学问为济世之本、礼节为治事之本、有恒为成功之本。这原是国民党党员所应遵行的守则，又融合了蒋介石“新生活运动”重新提倡的种种封建道德，都体现出教育当局对儿童进行“国民党化”的企图，及对儿童加强思想控制的野心。最典型的如在“服从”这一德目下，竟有18条训练条目，如“我每天准时到校，准时回家”“我排队很敏捷，很安静”“我仔细辨别各种信号，并且立刻遵行”“我服从多数人的意见”“我服从政府的命令”“我相信服从是负责的基本”等[①]。可见政府对儿童思想和行为的钳制几乎是全方位的，且有将儿童进行“军人化训练”的嫌疑，而这对发展儿童健全的公民观念却是有害的，对五四时期以来倡导的儿童自治运动也构成了巨大阻碍。

从总体来看，虽然在国民政府统治时期，教育界对儿童的意识形态控制是相当严密的，但在训育课程的目标、实施原则与方法等方面，却依然渗透着不少现代儿童观的基本要素，所以对国民党的训育不能持完全否定的态度。首先是对儿童身心健康的重视及个性的尊重，如在第三届国民党中央执行委员会第157次常务会议（1931）通过的三民主义教育目标及实施原则中，明确提到中学教育应“注意青年个性，及其身心发育状态，而予以适当的指导及训练”[②]，小学教育则应“根据中山先生遗教中合于儿童身心发展之事理，制为信条，以指导其整个的生活”。《小学训育标准》

① 课程教材研究所. 20世纪中国中小学课程标准. 教学大纲汇编（思想政治卷）. 北京：人民教育出版社，2001：29.

② 教育部教育年鉴编纂委员会. 第一次中国教育年鉴. 上海：开明书店，1934：18.

还以儿童身心发展的特点来设计能力训练的步骤，它规定“先分析某能力必须包含的几种基本的能力，次诊察儿童身体的和心理的程度，而后按照程度施行渐进的训练”；或通过多种辅助手段，增强学习的趣味性和可理解性，以为儿童所悦纳，如“在训练某条细目合于起居规律或社交礼细目时，先揭示挂图，使儿童观察，次即参照图说，由教员加以说明，并使儿童演习，在中高年级，最后可教学歌词，使儿童吟唱，以助记忆”。

其次是注重与儿童生活世界的联络，强调在真实情境中的学习，如《小学训育标准》规定，“全校行政设施、环境布置，应以改进儿童全部生活为目的”，“训练规律，就是行为的规范，要使儿童行为合乎规范，必须在实际的情境里实施训练”等。再次是倾听儿童的声音，保障儿童的参与权，如对公民训练的考察，分为教员考查和儿童考查两部分，即便是教员考查也须经常听取儿童的意见；或重视儿童的主体性力量，改善师生之间的不平等关系，如“公共的训练，应利用团体生活的方式，借重社会制裁的力量，故当让儿童做主体，而不当由教员做主体”等。最后，在对儿童的指导方式上，不再采取往昔那种过度防范的心态，侧重对儿童的直接灌输，而是采用间接的、积极的指导方式，并强调儿童通过自我反省和同侪批评、讨论的方式，以达成将道德原则内化的目的。但是，我们应当注意到，对儿童主体力量的尊重与训育课程所强调的“服从”等德目是相互矛盾的，而事实上，蒋介石领导的国民政府在各种场合都更强调儿童对成人（特别是蒋介石本人）的绝对服从，而不是让儿童独立自主，保障他们基本的言论、集会、游行、示威等权利，因此以上规定难免只是“纸上谈兵”。

三、结论

读经科作为中国几千年传统教育的产物，在20世纪上半叶经历了一段起起落落的曲折历程。清政府末期虽已开始推行旨在促进教育现代化的课程改革，但读经科仍然是其课程系统中最为核心的成分之一。至民国初建，时任教育部总长蔡元培才明令在中小学校废除读经一科，以宣告与旧时代的彻底决裂。但袁世凯为复辟帝制，却又在学校重新恢复了读经科的必修地位。随后的北洋政府和国民政府时期，读经科虽在教育部公布的学制中绝无一席之地，但却持续受到中央和许多地方权贵的青睐，就连当时的学校教育者，也有相当部分人并不反对读经科的设立，而主张改进其教学方法。由此可见，无论读经科是不是出现在全国性的学校系统图中，成人对该科的坚持始终存在，所以教育界要彻底清除"封建残余"，真正建设出一个现代化的教育系统，仍然是长路漫漫。虽然如此，从读经科的演变历程中，我们仍能看出一些具有进步意义的改革：其一是授课时数的不断缩减，从"癸卯学制"的每周12课时，到《改订两等小学堂章程》的10—11课（高等小学堂）和5课时（初等小学堂），再到袁世凯时期的3课时，这种缩减的趋势十分明显；其二是教学方法上的改进，如根据儿童的年龄安排不同难度等级的教科书，主张启发诱导和对经书进行深入讲解，反对死记硬背，采用插图等使经书易为儿童所理解等。不过我们要看到，这些改革虽在一定程度上有利于改善儿童的学习状况，但都只是局部性的，左右不了读经科长期存在于学校教育中的大局。

在20世纪上半叶，训育课程的多个维度都经历了数次显著性的变革。在名称方面，由清末和民初的修身科，转变为"壬戌学制"时的公民科，再分裂为国民政府初期的三民主义、公民、党义和党童子军，最后统一为公民训练或团体训练科。特别是"壬戌学制"对公民科的创建，尤具有开辟新时代的意义，标志着共和观念开始通过学校教育逐步深入人心。在内容方面，从强调个人道德修养的提升以适应封建专制统治，到储备现代公民素养以建设民主的共和国，最后到信仰三民主义以服从国民党的独裁统治，基本上都将儿童视为需要严加防范或亟待改造的客体，旨在通过意识形态的灌输，将儿童塑造成现存成人文化和社会秩序的继承者和传递者。在这个改革过程中，儿童的形象基本是消极的，虽在局部有尊重儿童建设社会的力量，但由于与强调顺从的整体氛围相冲突，必不能在实践中顺利贯彻。在实施方法方面，清末以及民初都以讲授法为主，虽有提到结合生活实践的必要，但由于没有发展出可操作的实践方案，仍不能有真正改变；直至20世纪30年代《公民训育标准》的出台和“公民训练”科的诞生，训育才得以从理论走向实践，彻底改变了过去只注重课堂讲授的格局。还有其他一些方面也颇能反映出当时的训育实施者已具备了一些现代化的儿童观念：在约束儿童思想的同时，亦能顾及儿童的心理感受；在讲授时顾及儿童的理解程度，遵从由浅入深的原则；重视儿童的身心健康和个别差异；在对儿童进行直接灌输时，也能鼓励儿童通过自我反省和同侪批评、讨论的方式，以达成道德内化的目的；等等。

第四节　老解放区的课程改革

从1927年到1949年二十余年间，中国共产党正式建立并扩大自己的管辖区域，逐步形成与国民党分庭抗礼的格局，因此若要考察这段时期中国课程界对儿童的观念，不可避免地需要就老解放区课程改革的情况进行全面研讨。但由于长期以来，中国共产党在其管辖区内坚持以“干部教育第一”为原则，因此彼时的中等学校大部分只是干部培训学校。直至20世纪40年代中后期，由于中国共产党接收了大量日伪区和国统区的中等学校，中学教育的课程改革才被提上议程。而小学教育领域则经历了三次完整的课程改革，分别发生在土地革命战争时期（1927—1937）、全面抗战时期（1937—1945）和解放战争时期（1945—1949），所以本节将集中精力探讨小学课程改革的事宜，中学课程改革将只做简略涉及。

一、对生产劳动的重视

无论在哪个时期，老解放区对劳动或生产教育都十分重视，这一方面是由于老解放区始终处于被包围或封锁的境地，必须采取生产自救、自力更生的策略，才能延续政权，所以中国共产党迫切希望下一代能从小养成劳动的习惯，具备劳动的技能。另一方面则是由于老解放区大都处于边远农村地带，儿童的家长普遍都是劳动者，他们希望自己的后代能从学校教育中习得必要的劳动知识和技能，以便为家庭经济的发展做出应有的贡献，这种要求深刻影响了老解放区的课程政策。

例如在土地革命战争时期（1927—1937），中国共产党仿效苏共，建立起中华苏维埃共和国，其小学称“列宁小学”。和当时国民政府一样，苏维埃政府亦将小学划分为初级小学和高级小学两种体系。初级列宁小学的常规课程包括国语、算术和游艺（整合了唱歌、图画、游戏、体育等科）；高级列宁小学则做了进一步的分化，其常规课程有国语、社会常识、科学常识、算术、游艺。除以上学科课程外，无论是初小还是高小，都设有“劳作实习”的活动课程，旨在培养儿童的劳动观点和劳动习惯。在这一科中，学校与各生产单位联系，引领儿童参加红军农场或工厂劳动；有的小学还设有儿童木工厂、儿童菜园，以便儿童在校内就能参加生产劳动；此外，还有每周进行的“共产主义星期六”活动，即为红军家属做义务劳动以及开展“共产主义儿童号”飞机的捐献劳动。同时，小学各基本学科的教材也都紧紧围绕生产教育而展开。如陕甘宁边区在1944年第三次编写的国语课本中，反映生产知识、生产运动和劳动英雄的课文竟占五分之一，其他各科也无不如此。[①] 在中学的情况也是如此，生产知识科是抗日战争时期陕甘宁边区中学的重要课程，其内容包括边区农业与手

① 董纯才. 老解放区教育简介. 北京：教育科学出版社，1981：112.

工业方面实用的生产技术知识，组织劳动力的知识，机关与部队生产经验等。[①] 到了解放战争时期，虽然生产知识科被取消，其内容被纳入到自然科学课内，中学却依旧把生产劳动列入学校教育计划，经常组织儿童参与校内劳动和各种社会公益活动（如帮助政府和群众运送粮食到前线、抗旱排涝、秋收秋种等），以及定期帮助军属从事生产劳动和家务劳动等。[②] 儿童的劳动时间，大约在20—30天之间，其劳动所得在开始时由学校支配补助学校经费不足及改善学生生活，后来则供给学生个人零用。[③]

二、对儿童的思想灌输与改造

中国共产党在各时期都极重视对儿童的思想灌输与改造，尽管在不同的时期，意识形态的核心要素在不断发生变化，但控制的程度却从未降低过。例如在土地革命战争时期，《小学课程与教则草案》（1933）开篇即言儿童是“将来共产主义的建设者”和“参加阶级斗争的新后代”，强调儿童在接受教育时，其政治水平必须“达到能了解阶级斗争一般的理论和策略”，也即具备“马克思列宁主义的基础”。[④]《中华苏维埃共和国小学校制度暂行条例》也规定，列宁小学的教育目的，是要训练儿童成为“参加苏维埃革命斗争的新后代”以及“共产主义的建设者”。[⑤] 为此，列宁小学非常强调教育必须为无产阶级政治服务，为革命战争服务，为阶级斗争服务，在整个教育过程中，都密切注意将知识教育和政治斗争结合起来。当时初小和高小都有“社会工作科”，用意在启发儿童的阶级意识，以支持中国共产党的革命工作。其内容，主要是指导儿童参加一切适合他们年

① 中央教育科学研究所. 老解放区教育资料（二）：抗日战争时期（上册）. 北京：教育科学出版社，1986：445.

② 董纯才. 老解放区教育简介. 北京：教育科学出版社，1981：157.

③ 陈元晖，璩鑫圭，邹光威. 老解放区教育资料（三）：解放战争时期. 北京：教育科学出版社，1991：449.

④ 陈元晖，璩鑫圭，邹光威. 老解放区教育资料（一）：土地革命战争时期. 北京：教育科学出版社，1981：297.

⑤ 董纯才. 老解放区教育简介. 北京：教育科学出版社，1981：39.

龄特点的革命斗争，如扩大红军、慰劳红军、赤色戒严等，并鼓励他们参加儿童团组织或学生会等。这段时期的小学各科教材，也无不遵循着“政治化、劳动化”的基本原则，在遣词造句各方面都不遗余力地教导儿童要拥护中国共产党的领导，拥护红军，憎恨并反对帝国主义、国民党和封建地主对人民的剥削压迫等。如《国语教科书》第一册第四十四课：“儿童团的唱歌队，拿了一面红旗，唱歌跳舞，欢迎红军，红军看了很欢喜，红军家属看了也很欢喜。”第三册第十四课：“月光光，月光光，小孩子，上操场。土炸弹，木壳枪。开步走，瞄准放。大家时刻准备着，准备打倒国民党。”《算术教科书》第一册第十二课：“某游击队原来共有七根快枪，后来有三个白军各拖着一支枪来投诚，现在共有几支快枪？”①

在这段时期，由于苏维埃政权被国民党军队重重包围并多次围剿，其政权随时有被颠覆的威胁，为此，包括教育在内的一切社会部门，都不得不导向生产自救、全民皆兵等有利于捍卫政权合法性、维护中国共产党治理的原则上。儿童作为未来的成人，自是学校教育努力争取的对象，他们若要成为红军队伍的新成员，站在苏维埃政府的一边，则只有通过精神上的控制和思想上的灌输才能奏效。但在这种情形下，童年的价值为成年的意义所替代，儿童受教育的目的不再是为了发展儿童自己的力量，享受当下童年的美好时光，而是服务于未来的目的，为了成人的利益，这无疑是“成人本位”的教育心态。

到了全面抗战时期，中国共产党所管辖的区域被称为敌后抗日根据地，面对严峻的战争局势，根据地的课程也随即发生改革。一方面，军事教育成为中小学课程的重要内容。如陕甘宁边区政府于1938年8月发出公告，要求全区小学军事化，即在做日常游戏体操的同时，儿童须实习游击

① 董纯才. 老解放区教育简介. 北京：教育科学出版社，1981：40–41.

战术，锻炼爬山野战，并注重团体纪律。次年8月公布的《陕甘宁边区小学规程》也明确规定小学体育应以军事为主。边区中学在设定教育方针时也提出此时的中学生都应掌握军事教育、军事生活的锻炼这些武器，“随时参加作战，捍卫国土，收复失地”[①]。另一方面，对抗战教育的加强成为各科教学设计的主要考虑因素，如常识科添加了防空、防毒、反奸、反特等内容；在国语科中，教师着重讲解反映抗日英雄、平型关大捷等事迹，揭发敌人残暴凶顽和动员群众参加后方勤务等方面的课文；在算术科中，儿童统计敌伪烧杀的房屋和人数等。与前段时期相比，本期教育当局对儿童的思想控制并未发生明显减弱的迹象，他们依然根据成人社会的需要，来设计儿童学习的课程，只是此时的需要已不再主要是对国民党、地主阶级的仇恨和对苏维埃政权的忠诚，而转移到对日本帝国主义的仇恨和对抗日根据地的热爱上。

伴随抗日战争的结束，国共之间的矛盾再次成为中国政治的主要矛盾，学校课程因应此新的形势而再次发生了变革。其思想政治教育的重心发生了再度转移，由对日本帝国主义的仇恨过渡到对国民政府的憎恶以及对解放战争的支援上来。例如1947年9月东北行政委员会在《关于教育工作的指示》中就明确指出，中等教育工作的“目的是改造学生思想，使之走上革命的道路，变成革命的知识分子，就是要把青年学生培养成为干部的后备军”[②]。小学教育也着意通过时事报告、政治课、读报以及小组讨论等方式，对儿童进行政治思想教育，其重点在四个方面：一是宣传和解释战争的性质与目的，使每个人懂得国民党所发动的内战，是想维持一党独裁、继续出卖国家利益和进一步压迫人民的

① 中央教育科学研究所. 老解放区教育资料（二）：抗日战争时期（上册）. 北京：教育科学出版社，1986：437.

② 董纯才. 老解放区教育简介. 北京：教育科学出版社，1981：159.

非正义战争，而中国共产党所发起的解放战争，则是为了保卫独立、和平、民主和维护全国人民利益的正义战争；二是揭露国统区人民生活困苦、学生失学失业的惨状，宣传解放区人民丰衣足食、学生有书读的幸福生活；三是揭露国民党军民对立、官兵对立、军心厌战、民心反战的情况，宣传中国共产党军民一家、官兵一致、士气旺盛、愈战愈强的情况；四是揭露国民党军队奸淫掳掠无恶不作的罪行，宣传中国共产党军队的优良传统，与人民的血肉关系等。在学科课程方面也做了一些改革，如语文科增选报纸上的有关“解放战争”英勇事迹的通讯报导，或者将当地的斗争事例，由教员编成课文来进行教学；在算术科中则增加了结合“解放战争”的应用题。军事教育则仍被摆在显要位置，在高级小学里，体育科被改为军事科，训练儿童进行分散、转移、隐蔽、站岗、放哨和坚壁清野等演习；自然科则增加防空、防毒、卫生、救护等知识。与此同时，由于这段时期中国共产党接收了许多原国统区和日伪区的中小学，所以对来自这些学校的学生进行思想改造也成为当时一项重要的教育任务。如《陕甘宁边区政府关于黄龙分区中等学校工作的指示》（1949）就指出：“课程方面，凡含有反动内容的科目，应坚决取消（如公民）或改编（如国文、史、地），另设政治课。”① 东北行政委员会也曾在1946年发布《关于改造学校教育与开展冬学运动的指示》，提出要肃清

河北武安县农村小学的一堂政治时事课，黑板上写着“人民解放军大反攻”，摄于20世纪40年代末

① 陈元晖，璩鑫圭，邹光威. 老解放区教育资料（三）：解放战争时期. 北京：教育科学出版社，1991：345.

敌伪奴化教育的遗毒和国民党专制教育的影响。[①]

三、教学设计上的革新

在1927—1949年期间，相比中国的传统教育，老解放区在教学上有诸多革新之处，体现了现代儿童观的许多基本要素，这主要反映在以下三个方面。

1. 老解放区注重对儿童身心发展阶段的研究，根据儿童不同阶段的特点来设计课程。如在《小学课程与教则草案》（1933）中，政府将学龄儿童分为三个时期——最初的时期（8—10岁），第二时期（11—12岁），第三时期（12—14岁），指出：位于最初时期的儿童生活范围比较狭窄，其知识主要是从实物观察、实际行动得来，因此在这时期，课程应以艺术和作业为中心，文字和计算等知识类课程虽然也在课程表上，但需要从艺术和作业的需要出发来教授，而在教学上应想方设法制造儿童活动的各类环境；在第二时期，儿童由自身经验直接获得知识扩大到从别人的言语文字中获取知识，因此在课程上应增加社会生活科目，在教学上应从“实物观察和实地行动的学习”，进入到“形体数量和符号的学习”；第三时期则要求教师更有系统地指导儿童学习初步的科学方法和一般的科学知识，完成普通生活必需的知识技能等。[②]同时老解放区也力图使学科教学贴近儿童的身心发展需求与特点。如《晋冀鲁豫边区小学暂行规程》（1942）规定小学教学原则的第二条即是要“适合儿童身心发育状况，由近及远，由浅入深，由具体到抽象”[③]。《苏中区小学暂行规程》（1944）也提出小学之办理应“切合儿童生活与身心之发展”，所以在教学中应注意“研究

① 董纯才. 老解放区教育简介. 北京：教育科学出版社，1981：158.

② 陈元晖，璩鑫圭，邹光威. 老解放区教育资料（一）：土地革命战争时期. 北京：教育科学出版社，1981：297-298.

③ 中央教育科学研究所. 老解放区教育资料（二）：抗日战争时期（下册）. 北京：教育科学出版社，1986：437.

和分析儿童之身心各方面及儿童所处之社会环境”。[①]《华北人民教育部对目前中等教育工作中的几点意见》（1949）一文中也主张在教学时应“根据大多数学生现有的水平与接受能力，有步骤有计划地，由少到多，由浅及深，分期逐步提高”，而不应该“要求过急，形式主义地赶完课程标准”。[②]

2. 政府注重发展多种更适应儿童学习特点的教学方法，努力打破传统的以讲授法为中心的局面。如在《小学课程教则大纲》（1934）中规定，列宁小学应以“儿童创造性的发展”为基本的教学原则，具体来说，“苏维埃的教育，必须采取启发式，要充分发展儿童自动的能力和创造性，用实物显示，参观各种机关团体，观察自然界的物产现象，儿童自己练习选举、办事等，用具体的问题，去引起儿童对于课目的兴趣，自动的思索、解答”，“苏维埃的教育……必须采用混合和统一教授的方法，拿实际生活里的整个现象做对象，显示他的各个方面之间的联系，显示一切现象的不断变更和突然的变动”，“必须运用‘联想’的公律，先了解儿童所已经有的旧观念，逐渐的引导他们进行新的观念，必须把一切课目同课外的社会工作和劳作实习联系起来；就是国语课的本身，目的也决不仅在于使儿童认识多少新字，而在于使他们能够逐渐运用自己的言语以至文字，来发表自己的思想，表现自己的感情”，等等。[③]《晋冀鲁豫边区小学暂行规程》（1942）则规定小学教学应遵循三个基本原则，一是注重实物观察、生活体验和集体讨论，进行理论和实践的统一教学；二是适合儿童身心发育状况，并注意各科关系；三是以集体的启发为主，辅以自学辅导及行动

① 中央教育科学研究所. 老解放区教育资料（二）：抗日战争时期（下册）. 北京：教育科学出版社，1986：504–510.

② 陈元晖，璩鑫圭，邹光威. 老解放区教育资料（三）：解放战争时期. 北京：教育科学出版社，1991：406.

③ 陈元晖，璩鑫圭，邹光威. 老解放区教育资料（一）：土地革命战争时期. 北京：教育科学出版社，1981：317–319.

上的设计教学。①

《苏中区小学暂行规程》（1944）也主张小学教育的方法应着重在如何启发儿童的自觉，因此须注意以下四点：一是避免主观主义之注入方式，多用引导启发等辅导方式；二是多予儿童自由活动之机会，在活动中领导儿童学习，逐渐做到教学做合一，生活与学习一致；三是培养儿童自动学习之习惯，并鼓励儿童进行集体自我教育；四是各科教学应力求联系，尽可能采用大单元之教学方法。②《华北人民政府制定华北区小学教育暂行实施办法》（1949）亦提出："教师应本教学联系实际的原则，并根据儿童身心发育，接受能力及实际生活经验等情况，以多种多样的方法，启发诱导，进行教学，切忌以成人的主观要求处理儿童问题。"③《陕甘宁边区政府关于目前新区国民教育改革的指示》（1949）再次强调"在教学上注入、填鸭的方法必须改变，应使用启发方式，根据儿童程度进行教学"，在思想教育方面，亦主张"运用循循善诱、耐心说服、民主检讨等方式，逐渐提高，反对机械地搬用教育成年人的方法教育儿童"。④

中学方面也是如此。土地革命战争时期就有部分中学继承陶行知"做中学""教学做合一"的理念，打破各学科的"单元教学"，以某一活动或论题为中心，进行跨学科综合教学。如一所中学曾以轧棉花为中心，进行了四十天的"轧棉花单元教学"。在这个过程中，学生学习轧棉花的各项知识与技能，在技术方面如轧花车轴与刀之间卡花的原因，花绒带破籽的原因，车子蹬不灵的原因等；理论知识方面如车子上油与车子的转动（物理学上的摩擦系数问题）、大轮与小轮的转周（数学问题）、轧花车的发

① 中央教育科学研究所. 老解放区教育资料（二）：抗日战争时期（下册）. 北京：教育科学出版社，1986：437.

② 中央教育科学研究所. 老解放区教育资料（二）：抗日战争时期（下册）. 北京：教育科学出版社，1986：510.

③ 中央教育科学研究所. 老解放区教育资料（三）. 北京：教育科学出版社，1991：601.

④ 中央教育科学研究所. 老解放区教育资料（三）. 北京：教育科学出版社，1991：560.

明（历史学问题）等。[①] 抗日战争时期，盐阜区许多中学都曾在教学上使用“民主自觉与实践”的原则，“凡学校计划及各科教学计划均应在学生中深入讨论，使他们在主观上，以为一切学习与活动都是自动的”，如联中在国文课上就采用开鉴赏会的方式批评讨论，新安中学则把每周的教学计划交由学生集体讨论等。[②]

3. 在对儿童学习成绩的考核上，否定“一考决定制”，而将多种评价方式结合起来，并注意保障儿童的参与权，让他们的声音也有机会进入到考核过程之中。如《小学课程教则大纲》（1934）规定，“小学教育成绩的检查，应当以儿童自动能力和创造性的发展作标准，以发展儿童的集体批评和自我批评能力为目的”，根据课外教学的社会工作，劳作实习，课内的平常成绩和考试的结果，儿童团方面的、学生会中间的批评等方面来统筹决定儿童的成绩，并应“征求儿童自己的意见，经过充分的讨论批评，然后作为考试的最后决定”。[③]

以上所述可见中国共产党在对待儿童的态度上，已具有相当程度的现代性，在某些方面比国民党做得更好。不过大体来说，他们的儿童观还处于现代化的初级阶段。他们虽然尊重童年的特性，显示出了对儿童的关爱，但主体仍是成人自己，儿童与成人之间的被压迫和压迫的关系仍没有得到彻底改变，只不过变得稍微缓和了些而已。现代化的更高层级则不同，它将儿童视为与成人同等的社会建构者，主张儿童充分参与到与己有关的决策之中，行使作为主体的一切权利。就中国共产党而言，尽管他们开始将注意儿童自我批评的效用，并愿征询儿童自己的意见，但最终的决定权仍在成人手中，儿童的声音只是在中间被“听取”了而已，至于是否会被考虑甚至作为重要

① 董纯才. 老解放区教育简介. 北京：教育科学出版社，1981：157–158.

② 中央教育科学研究所. 老解放区教育资料（二）：抗日战争时期（上册）. 北京：教育科学出版社，1986：456.

③ 陈元晖，璩鑫圭，邹光威. 老解放区教育资料（一）：土地革命战争时期. 北京：教育科学出版社，1981：318–319.

的衡量因素，则完全依乎成人的意愿了。此外，正如《陕甘宁边区教育厅指示信：改进与扩大小学工作的初次总检查》（1938）所揭示的，老解放区政府虽然下发了许多有利于改善儿童处境的课程政策，但老解放区大多数小学的实际教学状况，却依然达不到正规化的程度，大部分小学只能上国语、算术、唱歌、体育四门科目，只有很少的小学能够完全提供给儿童全面系统的正规教学；同时，各学科的教学依旧传统，如在国语课上，许多小学依旧采用私塾时代的教授法，让儿童“怪腔怪调高声大嚷”，写字方面仍是教员写格子，学生描的传统办法，作文方面与儿童实际生活也无甚联系，总是撰写如“早操之说”“勤学之论”之类的文题，[①] 这便显示出政府的儿童观与民间的儿童观之间还存在一定的鸿沟。

① 中央教育科学研究所. 老解放区教育资料（二）：抗日战争时期（下册）. 北京：教育科学出版社，1986：300–302.

第十章
儿童在课堂内外的学习体验

本章主要处理的是20世纪上半叶学校教学领域中与儿童有关的议题。教学领域的革新无疑是当时教育改革的另一个重要方面，无论是中央与地方政府，还是知识分子及学校领导者，都曾热衷于对教学方法进行持续改造，因此教学领域所呈现的画卷远比课程体系的改革要复杂得多。总体上，对于这些改革的具体方案及其实施成效，已经有相当多的研究者曾做过详细的调查。周予同在《中国现代教育史》一书中对教学方法在初等教育界、中等教育界和师范教育界三个领域的演变状况做了总体性的历时回顾[①]；熊明安主编的《中国近现代教学改革史》则对教学改革在清末、民国初期和民国中后期三个阶段的基本特点进行了深入探讨[②]；熊明安和周洪宇主编的《中国近现代教育实验史》则对20世纪上半叶中央和地方各类典型的教学实验做了完整说明[③]；等等。但是，这些已有的关于近代教学改革的研究成果没有一个是从儿童史的角度切入的，也就是说，关于这些改革背后所折射的儿童观以

① 周予同. 中国现代教育史（民国丛书第一编）. 上海：上海书店，1989.

② 熊明安主编. 中国近现代教学改革史. 重庆：重庆出版社，1999.

③ 熊明安，周洪宇主编. 中国近现代教育实验史. 济南：山东教育出版社，2001.

及儿童观的更新对教学改革的指导作用，都未曾有学者做过深入地研究；儿童对这些不断上演的教学实验是如何体验的，他们在自己的课堂内是否感受到了这些革新带给他们的益处等，也都未曾得到细致地考查。

在前两章中，研究者遵从中西儿童史学者的传统思路，主要以分析官方政策文本的方式揭示课程改革领域成人的儿童观念的总体面貌。在本章中，通过对传记、校史等直接史料的考察，各位作者都曾以大篇幅叙述自己童年时代在课堂内外的学习经历，这使得研究者有可能超越童年史（history of childhood）的写作模式，将儿童对学习的体验或他们对课堂教学的认识放在中心位置，而使儿童史真正变成一部以儿童为主角的历史（history of children）。对这些体验的考察，主要是为了还原历史上儿童的真实声音，揭示他们过去生活的具体面貌，并在有可能的情况下，透过他们为维护自身利益所采取的行动，来展示他们同为社会建构者的主体性力量。同时也能从微观的领域进一步揭示教学领域成人儿童观的发展状况，因为仅仅从教学改革的官方政策和各教育者的实验方案上着眼，事实上只能反映时代的大方向和少数有识之士的儿童观，只有结合儿童在具体教育场域中的独特经历，才能充分回答身处教育基层的一线学校，是如何在教学方面处理好成人与儿童的关系的，是如何在传统儿童观和现代儿童观之间进行挣扎或做出抉择的等问题。

在本章中，研究者首先回顾了儿童在课堂内的学习生活。由于当时正处于新旧教育模式交替的时期，私塾和新式学校长期处于并存的状态，因此儿童普遍拥有在私塾和新式学校学习的双重经历。对这两种经历的对比描述，有助于揭示社会儿童观的演进在教学领域的具体表现，同时也可反映出一些改进得不够彻底的方面，如以应试为中心的倾向，过度强调儿童之间的竞争而非合作等。其次，研究者叙述了儿童在课堂之外丰富多彩的生活，主要分课外学习生活、娱乐和体育生活、社会生活三个版块，旨在揭示学校在注重儿童学术发展的同时，支持他们全面发展的方式和程度，同时也部分展示了儿童影响成人和改造社会的力量。

第一节　私塾内的学习生活

一、私塾的教材

私塾所用教材，各地区大致相同，只存在少许差异。如张宗逊所进私塾，读的是《三字经》《小学韵语》《论语》《大学》《中庸》等书[①]，粟裕读私塾期间，其课本包括《三字经》《百家姓》《中庸》《诗经》等[②]，柳无忌小时所读经书包括《诗经》《孟子》《左传精华》《史记》《唐诗三百首》《古文观止》等[③]，钟期光所读则涉及《三字经》《幼学琼林》《论语》《孟子》《诗经》《尚书》《易经》《礼记》《春秋》《左传》等[④]。总体上，私塾所教课本不外乎是“四书”（《大学》《中庸》《论语》《孟子》）、“五经”（《诗经》《尚书》《礼记》《周易》《春秋》）等儒家典籍与《三字经》等启蒙读物，以及其他补充文本。

细细察看传记文献，可发现各私塾之间有共通的原则，即教材的诵背往往是先“四书”，后“五经”（或会添上其他经书）；且部分沿袭了先易后难、循序渐进的教学思想，如在学习“四书”之前，往往先学习《三字经》《五字经》《千字文》《百家姓》等，这些教材的功能主要是帮助学生认字，由于先人有意添加平平仄仄的韵律，使它们便于诵读记忆，因此对儿童而言，它们并不算难读。在背诵“五经”之时，往往选择《诗经》

① 张宗逊. 张宗逊回忆录. 北京：解放军出版社，2008：2.
② 徐学初. 大将粟裕. 哈尔滨：黑龙江人民出版社，2003：5.
③ 叶雪芬. 柳无忌年谱. 北京：社会科学文献出版社，1992：6.
④ 钟期光. 钟期光回忆录. 北京：解放军出版社，1995：3.

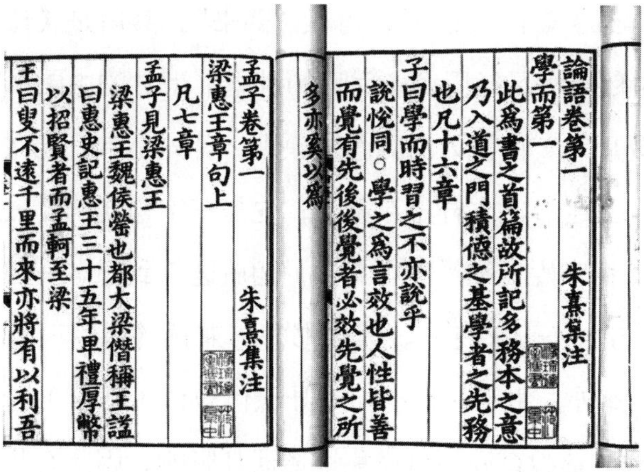
論語卷第一　朱熹集注
學而第一
此爲書之首篇故所記多務本之意
乃入道之門積德之基學者之先務
也凡十六章
子曰學而時習之不亦說乎
說悅同。學之爲言效也人性皆善
而覺有先後後覺者必效先覺之所
多亦奚以爲
孟子卷第一　朱熹集注
梁惠王章句上
凡七章
孟子見梁惠王
梁惠王魏侯罃也都大梁僭稱王謚
曰惠史記惠王三十五年卑禮厚幣
以招賢者而孟軻至梁
王曰叟不遠千里而來亦將有以利吾

《孟子》《论语》书影

为第一经，该书同样是韵文，儿童读起来也较易上口。这些原则已能一定程度上顾念儿童的心理特点，所以具有进步的意义。如莫文骅7岁上的蒙馆，开始学的是《三字经》《五字经》《千字文》，后学的则是《幼学琼林》《韵对屑玉》等。[1]黄克诚的私塾先生第一年便教他读《三字经》《论语》《大学》《中庸》《孟子》等，其后让他读《幼学》《鉴略》《诗经》《书经》《左传》等书。[2]冯友兰在家塾接受教育之时，先是读《三字经》，再读《论语》，接着读《孟子》，最后读《大学》和《中庸》；读完“四书”之后便读经书，先是《诗经》，后是《周易》《左传》《礼记》等。[3]蔡和森小时念私塾时，开始读的是《三字经》《百家姓》《绘画增注千字文》等启蒙教材，随后再念“四书五经”。[4]徐悲鸿幼年时也同样是先读“四书”，再读《诗》《书》《易》《礼》，最后读《左传》。[5]喻宜萱开始时也是学习《三字经》《百家姓》等书，其后才诵读“四书五经”。[6]晏阳初最初读的是《三字经》，其后按年循序读《孟子》《论语》《中庸》《大学》，及《诗经》《书经》诸经。[7]叶圣

① 莫文骅. 莫文骅回忆录. 北京：解放军出版社，1996：4.
② 黄克诚. 黄克诚自述. 北京：人民出版社，1994：6.
③ 蔡仲德. 三松堂全集附录 冯友兰先生年谱初编. 郑州：河南人民出版社，1994：7.
④ 李永春. 蔡和森年谱. 湘潭：湘潭大学出版社，2008：10.
⑤ 王震. 徐悲鸿年谱长编. 上海：上海画报出版社，2006：3–4.
⑥ 杨扬等. 二十世纪名人自述：艺人自述. 杭州：杭州大学出版社，1998：317.
⑦ 吴相湘. 晏阳初传——为全球乡村改造奋斗六十年. 长沙：岳麓书社，2001：4.

陶小时同样是“先读《三字经》《千字文》”，再读“四书”，其后是《诗经》《易经》。[①]钱松嵒的私塾学习经历尤能反映20世纪上半叶的中国私塾，确实已明显运用了先易后难、由浅入深的教学原则。首先是带有韵文的启蒙书，然后再是“四书五经”。同样是启蒙书，先是三字一句的《三字经》，再是四字一句的《百家姓》和《千字文》，随后进入到五字一句的《神童诗》以及七字一句的《千家诗》。读经书时，兼读《唐诗三百首》，以“调整胃口”。[②]此外，由于20世纪上半叶现代教育（新学）已逐步在社会上确立，中国的私塾教育亦不可避免地遭遇其影响，因此有些私塾也曾尝试引入一些新学的教材，作为补充。如冯友兰小时所上私塾，其教材中便包括当时新式学堂中流行的《地球韵言》（讲地理的启蒙读物）。[③]

但是，尽管当时的私塾教育已含有诸多先进的因素，所应用的教材大部仍不能适应儿童的心理特性。《三字经》《五字经》《千字文》《百家姓》《千家诗》《神童诗》等启蒙读物，由于配有明晰的韵律，读起来朗朗上口，而能为儿童所接受；《春秋》《左传》虽然字句深奥，内容仍在叙述故事，亦较能激起儿童兴趣；但除此之外的“四书五经”不仅文句晦涩，缺乏韵律，且义理深刻复杂，不易为儿童所诵记及理解，因此儿童多不能产生积极的心理体验。如钱松嵒坦言自己小时在读《尚书》时，简直是“昏昏欲睡”。[④]蔡尚思在读“四书”及经书时，只能背诵而不能理解其意义，因此“真感痛苦”。[⑤]聂荣臻所受私塾教育来自外祖父，同样是“整日里摇头晃脑，咬文嚼字，教的都是四书五经、之乎者也一类的东西”，

① 商金林. 叶圣陶年谱. 北京：人民教育出版社，1986：4.
② 杨扬等. 二十世纪名人自述：艺人自述. 杭州：杭州大学出版社，1998：113.
③ 蔡仲德. 三松堂全集附录 冯友兰先生年谱初编. 郑州：河南人民出版社，1994：7.
④ 杨扬等. 二十世纪名人自述：艺人自述. 杭州：杭州大学出版社，1998：114.
⑤ 蔡尚思. 蔡尚思自传. 成都：巴蜀书社，1993：60.

所以觉得“沉闷得很”。[①] 汤炳正自述小时背《易经》时，最难记忆的就是那些表示阴阳爻的“九二”“六三”之类的数字组合，而“佶屈聱牙的《尚书》，那就更难背了”；其三哥浩正还质疑道：“《尚书》不过是古人练习写字的烂本子，字与字之间毫无关系，为什么要求我们背呢？”[②] 显见他对背诵《尚书》是颇为不满。

二、私塾内的教与学

20世纪上半叶的私塾教育，基本上沿用了传统的教学法。教师以讲授法为主要甚至唯一的教学方法，基本上是照本宣科，即将以上所言教材的文句与语意直接灌输到儿童的大脑中，在大多数情况下甚至仅仅是字词的识别，不对文句进行任何解释。儿童的学习方式则包括朗读（一般是高声地、摇头晃脑地）、背诵、练字、作对联等。其中，死记硬背是主要的方式，甚至在很多私塾中是唯一的方式。在这种情况下，儿童即便想提出疑惑都不可得（更不用说质疑了），师生之间的不平等关系从根本上就难以改变。此外，前文提到，私塾教育将“四书五经”作为核心教材（“四书”又往往以朱子章句集注版为主），但这些教材却被视为“圣经”而不容表达任何异议，学生的学习任务主要是记忆，稍好的便也是到理解的层次而已，根本不允许批判性反思、创造性想象，乃至表达不同意见。然而，“四书五经”这类著作，中国历史上从来都不曾有固定的解释框架，各个朝代的大家都依据自己的思想观念在解释经书的字句，将儿童的思维禁锢在一家之言上，无论如何都是一种无理的强迫。既然“四书五经”的哲学义理如此复杂，各朝各代的学者都没办法取得统一意见，儿童又如何理解得了？就连私塾先生大多也束手无策，所以也就只好让儿童先行强

① 聂荣臻. 聂荣臻元帅回忆录. 北京：解放军出版社，2005：2.
② 汤炳正. 剑南忆旧：汤炳正自述. 太原：山西人民出版社，2001：19.

记，并盲目地相信他们日后自能慢慢“参悟”。然而把儿童理解不了的文本拿来作为教材，这本身就违背了儿童身心发展的规律。

有许多成人回忆他们小时在私塾读书的情境时，谈及教师仅仅是讲诵，不做任何意义上的解释，而学生只是识字及强记，对此，他们大多经历了极负面的情绪体验。如莫文骅7岁上村里的蒙馆，老师只读不讲，学生死记硬背。[①]粟裕在私塾大约念了两三年，私塾先生是一位年纪很大的堂伯伯，教学方式完全是口传口授，先生念一句，学生跟一句，直到背熟为止。[②]徐向前回忆小时所读私塾，其名称已改成“学堂”，但教材和教学方式原封不动，依旧是念书，“纯属死记硬背，囫囵吞枣”，“眯缝着眼睛，唱唱咧咧，摇头晃脑”，“先生这样，学生也这样。不管理解不理解，背诵如流就是好学生”。[③]左舜生在随父亲读私塾时，其父也是“绝对不讲，只要我熟读和背诵”，而且不仅“背白文，同时也背朱注（指‘四书’）”。[④]黄克诚也同样只管认字，不讲解字义，因此“所学的这些书，尽管可以背诵如流，却不能理解其中含义，纯粹是死记硬背”，对于这种读书方法，“我越来越不满意”。[⑤]

贵阳城内的一所私塾，儿童们正在上课

① 莫文骅. 莫文骅回忆录. 北京：解放军出版社，1996：4.
② 徐学初. 大将粟裕. 哈尔滨：黑龙江人民出版社，2003：5.
③ 徐向前. 徐向前元帅回忆录. 北京：解放军出版社，2005：5.
④ 周宝三. 近代中国史料丛刊续辑（810）——左舜生先生纪念册. 台北：文海出版社，1981：17.
⑤ 黄克诚. 黄克诚自述. 北京：人民出版社，1994：6.

学校教育皆有把儿童束缚在学校这一特定空间的特点，但现代学校主张劳逸结合，在学习之外还有诸多活动，如劳动、体育、艺术等，也有较多的休息时间，如寒暑假、周末假等。而在中国传统的私塾教育中，儿童除了学习还是学习，没有半点其他活动的补充，甚至与同学交流的机会都很少；休息的时间很少，一年到头除了过年放假（村塾则可能会有农假，一般在秋收时节）外，基本没有假期，连周末也被剥夺了；儿童的活动空间也非常有限，基本上就在一个课室之内，甚至被长时间束缚在椅子上，根本就与儿童活泼好动的天性相违背，这才遭到儿童们的频频"犯规"。张恨水的自述尤能反映当时的私塾教学对儿童的身体与精神压迫：他提到，先生要求学生"一直把不懂的书念三四小时"，除了到先生跟前背书外，"不能离开位子"；在"描红模子的时候"，"全书房像死去了一样，谁都不能哼一声儿。你要是和邻座同学说句话儿。啪啪啪！头上三个暴栗，先生悄悄儿地走过来揍人了"；写完字后，儿童们又被要求在椅子上呆坐一两个小时，"什么都不能动，又不许说话，多难受"。先生却把这当作是休息。这之后，还是坐在椅子上念书，直到天黑才宣布放学。"一年三百六十五日，天天如此，直到放年学，才算喘过一口气。"对此，张恨水觉得"在医院吃药，也比这好受"，"这是当什么学生，简直是坐牢啦"。[①] 秦基伟自认小时是比较顽皮的，生性好动，好奇心强，尤其喜欢无拘无束、自由自在，他对于坐在私塾里，摇头晃脑啃书本，"感觉很不自在"，所以总是找机会逃学，"或到山坡上和放牛的小伙伴们嬉戏，或到附近的河沟里捉鱼摸虾，眼看到了放学时间，才装着放学回家"。[②] 在陈再道上私塾之前，曾和母亲、叔父经历过多次争执。他生性"像野马驹子一样，喜欢到处去乱跑乱闯"，认为"如果被关进程家祠堂（私塾），那滋

① 张伍. 张恨水自述. 郑州：河南人民出版社，2006：2–3.

② 秦基伟. 秦基伟回忆录. 北京：解放军出版社，1996：2.

味该多难受啊”。于是母亲每次一起到程家祠堂去上学，他就“撒娇耍赖地跑开了，直到吃饭时才溜回家门”。最后是在姐姐的劝说及叔父的严加“管教”之下，才被迫到私塾去上学。汤炳正小时所在村塾也是一年到头学习，根本没有周末一说，儿童们普遍“闷得慌”，以至于“如果老师要派个学生出外做事，都抢着去”，它“竟成了学生不可多得的‘美差’”，因为借此儿童可有机会“离开书本散散心，活动一下坐得麻木了的腿脚”。[①]

三、徘徊在私塾和新式学校之间

20世纪上半叶，伴随现代学制的确立和新式学校的陆续开办，新学日渐在民间得到认可与普及，但私塾在全国各地仍然普遍存在，特别是乡村地区，因此造成了两者长期并存的格局，从而使这个时期的许多儿童拥有在私塾和新式学校两种教育机构下学习的双重经历。但儿童在私塾和新式学校之间呈现的是一种徘徊不定而非自然过渡的状态，也就是说，在周围的舆论和家长自身的观念的共同影响下，许多儿童或止步于私塾，或在跨入新式学校之后又返回至私塾，又或者再返至新式学校等，而不是在新学校出现之后就顺理成章地完全脱离了私塾的教育。因此在本部分，研究者将着重解决以下三个问题：一是成人的传统观念如何阻碍或推迟儿童进入新式学校读书；二是在何种情况下家长不得不将孩子送入新学校；三是儿童对私塾和新学校之间的对比体验是什么。

首先，许多家长不相信新学校所教的内容，认为那不是真才实学，只有私塾内所教的儒家经典才是国人真正应该学习的内容。如李志民九岁时，本地已经有了“洋学堂”，但其父思想保守，认为这些学堂学不到东

① 汤炳正. 剑南忆旧：汤炳正自述. 太原：山西人民出版社，2001：19.

西，只有私塾才能让子女“知书识礼”，学到真本事，因此执意将李志民送入私塾读书。[①] 谭政的父亲也不相信新式学堂，强把孩子留在家中死啃古书。[②] 徐向前在东冶镇沱阳高等小学校读书期间，父亲总不忘考察他的作文水平，但很快发现孩子的“文章越来越差了”，于是认定孩子在新学堂是学不好作文的，便强迫他办理退学手续，改到本村私塾读书 。其他家长虽不否认新学校的课程，但认为儿童必须首先或同时学习儒家经典，奠定一个良好的国文和文化基础，才能更好地学习其他知识。如冯友兰的父亲深信如果孩子不在私塾读书，就不能具备一个好的中文底子，将来必定学什么都不行。[③] 傅斯年在东昌府立高等小学堂读书期间，其祖父傅淦担心孙子入“洋学堂”学不到真学问，于是坚持在课余时间督导傅斯年学习儒家经典著作。同时，也有成人认为新式学校所教的内容过于浅显，显示不出深奥的学问，而反对儿童入学。如孔从洲进入本村国民小学读书之后，其所用的教材都是以贴近儿童日常生活的词语表达，因此易为儿童理解，但本村的士绅纷纷攻击这些书不及古文深奥，讥讽它们只会“误人子弟”，因此孔从洲在读了两年之后，母亲终是不放心而将他送到外祖父家去读私塾了。由以上这些案例可见，成人将儿童限制在私塾内，主要不是由于他们缺乏对儿童福祉的关心，而是由他们对新学的不理解所造成的。

其次，家长也会因各种主客观的缘故，最终将孩子送入新式学校读书。冯友兰的母亲虽然仍希望孩子可以在私塾多学一点儒学的知识，但深感要找到合适的先生很不容易，一旦找得不好反而会耽误孩子的学业；同时她也意识到读私塾是没有文凭的，于孩子将来的前途有损，而且她觉得孩子在读完高等小学之后，就可以获得与秀才相当的资格，为

① 李志民. 李志民回忆录. 北京：解放军出版社，1993：8.
② 萧心力. 我的选择——六十三位中共高级干部自述. 北京：中共中央党校出版社，1998：520.
③ 蔡仲德. 三松堂全集附录：冯友兰先生年谱初编. 郑州：河南人民出版社，1994：9.

维系书香门第的传统奠定重要基础，因此才同意冯友兰去报名参加县立高等小学的招生考试。[①] 谭政的父亲则直到谭政16岁时，因眼见邻里的许多孩子都外出读书了，才不得不顺应潮流，准许他考入湘乡县立第二高等小学堂。廖汉生的母亲则是在主张新学的姨父阙安仁的极力劝说下，才勉强把孩子送入学校的。莫文骅的父亲一直认为孩子通过私塾认得一些字，能写书信便足矣，因此极力反对把孩子送入城里的新学堂，但母亲多次劝告父亲，甚至不惜与之吵架，因为她深信孩子出去闯世界总能干出一番事业，而能改变家庭的命运。最后经过母亲的多次抗争，在莫文骅14岁那年，父亲终于准许他入南宁市模范高等小学读书。以上这些案例都是在家长主动转变思想观念之后，支持孩子入新学校接受教育的，但在另一些情况下，他们却是不得不然。例如在1917年夏天，区政府一道禁令，把全区的私塾全都查封了，李志民的父亲无奈只好将孩子插入李氏山枣国民学校的二年级读书。刘宁一则是因先生病故，私塾被迫解散才得以进入学堂读书。当然，儿童个人对私塾的不满和反抗也可能会成为家长不得不送孩子入学堂的理由。如邓中夏即是因对私塾教学的不满意，主动恳请父亲而转移至离家不远的樟桥小学读书的。[②] 刘少奇也不安心于在本村读私塾，决定要外面的初等小学堂读书，但他的母亲和哥嫂起初并不同意，认为他已经读了几年私塾，在乡间已经算是有点学问的人，应该安心在家过日子，但在刘少奇的反复说服和恳求下，母亲最终还是动了心，并同意他到小学堂学习。[③]

最后，对于脱离私塾而进入新学校读书，儿童所获得的体验总体上是积极的。王新亭觉得新学校在课程内容增加了许多，更加引起了他读书上

① 蔡仲德. 三松堂全集附录：冯友兰先生年谱初编. 郑州：河南人民出版社，1994：12-13.
② 姜平. 邓中夏的一生. 南京：南京大学出版社，1986：3.
③ 金冲及. 刘少奇传（上册）. 北京：中央文献出版社，1998：9.

的兴趣。聂荣臻在进入新学校读书后，瞬间觉得知识面开阔了许多，因为学校增加了数学、历史、地理等课程，让他懂得了许多国内外的历史、文化和科学知识。粟裕也认为："小学的功课比私塾广得多，也有趣得多，国文、算术、绘画、体操、唱歌、修身等课程，我都有兴趣，唱歌、笛子、洞箫我都爱学。"但是也有儿童认为新学校在教学方面仍保留了私塾的部分传统，因此并不十分满意这种新的教育。如刘宁一觉得学堂不再用私塾时的那些课本，教学方法上也有变化，如私塾是念而不讲，而学堂老师则注重对课文的讲解，这些都是积极的变化。但他也注意到新学校的变革并不彻底，因为教材中的内容仍是"新旧掺杂的东西，在忠孝仁义、修身养性之外，加上倡导富国强兵的思想"。傅斯年在进入东昌府立高等小学堂读书后，也坦诚那时的教育，是"竟移书院中之科目，即旧新各式八股于学堂"，因为这个小学堂虽然设了算术、地理等新课程，却照常要读经传、诸子之书。[①] 尽管儿童对新式学校未必完全满意，但他们在体验新学校的学习生活后，普遍不能再忍受私塾内的学习模式。如徐向前在被迫回到本村私塾就读后，"两相比较，感到一切都是旧的"，"书是旧的，方法是旧的，同学们谈论的事是旧的，看到老先生那副神态就更感到旧"，"对私塾产生了更多的反感"，甚而觉得父亲的思想保守，不符合社会潮流，他的精神也不再像在沱阳高等小学那样专一。

① 马亮宽，李泉. 傅斯年传. 北京：红旗出版社，2009：9.

第二节　新式学校内的课堂学习生活

一、课室内的教与学

私塾先生普遍以导读教材却不做深入讲解为主要的教学方式，因此儿童的主要学习方法只能是机械记忆。在新式学校中，这种教学方式仍然是普遍存在的，特别是在清末和民国初年。如在甘肃省，据武威第一中学和张掖中学的校史反映，在1923年省教育厅成立新学制研究室并鼓励各学科教员根据自己所授学科的特点，探索新的教学方法，进行教学实验之前，各学校教师基本上由举人、廪生、贡生充当，由于没有受过新式学校的师范训练，教学方法普遍沿用了私塾的一套，因此课堂内先生讲而不解、学生死记硬背的方式仍然占主导地位，没有发生根本上的改变。[①]在河南省，尽管《北洋高等学堂毕业生张友琴充本堂算学、英文教习，所有约定事项条》（1910）规定“教习教授学生，须尽心讲授，不厌烦琐，务期生徒明白晓畅而后已”，但各中学堂的教学仍是以死记硬背为主，师生关系也多是主仆关系，先生时不时就动用强迫命令的教学手段，压制儿童的自由发展。[②]在四川省清溪镇中心小学，从清末以至于民国初年，课堂基本沿袭了私塾时代的教学风格，即教员只是照本宣科，申说大意，很少做出深入讲解，直至20年代时引入“五段教学法”，课堂教学才稍有革新的风气。[③]云南省昌宁县示范小学的儿童则比较不幸，该校从1908年建立到

① 甘肃省张掖中学校史编委会. 甘肃省张掖中学校史. 甘肃省张掖中学，2003：16.

② 南阳市第三中学. 南阳市第三中学校志（1905—2000）. 南阳市第三中学，2004；洛阳市第一高级中学校志编纂委员会. 洛阳市第一高级中学校志（1904—2004）. 中国教育出版社，2004.

③ 焦万奎，龙洪太等. 清溪镇中心小学志（1904—2000）. 清溪镇中心小学，2001：401-403.

1945年时，儿童都主要依赖死记硬背来学习书本知识，自始至终没有明显改善的迹象。①

可以说，讲授法在很长一段时期内也是新式学校的主要教学方法，很多教师没有能够摆脱传统教育观念的束缚，仍将自己视为知识的权威，将儿童当作装载知识的容器，一味凭借单纯的教师讲授或灌输，既不善于启发并诱导儿童去探索知识，也缺乏与儿童的有意互动，因此既无法充分调动儿童对某门学科学习的积极性，也阻碍了他们与儿童建立良好关系的可能性，因为凡是主要用讲授法教学的教师，在儿童的心目中普遍是不受欢迎的。如广西桂林中学从20世纪30年代中期直至1949年，课堂教学一般都是教师讲、学生听的注入式。②北京贝满女子中学的看护科老师李护士，也只是一味让儿童死记硬背简易的卫生知识，没有辅以任何的教学工具或设备。③民国初年的河南省立洛阳中学在课堂教学中仍奉行教员讲、学生听的模式，在许多课程（如公民、史地等）中，教师只是单纯地照本宣科，呆板地传授知识，因此学生大都反映不喜欢上这些课。河南省南都小学的教师有时虽也注意启发学生思维，但满堂灌仍然是主要的教学方式。④

但是在其他许多新式学校，教师已能在相当程度上注重讲解。他们往往采取深入浅出的方式，以简明扼要的语言或思路使儿童易于掌握教材上各部分内容；或者将知识中的难点和重点以清晰的方式呈现出来并做集中讲解，使儿童在学习时能知轻重缓急，有的放矢。如鲁迅在浙江省立第师范学校给学生上生理学课时，其所编的生理学讲义就力求在文字上优美简明，其所翻译的外文字词尽可能具有民族特点，以为儿童所悦纳和易于

① 郭云禄等编. 昌宁县示范小学志（1908—2008）. 昆明：云南科技出版社，2008：94.

② 桂林中学校志编委会. 桂林中学校志（1905—1995）. 桂林中学校志编委会，1995：64.

③ 北京市第一六六中学. 沃土百年育栋梁：北京市第一六六中学140周年校庆回忆录. 北京市第一六六中学，2004.

④ 南阳市第三中学. 南阳市第三中学校志（1905—2000）. 南阳市第三中学，2004：48.

民国时期的贝满中学小学部合影

理解。[①] 在北京育英中学，据校友反映，当时学校的教师知识渊博，循循善诱，常常做深入浅出地讲解，使同学们便于理解课程知识，因此凡是课上认真听讲的，课下作业基本不会有什么困难。[②] 在河北省滦县第一中学，物理和数学老师申恩瑞常常以寥寥数语将知识重点勾勒出来，“学生既明白又印象深、记得牢”；体育课程方面也是如此，如体育教师杨达伦特别重视示范，每次做动作时都要多次示范，交代清楚各个要领，然后让儿童反复练习，直至掌握基本技能。[③] 在绥远第二中学，语文老师许某和朱某，在讲课时也是博采群书，说文解字，旁引侧证，讲解十分透彻。[④] 上海南洋公学附属小学的国文老师沈某在讲课时也是有条有理，有声有色，“他教得非常认真，常常好像生怕我们有一句一字不明了”[⑤]。

与此同时，为使儿童将所学知识结构化成相互联系的网络，也为便于他们做笔记，许多教师开始注意对板书的运用。如福建省莆田第一中学的教师在点解课意时，就多以板书演示辅助教学。有些教师甚至在板书上做足功夫，练就出不同的“绝活”，赢得儿童的普遍欣赏。[⑥] 例如北京师范大学附属女子中学的王明夏老师就是这样一位教师。据校友反映，在王老

① 杭州一中. 杭州第一中学校庆七十五周年纪念册. 杭州一中，1983：43.

② 北京二十五中校庆筹备组、北京育英中学校友. 美哉壮哉我育英：北京二十五中建校一百二十六周年纪念（1864—1990）. 北京二十五中校庆筹备组，1990：13.

③ 朱天祐主编. 河北滦县一中校志（1913—1998）. 河北滦县一中，1998：490.

④ 包头市第一中学. 包头市第一中学校史（1925—2005）. 包头市第一中学，2005：3.

⑤ 马仲扬. 邹韬奋传记. 重庆：重庆出版社，2008：18.

⑥ 吴智园主编. 福建省莆田第一中学百年史稿（1906—2006）. 福建省莆田第一中学，2006：9-10.

师的板书中，字从来都是工整的，行也从来都是直的，就连行距都十分均匀，因此整个板书“真算得上是一个完美的艺术品”；更难能可贵的是，这位老师每节课都必定写满整整一黑板，中途从不使用板擦，连错写一个阿拉伯数字或数学符号的时候都没有过。[①]湖南广益中学数学老师杨某的板书也十分工整清晰，而且练就了不转身反手板书的“绝技”，赢得了儿童们的普遍赞誉。[②]在板书问题上，并非所有儿童都喜欢教师将整段整段的笔记搬到黑板上，然后让他们费时费力地抄写。例如在北京贝满女子中学，一位校友指出某位教师对板书有一种过度依赖的情结，每次都把知识点一条一条地写在黑板上，供学生逐字逐句地摘抄，等同学们都抄完，再擦去旧的换上新的。她认为这种方式不能调动学生的学习积极性，而且如不耳到眼到手到，很容易漏掉其中有意义的内容。该校的另一位校友则欣赏某位教师在板书上只呈现提纲而不是整段文字的教学风格，认为这极大地激发了她的注意力和能动性，还训练了她的逻辑思维能力，迫使其养成了良好的学习习惯，即在课前加强预习以提高听课效率，课后凭借纲目复习，使各知识点得以相互联络，她回忆这样的学习方式让她获得了很多乐趣。[③]

除板书之外，教师也勤于利用其他各类教具（如图片、实验器材等）来辅助教学，也即采用所谓“直观教学”的原则，特别是在物理、化学、生物等需要通过做实验才能使儿童理解特定知识并从事科学探究活动的学科领域，这在许多学校校史中都有鲜明的体现。如在清末时期的福建省莆田官立兴郡中学堂，黄纪星老师在理化科教学时，已能用实物演示、挂图解说等方式，帮助学生理解讲授内容；关老师在讲授地理课时也采

① 袁爱俊. 北京师范大学附属实验中学校史（1917—2007）. 武汉：长江文艺出版社，2007：45.

②《湖南师大附中百年校志》编委会. 湖南师大附中百年校志. 长沙：湖南教育出版社，2005：330.

③ 北京市第一六六中学. 沃土百年育栋梁：北京市第一六六中学140周年校庆回忆录. 北京市第一六六中学，2004.

用制作空白影射地图的方式让学生填图。[①]浙江省宁波三一中学的教师在教学中也充分运用了直观性原则，如在上生物课时，教师经常运用各种动物、植物挂图和标本辅助教学；在上生理卫生课时，各种生理卫生挂图和模型也常被拿来用作观察；有校友反映那时学校珍藏有一副完整的人体骨骼（据说是某位校友的遗骸），被置放在一个密闭的立式玻璃柜内，教师经常带领学生至彼处观察以详细了解人体各部分的骨骼构成状况。[②]在河北省永清县存实中学的植物课上，有校友反映自己首次看到了显微镜，教师陈炳彝在课堂上演示了植物叶子的光合作用和半透膜的渗透压现象，使该校友从童年时就对植物学产生了浓厚的兴趣。[③]河北省保定私立同仁中学在20世纪30年代时也推行了一系列的直观教学举措，如在生物科中利用植物园、动物园、农场、畜产园以及生物试验室、标本室等设备，使儿童做实际的考察与研究，并且指导他们制造各种标本；在卫生课上，引导儿童注意简单的病理，并利用诊疗室实行简单的手术；在史地课上，则利用电影、幻灯辅助教学，还让儿童协助建设社会科学馆、收集并制作各类模型。[④]许多资金充足的学校，如福建福州鹤龄英华中学、四川省开江中学、北京贝满女子中学等，不惜重金购买了大量的实验设备。如在北京贝满女子中学，光是显微镜就可以做到每三人一台，为学生欣赏微观世界创造了重要条件[⑤]；而在鹤龄英华中学，物理、化学和生物的实验设备每两人就可拥有一套，每次实验都发有“实验指导”，要求学生当堂独立完成实验报告，该校学生每个学期都要做10多个实验（最多纪录为18个）[⑥]。

① 吴智园主编. 福建省莆田第一中学百年史稿（1906—2006）. 福建省莆田第一中学，2006：11.

② 宁波三中校庆编委会. 宁波市第三中学140周年校庆（1868—2008）. 宁波市第三中学，2008：104.

③ 永清县第一中学百年华诞编委会. 辉煌百年：河北省永清县第一中学百年华诞纪念文集. 河北省永清县第一中学，2008：30.

④ 郑新芳主编. 河北保定一中百年校史资料汇编. 香港：天马图书有限公司，2006：341.

⑤ 北京市第一六六中学. 沃土百年育栋梁：北京市第一六六中学140周年校庆回忆录. 北京市第一六六中学，2004.

⑥ 福州市英华校友会. 尔乃世之光：福州鹤龄英华中学校史第一卷（1881—1951）. 福州市英华校友会，2006：23.

但在那些财源不甚充足的学校，教师却只能从事一些简单的实验活动，甚至无法进行任何实验。如河南省立洛阳中学即由于仪器缺乏之故，物理只能做一些力学实验，化学只能做一些有关酸、碱、盐的反应实验，甚至温度计也不得不被征用以作为实验器材，但单凭这些有限的实验，也足以激发学生对科学探究的兴趣。[①]河南省新乡中学至1946年时才有少量简易的物理仪器，还是教师自制的，所以只能勉强用于课堂示范，而化学课则一点器材都没有，无法从事任何实验。[②]此外，由于战争的频繁特别是日军的侵略，那些已经购买的实验器材很容易损失殆尽，因此特别是在抗日战争时期，学校普遍是在缺乏或没有实验器材的情况下实施教学的，这对儿童的学习效果产生了很不利的影响。

除此之外，不少新式学校推行“自学辅导主义”，以启发诱导的方式让儿童自行探索或领会可能的知识点，给儿童制造更多的自我学习、思考的机会，并积极鼓励他们发展思维能力及发表独立的见解；在少数学校，儿童的过激观点乃至与教师相左的意见都有机会受到容忍与尊重，这一点极为可贵。如江苏省立徐州中学的钱秀之老师在上数学与物理课时，总是善于诱导学生的思考能力，尤其注重对他们逻辑推理能力的训练。[③]四川大学附中的领导也明确提出在教学方法上须采取“启发主义”，“凡学校所授课程，多诉诸学生自发能力，以多方之兴味而期彻底之理解，务令以从事研究为乐”。[④]在成都高等师范学校附属小学，在校长旲玉章的倡导下，学校于教学方面也极注意学生自主学习，如课前预习、课后复习等，教师则处于辅助的地位，尽指导的责任。[⑤]在金江高级小学，陈昌、夏明翰等

① 洛阳市第一高级中学校志编纂委员会. 洛阳市第一高级中学校志（1904—2004）. 北京：中国教育出版社，2004：227.

② 新乡市一中. 新乡市一中校志（1940—1992）. 新乡市印刷厂，1993：9.

③ 徐州一中校志编写小组. 江苏省徐州市第一中学校志（1917—1997）. 徐州一中，1997：355.

④ 黄黎扬、李治安主编. 川大附中校志：1908—2008. 成都：川大附中校志编委会，2008：67.

⑤ 肖顺情主编. 四川大学附属实验小学校史稿. 成都：四川大学出版社，2008：21.

老师也常采用启发式的教学方法，注意诱导并启发学生的思维，让学生自己理解与练习，譬如在作文方面，有时老师会让学生自己选题；老师也时常将比较好的作文张贴出来，使学生相互启发。宋任穷曾在作文课上写过一篇《打倒省长赵恒惕》的自选题作文，控诉和鞭挞了这位作恶多端的北洋军阀在湖南的代理人，发出了打倒赵恒惕的呼声，如此激烈的言辞非但没有受到教师的责罚，反而被张贴出来当作范文之一，[①] 显见这所学校在当时多么尊重并鼓励儿童发表他们的心声。

北京慕贞女子中学的一堂几何课，学生自己上台演算，摄于1920年

在贵州省清华中学，教师也特别主张让儿童养成独立思考的习惯，对于他们质疑权威的言论持以宽容的态度，有两个案例为证：一是一名叫梁燕的同学在参加毕业会考时，对某个数学题目的设计持有异议，因此除了对原题做出正确解答之外，还在卷后写评注指出该题所存在的逻辑缺陷，事后这位同学非但没有受到命题者的非难，反被校内师生传为佳话；二是Mrs. Beckon在给大家上会话课时，有学生纪龙章虽用英语回答了她的问题，却也同时直言不讳地指出她所讲的内容是美国的生活方式，不符合中国国情，竟在课堂上公然与老师辩论，其后这位学生也未见得受到了何种不公平的待遇。此外，该校的许泽溦老师在上国文课时，也常常要求学生自己去鉴别文章的好坏，自己不添加任何评论。[②] 值得说明的是，一方面，这些在教学中使用启发诱导方

① 宋任穷. 宋任穷回忆录. 北京：解放军出版社，1994：7.

② 贵阳清华中学校史编写组. 贵阳清华中学校史. 贵阳清华中学校史编写组，1988：22.

式的学校，并非从一开始就推行了这种方法，而有一个逐渐改进的过程，但这个进程在不同学校不一定完全相同，在很大程度上取决于学校领导自身教育观念的更新程度。譬如，虽然我们普遍认为五四时期是激发学校改善教学的转折点，但在云南省昌宁县示范小学（1908年成立），直到1945年才对教学方法做出实质性地改进，开始提倡讲解、启发、诱导和对学生进行课堂提问，由此才使课堂气氛变得稍稍活泼一些，此前学生一直以死记硬背为主要的学习方式。[①] 另一方面，有相当数量的学校教师虽然在观念上已意识到有推行启发式教学的必要，但他们在实践中却仍习惯于固守传统的讲授法，未有做出实质性的改变。如在保和镇完全小学，注入式、满堂灌一直是课堂教学的核心方法，甚至由于单级教授制的流行，有的教师还增强了对这类方法的依赖性。[②]

对整个学期的教学内容进行规划，以及在每堂课开始之前进行预备乃是当代中国教师的工作内容之一，这项事务有助于将整个教学过程分解为几个相互关联、循序渐进的部分，使教学本身变得有计划性和系统化。而那种随意安排的、不成体系的教学对儿童的学习只会产生消极的阻碍作用，也折射出教师心目中可能缺乏一种童年的观念，因为他们并没有把童年的阶段性特征和各个儿童独特的学习风格纳入考量的范畴。总的来说，20世

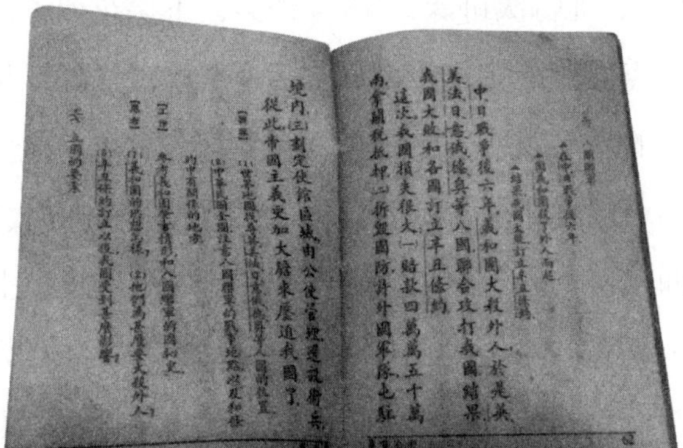

民国中期初小常识教材

① 郭云禄等编. 昌宁县示范小学志（1908—2008）. 昆明：云南科技出版社，2008：94.

②《保和镇完全小学志》编纂委员会编. 保和镇完全小学志（1907—2007）. 昆明：云南民族出版社，2007：56.

纪上半叶重视教学规划和备课的教师还是大有人在的。如在湖南省立第一中学（1924），“各级学程皆于每期开学前制定表式，请各教员预定时间，按时授毕”①。在山东省广文中学（1931—1945），每学期的教学内容，也都设计了整体计划；每天的授课内容，亦能切实预备。②在这个方面，有两类教师特别难能可贵，因此值得一叙。一类教师属于经验丰富、教龄较长的资深教师，但他们没有受过去经验的限制，仍不忘时时备课，将每堂课都当作一堂崭新的没有上过的课一样，在讲课前认真准备，仔细推敲每一句要传达的话，并勤于钻研可能的改进之法，这种敬业的精神给当时的儿童留下了极其深刻的印象。北京育英中学便有这样一位姓黄的数学老师，教了多年的《解析几何》，但从没有放松过备课，“我多次看到他在学生上早晚自习时，在办公室内看原文《解析几何》，有时还在纸上作题”，他每次讲课，“语言朴实，不搞花架子，而是抓住教材重点和学生的难点反复讲解，几乎每句话都是推敲过的，从不会给人夸夸其谈、离题万里的感觉”。③湖南省立第一中学的汪澹华老师对数学有很深的造诣，尤其精通几何学，人称“汪几何”，对于当时的教材如《范式大代数》《复兴平面几何》，他不知教过了多少遍，可是每次上课前，他仍然要花很多时间来备课。④另一类教师通过备课就将教材上所有内容要点（乃至练习题）都准确地记在心里，以至于上课时虽然没有直接参考课本，却仍能将核心的知识点条缕清晰地陈述出来，甚至与课本丝毫无差，这种近乎绝活的教学手法，也给儿童留下了极其深刻的印象。如福建省莆田第一中学的一位校友回忆道：“我印象较深的有教代数、几何的孙光远老师……讲课条理清晰，没有一句废话。他对数学的教学业务熟练到只带粉笔盒或直尺，或圆

① 湖南省长沙一中. 湖南省长沙一中. 北京：人民教育出版社，1997：20.

② 潍坊二中校志编纂组. 山东潍坊二中校志（1883—1983）. 潍坊市新闻出版局，1983：21.

③ 北京二十五中校庆筹备组、北京育英中学校友. 美哉壮哉我育英：北京二十五中建校一百二十六周年纪念（1864—1990）. 北京二十五中校庆筹备组，1990：19.

④ 湖南省长沙一中. 湖南省长沙一中. 北京：人民教育出版社，1997：115.

规上课，课本也不带，连讲课的例题都能背诵出来。”[①] 乌鲁木齐胶东西海中学的一位校友也回忆了一位“赤手空拳上讲台”的数学老师王某，这位老师教了几十年的数学课，自称早已将商务印书馆、中华书局等各种版本的数学教材背得滚瓜烂熟，以至于上课时根本就不需要携带课本，而仍能讲得和课本一模一样。这位校友特别提到了一次教学场景，颇能显示这位老师备课的缜密程度：王老师走进教室，问同学们学的是什么教材的数学，有学生答是商务印书馆的；王老师又问学到哪里了，学生答学到某页一元一次方程式，王老师二话没说，就顺着那一页余下的内容讲起新课来，并在最后准确无误地列举了课本上几道练习题，以供学生巩固知识点。[②]

但不重视备课乃至在教学上缺乏必要的规划，在一线学校中仍是广泛存在的，显示那时候的教师群体中仍有不少人对儿童学习的质量漠不关心。如广西桂林中学在20世纪30—40年代期间，课堂教学的目的性和计划性就很差，教师往往是讲到哪里就算哪里，一章一节若讲到一半而下课，下次课就会从中断处再讲起，因此对整个教学进度的系统安排是缺位的。[③] 在四川彭山县第一小学，教师于教学前一般也都未拟定任何方案，“较负责者事先将教材浏览一遍，思想上稍做准备，即进入课堂教学；责任心稍差者，毫无准备，进入课堂，随意发挥”[④]。

儿童对私塾学习的体验往往可以用枯燥乏味来形容，很大程度上是由于先生没有把儒家经典以一种有趣的方式呈现出来，而只是一味让儿童诵读和记忆之故。但在新式学校中，有相当多的教师已能注意到用各种方式去充分吸引儿童的兴趣，以此调动他们的学习积极性，因此在这些教师的课堂中，学习对于儿童而言便成了一件值得期待的快乐之事，而不复为一

① 吴智园主编. 福建省莆田第一中学百年史稿（1906—2006）. 福建省莆田第一中学，2006：33.

② 王臻福主编. 胶东西海中学校史. 乌鲁木齐：胶东西海中学校史编委会，2007：143-144.

③ 桂林中学校志编委会. 桂林中学校志（1905—1995）. 桂林：桂林中学校志编委会，1995：66.

④ 周嘉祥主编. 彭山县第一小学志（1903—1993）. 彭山县第一小学，1995：44.

种负担和痛苦。如在北京育英中学，据校友回忆，国文老师张某的白话文教得非常活泼有趣，上他的课简直是一种享受，儿童在不知不觉中就获得了新的知识。[①]同是讲古文，国立北平师范大学附属女子中学的马老师却能超越私塾先生，将它们讲解得有声有色，吸引了儿童的热切注意，“听马先生的课，几乎不希望下课的钟声响，而希望多听一会儿”；“有时从布告栏里看到马先生请病假的条子，同学们会很失望，觉得今天缺了点什么”。[②]福建福州鹤龄英华中学的林景贤老师在讲立体几何时，善于运用通俗的语言、浅显的比喻，把本来呆板枯燥的数学定理，讲解得生动有趣，儿童听起来无不感到津津有味，而又能达到透彻理解之目的。[③]江苏省立徐州中学的国文老师高让，在讲史记选读时，总是眉飞色舞，激动之情溢于言表，可让课堂里的每个儿童都凝神静听，又毫无倦容。[④]在河南省孟津县老城高级中学，学生们普遍反映介子在老师的课堂听起来也是津津有味，不知不觉间45分钟就会过去。[⑤]在乌鲁木齐胶东西海中学，地理课老师孙伯阿常用诙谐幽默的语言，将广为学生所厌弃的地理课讲得生动有趣、引人入胜，转眼之间使地理课反成为最受学生欢迎的课。据校友张舒普回忆，孙老师有一项“绝活”最吸引儿童的眼球，也使他的课堂成为制造惊奇的所在，可以下述案例为证：

孙老师给我们讲第一课是地球，只见他手执粉笔，在黑板上一绕，其落笔与起笔完全重合，形成了一个标准的圆形。然后再划横线讲赤道、热带、温带、寒带。以后每讲一地，先在黑板上一笔画好要讲的地图，接着再讲课文，如讲到法国首都巴黎时，

① 北京二十五中校庆筹备组、北京育英中学校友. 美哉壮哉我育英：北京二十五中建校一百二十六周年纪念（1864—1990）. 北京二十五中校庆筹备组，1990：2.

② 袁爱俊. 北京师范大学附属实验中学校史（1917—2007）. 武汉：长江文艺出版社，2007：46.

③ 福州市英华校友会. 尔乃世之光：福州鹤龄英华中学校史第一卷（1881—1951）. 福州市英华校友会，2006：40.

④ 徐州一中校志编写小组. 江苏省徐州市第一中学校志（1917—1997）. 徐州一中，1997：355.

⑤ 陈冠军主编. 孟津县老城高级中学校志（1908—2008）. 洛阳：孟津县老城高级中学，2008：133.

不用转身看黑板，手拿粉笔，叭的一声，正好点在法国地图巴黎这个原点上。当时同学们都感到惊奇，下课后便问孙老师，你不看黑板，为什么能准确地点在巴黎这个圆点上呢？孙老师抿嘴一笑说："你们看到了吗？我画完地图就不能走动了，我站在那里就是一个活圆规，若离开那个地方就不灵了。"同学们这才恍然大悟，都说这是绝活。[①]

二、学业成绩的考核

新式学校课程设置的门类相比私塾要多出数倍，儿童不仅要学习各门科目的知识，而且要频繁应对各学科教师所布置的作业与考试，这对儿童不能不说是一种巨大的负担。在这种情况下，儿童很容易觉得压力过大，从而埋怨教师挤压他们正常的休息时间。如江渭清就坦言自己在上平江县东山寺第四高级小学时，课程共达13门，和以前所受教育截然不同，所以觉得学习担子相当沉重，不得不拼命用功，才能对得起家乡父老。[②]邓颖超所在的直隶第一女师的功课也十分繁重，一星期六天的课程表都排得满满的，学生平时也不许随便外出。[③]湖南广益中学校友鲍厚成对当时繁重的课业负担也有强烈的抵触情绪，以至于在参加校内演讲比赛时，竟以减轻学生学习负担为主题，并赢得了听众的多次喝彩。[④]叶尔仁在回忆浙江省宁波市慈溪中学的生活时提到，当时学校要求每篇古文都要当场背诵，成为学生最大的压力。[⑤]在湖南省常德一中，数学老师陈炳麟每节课后都要布置大量的作业，学生不得不苦于做练习题，就连老师也不得不花费更

① 王臻福主编. 胶东西海中学校史. 乌鲁木齐：胶东西海中学校史编委会，2007：148-149.

② 江渭清. 七十年征程——江渭清回忆录. 南京：江苏人民出版社，1996：11.

③ 金凤. 伟人之初：邓颖超. 杭州：浙江人民出版社，1997：23.

④《湖南师大附中百年校志》编委会. 湖南师大附中百年校志. 长沙：湖南教育出版社，2005：330.

⑤ 宁波市慈湖中学. 师古晓月：宁波市慈湖中学百年校庆纪念文集. 宁波：宁波市慈湖中学，2002：120.

多的时间批改习题。[①] 在福建省福清私立融美初级中学，校长曾焕枢兼教国文课，除布置一般的作文功课外，还要求儿童每天交一篇用毛笔小楷写成的日记，记叙一天中感兴趣的事务；无论是作文还是日记，他都一一认真批改，指出错别字，写出评语，打上分数，发还给学生。可是儿童们觉得已有的作业已经很多，却还要无故增加一篇日记来加重负担，心理上普遍不能接受；对校长“自找苦吃”，天天熬夜批改日记也感到不能理解。[②] 当然，教师为学生布置更多的作业，本身并没有恶意剥夺学生休息时间、加重学生负担的企图，相反，这是他们期待学生在读书期间增进更多学识、打下更好基础的愿望所致。但他们所没有意识到的是，学生们为了不辜负他们的这种期待，或仅仅出于应付的心态，不得不以牺牲童年的许多美好时光或身体健康为代价，而这真正是得不偿失的。如在河南省淮阳中学，常常会发现无论是清晨起床前还是晚上熄灯后，教室里总是灯火明亮，因为彼时很多学生仍在“开夜车”加班学习。[③] 黄天授回忆自己在湖南广益中学读书时，作业常常做不完，因此也不得不“偷偷找个地方开夜车”。[④] 不过，值得欣慰的是，当时有少数学校注意到了繁重的作业对儿童正常发展的消极影响，而主张让儿童当堂完成作业或将作业量限制在一个相对合理的范畴内。例如湖南省天门中学在1945—1949年期间，国文老师就主张作文当堂布置当堂交。[⑤] 福清私立融美初级中学后来也规定国文科作业每两周一篇，数学科每节课的作业应该是学生30分钟左右就可完成的，英文和理化学科的作业分量则必须是学生在20分钟内可以完成的，这在相当程度上减轻了学生的课业负担。[⑥]

① 陈人珊编. 常德市一中校史. 湖南省常德市一中校史写室，1986：27.
② 福建省福清第三中学编. 福清第三中学校志. 北京：中国国际广播出版社，1992：294.
③ 河南省淮阳中学校志编辑组. 河南省淮阳中学志. 河南省淮阳中学校志编辑组，2003：588.
④《湖南师大附中百年校志》编委会. 湖南师大附中百年校志. 长沙：湖南教育出版社，2005：345.
⑤ 天门中学校史编写组. 湖北省天门中学校史. 天门中学校史编写组，1992：62.
⑥ 福建省福清第三中学编. 福清第三中学校志. 北京：中国国际广播出版社，1992：304.

各学校普遍存在严重的偏科现象，不仅明确将课程分为核心与非核心科目，而且在对学生进行成绩评定的时候，核心科目的考核方法及评价标准往往比其他被称为副科的课程要严格得多。如在成都市树德中学，所有科目即被划分为主科和非主科两大类，在高中主科指国语、英文、数学、物理、化学，在初中主科乃指国文、英语和数学。[①] 在福建省福清私立融美初级中学，国文、数学、英语和理化等学科可以举行单元考试，但其他学科一律不举行单元考试，只能在课堂内作些小测验。[②] 广西蒙山中学则将公民、国文、数学、英语四门课程列为基础科目，其他课程则为辅助科目。[③] 在当时向西方学习的潮流的影响下，很多知名的公立和私立学校都将英语放在最核心的地位，不仅在英语教学方面对儿童提出了超过一般标准的要求，聘请外教担任教员，甚至主张全校所有科目的教师都用英语教学，学生之间的日常交流也以英语进行。如在北京贝满女子中学，从初一起英语课就施行小班教学制，所有英语课都在同一时间上；外语课主要由外籍教师上课，就是用中国教员，也不允许说一句中国话；甚至全校各个年级都是按英语程度分班，并随英语成绩优劣来调换班次。[④] 河南省立第二中学的英文和数理化课程也都是用英语讲授的，还时常邀请外国人到学校讲课，学生不需要中文翻译也能听懂其意。[⑤] 江西南昌豫章中学邀请美籍教师担任教员，这些教师经常邀请学生至家中参加聚会；在课外，学校也鼓励学生用英语交谈，逐渐使英语成为半习惯性语言。[⑥] 大多数学校虽缺乏师资力量来推行这样宏大的计划，却也积极倡导引入国外课本作为学

① 何文斗主编. 树德中学校志.《树德中学校志》编写组，1998：21.

② 福建省福清第三中学编. 福清第三中学校志. 中国国际广播出版社，1992：304.

③ 江田主编. 蒙山中学校史（1924—1994）. 凤凰印刷厂，1994：26–27.

④ 北京市第一六六中学. 沃土百年育栋梁：北京市第一六六中学140周年校庆回忆录. 北京市第一六六中学，2004.

⑤ 开封市第五中学. 百年名校——开封市第五中学. 开封市第五中学，2004：74.

⑥ 张玲玲主编. 百年豫章：纪念南昌市豫章中学（南昌七中）建校100周年（1907—2007）. 豫章中学，2007：21.

生学习的教材，如在北京师范大学附属女子中学，数学、物理课程都选用美国大学一年级的课本作为学习材料[①]；或者至少对英语学科持十分重视的态度，如四川省开江中学常常聘请来本地传教的英籍牧师来教英文课，如果本地找不到，不惜花费重金到外地聘请[②]。不过，尽管偏科似乎是当时学校教育的主流，但也有少数学校不主张对学科进行主次的区分，而希望儿童能够在各方面均衡发展。例如据杨顺雨回忆，当时的河北滦县一中的科目虽多，却没有明确的主科、副科之分。[③]

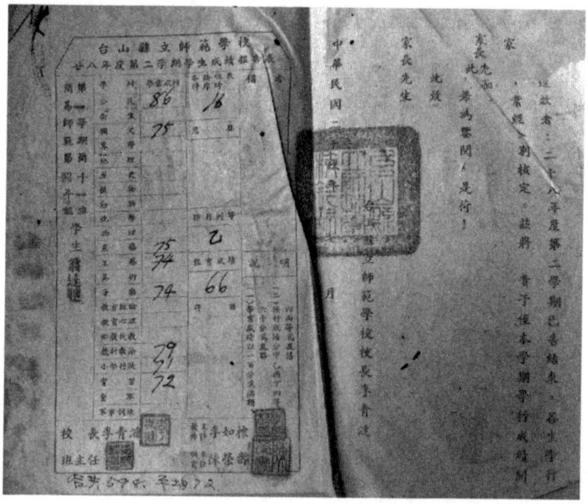

广东台山县立师范学校某学生成绩单，1939年

当时学校用于考核儿童学习成效的方法有很多种，但主要是以各类考试为主。在考试方面，主要分日常考查、临时测验、月考、学期考试、毕业考试和会考等类。至于儿童的最终成绩，则通常以平时成绩和各类考试成绩以一定比例折算相加之后得出。成绩的显示方式，往往是甲、乙、丙、丁的等级制和百分制相结合。例如国立四川大学师范学院附属小学（1945—1949）有三种考查方式：周测验、月考和期终考试，其中周测验为每周测验一种科目，由学校教务处派定日期之后进行考试。[④]清末河南省覃怀中学堂计有常例考试和临时考试两类，常例考试分为升班考试、年终考试和卒业考试；临时考

① 袁爱俊. 北京师范大学附属实验中学校史（1917—2007）. 武汉：长江文艺出版社，2007：28.
② 开江中学志编写组. 开江中学志：建校70周年纪念（1920—1990）. 开江中学志编写组，1991：90.
③ 朱天祐主编. 河北滦县一中校志（1913—1998）. 河北滦县一中，1998：482.
④ 肖顺情编. 四川大学附属实验小学校史稿. 成都：四川大学出版社，2008：79.

试有两项：一是教师欲检查堂内学生学习情况而随时出题考试；二是须添招新生而随时出题考试。升班、期终、毕业考试所得分数与平时考试分数平均核计，而成为学生的最终成绩。评定分数以100分为满分，每课满60分者为及格，不满60分者为不及格。[①] 在河北省立正定中学校，考试的类型主要有日常考查、临时考查、通本考试和毕业考试；考查的方法包括口试、笔试、练习、实验、测验、报告6种；学业成绩的评定以百分计算，并分甲乙丙丁四类，丙等以上为及格，丁等为不及格。[②] 江苏省立第一师范学校（1911—1927）的考核则相对复杂些，其考查方式包括平时考查、临时考查和定期考查三种，但在评定各学科成绩时，则依据三种情况而有不同计算方式：若平时、临时及定期三项考查完全者，则平时考查积分作40%，临时考查积分作20%，定期考查分数作40%；若仅有临时和定期两种考查者，则临时考查占60%，定期考查作40%；若仅有平时考查和定期考查两种者，则平时考查积分作60%，定期考查积分作40%，最终成绩分甲乙丙丁四等；80分以上为甲等，70分以上为乙等，60分以上为丙等，不满60分为丁等。[③] 解放区太行公立新乡中学对儿童学习的考核方式则颇有创新的意味，因为在保留临时测验、期考和对日常作业的检查统计之外，还引入了同辈评价这种新的考核机制，即学生小组的评议，这类评议还占学生总成绩的20%或30%。[④] 值得一提的是，自1932年开始，国民政府决定在全国中小学校推行毕业会考制度，并颁布了《中小学生毕业会考暂行规程》，但在经历一年的试验之后，1933年12月国民政府又废除了小学毕业会考制度，改以平时抽考代替；自1937年之后，国民政府又撤销中学会考制度，因为这类考试试题太难，不合格者太众，所以会考作为一种考试形式仅存

① 沁阳市第一中学. 沁阳市第一中学校志. 郑州：中州古籍出版社，1997：30.

② 河北正定中学校史编委会编. 河北正定中学史稿. 北京：中国文史出版社，2007：31-32.

③ 苏州中学校史编委会. 苏州中学校史（1035—1949）. 苏州：苏州大学出版社，1999：41-42.

④ 新乡市一中. 新乡市一中校志（1940—1992）. 新乡市印刷厂，1993：25-26.

在于一段时期。

虽然大多数学校对学生的平时成绩和各类定期考试的成绩一视同仁，但也有少数学校把焦点更多地放在平时成绩上。如福州鹤龄英华中学就特别重视平时成绩，主要科目动不动就会有小测（如物理课，几乎是堂堂考），且这类成绩最终会占学生总成绩的2/3。① 20世纪30年代的河南省立第一中学，平时成绩也是儿童学业成绩的主体，当时的考核方式分为作业考查、平时试验和学期试验三类，作业考查及平时试验合计为平时成绩，以平时成绩3/5，学期试验成绩2/5，合计为期终成绩。② 在20世纪30—40年代的甘肃省，教育厅采用平时抽查和电调课卷的办法对学校进行检查，他们每学期都会派人到学校举行突击性的临时考核，以检测学校的教学情况，还不定期地用电报或电话通知学校，随意调阅学生的作业，来检查学生的课业练习和教员批阅作业的情况，这就迫使各学校不得不把学生的平时成绩放在一个相当重要的位置上。③ 至于对平时成绩的考核方式，各学校不尽相同，如在江苏省立第一师范学校，考核的内容包括课堂上的问答与练习、作业、教学实习、笔记簿与练习簿、制作品和测验④；在解放区太行公立新乡中学，平时成绩的考核项目则包括日记、演草、制图、回答问题等⑤。应当说，对平时成绩的注意，等于是融合了过程评价和结果评价两种不同的评价方式，可以有效规避以定期考试来决定儿童学业成绩和未来前途的狭隘模式，但这也使得儿童不得不时刻处于临考状态，自始至终都不能以一种完全轻松的心态去探索知识的海洋，甚至抵消优秀教师给儿童在课堂上带来的快乐，重新使学校成为儿童厌恶、躲避而不是享受童年的地方。

① 福州市英华校友会. 尔乃世之光：福州鹤龄英华中学校史第一卷（1881—1951）. 福州市英华校友会，2006：20.

② 开封市第五中学. 百年名校——开封市第五中学. 开封市第五中学，2004：123.

③ 王立中主编. 甘肃省武威第一中学百年校史（1906—2006）. 张掖市河西印刷公司，2006：144.

④ 苏州中学校史编委会. 苏州中学校史（1035—1949）. 苏州：苏州大学出版社，1999：42.

⑤ 新乡市一中. 新乡市一中校志（1940—1992）. 新乡市印刷厂，1993：25.

上海私立金科小学品学兼优奖状，1948年

当时的学校为防止学生在考试中作弊，采取了严格的管理措施。如广西蒙山中学采用了“梅花式”的考试模式，即将不同年级的学生混合编排试场，使每个学生座位的前后左右都来自不同年级，且每考一科自动变换试场和座位编号，如此学生就无法偷看别人答卷；教师监考也相当严格，一旦发现有作弊行为，当即警告或报学校处分，绝不姑息。[①]浙江省立杭州高级中学的期中和期末考试由全校统一停课进行，考场设在大礼堂，学生对号入座，座次也如梅花形，即前后左右没有同级的试卷，以至于那时候的教师充满自信地说：“到杭高来，想作弊就死了这条心吧。”学校并明令凡考试作弊者，试卷即当零分处理，同时还张榜公布。[②]河南省立第十三中学（1938—1948）则采用“插花式”的考试模式：一门课使用A、B卷纸，至春秋时节的风和日丽之时，将考生带到操场，使人与人之间相距一米左右，彼此之间根本无法通气偷看。[③]此外，密封试卷，流水评分的做法也被广泛使用。

各类考查组合所得出的最终成绩，主要被用来作为儿童升留级和毕业的指标。那时候许多学校都执行严格的升留级制度，有时候这种严格甚至有超出儿童平均能力的嫌疑，因为有太高比例的学子没能达到升级的基本标准。如在河南省新乡一中，国文、英语、数学三门主科中有两门不及格或一门主科、两门副科不及格者便会被留级。[④]在湖南广益中学，凡学

① 江田主编. 蒙山中学校史（1924—1994）. 凤凰印刷厂，1994：26.
② 杭州一中. 杭州第一中学校庆七十五周年纪念册. 杭州一中，1983：146.
③ 沁阳市第一中学. 沁阳市第一中学校志. 郑州：中州古籍出版社，1997：53.
④ 新乡市一中. 新乡市一中校志（1940—1992）. 新乡市印刷厂，1993：10.

生有两门主科不及格或任意三门学科不及格者一律留级。[①] 在江西南昌豫章中学，学生只要有一门主科不及格便会被留级，初中一年级入学的两个班级在经过层层考试筛选后，通常只有一个班左右的学生能升入二年级，其余一半人都被迫留级重读。[②] 福州鹤龄英华中学的情况也十分类似，一年级入学的学子到正常毕业的往往只有半数，甚至在某些年份只有1/3左右。[③] 河南省南都中学则奉行严格的“三二一”淘汰制，即一年级有三个班，二年级有两个班，三年级只有一个班。学生的成绩还与学校的奖惩系统有密切的联系，那些成绩优异的学生往往能获得各种各样的奖励。如根据河北正定中学1933年制定的奖惩办法，对学业成绩在90分以上，经教育厅批准可免下学期的学费；学业成绩80分以上可获得奖学金；学期内或一学年内不曾缺课者给予名誉奖或奖章奖励。[④] 彼时的学校过度强调考试的竞争性质和选拔功能，普遍没有把成绩视为儿童的一项隐私保护起来，因为他们总是公然将每个人的成绩及排名张榜公布或公开展览，美其名曰在鼓励儿童之间的竞争，实质上会对表现不理想的儿童（在当代研究话语中，也就是所谓的“处境不利儿童”或“边缘儿童”）产生消极的影响，因为这不仅将他们的弱势地位暴露在公众面前，使他们颜面无存，且会强化他们作为校园欺凌现象牺牲品的事实。更有甚者，成绩排名还被用来作为座位排列的主要依据，更加深了儿童之间因成绩差异而形成的等级观念，并加剧彼此之间的矛盾。例如在河北滦县一中，成绩榜上的名次直接就成了新学期各班级座位的次序：前五名第一排，其后五名第二排，分数最差的坐在最后。[⑤] 但是，由于当时家长和学校之间的联系不甚紧密，也鲜有

①《湖南师大附中百年校志》编委会. 湖南师大附中百年校志. 长沙：湖南教育出版社，2005：35.

② 张玲玲主编. 百年豫章：纪念南昌市豫章中学（南昌七中）建校100周年（1907—2007）. 豫章中学，2007：20.

③ 福州市英华校友会. 尔乃世之光：福州鹤龄英华中学校史第一卷（1881—1951）. 福州市英华校友会，2006：24.

④ 孙浩文. 河北正定中学史稿. 北京：中国文艺出版社，2007：32.

⑤ 朱天祐主编. 河北滦县一中校志（1913—1998）. 河北滦县一中，1998：481.

家长会这个概念，因此家长并没有加入助长这种竞争气氛的行列之内，通常学校只会用蜡板油印一份成绩单，由学生本人带给家长，算是对家长的一种交代，而家长自己则很少会亲自到学校监督其子女的学业。

三、讨论与结语

出于对新学的不信任和让儿童奠定良好国文基础的需要，中国家长普遍把子女送入私塾接受不同年限的启蒙教育，但根据大量传记类史料的描述，在私塾的学习生活对儿童来说往往是一场噩梦，他们更愿意在新式学校里接受现代化的教育。这是因为新式学校在教与学的许多方面都比私塾更尊重儿童身心发展的规律和特点，更注重以科学的方式提高儿童的学习成效，并使儿童与教师的关系更为和谐。如私塾先生在讲授儒家经文时普遍不作深入讲解，迫使儿童只能以死记硬背作为主要的学习方式，但在新式学校里有为数众多的教师开始以深入浅出的方式对知识点进行详解，他们还利用板书、各类教具和实验器材，来辅助儿童的学习；私塾先生在传授经文时从不鼓励儿童独立思考，不允许提出批判以及创造性的观点，因此在那里儿童是没有个人的精神世界的，但在新式学校里，“自学辅导主义”相当盛行，儿童被给予了更多自我思考的机会，他们的观点也开始受到成人的尊重和容忍，即便是那些具有挑战权威色彩的意见；在私塾的学习生活普遍被儿童认为是枯燥乏味的，不仅师生之间缺乏良善的互动，先生的教授本身也是了无生趣，但在新式学校里，一些深知儿童学习心理的教师开始将课堂打造成为儿童所悦纳、期待和兴奋的场域，师生之间的关系有了显著的改善。凡此种种，皆在说明在中国儿童史上，从私塾到现代学校的跨越是一种实实在在的进步。

但是我们也应当看到现代学校在形成与发展的过程中也存在不少偏差，或有待改进的方面。比如：讲授法仍然是大多数学校老师采用的主要教学方法；儿童精神世界的独立性和精彩性还没有受到普遍的重视；学校课业的繁多构成了儿童巨大的心理负担，甚至威胁到他们的身体健康；过于频繁的考试使儿童总是处于临考的状态，减损了他们充分享受在校生活的乐趣；严重的偏科现象使儿童的智力发展无法达至均衡的状态；对竞争和选拔的过度强调酿成了儿童群体的分化和彼此之间的冲突，并使弱势儿童处于更加不利的地位。由此可见，一种健全或完整的儿童意识还没有在当时的教学领域彻底建立起来，甚至直到21世纪的今天，上述问题也没能得到圆满地解决。

第三节　丰富多彩的课余生活

一、课外学习活动

这里的课外学习活动指的是那些不以娱乐为目的，而旨在增进儿童对学科知识理解的一切课外活动，主要包括以下三大类：一是各种学科性的研究小组或兴趣小组，这些组织的规模往往比较小，且多数属于教师指导下的自发性组织；二是各种学科竞赛、辩论会与演讲会等，通常是由学科教师、学校领导或地区教育行政单位举办的活动，参与人员一般比较多；三是与学科知识相关的校内刊物、壁报或墙报等，也属于学生自发筹办的范畴，但也可能受到教师的直接支持。下文将针对这三类课外学习活动做更详细的说明。

许多学校都曾鼓励儿童建立具有鲜明学科性质的研究组织，或者是读书会。在这些组织中，时事政治类研究团体往往是最为常见的一类，在当时特殊的国际国内政治环境下，学生们普遍关心政治局势演进的最新动态，希望探索出解救中国和建设新制度的可能路径，还会适时走出校园，参与到社会性的游行示威或宣传的行列之中。同时，各类社会科学与自然科学的研究组织在校园内也广泛存在，一般都是同班或跨班的学生凭着共同兴趣自发组建的，规模不会太大，但教师的支持与指导也往往起着重要作用。如在1914年成立的附设于云南省立第六师范学校的丽鹤剑中维兰六属联合中学，学生就曾创建“国语会”“演讲会”等组织。[①]在江西萍乡中学，数理研究社、文学社、诗社、美术社等各类学社，使学生拥有了充实的业余生活。[②]在江苏南通中学，兴趣相近的学生在老师的指导下进行跨班级联合，组织了很多研究会，他们还选出干事，每学期组织数次研讨会，由学生自选题目，写出一些小文章，请教师评阅，彼时的研究会包括史地研究会、国际政治研究会、时事研究会等，一般都会有一二十人参加。[③]在北京育英中学，学生的课外研究性社团包括机械科、工业指导科、卫生训练班、国剧团、新剧团、家庭问题研究会、航空研究会、无线电研究会、国防研究会、国货研究会等，很多是在具有专长的老师指导下进行的。不过在建设这类组织的过程中，学校并不是完全缺席的，他们或者利用职权之便先行建立一个组织的框架，让学生根据各自兴趣报名加入，或者对学生的自发组织进行奖励。[④]如常州府中学堂便利用学生膳费的节余主动筹建游艺部，分设图画、雅歌（昆曲）、军乐、柔术、标本、园艺、地图绘制、摄影、手工、拳术、器械操、击剑枪刺、篆刻、测量、演说、英语会话等小组，让学生按照自己的爱好，自由选择参加，“一时间，报名踊跃，活动频繁”。当时在该校就读的刘半农便报名参加了摄影部，还自购了一个小镜箱做研究。[⑤]湖南省立一中（1924）则公开奖励“学

①《丽江一中校志》编纂委员会. 丽江一中校志. 昆明：云南民族出版社，2005：44.

② 江西省萍乡中学校志编辑室. 萍乡中学校志. 萍乡中学校志编辑室，1996.

③ 施雅风. 施雅风口述自传. 长沙：湖南教育出版社，2009：20–21.

④ 北京市第一六六中学. 沃土百年育栋梁：北京市第一六六中学140周年校庆回忆录. 北京市第一六六中学，2004.

⑤ 徐瑞岳. 刘半农年谱. 徐州：中国矿业大学出版社，1989：13.

北京慕贞女子中学的学生在课余时间阅读报纸，摄于1920年

生组织各种会集，如文学研究会、生物研究会、鸡鸣社、英语演说会、同乐会、游艺会等，研究所得，并令发行刊物，以资鼓励”[①]。

当然，学生从事学术性的研究活动，未必一定通过学社这种比较正规的组织，而完全可以一种非形式化的方式进行，联络少数志同道合的同学一起做暂时的或不定期的研究。如在江西萍乡中学，一些儿童便在老师的指导下各自选定了一些数学专题进行深入钻研，并将研究成果写成论文，发表在自编的长达两百多页的墙报专刊上；另一些爱好文学的儿童则在国文老师的引导下，自发在课外寻找兴趣相投的同学，三五成群，或对古典诗词相互质疑问难，或对世界文学名著相互启发并欣赏。[②] 此外为激发儿童的研究兴趣，扩展他们的理论视野，使之了解学科研究的最新动态，学校也常主动邀请外来专家到校讲学。如绥远第二中学的校长孙则让便利用学生的寒暑假时间邀请了很多本地及国内各地的名家来校讲演，如邀请当

① 湖南省长沙一中. 湖南省长沙一中. 北京：人民教育出版社，1997：21.

② 江西省萍乡中学校志编辑室. 萍乡中学校志. 萍乡中学校志编辑室，1996.

时与钱玄同齐名的文字专家王瑚来校讲文字学，邀请冯玉祥所属吏治研究所所长梁式堂，讲述其编撰的《左传子产篇》，邀请冯玉祥的高等幕僚王鸿业主讲《孟子》等。[①]直隶七中也常邀请社会名人来校讲学或讲演，如正定农业试验场的场长王佑民、朝鲜独立运动领导人金在天、英国学者柴盆女士等。[②]湖南广益中学也经常举办各类学术讲座，敦请中外名人来校演讲，1935—1936年期间曾邀请美国航海家刚麦和神学家柯乐克等来校作文讲学。[③]湖南省立一中（1924）则每周都邀请富有学问者到校讲演各种学术上的问题，同时如遇名人来校参观，也随时请其讲演，以激发学生探求学生的兴趣。[④]

许多学校还热衷于举办学术竞赛活动，涉及各个学科领域，既有在一个班级范围内举行的，如绥远第二中学的国文老师许某就曾组织学生开展“汉武帝罢黜百家，独尊儒术，对后代学术影响的功与过”的辩论赛。[⑤]更多的则是在全校、校际乃至全市（省）范围内进行的，如广西蒙山中学在每学期或学年都举行各种校级比赛，如论文比赛、国语比赛、英语朗诵比赛等，胜者给予一定奖励。[⑥]安徽省立七中也曾举办各类校级比赛，如作文竞赛、书法竞赛、英语演讲竞赛、日记展览、整洁比赛、阅读竞赛等。[⑦]湖南省长沙市也曾举办过英语演讲比赛，和“国耻演讲比赛”，邀请全市乃至全省中小学参加。[⑧]对于这些比赛，大多数学校确实是以一种严肃认真的态度对待的，而不仅仅是一个噱头，这可以从两个方面予以佐证。一方面，学校在举办这些赛事上是具有专业精神的，从队伍的选

① 包头市第一中学. 包头市第一中学校史（1925—2005）. 包头市第一中学，2005：4.
② 孙浩文. 河北正定中学史稿. 北京：中国文艺出版社，2007：21.
③《湖南师大附中百年校志》编委会. 湖南师大附中百年校志. 长沙：湖南教育出版社，2005：341.
④ 湖南省长沙一中. 湖南省长沙一中. 北京：人民教育出版社，1997：21.
⑤ 包头市第一中学. 包头市第一中学校史（1925—2005）. 包头市第一中学，2005：4.
⑥ 江田主编. 蒙山中学校史（1924—1994）. 凤凰印刷厂，1994：25.
⑦ 芜湖一中校史编纂委员会. 芜湖一中校史. 芜湖一中校史编纂委员会，1987：21.
⑧《湖南师大附中百年校志》编委会. 湖南师大附中百年校志. 长沙：湖南教育出版社，2005：13.

择、规则的制定、赛事的展开到结果的认定和奖励等，都有一套系统的做法。如据邬翰芳回忆，浙江临海私立回浦高等小学校在20世纪10年代每周星期天上午，都会同时举行演讲比赛和辩论赛，她说："民国六年正月，学校杨建辉，除预备班可自由演讲外，其余各级采用抽签法，抽得者即登台演讲，所以促大多数人对于平时之准备。同月，再设学生辩论会，与演讲会相间举行；辩论时间亦设于星期日之上午，会中有会正、正辩员、反辩员及评判员之名号，辩论题由校中教职员于前数日拟定发表。"① 另一方面，儿童对比赛常常有比较强烈的体验，说明很多比赛确实是被真正严肃地举行过，而且还带有鲜明的竞争色彩。如湖南广益中学校友鲍厚成就回忆了一场他亲身参与的校级演讲比赛。

我们班欧阳悰和我参加了，题目自选。我的讲题是当时的有名教育家陈衡哲博士发表在《现代评论》上的一篇文章，题目《救救中学生》。我当时对沉重的功课负担，思想早有抵触，一见这篇文章如获至宝，就以它为蓝本洋洋洒洒写成一篇演讲稿。比赛那天，我的发言很受欢迎。几次为掌声打断；演讲完，台下掌声如雷，经久不息。当时我自以为第一名非我莫属，没想到结果只得了个第三名。因为当时评分老师中的训育主任对我的演讲内容一项竟评为零分，让我空喜欢一场。②

任桐君在宜兴县第二女子高等小学校读书时，有一次全体师生旅行到宜兴城，与第一女子高等小学校举行非正式的演讲比赛，结果她的演讲"博得了满场掌声，赞誉而归"。③

此外办壁报（黑板报）和出版校级刊物也是当时儿童校园生活的重要组成部分。这些报刊或者是由学校一手经办、编辑和发行，如湖南广益

① 浙江回浦中学校志编纂委员会. 回浦中学校志. 北京：研究出版社2002：56.

②《湖南师大附中百年校志》编委会. 湖南师大附中百年校志. 长沙：湖南教育出版社，2005：330.

③ 任桐君. 一个女教师的自述. 北京：生活·读书·新知三联书店，1989：14.

中学在抗日战争期间就办了一个大型的黑板报，名为《广益三日刊》，由八块黑板组成，中间两块为时事新闻，差不多天天更新，其余六块为文史、科技、常识、学生优秀作文、数理化难题解答、英汉翻译及学校动态等信息[①]；或者是在学校授权或不干预的情况下由儿童自行创立，如浙江临海私立回浦高等小学校的学生就创办了《回浦潮》，主要为学生提供习文的园地，此后还陆续发行《细流》《原上草》《星火文艺》《草原》等刊物[②]。苏州中学也发行了很多学生期刊，如《苏中校刊》《学艺汇刊》等就专门发表学生各类研究性文章，有时也会出版一些专号，如《第三届师范科沪杭参观报告专号》《生物学研究专号》等。[③]湖南广益中学则由学生自治会出面创办了一个学生刊物叫《广益半月刊》（后更名为《广益旬刊》），主要刊登师生所写的论文、文艺作品、外文习作、教学经验和学校动态等内容，铅印出版发行，社长和总编辑都由学生担任；此外许多社团也建立了自己的刊物，如敬业社举办了《先锋半月刊》，青德协会办了《青协半月刊》，黄林社还与湖北一家杂志社建立联系，让该刊划出一个园地刊登他们的稿件等。[④]

不过由于民国时期特殊的政治环境，学生所出版的刊物很难完全聚焦在学术研究上，它们也同时成为儿童表达个人政治观点、追求思想自由的重要舞台。如江苏省立淮阴中学师范部的几位学生就自发办起了一个油印刊物叫《稚鸿》，便以反帝反封建为其根本宗旨。[⑤]但当这些刊物所传达的思想与学校的理念或政策相左时，它们很容易被学校当局所封杀，说明儿童的思想在彼时仍被成人牢牢禁锢着，远没有达到充分解放的程度。如辽宁丹东市第二中学的学生曾创办《济荒》半月刊，先以

---

①《湖南师大附中百年校志》编委会. 湖南师大附中百年校志. 长沙：湖南教育出版社，2005：26.

② 浙江回浦中学校志编纂委员会. 回浦中学校志. 北京：研究出版社2002：56.

③ 苏州中学校史编委会. 苏州中学校史（1035—1949）. 苏州：苏州大学出版社，1999：168.

④《湖南师大附中百年校志》编委会. 湖南师大附中百年校志. 长沙：湖南教育出版社，2005：12-13.

⑤ 温济泽. 第一个平反的“右派”：温济泽自述. 北京：中国青年出版社，1999：6.

壁报形式，后油印成册，以表达学生渴望和平、要求民主、团结建国、反对内战、反对国民党特务破坏读书会为主要内容，此刊出版后反映良好。[①]福建省立莆田中学在1945年更发生所谓“《一鸣》壁报风波”，事情的经过如下：

为了表达同学们不满现状、追求个性独立的意识，1945年9月开学不久，高三甲组壁报编辑组公开出版一期壁报，命名“一鸣”，发表几篇抨击专制教育的主题文章，用草纸撕成碎片拼成“一鸣”两字粘贴于刊头。于第二天上午升旗仪式结束时，《一鸣》壁报张贴在校门左边廊墙上，围观阅读的学生一拨又一拨，赞叹声此起彼伏，一时成为同学们谈论的热点话题。在寂静的校园里产生了不小的轰动效应……然而，壁报面世不足二个小时，就被训导处责令停刊收起。编辑们只得把壁报弄回宿舍里，后又转到教室内展出，仍然吸引众多同学前来阅读，其影响持续了好大一阵子。[②]

二、课外娱乐和体育活动

（一）娱乐活动

娱乐活动是彼时学校儿童课余生活的重要方面，这些活动主要包括三种类型：一是乐器的演奏，常见的有钢琴、小提琴、笙、箫、笛等；二是话剧或歌舞剧的创编、排练和公演；三是个人独唱或合唱表演。儿童参与这三类娱乐活动，虽然是出于个人的兴趣和爱好，但由于自身专业素养不足，因此总是在老师的指导下进行，在大多数情况下，都是先由教师（或校方）购买或提供设备，组建某个艺术团队，再让儿童自愿报名参加，而不是由儿童自行筹建和运作；或者主动提供艺术表演的舞台和机会，使各

① 邵淑菊主编. 丹东市第二中学校史. 丹东市第二中学，1999：57.

② 吴智园主编. 福建省莆田第一中学百年史稿（1906—2006）. 福建省莆田第一中学，2006：67-68.

个艺术团体获得锻炼的机会。如祝伯权回忆自己在北京育英中学附属小学的生活时提到，有位叫刘干卿的老师主动组建了音乐队，不断招募感兴趣的儿童，还带大家去隆福寺买了笙、箫等乐器，排练《金罗锁》《梅花三弄》等曲子；"每逢星期五，学校都要举行晚会，学生自编自演，由我们乐队伴奏"；"每年毕业典礼和圣诞节的三天活动中，都要请我们乐队演出"。[①] 北京贝满女子中学为了发展学生中钢琴爱好者的艺术才能，特地配置了多个课余钢琴授课室，还请专任教师提供专业辅导，因此"在高、初中部都有几个小小的琴房，经常从中传出悠扬的琴声"；学校每年举行全校性的独唱或合唱比赛，"从初一到高三，学校组织各班选出二十人，另外推选钢琴伴奏及指挥二人。学校按不同年级制定一个参赛歌曲，然后由各队自选一个歌曲。合唱队自己练歌，自备歌篇"，"比赛时，全校师生都是听众，由各年级主任及音乐老师评选，各班学生在台下助威加油"；最出彩的则属毕业班告别母校出演的大型话剧，如《茶花女》《万世师表》，导演和演职员都是自己担当，男女主配角几乎都是专业水准，令许多儿童记忆犹新。[②] 辽宁丹东市第二中学也由校方成立课余剧团和歌咏队，排练中华民族奋起抗日的四幕话剧《中国人》，并学唱《流亡三部曲》《解放区的天》《你是灯塔》等革命歌曲。[③]

这些学生艺术团体还积极跨出校门，与其他学校联合表演，或者在户外公共场地举行公演、义演等。如北京贝满女中就曾与北京育英中学的学生共同组成唱诗班和基督教青年会合唱团，参加教会的各种活动及盛大的节日庆祝，如圣诞节的大型神曲演唱等。湖北省天门中学的学生遇到节日时也会对外公演，其曲目包括《项链》和《朱大嫂送鸡蛋》等。[④] 辽宁

① 北京二十五中校庆筹备组、北京育英中学校友. 美哉壮哉我育英：北京二十五中建校一百二十六周年纪念（1864—1990）. 北京二十五中校庆筹备组，1990：3.

② 北京市第一六六中学. 沃土百年育栋梁：北京市第一六六中学140周年校庆回忆录. 北京市第一六六中学，2004.

③ 邵淑菊主编. 丹东市第二中学校史. 丹东市第二中学，1999：56.

④ 天门中学校史编写组湖. 北省天门中学校史. 天门中学校史编写组，1992：62.

丹东市第二中学的歌咏队则在春节期间于安东电影院联合公演数场，吸引了许多观众前来驻足观看，获得好评。[①] 在参与这些艺术活动的过程中，儿童的体验普遍是积极的，显示他们是欢喜这些活动的；也正因着这些体验，使他们中很多人萌生了对艺术的兴趣和热情，为其日后踏入艺术世界奠定了重要基础。如白杨在就读北平第十四小学期间，有一次学校排练一个歌舞剧叫《葡萄仙子》，老师让她在剧里演个仙子，“记得那时给我穿的是纱绸做的小舞衣，是淡紫色的，一穿在身上就感到轻飘飘的，叫人心醉。在舞台上，听着音乐的优美旋律，全身觉得飘飘然，真像从云雾中降临下来的仙子”。“我（那时）美极了，在梦里想想也会笑醒了的，也许爱美是人的天性吧。”[②] 刁光覃在加入老师组织的一个话剧团之后，每天大部分课余时间都投入到话剧的活动中去，甚至有一年春节都没有回家。“由于共同的爱好和兴趣，使得我们师生的心紧紧地连接在一起。从此，也就孕育了我们从事话剧艺术事业的意愿。”[③] 就算只是观看而没有直接参与，儿童也一样获得了积极的体验，如邓颖超在回忆自己于直隶第一女师的生活时，就坦言“女师学生最大的快乐，是在星期六晚上或星期天下午，赶到南开学校去看南开师生演出的新剧”[④]。

（二）体育活动

中国的知识分子阶层历来有喜静不喜动的传统，他们对“童子天性好动、动不仅有利于身体健康且能提高学习效率”这一点还尚未建立起初步的认识，因此“一般达人身体异常羸弱，少壮青年，俨如老人病夫”[⑤]。只有到了近代中国，强身健体才被视为新式教育的基本目标之一，体操或

① 邵淑菊主编. 丹东市第二中学校史. 丹东市第二中学，1999：56-57.

② 杨扬等. 二十世纪名人自述：艺人自述. 杭州：杭州大学出版社，1998：406.

③ 北京二十五中校庆筹备组、北京育英中学校友. 美哉壮哉我育英：北京二十五中建校一百二十六周年纪念（1864—1990）. 北京二十五中校庆筹备组，1990：8.

④ 金凤. 伟人之初：邓颖超. 杭州：浙江人民出版社，1997：23.

⑤ 黄黎扬、李治安主编. 川大附中校志：1908—2008. 成都：川大附中校志编委会，2008：69.

体育因此成为学校课程体系的重要组成部分，但是学校对体育的重视程度仍然存在一个过程。清末及民初的学校虽然有体操课程，却远不能满足儿童强身健体的需求，诚如四川大学附中的一位主任所言，“学校虽有体操一科，每周仅二三点钟，形式体操，不仅未体育本旨，反使青年学习干燥寡味，时生厌恶。”而直至五四运动以后的20世纪20年代，特别是“壬戌学制”确立之后，全国各地才普遍兴起对体育的重视，这一点可从许多学校首次开办校级运动会的时间来加以佐证。① 如在福建莆田第一中学，直至1920年学校才举行首届田径运动会②；安徽省立七中至1926年5月24日召开第一届校级运动会，直至30年代才将每学期召开一次全校运动会的政策固定下来，③等等。

就具体的情形而言，为保障儿童的身体健康，使他们有充分参与到体育活动之中的机会，学校制定了非常严厉的制度，设定明确的休息时间，强迫儿童在这个时间里走出教室，到室外参加各种运动项目，否则施以严惩，这包括课间休息时间、早操时间、体育课程时间和放学后活动时间（或课外活动时间）等。在课间休息方面，四川大学附中就曾明令学生一律退出教室，随意运动，或做游戏。④ 上海圣芳济学院在1923年时甚至规定，下课后教室一律锁门，全体学生一律到散心场（即操场）玩耍、运动。⑤ 上海工部局育才中学也同样如此，所有课间休息时间，三四百学生一律聚集在操场上，不管刮风下雨、严寒酷暑，等到上课铃声响起之后，才可排队依次进入教室。⑥ 当然也有学校将课间休息时间组织起来，引导儿童进行课间操运动，如上海立达中学自1925年更名为立达学园以来，连

---

① 黄黎扬，李治安主编. 川大附中校志：1908—2008. 成都：川大附中校志编委会，2008：69.

② 吴智园主编. 福建省莆田第一中学百年史稿（1906—2006）. 福建省莆田第一中学，2006：30.

③ 芜湖一中校史编纂委员会. 芜湖一中校史. 芜湖一中校史编纂委员会，1987：21.

④ 黄黎扬，李治安主编. 川大附中校志：1908—2008. 成都：川大附中校志编委会，2008：69.

⑤ 圣芳济学堂. 圣芳济学堂章程（中英合刊），1923（秋）：11–13.

⑥ 段力佩. 育才中学的历程. 见中国人民政治协商会议上海市委员会文史资料工作委员会编. 解放前上海的学校. 上海：上海人民出版社，1988：255.

续数年实行课间操制度，规定每日上午9：35—9：55的二十分钟时间里，学生必须参加课间操活动，并以点名计分的方式予以保障。[①]

在早操方面，许多学校也同样实行强迫政策，对儿童的缺席情况进行严格控制。譬如华华中学要求住宿学生必须参加15分钟的早操，由体育课指导老师带队指挥，倘若有无故缺席情形的，则施以严惩。[②]澄衷中学甚至发明出“早操定位法”，使学生不敢迟到或无故缺席出操。以下是这种方法的具体实施情形：

> 学校规定早操集合时，必须有固定的站立地位……认为“若地位不固定，则秩序即受影响……”。办法是在操场纵横壁面顶处，记有数字，以指示每一学生的站立地位，恰如算学上一点之位置，作为坐标，每个班级和每个学生的坐标，都在班级中的示意图上标明，使每个学生预先知道自己的坐标位置。每天早操时，学生能迅速而又准确地站立在自己的坐标位置上，有缺席或迟到者，不须经过点名，即可按图索骥，予以警告。[③]

但这种控制并非是不通情理的，在儿童有事或有病的情况下，仍可通过请假的方式避开早操。此外，为顾及儿童们的兴趣、调动他们的积极性，学校也会适时调整教材或操练方式。如上海爱国女中就规定凡住校学生均须出席早操，以适应女童身体的柔软操为主，并且每周更换一次；但自仲冬起到仲春止，由于天寒日短，所以将早操改为课间操，全体学生均要参加。[④]南洋模范中学的小学部和中学部，都规定住宿生必须于早晨6：20到操场集合，参加15分钟的早操训练，由训育处点名。凡因事或因

---

① 上海中等学校协进会各校概况，1933：6-7，转引自施扣柱. 青春飞扬：近代上海学生生活. 上海：上海辞书出版社，2009.

② 上海中等学校协进会各校概况，1933，第11-13页，转引自施扣柱. 青春飞扬：近代上海学生生活. 上海辞书出版社，2009.

③ 中国人民政治协商会议上海市委员会文史资料工作委员会编. 解放前上海的学校. 上海：上海人民出版社，1988：198.

④ 上海中等学校协进会各校概况，1933：6-7.

病不能参加的，便应向训育处请假。而教材则是每周或隔一周更换一次，由体育部编订公布。[①]

在体育课和课外活动中，这种严格的管理机制同样存在。如四川大学附中就曾明令每日午后四点半钟后，一律停止自习，让学生或学武术，或作游戏运动。[②] 马志华在回忆浙江省立杭州高级中学时，也指出当时学校有一个老规矩，就是每天下午必有一节课外体育活动，“那时候，学校没有电铃，也不用扩音机，上下课都吹号，课外活动时间一到就吹集合号，全校课业均停，人人走向操场，并且有体育教师亲自点名”[③]。福建莆田第一中学自1922年起也施行课外活动计划，规定每日下午30分钟做课外文体活动，要求学生于活动课内自由选择一项体育项目训练；且到了这些活动期间，教室里不准留下一位同学，还派体育组老师随时巡查。[④] 福建东溪国民小学也一样要求学生在每日下午正课完毕之后，走出教室自由选择参加活动，并由值日老师随旁看护和指导。[⑤]

工部局女中早操

课外活动的强迫还体现在运动项目的选择性上，而其目的主要是为了让儿童获得更均衡的发展。如上海大夏中学规定每星期每个学生必须至少

① 十年来之校务概述. 载于《南洋模范中小学10周年纪念刊》，第31页.

② 黄黎扬、李治安主编. 川大附中校志：1908—2008. 成都：川大附中校志编委会，2008：69.

③ 杭州一中. 杭州第一中学校庆七十五周年纪念册. 杭州一中，1983：145-146.

④ 吴智园主编. 福建省莆田第一中学百年史稿（1906—2006）. 福建省莆田第一中学，2006：67.

⑤《东溪学校校史》编委会. 福建省安溪县东溪学校校史（1917—2008）.《东溪学校校史》编委会，2008：11.

工部局女中体育活动

参加课外运动三次，且三次的运动种类不能相同。[①] 其他学校在选择性方面则要灵活和随意一些，如复旦实验中学在30年代时设有田径、越野、足球、小球、排球、篮球、网球、棒球、乒乓球等9种运动队，学生从中至少选择一队加入。爱国女中则设立球类运动、田径运动、国术三类，允许学生自由选择其中一项。[②]

在课外体育活动中，还会包括远足一项，其用意之一即在让他们通过长途跋涉、登山等方式继续加强对身体的锻炼。如东溪国民小学每学期都组织高、中年级出门春游和秋游，让他们锻炼行走、登山，并通过接触大自然来开阔视野。[③] 王廉善则回忆了自己在浙江省慈溪中学读书期间的两次远足："有一次到西方寺，记得寺外大路上铺的石板上都有精美悦目的图案。一次到附近山上野营，搭了帐篷睡觉，还自己生火做饭。印象最深的是去驿亭白马湖，在春晖中学吃午饭。景色秀丽，比慈湖又胜一筹。到春晖中学集中后，一些女同学立即被该校女生簇拥着到宿舍里去休息闲谈。我们男生则自由活动，这次白马湖之游，也使我久久难忘。"[④] 余姚诚意学堂也经常举办一些大型的课外郊游活动，让学生到野外呼吸新鲜空

① 上海中等学校协进会各校概况，1933：5，转引自施扣柱. 青春飞扬：近代上海学生生活. 上海：上海辞书出版社，2009.

② 上海中等学校协进会各校概况，1933：6–7，转引自施扣柱. 青春飞扬：近代上海学生生活. 上海：上海辞书出版社，2009.

③《东溪学校校史》编委会. 福建省安溪县东溪学校校史（1917—2008）.《东溪学校校史》编委会，2008：13.

④ 宁波市慈湖中学. 师古晓月：宁波市慈湖中学百年校庆纪念文集. 宁波市慈湖中学，2002：97.

气，增进身心的健康。[①]

但是在学生群体中，总有一些儿童专注于埋头读书，而不大喜欢运动，其运动技能上也比一般人为低，这些人被称为“老爷学生”。为了让这些“老爷”能积极参与到体育活动中来，当时的学校也是煞费苦心，除了购置体育器材、建设体育场所外，还颁发奖状奖品进行物质和精神的激励。如大夏中学在1933年时的运动场地已达到20余亩，包括早操场（1）、足球场（1）、网球场（12）、篮球场（5）、排球场（5）、棒球场（1）等，配有铁杠、平台、秋千、浪木、木马、滑梯等许多设备，在当时已是十分齐备和完整，但为了照顾那些不善于打球的“老爷们”，还是另寻土地开辟了一个供他们练球的场所。[②]复旦大学中学部则专门成立了“老爷足球队”，让那些不谙球技、水平相似的“老爷们”聚在一起，常常练习，彼此不至于挖苦取笑，不久之后，“校中负有老爷之名者，均弃往日之文弱，而见其赳赳之气象”。[③]

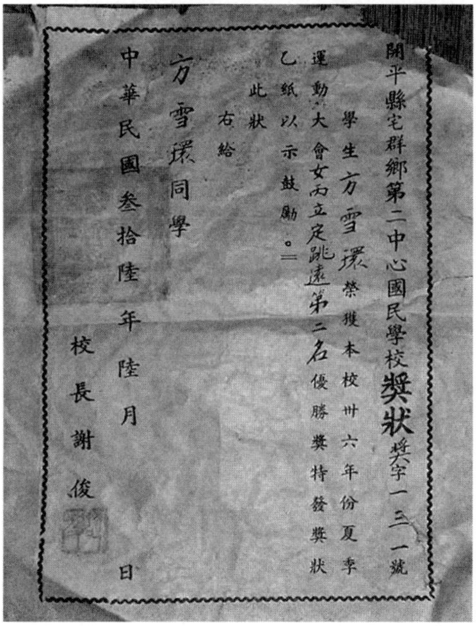
開平縣宅群鄉第二中心國民學校獎狀 獎字一三一號
學生方雪環榮獲本校卅六年份夏季運動大會女子立定跳遠第二名優勝獎特發獎狀乙紙以示鼓勵。
此狀
右給
方雪環同學
中華民國叁拾陸年陸月 日
校長謝俊

广东开平市宅群乡第二中心国民学校女子立定跳远奖状，1947年

学校对体育的重视，也体现在他们对体育设施和学生体育活动的支持上。部分学校尽管经济条件不宽裕，仍然愿意花大量经费兴建大量体育

① 华长慧等. 伟大的一生、不朽的业绩：杨贤江生平事迹简介. 北京：光明日报出版社，2005：14.

② 上海中等学校协进会各校概况，1933：5，转引自施扣柱. 青春飞扬：近代上海学生生活. 上海：上海辞书出版社，2009.

③ 金振淦. 复旦中学部体育会记略. 转引自施扣柱. 青春飞扬：近代上海学生生活. 上海：上海辞书出版社，2009.

务本女中网球活动

设施，为学生从事各类体育活动提供硬件上的保障；拨出预算频繁举办全校运动会；提供资助让学生参与到县（市、省）级运动会之中，甚至支持他们出差到外地打友谊赛。如湖南广益中学于1933年暑期，在经费已经捉襟见肘的条件下，仍挤出资金修建了一条200多米的环形跑道，将篮球场增至七对，兴建排球场、网球场各三个，足球场一个，还增设了器械、投掷等设施；学校还组织了篮球、排球、网球、田径、武术等代表队，参加省市各种体育竞赛。另据徐世蘅回忆，北京育英中学的李校长在体育活动上也是肯于花钱的，例如春秋两季全市运动会前一个月左右，允许运动员每天早餐免费吃鸡蛋，牛肉，喝豆浆；各运动队都有运动服，特别是篮球队还有一件毛线织的大毛衣，“这在当时来说是非常难得的”；“一次与志成中学足球赛，我到校集合晚了，球队已出发，前门朱大爷敢给我叫辆小汽车，赶赴先农坛参赛”。[①] 福建莆田第一中学每学期都举办一次校内运动会，自1931年至1949年共举办了30届，几乎年年都有；学校还组织校排球队、篮球队进行级组或校际间友谊比赛；学校还派田径队于1947年秋时远征福州、上海、南京三市，竟获得三战三胜的成绩。[②]

① 北京二十五中校庆筹备组、北京育英中学校友. 美哉壮哉我育英：北京二十五中建校一百二十六周年纪念（1864—1990）. 北京二十五中校庆筹备组，1990：10-11.

② 吴智园主编. 福建省莆田第一中学百年史稿（1906—2006）. 福建省莆田第一中学，2006：67.

上海圣玛利亚女中的学生在打篮球，摄于20世纪二三十年代

即使在硬件设施缺乏的情况下，学校也没有因此停止体育活动，而是因地制宜地创造条件，使儿童得以继续身体的锻炼。如据范学铭回忆，四川桂溪中学在没有很多体育器材的情况下，仍然非常重视学生的身体健康，早晨的健身操或跑步锻炼从不间断，没有游泳池就在校门前小溪中开展游泳活动，还创造了爬竿、铲草比赛、提水竞走等运动项目；下雨天则在教师周围阶沿上坚持课间操。[①] 20世纪三四十年代的广西蒙山中学的体育活动也受到器材缺乏、场地狭窄等不利条件的限制，但体育老师们能够从实际出发，因陋就简，因地制宜，仍然开展了丰富多彩的体育活动，如器械缺乏，他们就进行篮球、乒乓球和登山等活动；没有跑道，就把学生带到大街或公路上进行跑步训练，还经常组织球类、登山、越野等比赛。[②] 晋察冀边区光明小学也没有跑道设施，学生们有的沿街跑一跑，有的则一直跑到村外甚至村西的沙河滩去，以此作为清晨的跑步训练。[③]

三、社会活动

20世纪上半叶中国社会的文盲率极高，大多数成人不具备读写的基本技能，也鲜有机会接受继续教育，而中小学生作为当地具有相当知识水准

① 黄黎扬，李治安主编. 川大附中校志：1908—2008. 成都：川大附中校志编委会，2008：152.

② 江田主编. 蒙山中学校史（1924—1994）. 凤凰印刷厂，1994：31.

③ 曹连明. 晋察冀边区光明小学校史（1947—1987）. 晋察冀边区行政委员会教育处，1982：22.

的群体，常自愿担负起开启民智、普及教育的重任。他们或者利用各种科技手段，向民众宣传各学科的基础知识，如北京育英中学设立了一个无线广播电台，定期向远至天津方圆以内的城市和乡村播放有关音乐、科技、卫生、文学、史地等内容的节目①；保定同仁中学则买来十几辆自行车和四五架小电影放映机，有学生三人组成一个小组，轮流到学校周围一二十里的乡村义务放映，对村民进行科学和卫生常识的宣传教育②。或以开办夜校的方式直接辅导民众掌握文化知识，如在1937—1939年期间，广西蒙山中学的学生在县城各街道开办了“成人夜校识字班”，采取按班分片包干各街道的策略，积极开展教学工作，受到民众的热烈欢迎③；重庆联合中学的学生在抗日战争期间也办了一个民众夜校，教授附近居民、工人和农民识字、唱歌，并讲述抗敌救亡的道理④。此外，学生们还积极投入到其他社会公益活动之中，如保定同仁中学购置了一批铁锹、镐头等劳动工具，学生们组成修路小组，经常在课余从事修桥补路等活动，还专门推出适合于女生的劳动服务项目，赢得了社会广泛的赞誉。⑤苏州中学还建立了“苏中化学工厂”，向社会提供各类小工艺品，如墨水、学士霜、白玉肥皂、兰花肥皂、普通肥皂、小箱肥皂、洋烛、粉笔、麒麟牌蚊虫香、重制蒸馏水、各色面子皮等。⑥

社会活动的另一个重要方面则带有鲜明的政治色彩。当时的儿童普遍不忘国事，心怀天下，他们不满足于在课堂内掌握学科知识，以待将来成年之后报效国家，建设新中国，且积极走出校门，主动发起或参与到各种静坐、请愿、示威游行等政治活动之中，勇敢地发出自己的声音（甚至不

① 北京二十五中校庆筹备组、北京育英中学校友. 美哉壮哉我育英：北京二十五中建校一百二十六周年纪念（1864—1990）. 北京二十五中校庆筹备组，1990：1.

② 郑新芳主编. 河北保定一中百年校史资料汇编. 香港：天马图书有限公司，2006：341.

③ 江田主编. 蒙山中学校史（1924—1994）. 凤凰印刷厂，1994：25.

④ 校史办公室. 四川省重庆第七中学校（建校二百三十周年纪念特刊）. 校史办公室，1988：99.

⑤ 郑新芳主编. 河北保定一中百年校史资料汇编. 香港：天马图书有限公司，2006：341.

⑥ 苏州中学校史编委会. 苏州中学校史（1035—1949）. 苏州：苏州大学出版社，1999：238.

惜冒牺牲生命的危险），或反抗帝国主义对我华夏民族的欺凌，反对政府的卖国求荣行为，又或反对国民政府推出的一系列专制政策。对于这类社会活动，儿童普遍有积极的体验，最主要的是使他们意识到自己可以和成人一样，担负起作为国民的应有责任，为拯救中国贡献自己的一份力量。如柯灵在读小学五年级时恰逢五四运动爆发，于是在老师的带领下，和同学们一起上街游行、演讲、写标语。他们向社会上的一般民众讲述了日本帝国主义如何侵占我国主权，北京政府如何准备在不平等条约上签字，北京学生如何火烧赵家楼、痛打卖国贼，最后却遭到残酷迫害等事件，有效地唤起了民众作为国民的良知，而和学生们一起举臂高呼“打倒日本帝国主义”“严惩卖国贼”等口号。而柯灵则一直提着一桶墨汁，走到哪里，就在哪里的墙上刷上“勿忘国耻”四个大字。虽然慷慨激昂地喊了一整天，喉咙都喊哑了，手和衣裳上也都沾满了墨汁，变得脏兮兮的，但柯灵非常开心，因为他突然觉得自己不再是家中那个小可怜儿，而变成有作为的男子汉大丈夫了。[①] 李志民在甸溪高小读书期间，也经常跟着老师一起参加集会、示威游行、公众演讲和宣传“抵制日货”等活动。每年的5月7日至9日（袁世凯与日本帝国主义签订《二十一条》的时间）“国耻日”期间，学校都会举行“国耻纪念大会”，会后便集体游行到高坪、石湾等地。“游行队伍前面高举着象征‘五族共和’的红、黄、蓝、白、黑五色国旗和白色校旗。接着，是我们军乐队（我是军号手）和游行队伍。游行队伍沿途高唱《国耻纪念歌》，高呼‘打倒帝国主义！’‘打倒军阀！’‘打倒卖约！’‘国贼！’‘取消不平等条’‘毋忘国耻，复兴中华！’‘抵制仇货’等革命口号。”[②] 宋任穷在金江高级小学读书时，每逢五月，就会跟着老师到普迹镇街上游行示威，“我们举着小旗，高呼打倒帝国主义、反对不平等条

① 姚芳藻. 柯灵传. 上海：上海教育出版社，2002：18.
② 李志民. 李志民回忆录. 北京：解放军出版社，1993：28–29.

约等口号”[①]。蒋经国在上海浦东中学读书时，也和其他同学一起走出课堂，参与到反帝示威游行的活动之中。[②]

儿童们这些正义的呼声很少能为学校和执政当局所容忍，后者常会出面干预，或派出警察公开镇压，或对参与学生施行严厉的惩罚。这些成人显然没有因为参与者是年龄较小的儿童，而展现出特别的恩慈，减弱他们的制裁力度。但部分儿童也没有因为自己尚未成年，放弃他们影响成人社会的可能力量，而是与这些敌对势力周旋到底，努力取得斗争的胜利。如在1919年，在宁乡县玉潭高等小学堂就读的刘少奇和其他同学刺破自己的手指，在白纸上写下“誓雪国耻，勿忘国耻”八个大字，并在有关老师的支持下，走出校门，联络县城里的其他中小学，走上街头，开展声势浩大的爱国宣传活动。他们手举着“外抗强权、内除国贼”“不做亡国奴”等各色小旗跟在各校校旗的后面，沿途不断高呼“坚决取消二十一条”等口号。而走在本校同学最前面的，就是身背“毋忘国耻”牌子的刘少奇。但是儿童们的这些爱国行动，引起了宁乡县顽固势力的极大不满。不久他们便公开采取了镇压行动，甚至污蔑学生游行是扰乱社会治安的行为。学校当局迫于无奈，只得贴出布告，明令予以禁止。[③]杨宪益在初三和高一时也曾带头罢课以纪念“五卅”等惨案，罢课那一天全体学生拒绝上英国老师的课。当时刚任校长不久的黄佐临和罢课领袖杨宪益当面交涉，希望他们不要罢课，并警告杨宪益，如果坚持罢课就会处分有关人员甚至开除学籍。但杨宪益拒绝了他，罢课如期进行了，使学校那一天基本上处于全面瘫痪状态。事后学校当局非常恼火，但很奇怪的是，他们并没有开除任何学生，只是扣了一些罢课参加者的操行分数，对罢课领袖杨宪益更是什么处分都没有。杨宪益自己说这是因为罢课学生中有不少人系出名门，而他

① 宋任穷. 宋任穷回忆录. 北京：解放军出版社，1994：6.

② 王金海，佐恩. 蒋经国全传. 长春：吉林人民出版社，1989：14.

③ 金冲及. 刘少奇传（上册）. 北京：中央文献出版社，1998：11.

家在天津也颇有地位，所以学校拿他们没办法。[①] 同样是1919年，在得知北京学生的爱国行动之后，江苏省立第一师范学校的学生马上在大会堂集合，一致决定立即罢课响应。但校方却用高压手段意图阻挠学生的义举，激起了学生们更大的愤慨。学生杨松年登台宣誓：如不罢课，今晚自杀，以醒示国人，教育同胞。最后校方在学生的强大压力下被迫表示：学生罢课与否，校方不加干涉。[②] 但史良她们的政治行动却经历了较多的挫折，在经过不屈不挠的斗争之后才取得了最终的胜利。事件发生的时间也是在1919年，常州女子师范学校的学生们为了支援北京学生的爱国运动，也发起了规模庞大的罢课运动。当时常州（武进县）的几所中学相互联合，成立了全县学生联合会，史良则担任该会的副会长和评议部主任。学联成立后立即发表了罢课宣言，很快地实现了全县的罢课；接着他们又成立了许多宣传队，分别到工厂、农村去做宣传，呼吁大家抵制日货。但这些行动触动了县府的官员和士绅，他们试图通过停办中学这个办法来扼杀学生运动。然而学生们并没有屈服，他们分别找到校方、劝业所评理，最后还到知县府前抗议，指名要知县出门接见。在知县始终不肯露面的情况下，学生们还与轮岗的士兵发生了冲突。到了晚上，县知事竟把史良的父亲绑到县衙来，声色俱厉地威胁其父把带头闹事的史良领回家，后来被学生发现，遭到学生们的集体痛斥。最终，在强大的学生队伍面前，县政府只好收回停办学校的命令。[③]

四、结语

20世纪上半叶的中国儿童，在校园业余生活方面是相当丰富多彩的，这使学校在一定程度上成为他们所喜欢的乐园，而非进行压迫性学

① 雷音. 永远的求索：杨宪益传. 香港明报出版社，2004：33.

② 苏州中学校史编委会. 苏州中学校史（1035—1949）. 苏州：苏州大学出版社，1999：51-52.

③ 史良. 史良自述. 北京：中国文史出版社，1987：4-5.

习的监狱。其中课外学习活动是儿童业余生活的主旋律，他们组建了许多研究性的学术组织，从事大量正式与非正式的研究活动，甚至将成果以墙报、刊物的形式呈现出来，还积极投入到校级、市级乃至省级的学科竞赛中，充分表明了他们热爱学习、乐于钻研学问的积极心态。此外他们还热衷于组织并参与各类娱乐、体育和社会活动，既不忘全面发展自己的素质，也不忘对整个社会的改造。所有这些业余活动的推行，都与学校领导和教师的支持或直接指导密不可分，当时许多学校都愿意主动投入人力、资金和时间，呵护儿童的身心健康，帮助他们实现个人的全面发展，而没有把升学作为学校教育一切事务的导向，而这正是新式学校相对于私塾的进步的方面。

但是我们也应注意到对儿童业余生活的支持力度实在是因校而异的，在文中所列举的学校只是代表了那批在当时具有革新精神和一定知名度的城市学校，而广大偏远地区以及乡村地带的学校，很可能会因资金缺乏、教师质素低等各种因素，而继续将儿童“捆绑”在课堂学习之中。即便这些城市学校，对丰富儿童业余生活的必要性的认识也只是五四时期及以后的事，而并非自清末即有。此外，儿童在开展业余活动时，在根本上仍受到成人的监督和控制，特别是当儿童为追求精神自由和社会的解放而采取一些挑战学校权威和主流意识形态的行为时，学校中的成人往往是站在儿童的对立面，和外部势力相互勾结，一起消减甚至取消儿童的力量，而不是将他们视为可以且应当发挥影响力的个体，维护他们的应有权益。所以近世的学校对中国儿童而言仍不能算是一个理想的生活园地，以儿童为本位来改造学校依然任重而道远。

结论与建议

一、基本结论

（一）五四时期并不完全是童年的发现期

本书的研究指出学校教育领域儿童观的演进，并不是呈直线状单向度向前发展的，而是被拆成多条曲线以不同的进度一齐演化的。这多条曲线虽然都存在一个转折点即“童年的发现”，但这种转折并不是突发和革命性的，而是在继承前代成果的基础上逐渐进化而成的。这些转折点所处的时间段，有很大一部分落在五四时期（1915—1927），但也有相当部分属于例外的情况。这里的例外指的是，学校教育的某些方面在五四时期之前即已意识到童年的价值，注重童年的特性，或开始将儿童和成人区分开来，重视儿童自身的权益等，而另外一些方面则是在五四时期之后才开始浮现这种现代儿童意识（这个时期可能超出本研究所论时期之外，甚至在当代都未能完全实现），因此将五四时期整体断定为中国儿童的发现期并不符合历史事实。

如就20世纪上半叶儿童的受教育状况言，对儿童推行义务教育的观念早在19世纪末即已在东西洋留学生、知识分子和官员中间流行，早期的学制如“壬寅学制”（1902）和“癸卯学制”（1904）都在法律上确认了普及义务教育的必要性，五四时期的教育界人士对义务教育的讨论和关注超过了前代，但除了拟定以儿童为本位的新学制外，并没有就义务教育本身取得突破性的进展。对义务教育的认识自始至终都主要是从国家本位的视角出发，关注的是它对国家建设、民族振兴和政权巩固的意义，只有少数学者才同时注意到它对儿童生存和发展的关键价值，虽然这种价值仍是附属性的，没有证据表明五四时期的学者特别关注义务教育对儿童的意义，甚至将它上升到更本原的地位。同时，义务教育长期以来被视为是国家、家长和儿童的共同义务，对家长的强迫机制一直局限在奖励和劝导的层面，没有制定出任何实际可行的惩罚机制，甚至没有真正动用国家机器去实施严格的惩罚，使义务教育的普及一直没有取得显著进展。直到20世纪30年代才陆续有学者意识到受教育是儿童的一项权利而非义务，国家、社会和家长应各尽全力予以保障；地方和中央政府才纷纷成立强迫入学委员会，并制定出详细的可操作的强迫条例，使家长送孩子入学，再加上中央及各省仿效山西施行推广义务教育的阶段性策略，使义务教育的普及率在全国各地均稍有提高。

在学前教育课程改革领域，依据幼童的兴趣而设计的游戏、唱歌、谈话、手工等区别于小学生的课程，早在清末的“癸卯学制”（1904）中便有鲜明的体现，并自那时被列为幼稚园的核心课程；但直到1932年《幼稚园课程标准》公布后，政府才在总体规定的基础上，在教育原则、实施方法等方面亦做出明确说明，使上述课程的地位得到更进一步地巩固。与此同时，从清末以至于五四时期，中国各地幼稚园普遍实行的是如小学一般的“团体授课法”，直到20世纪20年代末和三四十年代，学者及幼稚园的实务工作者们才开始意识到个别教育的重要性，并在理论上和实践中发展出多种实施个别教育的可能路径，不仅应用于课堂教学，且影响到了教材的设计与选用。

在中小学课程改革的许多方面，五四时期也不占据绝对高潮的地位，它所取得的成绩也是建立在前代经验的基础上的。如自“壬寅学制”以至“壬子癸丑学制”，根据儿童注意力不能持久的特点，政府已经多次下调每周授课时间。在课程安排上，清政府早已意识到不同儿童存在学科学习的偏向，因此首度推行“文实分科制”；男童与女童之间的差异也深刻体现在清末民初政府的课程文本中。同时，有些课程改革的难题并没有在五四时期得到彻底解决，一直遗留到20世纪三四十年代，甚至到中华人民共和国成立之后。以读经科为例，这门课程无论在目的、内容还是在方法上，都透露着反童年的特点，清政府为维护其专制统治将其视为最重要的课程，但无论是民国初年、五四时期还是之后的20世纪三四十年代，尽管教育部的条文和民间学者都曾多次站在儿童的角度，深度抨击这门课程并力主废止，但这门课程依然在政府及有关人士的推动下屡屡返回小学课程表中。在训育课程的改革方面，清末以至于五四时期，虽然在官方文本中都有提到结合儿童生活实践的必要，但都未能发展出实际有效的训练方法。直至国民政府时期，伴随公民训练科的出现和《公民训练标准》的公布，学校才开始摆脱以讲授法为主的格局，使儿童获得了许多机会实践道德的原则。

在对学生的管理方面，20世纪上半叶，私塾时代的先生凭借主观意志和个人喜怒哀乐管理学生的模式逐渐被一种全面、规范、有章可循的现代学校管理体系所取代，但这个转变并不始自五四时期，而是自1904年“癸卯学制”的颁布。这个学制通过《奏定各学堂管理通则》，在斋舍、讲堂、礼仪、操场、放假、实验室、赏罚等各方面都率先制定了详细的条文，后来北洋政府颁布的《学校管理规程令》和国民政府制定的《训育纲要》等都是对这套管理系统的继承和发展。对儿童体罚危害的认识，也并非是五四时期的特产，早在《钦定小学堂章程》（1902）和《小学校令》（1912）中，政府即已有废除体罚的决心和意识。而就儿童自治事业来说，知识界对这个观念的关注最早可追溯至梁启超的“新民说”（1902—

1906），清末时期的官方文件对儿童自治鲜有提及，但当时建立的许多学堂却都已开始尝试设立儿童自治机关。这些方面也都说明五四时期不一定是现代儿童观念形成的原点，五四之前的中国教育界在相当程度上已经具备了这些现代化的意识。

但本书的分析也同时表明五四时期至少在某些方面，仍可当之无愧地被称为中国童年的“发现期”。这里的发现意味着只有到了五四时期，某些领域的儿童观才出现转折性的变革或突破性的进步，尽管这种变革仍然与前代所积累的成果息息相关，但已与前代有了根本上的不同。这种发现并不意味着人们的儿童观念已经达到了顶峰，从而封闭“后五四时期”进一步发展的可能性，而仅仅意指一种崭新的开端，标志着中国儿童史从此进入一个新的纪元。如针对中国童工的保护意识，虽然自19世纪末即已存在，但从法律上予以加强的趋势（即立法运动）却始自五四时期，当时全国各地诞生了一大批关注童工问题的杂志和著作，中央和地方政府也纷纷颁布各项保护童工权益的法律，一意督促各工商业机构限制对幼龄儿童的招募，减少童工的工作时间，并提供必要的教育机会以保障儿童的读书权。依据幼童的特性而设立区别于小学的幼稚园，也是自五四时期才得到教育界人士的广泛认可并在实践中施行的，而在此之前，教育界普遍“以日为师”，幼稚园的课程设置一律向小学看齐。而对儿童经验的重视，并将之视为课程设计与发展的核心原则，也是五四时期儿童本位观念流行的产物，并一直影响到20世纪40年代末。在此之前，无论是精英阶层还是公私立幼稚园的教师，对此只有十分粗浅的认识，没有转化为实际的教育行动。中小学的课程改革也反映了类似的规律。如以儿童的身心发展规律为标准来设计学校系统，划分中小学各学段，乃是自五四时期才开始。将儿童每日和每周的授课时间缩减至历史上的最低点，也是在五四时期。为女童提供与男童完全平等的教育机会，是自民初开始，直至“壬戌学制”之时才得以实现。对儿童体育锻炼的重视，以致竞相举办各类运动会和竞赛也始自20世纪20年代。

（二）中国儿童史是延续与变革的统一体

本书的研究进一步表明中国儿童史的发展线索是延续与变革的动态统一，这意味着中国儿童史向人呈现的乃是一幅不平衡发展的图景，因为对儿童的观念在社会各阶层之间的演化进度是不同的，精英阶层（政府与知识分子）往往是时代潮流的创造和维护者，他们在对儿童的认识上常常超前于同时代的其他人，而普通民众则是被动的存在，其中只有极少数先进分子会主动顺应时代的潮流，但大多数则会表现出对这股潮流的不了解、恐慌乃至抵制。因此两个阶层之间常会存在明显的鸿沟或断层，普通民众的儿童观总是滞后于精英阶层的前进步伐，也就是落后于整个时代的发展趋势。

例如在儿童入学事宜上，尽管政府颁布法律并出台多项政策，力主保障儿童的受教育权，稳步推进义务教育，但事实上中央及各地政府常常以支援战争、巩固统治等为由部分或全部挪用教育经费，使担负普及教育责任的学校难以正常运转，也使那些经济贫困的家庭难以获得必要的资助以支持孩子上学。同时，虽然各级政府屡次强调家长应担负起送儿童上学的义务，否则要受到严厉的惩罚，但中国家长常常基于各种理由、以各种方式故意剥夺孩子的受教育权，如将孩子安排到商店或工厂打工，将女童送到别人家里当童养媳，把男童留在家里全职从事劳动等。在许多案例中，家庭经济的贫困虽然是一个不可忽视的因素，但它并不能起到决定性的作用，家长自身对儿童读书的不重视、教育投资上的严重不足才是儿童失学的更重要原因。而在童工权益的保护上，虽然自五四时期开始各级政府和各地工厂就纷纷颁布各项法令，减少儿童的工作时间，主动创造条件为儿童提供受教育的机会，但这些善意的法令在大多数情况下只能沦为“一纸空文”，没能对现状产生足够的影响力。而且许多企业主更从自身利益出发，公然要求修改以上法案的部分乃至全部条款，意图使他们对儿童的不合理剥削继续合法化，否认包括受教育权在内的儿童权利；因此童工的处境在现实中并没有因立法保护运动的推行而得到显著地改善。

在学校管理领域，从最初的《钦定小学堂章程》（1902）到民国末年的《国民学校及中心国民学校规则》（1946），都明确反对向儿童实施任何形式的体罚，但事实上仍有相当多的学校和私塾坚持将体罚作为管理儿童的核心手段之一，特别是在乡村地区，他们实施体罚的方式和条件，在很大程度上严重侮辱了儿童的人格，侵犯了儿童的权益。在课程改革方面，尽管五四时期及之后的中国学者已经意识到学前教育与小学教育的不同，主张依据幼稚生的禀性创设独特的幼稚园课程，但一般民众和少数教育者对于学前教育，仍以小学教育相待，送孩子入幼稚园的主要目的，在他们眼中，仍是读书识字；他们也认为幼稚园的课程不能独树一帜，而与小学课程彻底断裂，这样就会不利于儿童的升学。另外，虽然私塾时代以讲授法为中心，以死记硬背为主要学习方法的模式受到官方和教育学者的广泛批评，但该模式在很长一段时期内仍然流行于很多现代中小学中，甚至是在推动教学改革最为活跃的五四时期。

说中国儿童史是延续与变革的动态统一还有另一层意思。西方儿童史在早期的“黑色传说派”那里普遍被视为是一场革命史，虽然不同学者对发生革命的时间节点有不同的意见，但他们都认为存在这样一个转折点，标志了西方儿童史开始摆脱黑暗时代而进入现代化的阶段。中国儿童史学界也存在这样一种“黑色传说”的倾向，他们普遍将五四时期视为中国童年的发现期，而把在此之前的中国社会描绘得“一团漆黑”。与西方后来的“浅灰色派”的作品一样，本书的研究也表明中国儿童史绝不是一部革命史或进化史，五四时期虽然在很多维度上取得了突破性的进展，但这些进展并不是“空穴来风”，而总是以前代的经验为基础的，我们无法在五四时期和前五四时期之间划上绝对的界线；同时，这些进展并不一定会在后世得到很好的保存与发展，事实上，国民政府时期的中国社会在很多方面都没能继承并发扬五四时期于儿童观上所取得的宝贵成果，因此中国儿童史呈现的是一种螺旋形上升的复杂态势。

五四时期可以说是中国儿童自治事业的鼎盛时期，儿童的自治权益得到包括国共两党在内的整个社会的尊重和保障，学生所掀起的抗议运动也常能取得积极的成果。但国民党政府为消除自治组织对自身统治的威胁，从20世纪20年代末期开始便一直在增加对儿童自治团体的限制，从不允许其干涉学校与国家的政务，到必须接受国民党的领导和学校行政人员的控制，儿童的自治范围不断在缩小，而成人的控制范围却在不断扩大，最终使儿童自治组织沦为学校管治儿童而非儿童实现自我管理的机构，从根本上背离了自治的宗旨。中国共产党对儿童自治的态度也呈现出类似的趋势，在与国民党、日本帝国主义的战斗中，中国共产党积极发展儿童自治组织，充分赋予儿童各项自治权益，不允许成人随意干涉，但到了解放战争的后期，许多解放区开始收缩儿童自治组织的权限（如完全排除儿童参与校政的可能性），自治组织的管理模式也开始由儿童自己管理自己转变为教师民主地管理儿童。

同时，五四时期也实现了修身科向公民科的过渡，公民科的教学内容基本上体现了共和社会自由、民主、平等的精神，彻底否定了封建专制时代的道德原则，也鲜有对儿童进行意识形态的控制。但自国民党掌权之后，伴随蒋介石发起的“新生活运动”（1934—1949），封建时代的道德观念重新进入到公民科中，对儿童的道德训练也达到了空前严密和细致的程度，因此儿童的思想自由事实上受到了极大的限制，他们被牢牢控制在国民党的意识形态系统之下。在安排授课计划方面，清末和民初的学制已经呈现出逐渐减少的趋势，彼时实行的钟点制在五四时期被更贴近儿童学习特点的分钟制所取代，在中学阶段开始推行的学分制和选科制，又使儿童享有自己安排每日每周学习时间的权利，这些都是具有历史开创意义的改革；但到了国民政府时期，不仅教学时间有重新被提高的趋势，且学分制和选科制也一度被取消。此外，为保障女子享有平等的受教育机会，并接受同等质量的课程与教学，五四时期的教育学人在中小学建立起一套不分性别的单轨制学校系统，但到了国民政府时期，这套机制并没有得到延续和继承，独立女子中学或女子班的设立，使双轨制在中学得以复活。

（三）儿童是有力量的社会行动者，且揭示过去儿童的声音是可能的

受20世纪70年代开始兴起的儿童社会学的影响，当前的儿童研究已经抛弃过去那个无力量的、脆弱的、被动的儿童形象，而将儿童定位为积极的、有创造性和影响力的社会行动者，开始把儿童从被研究的对象（research on children）提升为研究的伙伴和参与者（research with children）。这种新的取向表明任何一种形态的社会都不是仅凭成人的力量单独建构的，而是由儿童和成人共同创造的，因此20世纪上半叶现代儿童观念在学校教育领域的兴起，不仅仅是成人突破自身意识的局限，主动关心儿童福利的结果，且同时是儿童在与成人的互动中积极抗争、克服障碍的结果。从本研究所涉及的传记史料中可见，这段时期的中国儿童作为一个社会群体已经觉醒并崛起：一方面，他们对自身的处境有很清醒的认识，不愿意甘心等待成人“良心发现”，主动赋予他们应有的权益；另一方面，他们善于利用各种有利因素，动员周边各式成人来为自己的目的服务，实现自我赋权。

例如在入学事宜上，儿童中真正愿意放弃自己学业的人实在是微乎其微，大多数人都明确地认识到受教育对自身前途的重要性，并通过各种努力意图化解读书之路上的各种阻碍。在劳动与受教育之间的关系上，很多儿童都能合理分配自己的生活时间，将干活与学习很好地融合起来，如采取半日读书、半日劳动的方式，即便是处在每日劳动时间达到十几个小时的情况下，也有儿童挑灯夜战，或参加夜校，或晚上把自己关在房间里努力学习。面对经济上的困难，许多儿童通过对各类学校收费情况的权衡，最终选择那些自己家庭能够承受的学校，在父母无力供应读书时，他们或通过勤奋学习博取全额奖学金，或采取半工半读、勤工俭学的方式，使自己一人承担学习的一切费用。面对家长的重重阻挠（如逼迫他们早婚，将他们送入商店或工厂劳动等），儿童没有向父母屈服，而是坚定上学的决心，以离家上学、自我虐待甚至自杀威胁来迫使父母改变主意，充分显示了他们强大的力量。儿童也善于借助成人来扩展自己的力量，他们积极动员家族内除家长外的其他亲人，使其或做父母的说客，或直接给予他们资金上的援助；他们也以自身在校的杰出表现，赢取教师或教育机构行政官员的赏识，使后者主动帮助儿童申请奖学金或助学金。凡此种种，皆表明中国儿童已意识到受教育是自己的基本权利，自己有责任也有能力去捍卫这种权利。

又如在学校管理领域，私塾先生和学校教师都曾对儿童施行严厉的惩罚，体罚在这些新旧教育机构中一直占有重要地位，且很多案例中的体罚是在不顾事情的原委，忽视儿童的尊严和权益的情况下发生的。但在面对这些逆境时，儿童并没有采取逆来顺受的态度，而是从捍卫自己尊严和权益的角度出发，予以坚决回击和反抗。他们有时会采取消极的策略，如选择逃学乃至退学，彻底避开学校的惩罚；有时则采取相对积极的行动，如完全遵守学校规定，取得优异成绩，以博取教师欢心，规避惩罚的可能性；有时甚至会采取相当激进的行动，如维持并强化已有的犯规行为，故意摆出不服从教师指令的架势，或在教师惩罚的同时，毫无顾忌地予以正面反抗，不惜发生直接的肢体冲突，抑或在惩罚事件发生后，对教师进行报复。这种种反抗的行为，尽管往往同时会对儿童自身的利益构成损害，却有助于学校的管理政策向更尊重儿童意愿、尊严和权益的方向转变，营造更和谐的校园文化环境。

与此同时，20世纪上半叶的学校经常会发生贪污公款、对儿童处置不公、教学质量低下的现象，但儿童并未因此“束手待毙”，而是在自治组织的框架下，积极发动各种类型的学生运动，以捍卫他们的合法权益。他们一般采用以下三种策略，着力确保各类抗议运动的成功：①坚定抗争到底、决不投降的决心，与校内成人展开针锋相对的持续斗争；②收集校方侵犯儿童权益的确凿证据，使儿童的抗争站在公平正义的基础上，迫使校外包庇势力无所作为；③积极争取校外有识之士及民众的支持，造成有利的社会舆论，形成对校方的压力。儿童的这些抗议活动，虽然不一定能取得最终的成功，但都会生成一种影响的因子，使校内外成人不能小觑儿童的力量，不敢毫无顾忌地践踏儿童的权益，并进一步使他们中的某些人转变教育政策，改变他们陈旧的儿童观念。

此外，借助自传、他传、传记文学、口述历史、年谱、回忆录、校史等史料，全面揭示儿童在学校中的存在性体验和他们对学校教育的认知，是完全可能的。在回顾近代儿童的学校教育生活时，研究者发现并不是所有的儿童都有反抗成人的历史，其中有不少叙述者仅仅着意于儿童对这种生活的直观体验。在本书中，此种体验主要体现在以下几个方面：一是在入学事宜上，很多儿童因为家庭经济的困境而失去了求学的机会，所以普遍有失落、无奈的情绪，亦有儿童为减轻家长负担，毅然选择外出打工；另一些儿童虽然成功进入了学校，但眼见家里人为此承受巨大的经济压力，便以勤奋苦读、加倍努力，直至取得好成绩，来报答父母亲人的恩情。二是在私塾和现代学校的规训方面，儿童普遍对教师的各种处罚（尤其是体罚）有极负面的情绪体验，甚至酿成终身的心理创伤，因为这些处罚不仅在方式上相当毒辣、野蛮，不顾及儿童的身心健康，在实施过程中也常不问是非轻重，罔顾儿童的学习规律和尊严，且家长总是站在学校的一边，而使儿童处于更加不利的境地，所以叙述者对这部分学校生活常在印象上特别深刻。三是在私塾和现代学校的学习生活方面，儿童普遍对私塾的学习模式感到痛苦和不满，而对新式学校的体验则总体上是积极的，因此基本不愿意再返回到私塾中去学习。在新式学校中，尽管以讲授法为中心的授课模式和死记硬背的学习方法仍广泛存在，但依然有相当多的教师愿意采用新的教学方法，尽力提高儿童的学习效率，增强儿童对学校生活的归属感。譬如熟练运用板书，并借助多种实验器材和现代科技手段，促进儿童对学科知识的理解；又如推行“自学辅导主义”，给予儿童更多的自学时间，鼓励他们发表独立的见解；再如将学科知识以生动有趣的方式呈现出来，使学知识的过程成为一种享受；等等。不过那时候学校对学习成绩和考试选拔特别重视，对学生的要求多较严格，而使他们终日忍受沉重的学习压力，不得不通过“开夜车”等方式来赶上进度；严格的考试制度和对平时成绩的重视，更使儿童总是处于临考状态，影响了他们对童年生活的享受程度。四是在学校的业余生活方面，儿童普遍热衷于将学术研究从课堂拓展到课外，从组建和运转学术组织、创办学术刊物到参与学科竞赛等，都反映了他们强烈的学习热情。他们也积极投入到各种娱乐、体育和社会活动之中，而使自己的学校生活显得丰富多彩。

不过以上所提史料在揭示这几类生活体验方面并不具有同等程度的效力。以第一人称叙述的史料，诸如口述历史、自传、校志中的校友回忆录等，可信度最高（当然，他传一般也具有较高的可信度，因为他传也基本依据自传性的信息写成），对童年的生活也都有比较详细的描述，但由于这些史料皆属于回溯的性质，成人于回忆过程中，不可避免地会存在信息错误，为给自己或学校制造一个“好”的形象，或刻意回避某些事件，或扭曲某些事实。因此，要充分发挥这部分史料的效力，必须注意鉴别并切除那些有夸大其词、刻意扭曲的成分的资讯，并尽可能使用多个描述同一人物的传记性文本，来验证其中信息的真与伪。年谱和传记文学也能揭示一些可堪利用的信息，但前者大多过于简略，只是对每年发生的事做一种流水账式的回顾，少有具体的体验性资料，而后者虽然细节丰富，但以一种文学故事的笔调撰写，必已减损信息的真实度，只能配合其他史料斟酌使用。比较可惜的是，为西方史学家如琳达·波洛克、任迪·久崴等所珍视的儿童日记、成人日记等史料，并没有在本书中得到利用，主要是因为本时期的儿童日记仍不多见，不易收集，而成人日记则多是对成年之后生活的回忆，鲜有童年学校生活的专门篇章。但是日后如果要更深刻地揭示家庭、社会环境中儿童与成人的复杂关系，这部分史料无疑具有重要的价值。

二、对当代中国学校教育的反思和建议

（一）义务教育方面

实施义务教育的根本目的，在20世纪上半叶是为了挽救民族危亡、强盛国家实力，以彻底脱离被东西方帝国主义国家欺凌的历史，并使中国人民重新站立起来。这种将儿童视为国家兴亡的关键，将他们训练成为国家繁盛之工具的观念，虽然是国家寻求解放和推进现代化进程的需要，但也在相当程度上有故意操纵儿童、把儿童当作可塑造的原材料的嫌疑。在当代中国，推行义务教育的目的依然与“国家本位”的视角紧密联系在一起，而这个国家变成了社会主义新中国，因此推行义务教育本质上是为了巩固和发展既有的社会主义事业，将每个儿童锻造成为合格的“社会主义建设者和接班人”。如《中华人民共和国义务教育法》第三条规定，“义务教育必须贯彻国家的教育方针，实施素质教育，提高教育质量，使适龄儿童、少年在品德、智力、体质等方面全面发展，为培养有理想、有道德、有文化、有纪律的社会主义建设者和接班人奠定基础”。《中华人民共和国教育法》第四条规定，“教育是社会主义现代化建设的基础，国家保障教育事业优先发展”。第五条规定，“教育必须为社会主义现代化建设服务，必须与生产劳动相结合，培养德、智、体等方面全面发展的社会主义事业的建设者和接班人”。

应当说，义务教育作为国家设计的一套制度，国家有权利也必然会要求义务教育产生于己有利的实效（即人才），因此义务教育在被引入中国之初以及在当代，其中“义务”一词的主体都包括国家、家长与儿童。当

然，无论是20世纪上半叶的中国，还是新时代的中国，都已明确意识到受教育是儿童的一项权益，而且相比过去，当代中国在更多的官方文件中对这一权益进行了肯定。如《中华人民共和国未成年人保护法》（2006）第三条就规定，“未成年人享有受教育权，国家、社会、学校和家庭尊重和保障未成年人的受教育权”；《中华人民共和国义务教育法》（2006）第五条也规定，“各级人民政府及其有关部门应当履行本法规定的各项职责，保障适龄儿童、少年接受义务教育的权利”。

当代中国在法律上非常强调受教育既是公民的权利，也是公民的义务。如《中华人民共和国宪法》（2004）第四十六条和《中华人民共和国教育法》第九条都规定，“中华人民共和国公民有受教育的权利和义务”；《中华人民共和国义务教育法》第四条也规定，“凡具有中华人民共和国国籍的适龄儿童、少年，不分性别、民族、种族、家庭财产状况、宗教信仰等，依法享有平等接受义务教育的权利，并履行接受义务教育的义务”。

义务教育的推行从一开始便具有强迫的含义，这种强迫主要是针对儿童的家长而言的。中国家长自古以来就视孩子为自己的私产，是否送孩子上学以及让孩子受多久的教育都属于家长的管理或决策权限，而不是一项必须被保障的儿童权利，因此他们认为基于各种主客观的因素，让孩子辍学乃至失学都是情理之中的事，不应该被追究任何法律责任。这些因素或理由在多数情况下是经济上的贫困，无论是送孩子入工厂当童工，入商店当学徒，还是逼女童早婚，基本上都被人们归在这个名目之下。基于这种理由的失学从表面上看是可以成立的，而且也为社会舆论所支持，但问题的关键在于解救家庭的经济危机或维持生活的基本水准是否必须以牺牲儿童的学业为代价。本书的研究指出，20世纪上半叶很多家长把孩子送到工厂或商店全职工作，或把他们留在家中全职参与农业或其他劳动，或把女童送到其他家庭当童养媳等，都与家庭的经济水平没有必然的因果联系，而更多地反映出成人以自身或家庭利益为中心的心态。很遗憾的是，这种心态一直延续到当代，透过许多法律案件和媒体报道，当今中国的少数家长依然在各种理由的掩护下继续阻止孩子求学，他们对儿童受教育的观念并没有随着时代的进步而有翻天覆地的变化。一方面，当代家长依旧认为孩子是他们的个人所有物，供不供孩子读书是家长的权利，而不是他们的义务，政府和法院没有“权利”干涉家庭的私人事务[①]；另一方面，部分地区尤其是经济落后地区弥漫着一股较严重的“读书无用论”腔调，职业竞争的加剧使拥有高学历的毕业生难以在短期内回收较高的成本投入，部分农村家长省吃俭用、“砸锅卖铁”供孩子上学，但孩子大学毕业后常常找不到好工作，待业在家或只能从事一些低收入的职业，这种投入与产出不平衡的状态让他们心灰意冷，于是早点把孩子派出去打工成为他们更为普遍的选择[②]。

当代中国的法律已经逐渐把义务教育打造为一种完全免费的教育形态。《中华人民共和国义务教育法》（1986）规定，“国家对接受义务教育的学生免收学费”，《中华人民共和国义务教育法》（2006）则进一步规定“实施义务教育，不收学费、杂费”，还出台了很多经济辅助政策，如《中华人民共和国教育法》（1995）第三十七条规定“国家、社会对符合入学条件、家庭经济困难的儿童、少年、青年，提供各种形式的资助”。相比20世纪上半叶，当代中国家长应更有条件使孩子留在学校中继续读书，而不必承担沉重的经济支出。但实际的统计数据却显示仍有部分家长选择让孩子辍学。如根据官方公布的数字（2004），农村地区的初中生失

① 例如四川省泸县得胜中学余老师规劝辍学儿童王某的父亲让孩子返校，但父亲却说：“孩子是我的，我想让他读他就读，不想让他读谁管得着？”见赵晓梦. 为孩子的明天起诉——学校状告5名学生家长违反《义务教育法》的前前后后. 法律与生活，1997（11）：9.

② 在注释①的案例中，余老师认为多读书对孩子总是有益处的，但王父却反驳道：“有好处？有啥好处？我问你，老师你读的书够多吧，你又挣了几个钱？……我儿子的表哥也算是个知识分子，全家人借钱供他读完了大学，可到头来，分回乡卫生院，还不如我开家小食店挣得多！”得胜中学的另外一位辍学儿童的家长汪某也长期认为读书无用，于是在初二的时候就把孩子送到外地去打工赚钱。见赵晓梦. 为孩子的明天起诉——学校状告5名学生家长违反《义务教育法》的前前后后. 法律与生活，1997（11）：9–10.

学率平均达5.47%，在有的地方高达10%。就许多地方的实际观察而言，农村学生的失学率则要比统计数字高得多。[①]这些方面都表明当代仍有不少人没有把受教育视为孩子一项不可剥夺的权利，而主要根据读书本身给家庭带来的实效来决定是否送孩子上学。

如果说观念上的问题才是家长不送孩子上学的根本原因，那么启用适当的法律和行政程序强迫家长履行这项义务，则是极其必要的。在这个方面，中国当代法律界提出的惩罚层级却是相对模糊与单薄的。如《中华人民共和国义务教育法》（2006）第五十八条规定，“适龄儿童、少年的父母或者其他法定监护人无正当理由未依照本法规定送适龄儿童、少年入学接受义务教育的，由当地乡镇人民政府或者县级人民政府教育行政部门给予批评教育，责令限期改正”。在这条法令中，怎样进行批评教育（口头还是通报），改正的期限到底有多长（一天还是数天）等都没有做出进一步的规定。《中华人民共和国义务教育法实施细则》（1992）四十条则规定，“适龄儿童、少年的父母或者其他监护人未按规定送子女或者其他被监护人就学接受义务教育的，城市由市、市辖区人民政府或者其指定机构，农村由乡级人民政府，进行批评教育；经教育仍拒不送其子女或者其他被监护人就学的，可视具体情况处以罚款，并采取其他措施使其子女或者其他被监护人就学”。这个细则原本有责任对义务教育法的粗略条文进行详细解释，但第四十条的解释仍然不够清晰明确，它不仅没有指出如何进行批评教育和罚多少款，而且两级制的惩罚体系（两种处罚都属于较轻者），也不能在更大程度上发挥强迫家长送孩子入学的作用。鉴于当代中国仍有少数家长公然漠视儿童的受教育权，研究者建议中国教育部门参考各国法律法规，制定更为系统明确的惩罚机制，不仅需要发展出多种层级的惩罚手段，更要拟定详细合理、易于操作的惩罚标准，以利于做出更公正有效

① 李慧莲. 农村义务教育的现实困境：辍学率反弹拉响警报. 中国经济时报，2005—01—18.

的法律判决。

（二）课程改革方面

自1949年新中国成立以来，中国在学前教育和中小学教育领域，都曾经历过多次全国性的课程改革，直至新旧世纪之交，伴随《幼儿园教育指导纲要（试行）》（2001）的颁布和第八次课程改革的推行，中国才从根本上建立起以儿童为本位的课程体系，进入教育现代化的崭新阶段。[①]这集中反映在以下四个方面：

1. 将儿童视为发展中的个体，意识到儿童的发展有其自身的规律，教育必须适应而不是违背这种规律，因此从学前教育、小学教育到中学教育，各阶段各年级的课程体系都应有其各自的特点，而不能求同。如在学前教育领域，中央及地方政府都根据幼儿的年龄特点和天然兴趣，确定以游戏为幼儿园的基本活动，寓教育于游戏及其他活动之中。《幼儿园管理条例》（1990）规定幼儿园应当以游戏为基本活动形式，幼儿园可以根据本园的实际，安排和选择教育内容及方法，但都不得违背幼儿教育规律。《国务院关于当前发展学前教育的若干意见》（2010）也规定，幼儿园的教育必须遵循幼儿身心发展规律，应以游戏为基本活动，保教结合，寓教于乐。地方上通过的学前教育法律条文也持同样的态度：《上海市学前教育课程指南》（2004）规定，幼儿园应尊重幼儿游戏的权利，坚持以游戏作为其基本活动形式，保证幼儿每天有充分的游戏活动时间；《浙江省学前教育保教管理指南》（2009）也倡导省内各幼儿园以游戏作为幼儿的基本活动方式。根据《基础教育课程改革纲要（试行）》（2001）和《国务院关于基础教育改革

① 这一点在法律文本有直接的说明。如《幼儿园教师专业标准（试行）》提出，教师须坚持“幼儿为本”的教育理念；《上海市学前教育课程指南》（2004）也指出学前教育课程的基本理念是以幼儿发展为本。另外，学者也普遍深信当前的学前教育与基础教育课程体系是以儿童为本位的。参见刘桂玲. 新中国60年学前教育课程改革的历史启示. 大庆师范学院学报，2011，31（1）；陈莉. 杜威的“儿童中心论”与当今幼儿教育改革的思考. 教育导刊，2003，2、3月号下半月；张金辉、王俊清. 谈新课程改革背景下的儿童观. 长春教育学院学报，2003，19（1）：15-17等文章.

与发展的决定》（2001）的说明，从小学到高中，其课程设置也呈现出相应的阶段特点，如小学阶段以综合课程为主，初中阶段设置分科与综合相结合的课程，高中阶段则以分科课程为主。此外，各学科的课程标准都在总目标之下按年级提出阶段性目标，体现各学科设计的整体性和阶段性。

2. 在遵守儿童各阶段发展总规律的同时，亦关注儿童的个体差异和每个儿童的独特性，设置多种形式的课程，供儿童根据自身发展需要加以选择，鼓励教师实行差别教学，发展学生的个性。在学前教育领域，许多法令都明确表达了这层观点。如《幼儿园教师专业标准（试行）》规定教师须信任幼儿，尊重个体差异，主动了解和满足有益于幼儿身心发展的不同需求；了解幼儿在发展水平、速度与优势领域等方面的个体差异，掌握对应的策略与方法。《幼儿园工作规程》（1996）规定幼儿园应在各项活动的过程中，根据幼儿不同的心理发展水平，注重培养幼儿良好的个性心理品质，尤应注意根据幼儿个体差异，研究有效的活动形式和方法，不要强求一律。《幼儿园教育指导纲要（试行）》（2001）也规定幼儿园须关注幼儿的个别差异，促进每个幼儿富有个性的发展；教师应尊重幼儿在发展水平、能力、经验、学习方式等方面的个体差异，因人施教，努力使每一个幼儿都能获得满足和成功。在中小学教育领域也是如此，如将中学课程分为必修和选修两部分，选修课程的主导价值即在满足学生的兴趣爱好，培养和发展学生的个性。在教学上充分吸取多元智能理论的先进元素，认为每个学生生来就不同，均有自己的智力强项和学习风格，因此教师应了解每一个学生的背景、兴趣爱好和智力强项等，确定最有利于学生学习的教学方法与策略，即推行个性化教学的模式，以便使学生有最大限度的发展机会与可能。[①] 推行小班化的教学组织形式，将班级规模控制在20—30人，为教师更接近并了解每一位儿童的特点，实现差别教学和个别指导

① 钟启泉，崔允漷，张华. 为了中华民族的复兴、为了每位学生的发展：基础教育课程改革纲要（试行）解读. 上海：华东师范大学出版社，2001.

创造了良好的条件。各学科的课程标准中也多有提到促进儿童个性化发展的条款，如《科学课程标准（3—6年级）》指出教师应尊重在科学学习中所表现出来的个别差异，根据他们的兴趣爱好、情感态度、认知能力等特点，因材施教，帮助他们实现个性化发展。

3. 认识到儿童都是独立的个体，主张从儿童的角度看儿童，而不是将他们视为“小大人”；不把儿童看作是一张可供成人随意涂写的白纸，而有他们各自特有的精神世界，因此保持一种积极倾听的态度，充分了解并尊重儿童的观念，尊重他们应享有的话语权等各项权利，尊重他们的人格与尊严。如《幼儿园教师专业标准（试行）》即主张教师应尊重幼儿人格，维护幼儿合法权益，平等对待每一位幼儿，还应善于倾听、和蔼可亲，与幼儿进行有效沟通。《幼儿园教育指导纲要（试行）》（2001）也规定在科学教育中，教师应让每个幼儿都有机会参与尝试，支持并鼓励幼儿大胆提出问题，发表不同意见，尽量创造条件让幼儿主动参与到探究活动之中；在艺术教育中，教师也应提供自由表现的机会，允许幼儿以不同艺术形式大胆表现自己的情感、理解和想象，尊重每个幼儿的想法与创造，肯定和接纳他们独特的审美感受和表现方式，甚至分享幼儿创造的快乐。《基础教育课程改革纲要（试行）》（2001）和《国务院关于基础教育改革与发展的决定》（2001）都主张在教学过程中，教师应尊重学生的人格，保证中小学生身心得到健康成长。《科学课程标准（3—6年级）》亦提出教师应时刻注意观察和研究小学生的行为，应常常弯下腰来倾听儿童的心声。《全日制义务教育英语课程标准》在教学建议部分也提倡教师尊重每个学生，积极鼓励学生在学习中的尝试，保护他们的自尊心和积极性。

“倾听儿童声音”的观念在民间也得到强力支持，近来更有课程学者提倡建立以尊重儿童观念为基础、让教师成为儿童研究者的倾听教育学。这种新型的教育学具有以下三个基本特点：从价值论上来说，倾听教育学即是使教育通过倾听，并培养学会倾听之人；从知识论上来说，倾听即知识建构，教育过程就是师生通过相互倾听，合作创造知识、追求意义的过程；从方法论上来讲，倾听教育学着意把教育理论与研究和教育实践与行动融为一体。① 对教师来说，倾听教育学要求他（她）们接受儿童已有的思想并探索其形成的历史，真诚悦纳儿童的体验并能做到"移情性理解"，使他们在尊重儿童独特性、复杂性的基础上从不同的角度描述儿童，站在儿童的立场上理解儿童创造的意义并促进其发展，并把教学作为一种研究的方式。② 教师亦须创造情境，以一种真正感兴趣和平等的姿态让儿童说出他们的心声，以不带偏见和避免主观臆断的方式与儿童进行真诚地对话，并提供积极的及时反馈，才能最终建立起和谐共处、"视界融合"的师生关系。③

4. 意识到儿童是学习和自我发展的主体，注重从儿童的直接经验出发组织学习活动，加强课程与儿童生活的联络；同时肯定儿童建构知识的能力和必要，相信他们有自主学习和探究的力量，鼓励他们积极参与到教学乃至整个课程的改革之中，构建起合作探究、平等互利的新型师生关系。如《幼儿园教育指导纲要（试行）》（2001）主张应使科学教育密切联系幼儿的实际生活，积极利用幼儿身边的事物和现象作为他们科学探索的对象。《幼儿园教师专业标准（试行）》也规定教师须重视丰富幼儿多方面的直接经验，将探索、交往等实践活动作为幼儿最重要的学习方式；鼓励幼儿自主选择游戏内容、伙伴和材料，支持幼儿主动地、创造性地开展游戏，充分体验游戏的快乐和满足；提供更多的操作探索、交流合作、表达表现的机会，支持和促进幼儿主动学习。《基础教育课程改革纲要（试行）》（2001）亦指出，基础教育改革的目标在于改变课程内容过于注重书本知识的旧状，加强课程内容与学生生活的联系，关注学生的学习兴趣

① 张华. 走向"倾听"教育学. 全球教育展望，2010，39（10）：3–14.

② 张华. 走向"倾听"教育学. 全球教育展望，2010，39（10）：3–14.

③ 单明娟. 促进儿童的个性发展从"倾听"开始. 当代教育论坛，2011（4）：10-11；袁菊. 倾听教育：内涵、意义及策略. 江苏教育研究，2011（06A）：7–10.

和经验；在于改变课程实施过于强调接受学习、死记硬背、机械训练的旧状，倡导学生主动参与、乐于探究、勤于动手，培养儿童分析解决问题的各项能力。这些理念尤其体现在综合实践活动这一新兴课程之中，这门课程的内容包括信息技术教育、研究性学习、社区服务与社会实践、劳动与技术教育四部分，均以实践性为其基本特点，即以学生的现实生活和社会实践而非学科知识的内在逻辑为基础来构建课程，强调学生的亲身经历，要求学生主动参与到各项活动之中，在探究、考察、实验等过程中培养体验生活的情怀并发展各项能力。综合实践活动亦充分尊重和信任学生的兴趣爱好及力量，特别是在研究性学习中，儿童被赋予选择研究课题、探索过程、表现方式和指导教师等多项自由，成为学习的真正主体。在其他各学科的课程标准中，这些观念也都有非常鲜明地体现。如《全日制义务教育语文课程标准》明确指出语文课程必须充分激发学生的主动意识和进取精神，倡导自主、合作、探究的学习方式，教学内容的确定、教学方法的选择和评价方式的设计，都应有助于这种学习方式的形成；《全日制义务教育数学课程标准》也指出数学课程应从学生已有的生活经验出发，让学生亲身经历将实际问题抽象成数学模型并进行解释与应用等。

可以说，当前从国家法律到知识分子阶层，一套全面系统的现代化儿童观念体系已经形成，这相比20世纪上半叶无疑是一个巨大的进步。但正如20世纪上半叶中国的情形一样，在当代中国一线学校的教育活动中，这套观念并没有得到完全彻底地实施，甚至在很大程度上受到教师和家长的联合抵制，因此酿成理论与实践的重大分野。这种分野首先体现在家长为了使孩子“不输在起跑线上”，为了让孩子最终考上好大学，谋得好的职业，学校为了追求升学率和好“名声”，全然不顾儿童身心发展的规律，刻意加重儿童的学习负担，在布置大量家庭作业和课外习题之余，还让儿童参加各类培训班，如特长班、强化班、奥数班等，或参加各类科目的等级考试，并实行假期补课制度和聘请家教补习，严重侵犯儿童的休息权，最终损害儿童的身心健康。国家统计局、教育部对全国部分大中城市中小学和农村县中的一项调查（2007）显示：社会上普遍存在“三多三少”现象，即作业多、补课多、考试多，睡眠少、体育活动少、社会实践少。有35%的校长、37%的教师、58%的中学生认为课业负担“比较重”或“过重”；高三学生早6点前起床的有34%，晚11点半后睡觉的超过40%；假日补课现象很是普遍，学生几乎是没有双休日。①此外，根据教育部颁布的《小学生一日学习时间卫生标准》和《中学生一日学习时间卫生标准》，小学生每日的睡眠时间，一、二年级不宜少于10小时，三至六年级不宜少于9小时；中学生一日学习时间不宜超过8小时（初中不宜超过7小时），每日睡眠时间不宜少于8小时；中小学每周应为学生安排三次以上课外体育活动。但据全国各地的调查显示，中小学生的睡眠时间常常达不到这个规定标准。如四川省雅安市对市区中小学的一项随机调查则显示，大部分小学生能达到睡眠标准，但保证8小时睡眠的初中生只有50%，高中生则只有25%。②宁夏自治区银川市对189名中小学生的抽样调查则显示，每天睡眠时间保持在6—7小时的中小学生占59%，即近六成学生的睡眠时间不能达到预定标准，每天清晨，有85%的中小学生在6—7点间起床，7点以后起床的不足1%，甚至有孩子不到6点就被迫起床了。③其他省市也曾做过类似的调查，结果都显示，年级越高睡眠时间则越少，而睡眠少的主要原因不外乎“作业多、学习压力大”和参加各类辅导班或补习。除了导致睡眠时间减少之外，学习负担沉重还使中国这个世界上唯一于全国范围内推广眼保健操的国家，成为学生近视率排名世界第二的国度，其中小学生的近视率达28%，初中生近视率达60%，高中生的近视率竟达到85%。可见这种高度竞争和以应试为导向的教育风气已经对儿童的身心造成了较为严重的

① 燕国材. 素质教育的追求、困境与出路. 探索与争鸣，2007（2）：65.

② 省政府发文要求：增强学生体质，保障学生睡眠时间. 雅安日报，2011-10-28.

③ 李瑞娟. 六成中小学生睡眠不足，拿什么拯救睡眠不足的孩子？银川新闻网，2011-12-16.

损害。如果家长和学校教师果真具备了健全的现代儿童观念，切实把儿童的身心健康放在头等位置之上，又岂会酿成这种较坏的后果？

理论与实践的分野还体现在很多其他的方面：①中国的学前教育工作者普遍意识到尊重儿童的重要性，认为民主的教育实践应是摈弃教师权威，与儿童站在平等的地位上，但那种以教师为权威的观念依旧深深扎根于一线教师的头脑之中。教师仍普遍认为幼儿园的核心任务之一仍是知识和技能的传授；大集体活动仍是幼儿园的主角，儿童发展自身兴趣的空间始终很小；教师也常常不具备尊重儿童所需的足够耐心；有些教师甚至认为尊重儿童作为一种理念和教育实践有其局限性，将儿童与成人平等化并不总是一件好事。[①] ②最能体现本次基础教育课程改革儿童本位理念的综合实践活动课，在全国各地开设的情况仍然不容乐观，说明儿童独立开展探究活动这一点依旧没有引起学校的足够重视和支持。据董洪亮（2004）的调查报告，直至2004年，江苏省很多小学实验学校和大部分初中实验学校仍没有按照国家教育部的规定，正常开设综合实践活动课。[②] 冯新瑞、王薇（2009）对全国12个省级地区48所学校的调查则表明，虽然有86.9%的教师和65.8%的校长认识到有开设这门综合课程对儿童的意义，但只有不到1/3的学校真正按照教育部所规定的每周3课时的时间去开展综合实践活动，大部分学校只使用了1个课时，而且这个课时常常被其他科目的教学所霸占。[③] ③为了追求升学率的提高，中等学校普遍将学生学习的中心放在中考和高考所要求的科目上，削弱或忽略那些旨在促进儿童全面发展的“边缘”课程（特别是艺术类课程）和有利于儿童个性化成长的课程（即选修课），有些学校甚至将选修课扭曲为必修科目的辅导课或中考、高考

① 薛烨. 中国学前教育工作者对儿童的尊重. 幼儿教育（教育科学），2010（11）：5-9.

② 董洪亮. 综合实践活动课程推进的现状与主要困难. 江苏教育，2004（9B）：10.

③ 冯新瑞，王薇. 我国综合实践活动课程实施现状调研报告. 课程・教材・教法，2009（1）：16-21.

的深化课。[①] ④现阶段对学生参与课堂及整个学校课程决策的理论研究还处于初步探索阶段，虽然已经有不少学者意识到学生有参与决策的权利和能力，一线教师对这种参与的总体态度仍是消极和不作为的。[②] ⑤尽管近来中央与地方都已出台法令禁止在幼儿园内推行小学化的课程学习模式，严防学前教育小学化的趋势，如《国务院关于当前发展学前教育的若干意见》（2010）就督促各地防止和纠正幼儿园教育小学化的倾向；《浙江省学前教育保教管理指南》（2009）和《江苏省学前教育条例》（2012）等都明令禁止教师在幼儿园实施汉语拼音与汉字读写训练、数字书写运算训练、外语认读拼写训练等违背幼儿学习规律的课程，也不准布置有书写计算等要求的家庭作业，都在竭力维持学前教育区别于小学教育的特殊性。但"幼儿教育小学化"在社会上已然十分普遍，法律的颁布根本阻挡不了这股趋势。该趋势主要反映在以下三个方面：第一，在教育理念和课程设置上，许多幼儿园重视教育甚于保育，重视智育甚于其他方面的教育，提倡在学前阶段就对儿童进行学科教学和知识的传授。遍布全国各地的"幼小衔接班""双语幼儿园""学前专业班"便是典型代表。某幼小衔接班的老师就曾反映，他们开设有"识字与阅读""逻辑与数学"等四门课程，让孩子学习300—400个汉字，20以内的加减法运算和简单的乘除法运算等内容。[③] 北京某双语幼儿园甚至开设了包括剑桥少儿英语、拼音识字、超级心算等十多门课程。[④] 许多孩子在进入小学一年级读书时，事实上已经掌握了该年级所需或不需学习的许多知识。如四川某小学对200多名一年级入校新生摸底发现，全年级有91%的学生学过英语，70%的学生已经完成一年级上学期要求的一半识字率。[⑤] 这些带有知识传授性质的分科课程占用

① 陈霞，周跃兵. 中学选修课的开设现状与策略. 基础教育研究，2008（3）：75.

② 秦朗. 我国关于学生参与课程决策的文献综述. 科教文汇，2010，3（中旬刊）：32-33.

③ http：//news. xinhuanet. com/edu/2011—10/09/c_122133207. htm.

④ 王莹. 幼教"小学化"现象愈演愈烈，拔苗助长危害身心. 瞭望新闻周刊，2011-11-14.

⑤ 王莹. 幼教"小学化"现象愈演愈烈，拔苗助长危害身心. 瞭望新闻周刊，2011-11-14.

了儿童大量本应用于游戏的时间，对幼儿的身心发展构成了极其消极的影响。第二，在教学方法上，许多幼儿园采用讲授法对幼儿进行满堂灌，鼓励儿童以死记硬背的方法牢记算术口诀、汉字、英文等内容，而没有采用寓教育于游戏之中的原则性做法。第三，在评价方式上，提前采用标准测验为基础的结果评价。许多幼儿园进行各学科测验和期中、期末考试，对幼儿的作业、制作、绘画等进行等级评定，或对他们的写字、算术等作业实行打分制度，还把最终成绩通知给家长；有的小学还公然违背《中华人民共和国义务教育法》中有关条款，实行小学入学考试。

要列举中国幼儿园及中小学校违背新课程改革所赖以维系的儿童本位观念是很容易的，而且绝不限于以上六个方面。造成这种官方与民间、理论与实践重大分裂的根源，正如大多数学者所指出的，恐怕仍是社会各界人士所信奉并顽固执行的“考试导向教育”。这种与素质教育理念不相符的教育形态，不仅仅是深入中国社会的文化要素，更是实实在在的教育行动，因此处处阻碍着新课程在全国范围的推广以及现代儿童观念的普及。无论是家长对子女的高期待，还是学校以“升学率”为生命线的态度，都是从成人的利益和角度出发对儿童生活的粗暴规划和安排，他们所声称的对儿童的爱并不能掩盖他们严重侵犯儿童权益、危害儿童健康的事实。由此可见，虽然与20世纪上半叶相比，当代中国在课程改革的事业上已经做出了许多富有深远意义的贡献，但教育启蒙的任务仍没有从根本上完成，在课程改革的道路上继续改变并发展国人的儿童观念，仍是中国今后教育界全体同仁的紧要任务。①

① 但与此同时，不应将“应试教育”与“素质教育”两者对立起来，因为“应试”不等价于唯考试论，它本身就是极其重要的素质。对基础背景知识的记忆与掌握，是思维与创新的根本保障。我们所反对的是完全的“考试导向教育”，所摒弃的是由于教不得法而产生的学生负担过重，而并不是考试选拔的积极要素与通过应对考试塑造起来的综合能力。“应试”与“素质”是一对统一的概念，“应试”绝非唯考试化，“素质”也并非单纯的“素质课”或音体美辅导，对二者关系的认知要科学、合理。

（三）学校管理方面

1. 校园中的体罚现象

和20世纪上半叶一样，通过法律的颁布，政府对体罚的态度是一贯鲜明的，即坚决反对，他们不仅声明体罚和变相体罚是侮辱儿童尊严、侵犯儿童权益的行为，且指明那些胆敢向儿童实施体罚的教师必须受到法律的严厉制裁。如《中华人民共和国义务教育法》（2006）规定，“教师应当尊重学生的人格，不得歧视学生，不得对学生实施体罚、变相体罚或者其他侮辱人格尊严的行为，不得侵犯学生合法权益”。《中华人民共和国未成年人保护法》（2006）也规定，“学校、幼儿园、托儿所的教职员工应当尊重未成年人的人格尊严，不得对未成年人实施体罚、变相体罚或者其他侮辱人格尊严的行为”。同时，《中华人民共和国教师法》（1993）规定，“（教师）体罚学生经教育不改的，由所在学校、其它教育机构或教育行政部门给予行政处分或解聘；情节严重构成犯罪的，依法追究刑事责任”。事实上，在大多数情况下，一旦教师体罚学生的事件被媒体曝光，教师往往会受到舆论的谴责，并立即遭到学校的处罚。

但是民众对体罚的态度总体来说并不像官方那样鲜明。尽管大众媒体对体罚儿童几乎是一边倒地反对，认定体罚对儿童有百害而无一利，但体罚现象在家庭和各种教育机构中仍然广泛存在，屡禁不止。据广东省2005年的一项调查显示，54%的儿童报告说曾被家长或教师徒手、棍棒或皮带体罚过，76%的父母认为体罚与成才有因果关系，81%的父母认为“任何情况下教师都不可以体罚”，但48%的父母却赞成“只要不过分家长就可以打骂孩子”，他们普遍认为“大人打骂孩子总是有理由的”。幼儿园和中小学校中发生体罚的个案也非常多，光是媒体曝光的就数不胜数，其中有相当多的个案对儿童的身心造成巨大伤害，甚至直接酿成儿童的死亡。如《广州日报》2011年11月报道，某民办小学一名小学二年级男生因未完成家庭作业被女教师用木条当众打成骨折。大河网2011年11月报道，洛阳市某中学初一某女生，因作业没完成遭到老师罚做“蹲起”800个，在完成动作的过程中因体力不支摔倒，遭到老师的打骂，后来由于不堪忍受身心两方面的压力跳楼自杀。无独有偶，2011年11月，河南新郑市某中学一名高一女生因为早读迟到，被老师罚站在教室门口，几分钟后这名女生便因体力不支而晕倒，送往医院后被确认身亡。2015年3月，重庆某培训学校的负责人石某、马某等教师对意欲离校的某同学进行拳脚殴打，用背包绳进行捆绑，随后用PVC管击打其臀部、腿部等部位，还用毛巾堵塞其嘴部，最终使该同学因多器官功能障碍综合征而死亡。

虽然大多数人都深知体罚会对儿童的身心造成不利影响，但对于要不要彻底废除体罚、存不存在“适度体罚”的可能性、体罚的成效如何等关键问题，广大民众存有疑惑和分歧。许多门户网站和论坛曾在网民中间就体罚问题展开咨询，他们的调查就充分显示了这种分歧的广泛性。如据搜狐网的一次投票显示，“坚决不同意体罚”和“用科学的方式引导孩子才是王道”仅分别占18.2%和5.24%，而“适度体罚是可以的”却占66.59%[①]；网易微博的投票则显示“支持体罚，学生就该严加管教”和“反对体罚，老师没有这个权力”两个选项的比例不相伯仲，后者比前者稍高[②]。另一个未知网站也曾发起“你赞成适当体罚孩子吗？”的投票，其结果显示，有14861人表示赞成“适当体罚”，占整体投票人数的92%，有761人明确反对“适当体罚”，另有405人则犹豫不定。[③]这种分歧也同时存在于学术界的同仁之间，如《教育导刊·幼儿教育》曾在2007—2008年间就体罚问题进行专项讨论，余明友和王振宇两位教授就“适度体罚”问题展开了激烈辩驳，王振宇认为任何对儿童身体施加的惩罚，无论其种类和程度如何，在本质上都会对儿童造成伤害，都是对现代科学教育原则的背离，他表

① http：//comment. news. sohu. com/s2011/tifaxs/.

② http：//t. 163. com/debate/1324514832675.

③ http：//news. sina. com. cn/s/2011—12—11/022723611606. shtml.

示体罚根本不存在“适度”之说，“适度体罚”是一个彻彻底底的“伪概念”，那些声称施行了“适度体罚”的人，他们所谓的适度都只是一种主观臆断，没有任何科学根据。[①]但余明友却认为教育实践中是存在“适度体罚”的，这里的“度”也就是指实施体罚的具体策略，如体罚与关怀、爱抚和鼓励相结合，精心选择体罚时机，注意体罚的轻重程度和体罚方式的选择等，他表示只要将这些策略应用到体罚过程中，体罚自身就能发挥催化儿童身心健康发展、抑制儿童不良行为、增强儿童抗挫折能力等积极功效。[②]

可以说，体罚现象的普遍存在和人们对它在态度上的巨大分歧，直接反映了当代许多国人尚未树立起健全的儿童权利意识。联合国《儿童权利公约》第28条早就规定“应采取一切适当措施，确保学校执行纪律的方式符合儿童的人格尊严”，由于体罚必然会对儿童的人格尊严和身心健康造成损害，因此无论实施何种程度及形式的体罚，都必须受到严格禁止。教师或家长在实施体罚时，无论是出于对儿童的负责或关心，还是为了“更有效”地纠正儿童的某种“不当”行为，都不能改变他们侵犯儿童权益、践踏儿童尊严的事实，因此在原则上都是不可原谅的。而在“适度体罚”这个概念上，由于它正视了体罚普遍存在这一现实，并意图以一些现代的儿童观念来规范体罚的行为，因此受到许多民众与学者的接纳和拥护，但这个“度”本身缺乏明确的标准，容易被体罚的实施者主观化，且教师的素养参差不齐，加上在很多情况下教师使用体罚都是带有强烈的情绪色彩的，所以对“适度体罚”的提倡在很大程度上只能起到“纵容体罚”的效果。

同时，我们也应注意到，在当前关于体罚（以及其他惩罚）的报道和研究中，叙述的话语基本上是以成人中心，儿童的声音与力量总体上是缺

① 王振宇. 善待教育理论—— 从“适度体罚”说起. 教育导刊（幼儿教育），2007（9）：4–7.

② 余明友. 适度体罚有助幼儿心理健康发展. 教育导刊（幼儿教育），2007（5）：26–28；余明友. 再谈体罚与适度体罚问题——兼与王振宇教授商榷. 教育导刊（幼儿教育），2008（3）：18–21.

席的。儿童对于体罚的态度和观念如何，他们是如何规避可能的体罚的，在体罚发生之后，他们又做出了怎样的反应等问题都没有得到广泛且深入地探索。这种不足直接反映了儿童在大众心目中的形象依然是软弱、依赖于成人且毫无力量的，只有以媒体为代表的成人群体，而非儿童自己，才是解救儿童于危难之中的“真正英雄”。鉴于体罚现象的普遍性，除了继续发挥媒体监督、教育成人用其他方式的惩罚代替体罚之外，充分意识到并尊重儿童在体罚事件中的感受，并积极引导他们合理抵制体罚，也能有助于从根本上消除校园体罚这个落后残余。

在对学生的体罚事宜上，儿童、家长和教师之间事实上形成了复杂的三角关系，但是在这个三角关系中，不仅儿童是直接的受害者，教师也可能面临各种伤害。在家长方面，他们对体罚的态度主要有三类：有些家长自己在家里对儿童实施体罚，却反对教师用同样的方式对待自己的孩子；另一些家长公然支持和鼓励教师对其子女严加管教，不惜使用体罚；还有一些家长则对自己的独生子女有溺爱的情结，无条件反对任何人（包括他们自己）对孩子使用体罚。在第一和第三种情况中，家长在从子女口中闻讯其被体罚的事实后，有时会采取“以暴制暴”的激烈手段，对教师的身心构成不同程度的损害，这类案例可以说常常见诸报端，不仅针对体罚，甚至在对学生使用轻微的惩罚方式（如口头批评）之后，教师也有可能受到家长的肢体报复。如1996年年末，某中学女生熊某遭到语文老师周某罚站、拍巴掌等体罚，放学后熊某将被打之事告诉给家人，熊的家人当晚就上周某家予以责问，并将周某打倒在地。[①] 2011年8月，上海市松江区一所小学的女生小芹（化名）被数学老师用教棍打了两下手心，家长得知后便带了两位大汉，来到学校当场打伤小芹的班主任等四名老师。[②] 2011年5月，广东省普宁市一所小学的五年级老师方某因批评一位学生上课捣乱，

① http：//www. edulawonline. com/articleshow. asp?d_id=942.

② http：//www. shsxw. com/html/2010—10/8459. htm.

事后被这位学生的家属群殴以致脑震荡。[①]

至于被惩罚的儿童，由于他们长期处在“小皇帝”“小公主”的世界中生活，较易养成“自我中心主义”的心态，受不得半点委屈和挫折，因此当教师对他们动用体罚或其他惩罚手段时，他们中有部分人会以自杀的方式予以反抗，也有部分儿童不仅没有一丝悔改的心意，反而认为教师对自己有偏见，于是对教师展开各种野蛮的报复行动。正如前面所言，反映儿童力量的真实案例在大众媒体的报道中还相当少见，但并不是一点没有，只是这些占少数的报道所揭露的是儿童滥用自身力量的情况，展现的是一个不成熟、不理性的儿童形象，而罔顾儿童正面利用力量的种种情形。如2006年5月，浙江省余姚市某小学三名六年级学生因不堪忍受数学老师的经常性体罚，最后以集体跳河自杀的方式予以报复。2007年6月，重庆市某教育中心的一位女教师何某在课堂上试图制止几名男生打牌，却遭到其中一名男生的恶毒辱骂，何某气愤难当，在结束两节任课后，竟突发心肌梗死猝死在学校。2009年，一名高二学生赵某因政教处林老师多次口头批评他迟到而怀恨在心，竟绑架这位老师的孩子示以威胁，最后还将其残忍地杀死。

家长和儿童对教师的联合报复，使教师同样处于脆弱和受害者的地位，因此当我们高调宣扬保护儿童权益的同时，也应时刻考虑到教师的自身安全和权益的维护问题。也正因这种可能的报复，目前很多教师产生了“惹不起学生”的心态，在教育学生时显得畏首畏尾、不知所措，[②]只好采取放任自流的策略，而使学校的管理陷入一种无序的状态。所以如何在不伤害各方合法权益的情况下构建和谐的师生关系，使教师能继续履行管教学生的职责，使学生能在受尊重及安全的环境下健康成长，已成为当前一个亟待解决的重大难题。回顾20世纪上半叶的学校管理，那时的学生在

① http：//bbs. 520319. cn/Details_170241. shtml.

② 林晓霞. 还能惩罚学生吗——有感于“现在的学生碰不得”. 中学教育参考，2009（12）：139.

面临校方的惩罚时，有时也会采取一些过激的手段，如扭打教师、放火烧学校、赶走校长等，但那时候的教师在大家心目中还处于一种绝对的强者地位，家长对教师的配合也远远多于反对。当代教师的地位已经明显下降，儿童凭借自身和家长的力量，可以轻松地凌驾于教师之上。从这一点来说，当代中国社会对儿童的关爱程度确实要比过去高出许多，在很多情况下这种重视甚至已带有纵容的成分，并制造出了新的社会问题，但这种关爱是否意味着家长开始意识到并保护儿童的权益，则难有定论，尚待研究者在将来做出更科学全面的考察。

2. 儿童自治与抗议事件

（1）校园民主建设中的儿童自治

在当代中国的中小学，儿童履行各项自治权利的组织包括班级委员会、少年先锋队（简称“少先队”，下同）、共产主义青年团（简称“共青团”，下同）和学生会。

这些儿童组织必须接受学校成人机构（如党支部、校长室）或个别成人（如班主任、辅导员）的绝对领导，必须在他们的指导和帮助之下才能从事各项活动。如各中小学的班级委员会就基本上是在由班主任和学校领导直接设计的制度框架下成立的，并始终接受班主任或辅导员的监督与指导。中学学生会则通常是在校内成人的行政或党务机构的领导下开展工作的。如江苏省钟庄中学学生会的组织条例就规定，学生会是在“学校党支部、校长室的领导下，在政教处的指导、帮助下，团结全体学生进行工作”[①]；深圳市教苑中学的学生会章程也指出，他们是在“校党总支领导下，在校团委指导、帮助下，团结全体学生进行工作”的学生组织。有的学校为了加强对学生会的指导，甚至主张由学校专任教师直接担任学生会的主席，如四川省新市中学[②]等。少先队、共青团也通常在学校政教主

① http：//www. jsjhyz. com/Article/ShowArticle. asp?ArticleID=107.

② 庄学恩. 普通中学如何发挥学生会的作用. 教学与管理，1997（1、2）：42.

任、辅导员、团委书记的直接指导下开展活动。[①]

儿童在各自治机构的框架内究竟拥有哪些独立自主的权利？教师是如何具体引导和约束儿童自治机构的活动的？当儿童的利益与教师利益发生冲突时，各方又是如何反应？只有对这些问题做出详细的检视，才能对当代中国儿童自治事业的全貌有一个彻底的了解。不过这是一项系统工程，只有结合各地的校园民主实践加以通盘考察，才有望得出结论性的答案。在此我们不妨从选举制度这个最能反映校园民主化程度的视角着眼，以“管中窥豹”的方式来见证当代学校在发展儿童自治的事业上究竟走得有多远。从根本上来看，中国的法律和学校的规章制度对儿童拥有选举权和被选举权这一点都有明确的认识，如《中国共产主义青年团章程》（2008）规定团员享有选举权、被选举权和表决权，《中国少年先锋队新队章》（2005）也规定“队员是少先队组织的主人，在队里都有选举权和被选举权”，《湖北省黄冈中学学生会章程》规定会员享有选举权和被选举权，《辽宁省锦州市第八中学学生会章程》也规定会员享有选举权与被选举权，等等。但各校各班在选举学生干部的程序或方式上，则可能存在不同程度的差异。我们可以从三个方面来考察这些选举的民主化程度：①候选人的来源，是由儿童群体推荐，个别儿童自荐，还是教师直接推选；②候选人当选为干部的方式，是通过一人一票的直接选举产生，还是由教师直接任命；③学生干部的更换与离职，是由儿童自主决定（如行使罢免权等），还是由教师的命令所致。各个方面所揭示的重点都是儿童在行使自治权利时的自由度或被教师干预的程度。

就班级管理而言，候选人基本上来自个别儿童的自荐，也就是所谓“海选”，而不是教师的直接提名。儿童要成为候选人，一般只需要填写教师所要求的报名表或直接表达心意即可，并不需要一定数量选民的联合

① 陈桂生.“班级民主管理”意见提纲.江西教育科研，2002（11）：3–5.

提名。但候选人要成为正式的班干部，则往往需要很多的条件，也是多方力量相互权衡较量的结果。在此，各班通常采取差额选举的策略，即候选人在数量上多于正式的班干部，所以必然有人最终落选。在很多情况下，教师所中意的候选人可能因没有做好竞选的造势活动，而被排除出班干部的名单，促使教师对选举制度本身做出反思和改革，以减弱儿童通过拉票对选举造成的"不良"影响。有教师便提出要帮助自己看中的候选人做好"推销"工作，如创造平台使他们有展示自身才华、吸引选民眼球的机会，并激励他们实行"自我推销"，或对在选举中胜出的儿童进行岗位调整，以实现"优化组合"等[①]。由于目前的班级选举活动中存在严重的"贿选"现象，教师因而提出种种改革的方案，意图使最有能力和服务精神的学生成为班干部，这个理由尽管非常"正当"，但对选举问题的解决并不必然要以增强教师的控制力为代价，最重要的仍是建立防止和惩罚"贿选"的班级制度，使选民的选举都能在维护班级整体利益和公平公正的基础上进行。当然，还有其他的班主任提出"小干部轮流制"或"全民皆官"的管理方案。如河北省某校的某个班级56名学生人人都有"官衔"，包括正副班长，卫生、文娱、体育、宣传等委员，小组组长，项目组长等。[②]上海市松江区一所中学的老师实行"抽签制"，即每期设1—6号让学生自行抽签，抽到1号为班长，2号为纪律监督员，3号为劳动委员，4号为学习委员，5号为生活委员，6号为行为规范示范员，每届班委任期1—2周，任期结束后，再抽出下一届班委，如此类推。[③]这些班级管理模式虽然减弱乃至消解了选举本身的意义，并且在儿童中有泛滥"当官风气"的嫌疑，但能提供机会让更多的儿童直接参与到班级管理中，对于儿童自身能力的

① 陈志勇. 班干部选举莫入误区. 班主任，2007（12）：20–21.

② 中国教育报，2002年6月5日报道，引自陈桂生. "班级民主管理"意见提纲. 江西教育科研，2002（11）：3–5.

③ 王洪明. 班级民主管理中的若干问题研究. 华东师范大学教育管理硕士论文，2002.

发展无疑是更加有利的。

在少先队、共青团和学生会的选举中，也不乏民主色彩相当浓厚的实践。例如江苏省洛社中学的学生会由全校学生分班无记名投票，从24名候选人中选出15名骨干人员。[①] 陕西师范大学附属中学的学生会领导机构的候选人则由上届学生会成员以及各年级学生推荐产生，在选举前候选人既要进行公示，亦要发表竞选演讲，然后以无记名的方式投票选出学生干部。《中国共产主义青年团章程》（2008）则规定团的各级代表大会的代表和委员会的产生，都须通过无记名投票的方式进行。既可以采用候选人多于应选人数的差额选举办法，也可以先采用差额选举办法进行预选，再进行等额正式选举。该章程并声明选举人有了解候选人情况、要求改变候选人、不选任何一名候选人和另选他人的权利，任何组织和个人都不得以任何方式强迫选举人选举或不选举某候选人。少先队的选举也同样如此。如华东师范大学附属长风中学在初中少先队所进行的民主实践便颇具代表性，该校坚持选举公开透明的原则，即“选举办法要事先公开，竞选要公开，正式候选人要公示，候选人要与队员见面，投票要用透明或半透明票箱，计票要当场唱票，选举结果要公布”等，并执行严格的民主选举程序。如候选人的产生，采用自荐和海推（队员联名推荐）相结合的模式，而不是经辅导员和个别干部的指定、推荐或协商产生；候选人成为正式班干部，也是经由一人一票直接选举和差额选举的方式。[②] 为进一步尊重和体现全体队员的意志，中国少年先锋队全国工作委员会还特别下发通知，要求辅导员做到“三个不准，一个杜绝”，即不准直接指定小干部，不准对小干部提名、选举等施加不公正的影响，不准违反小干部选任的相关程序，坚决杜绝以物质利益干扰选举等违规行为。[③] 所以，总体来讲，与20

① 江苏省锡山市洛社中学，杨仲华. 充分发挥学生会在学校中的积极作用. 教学与管理，1997（3）：17–18.

② 徐晓霞. 初中少先队民主选举的实践探索. 中国德育，2007，2（6）：61–62.

③ 叶子健. 少先队小干部的选举产生进一步规范了. 少先队小干部，2011（5）：5.

世纪上半叶相比，当代中国学校已更加重视对儿童自治权益的维护，不仅予以法律和制度上的保障，在实践中也有广泛的推行。从选举这一视角可以看出，成人干涉儿童行使权力的事件仍然局部存在，但国家有关单位和部分学校都曾力图以种种措施减弱乃至消除成人的这种影响；同时，选举各方面的程序和方法，也颇符合现代民主的基本规范，为儿童体现自己的意志、展示自己的力量，创设了良好的平台。

（2）校园抗议事件

在当代中国学校中，侵犯学生权益的事件仍是普遍存在、时有发生的，由此引发的校园抗议事件也是此起彼伏。学生举行集体抗议（从班级抗议到全校范围的抗议），基本上是由学校一方（食堂或宿舍的管理人员，普通的任课教师，抑或是学校最高领导层的官员）为实现自身私利或所谓的学校整体利益，不顾学生身心健康发展的需要所致。根据中外媒体所披露的新闻，中国当代学校所发生的抗议事件，尤其集中在食堂管理事宜上。为开拓财源，学校通常会把食堂的经营权转让给校外单位，即实行“社会化管理”，让这些单位采购食品原材料、制作并贩卖给学生。但由于这些食堂具有特殊的垄断性，根本没有竞争可言。为了牟取更多的钱财，经营者往往和学校领导串通一气，或公然降低食品采购与制作的成本，以次充好，使食品的口感与品质都无法为学生所接受，或无理由地提高食品的价格，故意增加学生的消费（如为了多卖饭，一两、二两饭不卖；为了多卖菜，小盘菜、拼盘菜不卖等）等。与20世纪上半叶相比，经济利益的被侵犯和管理措施的不合理似乎是当今中国学校儿童发起抗议的主要原因，至少从媒体报道的角度来看是如此。但是课堂内的教学质量如何、学生是否因个别教师教学不当而发起示威、是否有学生驱赶教师下台或离校的事件发生等问题，却很少引起媒体及研究者的注意，因此这方面的报道或研究报告还非常罕见，有待中国学者在将来进行全面深入的调查。

面对校方的“不良施政”，学生会采用多种方式进行抗议，当然，学生的某些抗议活动本身存在着“以暴制暴”“以违法对抗违法”的现象，触犯了《中华人民共和国集会游行示威法》等法律法规。学生应该使用更加合理、合法的方式，维护自身权益，社会各界也应做好疏导工作。具体而言，这些方式既继承了20世纪上半叶学生的传统，也体现出新时代的特色。在继承传统方面，学生依旧使用罢课、扔书、砸桌椅、校内或校门口示威、到县（市）政府门前请愿或抗议等方式，也有学生联合家长或教师组成统一战线，其间与政府人员或校方工作人员发生肢体冲突的情况也时有发生。另外一些方式，虽然目前搜集到的史料还未指示民国时期也存在，但应当也属于常见的范畴。在体现时代特色方面，学生积极利用网络平台，如百度贴吧、BBS论坛、博客或微博、视频网站，甚至建立独立的网站等，以联合校内同仁的力量，并争取外界的同情与支援。如2009年杭州市部分中学剥夺学生寒假休息的权益，只允许他们休息三四天，引起很多学生的不满，为维护自身权益，学生进行跨校联合，共同建立起“我们需要假期”的网站，吸引了一大批支持者。四川省某中学的学生则在百度贴吧上发布信息，并把食堂桌椅被推翻和学生静坐的图片上传到信息中。此外，用手机拍摄抗议的场面并上传到视频网站，也是各中小学普遍采用的策略，各媒体在做报道时往往会引用这些视频。

从以上媒体所披露的新闻事件可见，我国当代学校大多已经意识到并在通常情况下会考虑学生的诉求。但也有部分学校不愿意软化态度并提出根本的解决策略，地方行政部门对学校的处罚也会存在力度过轻的现象。当然，本部分所引用的案例并不足以反映全国各地的状况，所提出的结论或会存在片面的可能，有兴趣的研究者须通过大规模的深入考察及调查来获取更多更全面的信息，才有望揭示中国儿童在当代学校中的真实处境。

参考文献

一、中文文献

（一）传记史料

[1] 萧心力. 我的选择——六十三位中共高级干部自述. 北京：中共中央党校出版社，1998.

[2] 杨扬等. 二十世纪名人自述：艺人自述. 杭州：杭州大学出版社，1998.

[3] 宋路霞. 上海滩名门闺秀. 上海：上海科学技术文献出版社，2009.

[4] 宋路霞. 东方女性的绝世风华：上海滩名门闺秀2. 上海：上海科学技术文献出版社，2010.

[5] 蒋伯英. 邓子恢传. 上海：上海人民出版社，1986.

[6]《邓子恢传》编委会. 邓子恢传. 北京：人民出版社，1996.

[7] 徐海东. 生平自述. 北京：三联书店，1982.

[8] 张麟. 一代元戎：大将徐海东. 北京：解放军文艺出版社，1998.

[9] 吕正操. 吕正操将军自述. 沈阳：辽宁人民出版社，1997.

[10] 方小宁. 天行健：百岁开国上将吕正操. 北京：中共党史出版社，2005.

[11] 江渭清. 七十年征程——江渭清回忆录. 南京：江苏人民出版社，1996.

[12] 刘瑞龙. 刘瑞龙回忆录. 合肥：安徽人民出版社，1991.
[13] 余秋里. 余秋里回忆录. 北京：解放军出版社，1996.
[14] 王平. 王平回忆录. 北京：解放军出版社，1992.
[15] 王平. 王平将军自述. 沈阳：辽宁人民出版社，1998.
[16] 梁灵光. 梁灵光回忆录. 北京：中共党史出版社，1996.
[17] 李德生. 李德生将军自述. 沈阳：辽宁人民出版社，1997.
[18] 李德生. 李德生回忆录. 北京：解放军出版社，1997.
[19] 余秋里. 余秋里回忆录. 北京：解放军出版社，1996.
[20] 宋任穷. 宋任穷回忆录. 北京：解放军出版社，1994.
[21] 罗明. 罗明回忆录. 福州：福建人民出版社，1991.
[22] 郭化若. 郭化若回忆录. 北京：军事科学出版社，1995.
[23] 沈效良. 郭化若传奇. 福州：福建人民出版社，2000.
[24] 何长工. 何长工回忆录. 北京：解放军出版社，1987.
[25]《何长工传》编写组. 何长工传. 北京：中央文献出版社，2000.
[26] 刘震. 刘震回忆录. 北京：解放军出版社，1990.
[27]《回忆刘震上将》编辑委员会. 回忆刘震上将. 北京：军事科学出版社，1995.
[28] 中共中央文献研究室第二编研部. 朱德自述. 北京：国际文化出版公司，2009.
[29] 战时读物编译社. 朱德传. 上海：战时读物编译社，1937.
[30] 钟期光. 钟期光回忆录. 北京：解放军出版社，1995.
[31] 乐时鸣、马苏政、姜思毅主编. 好主任钟期光上将. 北京：军事科学出版社，1993.
[32] 陈再道. 陈再道回忆录（上）. 北京：解放军出版社，1988.
[33] 黄克诚. 黄克诚自述. 北京：人民出版社，1994.
[34] 肖劲光. 肖劲光回忆录. 北京：解放军出版社，1987.

［35］张业赏、丁龙嘉. 邓恩铭. 石家庄：河北人民出版社，1997.
［36］黄长和、莫开明主编. 回忆邓恩铭. 贵阳：贵州民族出版社，1991.
［37］秦基伟. 秦基伟回忆录. 北京：解放军出版社，1996.
［38］秦基伟. 秦基伟回忆录（第二版）. 北京：解放军出版社，2007.
［39］耿飚. 耿飚将军自述. 沈阳：辽宁人民出版社，1998.
［40］莫文骅. 莫文骅将军自述. 沈阳：辽宁人民出版社，1997.
［41］莫文骅. 莫文骅回忆录. 北京：解放军出版社，1996.
［42］石评梅. 女师范楼上的晚眺：石评梅回忆录. 北京：华夏出版社，2008.
［43］卫建民. 魂归陶然亭——石评梅. 北京：人民文学出版社，2002.
［44］苏雪林. 苏雪林自传. 南京：江苏文艺出版社，1996.
［45］范震威. 世纪才女——苏雪林传. 石家庄：河北教育出版社，2005.

［46］白吉庵. 胡适传，北京：人民出版社，2009.
［47］小田・季进. 胡适传，北京：团结出版社，1998.
［48］张宗逊. 张宗逊回忆录. 北京：解放军出版社，2008.
［49］徐学初. 大将粟裕. 哈尔滨：黑龙江人民出版社，2003.
［50］侗枫. 粟裕大将军. 上海：上海人民出版社，1997.
［51］王金海、佐恩. 蒋经国全传. 长春：吉林人民出版社，1989.
［52］［美］陶涵著. 林添贵译. 蒋经国传. 北京：新华出版社，2002.
［53］肖凤. 庐隐传. 北京：北京师范大学出版社，1982.
［54］汤蒂因. 金笔缘. 北京：生活・读书・新知三联书店，1983.
［55］辛茹. 金笔女王汤蒂因. 北京：解放军出版社，1995.
［56］金凤. 伟人之初：邓颖超. 杭州：浙江人民出版社，1997.
［57］王月宗、李新芝、张鹏、李捷. 邓颖超光辉的一生. 郑州：河南人民出版社，1992.
［58］民进中央宣传部、鲁迅博物馆. 许广平. 北京：开明出版社，1995.

［59］刘英. 在历史的激流中——刘英回忆录. 北京：中共党史出版社，1992.
［60］铁峰. 萧红传. 哈尔滨：北方文艺出版社，1993.
［61］季红真. 萧红传. 北京：北京十月文艺出版社，2000.
［62］丁言昭. 萧红传. 南京：江苏文艺出版社，1993.
［63］［英］菲力普·肖特著. 仝小秋、杨小兰、张爱茹译. 毛泽东传. 北京：中国青年出版社，2004.
［64］蒋建农. 毛泽东传. 北京：红旗出版社，2009.
［65］［美］特里尔著. 刘路新、高庆国等译. 毛泽东传. 石家庄：河北人民出版社，1991.
［66］王俯民. 蒋介石传. 北京：经济日报出版社，1995.
［67］杨树标. 蒋介石传. 北京：团结出版社，1989.
［68］黄修己. 赵树理评传. 南京：江苏人民出版社，1981.
［69］戴光中. 赵树理传. 北京：北京十月文艺出版社，1987.
［70］［日］釜屋修著. 梅娘译. 玉米地里的作家：赵树理评传. 太原：北岳文艺出版社，2000.
［71］谢世俊. 竺可桢传. 重庆：重庆出版社，1993.
［72］《竺可桢传》编辑组. 竺可桢传. 北京：科学出版社，1990.
［73］沈宜宝. 从童养媳到养蚕模范. 南京：江苏人民出版社，1958.
［74］呙玉临. 陈少敏传. 武汉：武汉大学出版社，1987.
［75］李树高、曹伦甫. 陈少敏传. 济南：山东文艺出版社，1990.
［76］张李文、陈承模. 杰出女性陈少敏. 北京：纺织工业出版社，1993.
［77］王首道. 王首道回忆录. 北京：解放军出版社，1988.
［78］李逸民. 李逸民回忆录. 长沙：湖南人民出版社，1988.
［79］吴富善. 吴富善回忆录. 北京：蓝天出版社，1995.
［80］李志民. 李志民回忆录. 北京：解放军出版社，1993.

[81] 伍修权. 伍修权回忆录. 北京：解放军出版社，2009.
[82] 伍修权. 伍修权将军自述. 沈阳：辽宁人民出版社，1998.
[83] 江华. 追忆与思考：江华回忆录. 杭州：浙江人民出版社，1991.
[84]《江华传》编审委员会. 江华传. 北京：中共党史出版社，2007.
[85] 程子华. 程子华回忆录. 北京：中央文献出版社，2005.
[86] 萧克. 萧克回忆录. 北京：解放军出版社，1997.
[87] 史良. 史良自述. 北京：中国文史出版社，1987.
[88] 苏平. 蔡畅传. 北京：中国妇女出版社，1990.
[89]《妇女运动的先驱——蔡畅》编委. 妇女运动的先驱——蔡畅. 北京：中国妇女出版社，1984.
[90] 石楠. 中国第一女兵：谢冰莹全传. 南京：江苏文艺出版社，2008.
[91] 叶雪芬. 柳无忌年谱. 北京：社会科学文献出版社，1992.
[92] 柳光辽、金建陵、殷安如. 教授·学者·诗人——柳无忌. 北京：社会科学文献出版社，2004.
[93] 蔡仲德. 三松堂全集附录 冯友兰先生年谱初编. 郑州：河南人民出版社，1994.
[94] 田文军. 冯友兰. 昆明：云南教育出版社，2008.
[95] 李永春. 蔡和森年谱. 湘潭：湘潭大学出版社，2008.
[96] 王震. 徐悲鸿年谱长编. 上海：上海画报出版社，2006.
[97] 吴相湘. 晏阳初传——为全球乡村改造奋斗六十年. 长沙：岳麓书社，2001.
[98] 商金林. 叶圣陶年谱. 北京：人民教育出版社，1986.
[99] 商金林. 叶圣陶传论. 合肥：安徽教育出版社，1995.
[100] 陈辽. 叶圣陶评传. 天津：百花文艺出版社，1981.
[101] 蔡尚思. 蔡尚思自传. 成都：巴蜀书社，1993.
[102] 聂荣臻. 聂荣臻元帅回忆录. 北京：解放军出版社，2005.

[103] 黄荣筑. 聂荣臻传. 贵阳：贵州人民出版社，2001.
[104] 汤炳正. 剑南忆旧：汤炳正自述. 太原：山西人民出版社，2001.
[105] 徐向前. 徐向前元帅回忆录. 北京：解放军出版社，2005.
[106] 张麟. 徐向前. 北京：昆仑出版社，1999.
[107] 周宝三. 近代中国史料丛刊续辑（810）——左舜生先生纪念册. 台北：文海出版社，1981.
[108] 张伍. 张恨水自述. 郑州：河南人民出版社，2006.
[109] 张伍. 我的父亲张恨水. 沈阳：春风文艺出版社，2002.
[110] 李宗仁口述，唐德刚撰写. 李宗仁回忆录. 南宁：广西人民出版社，1988.
[111] 荣维木. 李宗仁大传. 北京：团结出版社，2008.
[112] 白竟凡、鲁煤. 忆高崇民同志. 北京：华龄出版社，1992.
[113] 何迟口述，王天颐等整理. 何迟自传. 北京：中国民间文艺出版社，1989.
[114] 胡世宗. 坚贞不屈的赵一曼. 沈阳：辽宁少年儿童出版社，1991.
[115] 雷啸岑. 忧患余生之自述. 台北：传记文学出版社，1982.
[116] 马仲扬. 邹韬奋传记. 重庆：重庆出版社，2008.
[117] 张之华. 邹韬奋. 北京：人民日报出版社，1998.
[118] 陆衡. 傅抱石大典. 石家庄：河北美术出版社，2004.
[119] 林木. 傅抱石评传. 上海：上海书画出版社，2009.
[120] 刘宁一. 历史回忆. 北京：人民日报出版社，1996.
[121] 张申府. 所忆——张申府忆旧文选. 北京：中国文史出版社，1993.
[122] 张治中. 张治中回忆录. 北京：中国文史出版社，1985.
[123] 屠筱武等. 张治中传. 合肥：安徽人民出版社，1998.
[124] 金梅. 傅雷传. 长沙：湖南文艺出版社，1993.
[125] 苏志荣、范银飞、胡必林等. 白崇禧回忆录. 北京：解放军出版

社，1987.
[126] 程思远. 白崇禧传. 北京：华艺出版社，1995.
[127] 陈清泉、宋广渭. 陆定一传. 北京：中共党史出版社，1999.
[128] 范小方、包东波、李娟丽. 戴季陶传. 北京：团结出版社，2007.
[129] 王宗槐. 王宗槐回忆录. 北京：解放军出版社，1995.
[130] 杨成武. 杨成武回忆录（上册）（第2版）. 北京：解放军出版社，2005.
[131] 杨成武. 杨成武将军自述. 沈阳：辽宁人民出版社，1997.
[132] 印永清. 钱穆. 石家庄：河北教育出版社，2003.
[133] 陈勇. 钱穆传. 北京：人民出版社，2001.
[134] 雷音. 永远的求索：杨宪益传. 香港：明报出版社，2004.
[135] 李聚奎. 李聚奎回忆录. 北京：解放军出版社，1986.
[136] 中国人民政治协商会议湖北省委员会文史资料研究委员会. 张执一自述. 武汉：湖北人民出版社，1988.
[137] 华长慧等. 伟大的一生、不朽的业绩：杨贤江生平事迹简介. 北京：光明日报出版社，2005.
[138] 潘懋元等. 杨贤江传记. 北京：光明日报出版社，2005.
[139] 秦文. 李敖传奇. 成都：四川人民出版社，1997.
[140] 江水寒. 风流才子——李敖传. 乌鲁木齐：新疆人民出版社，2003.
[141] 柏杨口述，周碧瑟执笔. 柏杨回忆录. 北京：中国友谊出版社，1997.
[142] 胡绩伟. 青春岁月——胡绩伟自述. 郑州：河南人民出版社，1999.
[143] 季羡林. 季羡林自传. 南京：江苏文艺出版社，1996.
[144] 于青. 东方宏儒——季羡林. 广州：花城出版社，1998.
[145] 叶浅予. 叶浅予自传：细叙沧桑记流年. 北京：中国社会科学出版社，2006.
[146] 张潭. 笔墨春秋：张潭自述. 出版社不详，2001.

[147] 李燕杰. 爱与美的追求——李燕杰自述. 银川：宁夏人民出版社，1988.
[148] 姚芳藻. 柯灵传. 上海：上海教育出版社，2002.
[149] 巢扬. 严文井评传. 太原：希望出版社，1999.
[150] 孔庆茂. 钱钟书传. 南京：江苏文艺出版社，1992.
[151] 张文江. 营造巴比塔的智者：钱锺书传. 上海：上海文艺出版社，1993.
[152] 岑科等. 茅于轼. 西安：陕西师范大学出版社，2003.
[153] 萧曼、霍大寿. 吴作人. 北京：人民美术出版社，1988.
[154] 徐则浩. 王稼祥年谱. 北京：中央文献出版社，2001.
[155] 金冲及. 刘少奇传（上册）. 北京：中央文献出版社，1998.
[156] [台湾] 李天民著. 邓锦辉等译. 刘少奇传. 长沙：湖南人民出版社，1989.
[157] 赵力之. 赵力之自述. 北京：中共党史出版社，2005.
[158] 王丽丽、李小凝. 陈景润传. 北京：新华出版社，1998.
[159] 周焱、王景泰、陈谦、谭秀珍. 陈郁传. 北京：工人出版社，1985.
[160] 范小方、包东波、李娟丽. 戴季陶传. 北京：团结出版社，2007.
[161] 姜平. 邓中夏的一生. 南京：南京大学出版社，1986.
[162] 耕涛、小东. 丁肇中传. 武汉：湖北人民出版社，2008.
[163] 盛兴军. 丰子恺年谱. 上海市政协文史资料委员会，2005.
[164] 陈野. 缘缘堂主：丰子恺传. 杭州：浙江人民出版社，2003.
[165] 马亮宽、李泉. 傅斯年传. 北京：红旗出版社，2009.
[166] 焦润明. 傅斯年传. 北京：人民出版社，2002.
[167] 高锟. 潮平岸阔：高锟自述. 成都：四川文艺出版社，2007.
[168] 郑良树. 顾颉刚学术年谱简编. 北京：中国友谊出版公司，1987.
[169] 浩然. 浩然口述自传. 天津：天津人民出版社，2008.
[170] 熊宗仁. 何应钦传. 太原：山西人民出版社，1991.

[171] 李祉川、陈歆文. 侯德榜. 天津：南开大学出版社，1986.
[172] 侯祥麟. 我与石油有缘：侯祥麟自述. 北京：石油工业出版社，2001.
[173] 政协湖南省湘潭市文史资料研究委员会湖南省湘潭黎锦晖艺术馆. 湘潭文史第11辑：黎锦晖. 政协湘潭市委员会文史资料研究委员会，1994.
[174] 宋镜明. 李达传记. 武汉：湖北人民出版社，1986.
[175] 李瑞骅. 八十忆语：一个早期归国工程师的自述. 济南：山东画报出版社，2006.
[176] 李燕杰. 爱与美的追求——李燕杰自述. 银川：宁夏人民出版社，1988.
[177] 梁斌. 一个小说家的自述. 北京：中国青年出版社，1991.
[178] 马东玉. 梁漱溟传. 北京：东方出版社，1993.

[179] 马勇. 梁漱溟传. 郑州：河南文艺出版社，1999.
[180] 林太乙. 林语堂传. 太原：北岳文艺出版社，2002.
[181] 徐瑞岳. 刘半农年谱. 徐州：中国矿业大学出版社，1989.
[182] 纪宇. 青铜与白石——雕塑大师刘开渠传. 北京：人民文学出版社，1986.
[183] 陆俨少. 陆俨少自叙. 杭州：西泠印社，2004.
[184] 敏泽. 念旧企新——任继愈自述. 太原：山西人民出版社，1997.
[185] 王增藩. 苏步青. 石家庄：河北教育出版社，2004.
[186] 孙世光. 开拓与集成：社会学家孙本文. 南京：南京大学出版社，2001.
[187] 朱泽甫. 陶行知年谱. 合肥：安徽教育出版社，1985.
[188] 童富勇、胡国枢. 陶行知传. 北京：教育科学出版社，1991.
[189] 简平. 王朝闻传. 银川：宁夏人民出版社，2009.
[190] 曹玉如. 王蒙年谱. 青岛：中国海洋大学出版社，2003.
[191] 王映霞. 王映霞自传. 合肥：黄山书社，1996.

[192] 温济泽. 第一个平反的“右派”：温济泽自述. 北京：中国青年出版社，1999.
[193] 吴冠中. 吴冠中文集第三卷：生平自述. 上海：文汇出版社，1998.
[194] 北塔. 情痴诗僧吴宓传. 北京：团结出版社，2000.
[195] 徐国懋. 八五自述. 上海市政协文史资料编辑部，1992.
[196] 许德珩. 许德珩回忆录：为了民主与科学. 北京：中国青年出版社，2001.
[197] 鲍劲夫. 许继慎将军传. 北京：解放军出版社，1986.
[198] 扬帆. 扬帆自述. 北京：群众出版社，1989.
[199] 杨志远. 八十自述. 北京：北京体育大学出版社，1998.
[200] 杨尚昆. 杨尚昆回忆录. 北京：中央文献出版社，2001.
[201] 安志强. 张君秋传. 石家庄：河北教育出版社，1996.
[202] 张默生. 默僧自述. 济南：东方书社，1948.
[203] 张中行. 张中行自述文录上卷：写真集. 北京：作家出版社，1997.
[204] 郑尔康. 星陨高秋——郑振铎传. 北京：京华出版社，2002.
[205] 任桐君. 一个女教师的自述. 北京：生活·读书·新知三联书店，1989.

（二）校史和教育志

[206] 曹连明. 晋察冀边区光明小学校史（1947—1987）. 晋察冀边区行政委员会教育处，1982.
[207] 潍坊二中校志编纂组. 山东潍坊二中校志（1883—1983）. 潍坊市新闻出版局，1983.
[208] 杭州一中. 杭州第一中学校庆七十五周年纪念册. 杭州一中，1983.
[209] 陈人珊编. 常德市一中校史. 湖南省常德市一中校史编写室，1986.
[210] 芜湖一中校史编纂委员会. 芜湖一中校史. 芜湖一中校史编纂委员会，1987.
[211] 梁平中学校史编写小组. 梁平中学校史. 梁平中学校史编写小组，

1987.
[212] 大竹中学志编写组. 大竹中学志（1919—1988）. 大竹中学志编写组，1988.
[213] 校史办公室. 四川省重庆第七中学校（建校二百三十周年纪念特刊）. 校史办公室，1988.
[214] 贵阳清华中学校史编写组. 贵阳清华中学校史. 贵阳清华中学校史编写组，1988.
[215] 上海市松江县第二中学. 上海市松江县第二中学建校八十五周年纪念册（1904—1989）. 上海市松江县第二中学，1989.
[216] 北京二十五中校庆筹备组、北京育英中学校友. 美哉壮哉我育英：北京二十五中建校一百二十六周年纪念（1864—1990）. 北京二十五中校庆筹备组，1990.

[217] 开江中学志编写组. 开江中学志：建校70周年纪念（1920—1990）. 开江中学志编写组，1991.
[218] 福建省福清第三中学编. 福清第三中学校志. 北京：中国国际广播出版社，1992.
[219] 华罗庚中学校史室. 华罗庚中学校史（1922—1989）. 华罗庚中学校史室，1992.
[220] 天门中学校史编写组湖. 北省天门中学校史. 天门中学校史编写组，1992.
[221] 新乡市一中. 新乡市一中校志（1940—1992）. 新乡市印刷厂，1993.
[222] 江田主编. 蒙山中学校史（1924—1994）. 凤凰印刷厂，1994.
[223] 桃源一中七十周年校庆筹备委员会. 校史回忆录（1925—1995）：桃源一中. 桃源一中七十周年校庆筹备委员会，1995.
[224] 四川省内江市第二中学. 四川省内江市第二中学校志（1925—1995）. 四川省内江市第二中学，1995.

[225] 桂林中学校志编委会. 桂林中学校志（1905—1995）. 桂林中学校志编委会，1995.
[226] 周嘉祥主编. 彭山县第一小学志（1903—1993）. 彭山县第一小学，1995.
[227]《安徽省太湖中学志》编纂委员. 会安徽省太湖中学志. 合肥：黄山书社，1996.
[228] 江西省萍乡中学校志编辑室. 萍乡中学校志. 萍乡中学校志编辑室，1996.
[229] 徐州一中校志编写小组. 江苏省徐州市第一中学校志（1917—1997）. 徐州一中，1997.
[230] 湖南省长沙一中. 湖南省长沙一中. 北京：人民教育出版社，1997.
[231] 沁阳市第一中学. 沁阳市第一中学校志. 郑州：中州古籍出版社，1997.
[232] 何文斗主编. 树德中学校志.《树德中学校志》编写组，1998.
[233] 朱天祜主编. 河北滦县一中校志（1913—1998）. 河北滦县一中，1998.
[234] 荆州中学校史编委会. 荆州中学校史（1938—1998）. 荆州中学校史编委会，1998.
[235] 苏州中学校史编委会. 苏州中学校史（1035—1949）. 苏州：苏州大学出版社，1999.
[236] 邵淑菊主编. 丹东市第二中学校史. 丹东市第二中学，1999.
[237] 焦万奎、龙洪太等. 清溪镇中心小学志（1904—2000）. 清溪镇中心小学，2001.
[238] 刘光祺主编. 四川省彭州中学志（1901—2001）.《四川省彭州中学志》编写领导小组，2001.
[239] 张中义主编. 藁城教育志. 石家庄：河北人民出版社，2002.

[240] 浙江回浦中学校志编纂委员会. 回浦中学校志. 北京：研究出版社 2002.
[241] 济宁一中校志编写组. 济宁一中校史. 济宁市新闻出版局，2002.
[242] 湖南省祁阳一中校史编委会. 湖南省祁阳县第一中学校史（1912—2002）. 北京：文化艺术出版社，2002.
[243] 《平定一中校志》编纂委员会. 平定一中校志. 北京：方志出版社，2003.
[244] 岳阳市一中校志编纂委员会. 湖南省岳阳市第一中学志. 北京：中国文史出版社，2003.
[245] 乐山一中百年校史编纂委员会. 四川省乐山市第一中学校百年校史（1903—2003）. 乐山一中百年校史编纂委员会，2003.
[246] 湖南省永州市一中百年校史编委. 湖南省永州一中百年校史（1903—2003）. 湖南省永州市一中百年校史编委，2003.
[247] 甘肃省张掖中学校史编委会. 甘肃省张掖中学校史. 甘肃省张掖中学，2003.
[248] 宁波市慈湖中学. 师古晓月：宁波市慈湖中学百年校庆纪念文集. 宁波市慈湖中学，2002.
[249] 河南省淮阳中学校志编辑组. 河南省淮阳中学志. 河南省淮阳中学志，2003.
[250] 杨宪东主编. 徐州五中志. 徐州：中国矿业大学出版社，2004.
[251] 长清一中百年校志编委会. 长清一中百年校志. 长清一中百年校志编委会，2004.
[252] 开封市第五中学. 百年名校——开封市第五中学. 开封市第五中学，2004.
[253] 南阳市第三中学. 南阳市第三中学校志（1905—2000）. 南阳市第三中学，2004.

[254] 北京市第一六六中学. 沃土百年育栋梁：北京市第一六六中学140周年校庆回忆录. 北京市第一六六中学，2004.

[255] 洛阳市第一高级中学校志编纂委员会. 洛阳市第一高级中学校志（1904—2004）. 洛阳市第一高级中学，2004.

[256] 张君才主编. 甘肃省平凉一中校史. 西安：陕西人民出版社，2005.

[257] 宜宾市教育局. 宜宾教育志. 重庆：西南师范大学出版社，2005.

[258] 怀宁县教育局. 怀宁县教育志：1898—2002. 合肥：安徽大学出版社，2005.

[259] 双峰一中百年校庆办公室. 湖南省双峰县第一中学校志（1905—2005）. 双峰一中百年校庆办公室，2005.

[260] 遂宁中学校志编纂委员会. 四川省遂宁中学校志（785—2005）. 遂宁中学校志编纂委员会，2005.

[261]《丽江一中校志》编纂委员会. 丽江一中校志. 昆明：云南民族出版社，2005.

[262]《湖南师大附中百年校志》编委会. 湖南师大附中百年校志. 长沙：湖南教育出版社，2005.

[263] 包头市第一中学. 包头市第一中学校史（1925—2005）. 包头市第一中学，2005.

[264] 吴智园主编. 福建省莆田第一中学百年史稿（1906—2006）. 福建省莆田第一中学，2006.

[265] 四川省三台中学校. 四川省三台中学校百年校史. 四川省三台中学校，2006.

[266] 彭州一中百年校史编委会. 彭州一中百年校史（1906—2006）. 彭州一中百年校史编委会，2006.

[267] 中共菏泽市委党史资料征集研究委员会. 战火中的摇篮——冀鲁豫边区第三中学. 北京：中共党史出版社，2006.

[268] 郑新芳主编. 河北保定一中百年校史资料汇编. 香港：天马图书有限公司，2006.
[269] 六安一中学校史编委会. 安徽省六安第一中学校史（1906—2006）. 六安一中学校史编委会，2006.
[270] 福州市英华校友会. 尔乃世之光：福州鹤龄英华中学校史第一卷（1881—1951）. 福州市英华校友会，2006.
[271] 王立中主编. 甘肃省武威第一中学百年校史（1906—2006）. 张掖市河西印刷公司，2006.
[272] 《保和镇完全小学志》编纂委员会编. 保和镇完全小学志（1907—2007）. 昆明：云南民族出版社，2007.
[273] 平罗县教育志办公室. 平罗县教育志. 银川：宁夏人民出版社，2007.
[274] 宣威一中校志编纂委员会. 宣威市第一中学校志. 昆明：云南民族出版社，2007.

[275] 袁爱俊. 北京师范大学附属实验中学校史（1917—2007）. 武汉：长江文艺出版社，2007.
[276] 河北正定中学校史编委会编. 河北正定中学史稿. 北京：中国文史出版社，2007.
[277] 王臻福主编. 胶东西海中学校史. 胶东西海中学校史编委会，2007.
[278] 张玲玲主编. 百年豫章：纪念南昌市豫章中学（南昌七中）建校100周年（1907—2007）. 豫章中学，2007.
[279] 李培主编. 辅华江南：常州市第三中学校史（1928—2008）. 常州市第三中学，2008.
[280] 《东溪学校校史》编委会. 福建省安溪县东溪学校校史（1917—2008）. 《东溪学校校史》编委会，2008.
[281] 宁波三中校庆编委会. 宁波市第三中学140周年校庆（1868—2008）. 宁波市第三中学，2008.
[282] 永清县第一中学百年华诞编委会. 辉煌百年：河北省永清县第一中

学百年华诞纪念文集. 河北省永清县第一中学，2008.
[283] 肖顺情主编. 四川大学附属实验小学校史稿. 成都：四川大学出版社，2008.
[284] 陈冠军主编. 孟津县老城高级中学校志（1908—2008）. 孟津县老城高级中学，2008.
[285] 肖顺情. 四川大学附属实验小学校史稿. 成都：四川大学出版社，2008.
[286] 郭云禄等编. 昌宁县示范小学志（1908—2008）. 昆明：云南科技出版社，2008.
[287] 黄黎扬、李治安主编. 川大附中校志：1908—2008. 成都：川大附中校志编委会，2008.

（三）其他中文著作、论文和报纸

[288] 艾华. 儿童心理学纲要. 上海：商务印书馆，1922.
[289] 全国教育联合会新学制课程标准起草委员会. 新学制课程标准纲要. 上海：商务印书馆，1925.
[290] 曾作忠. 儿童学. 北京民国大学图书馆，1926.
[291] 唐海. 中国劳动问题. 上海：光华书局，1926.
[292] 贺岳僧. 中国罢工史，上海：世界书局，1927.
[293] 沈丹泥. 童工. 上海：世界书局，1927.
[294] 陈宝泉. 中国近代学制变迁史. 北京：北京文化学社，1927.
[295] 俞子夷. 一个小学十年努力记. 上海：中华书局，1927.
[296] 舒新城. 中国新教育概况. 上海：中华书局，1928.
[297] 陶百川. 中国劳动法之理论与实际. 上海：大东书局，1931.
[298] 刘百川. 小学训育法ABC，上海：世界书局，1931.
[299] 邢必信，吴铎，林颂河，张铁铮，陶孟和. 第二次劳动年鉴：第一编. 北平：大北印书局，1932.
[300] 马国良. 儿童自治活动指导法. 上海：大东书局，1933.

[301] 陈振鹭. 现代劳动问题论丛. 上海：书报合作社，1933.
[302] 朱有瓛. 义务教育ABC. 上海：ABC丛书社，1933.
[303] 李权时. 商业教育. 上海：商务印书馆，1933.
[304] 罗敦伟. 中国之婚姻问题. 上海：大东书局，1933.
[305] 盛朗西. 小学课程沿革. 上海：中华书局，1934.
[306] 实业部中国劳动年鉴编纂委员会. 二十二年中国劳动年鉴：劳动法规. 1934年12月第1版.
[307] 教育部教育年鉴编纂委员会. 第一次中国教育年鉴. 上海：开明书店，1934.
[308] 胡元义. 民法总则. 北平：好望书店，1934.
[309] 上海市政府社会局. 上海市工人生活程度. 上海：中华书局，1934.
[310] 常导之. 教育行政大纲. 上海：中华书局，1934.
[311] 李相勖. 训育论. 上海：商务印书馆，1935.
[312] 郭卫校. 最新中华民国刑法. 上海法务书局，1935.
[313] 梁士杰. 幼稚园教材研究. 上海：商务印书馆，1935.
[314] 吴经熊. 中华民国六法判解理由汇编：第6册. 上海：上海会文堂新记书局，1935.
[315] 张绅. 中国婚姻法综论. 上海：商务印书馆，1936.
[316] 张雪门. 幼稚教育新论. 上海：中华书局，1936.
[317] 程谪凡. 中国现代女子教育史. 上海：中华书局，1936.
[318] 义务教育第三区义务教育月刊社. 义务教育月刊（第一卷第一期）. 北平：义务教育月刊社，1937.
[319] 何德明. 中国劳工问题. 上海：商务印书馆，1939.
[320] 教育部训育研究委员会编. 训育法令汇编. 教育部训育研究委员会，1940.
[321] 陈侠. 近代中国小学课程演变史. 重庆：商务印书馆，1944.

[322] 陈仁炳主编. 有关上海儿童福利的社会调查. 上海儿童福利促进会，1948.

[323] 教育部教育年鉴编纂委员会. 第二次中国教育年鉴第四编：中学教育. 上海：商务印书馆，1948.

[324] 教育部教育年鉴编纂委员会. 第二次中国教育年鉴第三编：初等教育. 上海：商务印书馆，1948.

[325] 台湾教育事务主管部门教育年鉴编纂委员会. 第三次中国教育年鉴第三编：国民教育. 台北：中正书局，1957.

[326] 台湾教育事务主管部门教育年鉴编纂委员会. 第三次中国教育年鉴第四编：中学教育. 台北：中正书局，1957.

[327] 孙毓堂. 中国近代工业史资料：第1辑（下册）. 北京：科学出版社，1957.

[328] 汪敬虞. 中国近代工业史资料（1895—1914）第2辑（下册）. 北京：中华书局，1962.

[329] 中国人民解放军政治学院党史教研室编. 中共党史参考资料（内部资料）：第2册，1979.

[330] 高平叔. 蔡元培教育文选. 北京：人民教育出版社，1980.

[331] 陈元晖主编. 老解放区教育简史. 北京：教育科学出版社，1981.

[332] 董纯才. 老解放区教育简介. 北京：教育科学出版社，1981.

[333] 陈元晖、璩鑫圭、邹光威. 老解放区教育资料（一）：土地革命战争时期. 北京：教育科学出版社，1981.

[334] 舒新城. 中国近代教育史资料（上册）. 北京：人民教育出版社，1981.

[335] 舒新城. 中国近代教育史资料（中册）. 北京：人民教育出版社，1981.

[336] 中华全国妇女联合会妇女运动历史研究室. 五四时期妇女问题文选. 北京：生活・读书・新知三联书店，1981.

[337] 卢梭著. 李平沤译. 爱弥儿. 北京：人民教育出版社，1985.

［338］王西彦. 王西彦选集第二卷. 成都：四川文艺出版社，1985.
［339］严复. 救亡决论. 王栻主编. 严复集：第一册. 北京：中华书局，1986.
［340］中国人民政治协商会议北京市委员会文史资料研究委员会编. 驰名京华的老字号. 北京：文史资料出版社，1986.
［341］中央教育科学研究所. 老解放区教育资料（二）：抗日战争时期（下册）. 北京：教育科学出版社，1986.
［342］李景汉. 定县社会概况调查. 北京：中国人民大学出版社，1986.
［343］朱有瓛. 中国近代学制史料第二辑（上册）. 上海：华东师范大学出版社，1987.
［344］中国学前教育史编写组编. 中国学前教育史资料选（全一册）. 北京：人民教育出版社，1989.
［345］周予同. 中国现代教育史（民国丛书第一编）. 上海：上海书店，1989.

［346］张永新、张忠文. 沈鸿——从布店学徒到技术专家. 北京：科学普及出版社，1989.
［347］朱有瓛. 中国近代学制史料第三辑（上册）. 上海：华东师范大学出版社，1990.
［348］宋恩荣、章咸. 中华民国教育法规选编（1912—1949）. 南京：江苏教育出版社，1990.
［349］璩鑫圭、唐良炎编. 中国近代教育史资料汇编：学制演变. 上海：上海教育出版社，1991.
［350］陈元晖、璩鑫圭、邹光威. 老解放区教育资料（三）：解放战争时期. 北京：教育科学出版社，1991.
［351］汤伯才. 廖世承教育论著选. 北京：人民教育出版社，1992.
［352］雷良波、陈阳凤、熊贤军. 中国女子教育史. 武汉：武汉出版社，1993.
［353］易慧清. 中国近现代学前教育史. 长春：东北师范大学出版社，1994.

[354] 中国第二历史档案馆. 中华民国史档案资料汇编第五辑第一编：学生运动. 南京：凤凰出版社，1994.
[355] 李桂林、戚名琇、钱曼倩. 中国近代教育史资料汇编：普通教育. 上海：上海教育出版社，1995.
[356] 杜学元. 中国女子教育通史. 贵阳：贵州教育出版社，1995.
[357] 佚名. 贸易须知辑要. 太原：山西古籍出版社，1995.
[358] 忻平. 从上海发现历史——现代化进程中的上海人及其社会生活（1927—1937）. 上海：上海人民出版社，1996.
[359] 周愚文. 宋代儿童的生活与教育. 台北：师大书苑有限公司，1996.
[360] 熊明安. 中华民国教育史. 重庆：重庆出版社，1997.
[361] 傅斯年. 史料论略及其他——新世纪万有文库・近世文化书系. 沈阳：辽宁教育出版社，1997.
[362] ［法］埃马纽埃尔・勒华拉杜里著. 许明龙、马胜利译. 蒙塔尤. 北京：商务印书馆，1997.
[363] 刘咏聪. 中国古代育儿. 台北：台湾商务印书馆，1998.
[364] 路遇、滕泽之编着. 中国人口通史（下册）. 济南：山东人民出版社，1999.
[365] 熊明安主编. 中国近现代教学改革史. 重庆：重庆出版社，1999.
[366] 章开沅. 周学熙集. 武汉：华中师范大学出版社，1999
[367] 张华. 经验课程论. 上海：上海教育出版社，2000.
[368] 钟启泉、崔允漷、张华. 为了中华民族的复兴、为了每位学生的发展：基础教育课程改革纲要（试行）解读. 上海：华东师范大学出版社，2001.
[369] 冰心. 冰心小说. 杭州：浙江文艺出版社，2001.
[370] 张倩仪. 另一种童年的告别：消逝的人文世界之最后回眸. 北京：商务印书馆，2001.

[371] 熊明安、周洪宇主编. 中国近现代教育实验史. 济南：山东教育出版社，2001.
[372] 课程教材研究所. 20世纪中国中小学课程标准. 教学大纲汇编（思想政治卷）. 人民教育出版社，2001.
[373] 郑梁生. 史学方法. 台北：五南图书出版公司，2002.
[374] 王伦信. 清末民国时期中学教育研究. 上海：华东师范大学出版社，2002.
[375] 刘明达、唐玉良. 中国近代工人阶级和工人运动（第7册）. 中共中央党校，2002.
[376] 乐农文史料选编. 荣德生文集. 上海：上海古籍出版社，2002.
[377] 郑航. 中国近代德育课程史. 北京：人民教育出版社，2004.
[378] 杜威. 南游心影. 袁刚等民治主义与现代社会——杜威在华讲演集. 北京：北京大学出版社，2004.

[379] 杨孔炽. 百年跨越：教育史学科的中国历程. 厦门：鹭江出版社，2005.
[380] 李文海主编. 民国时期社会调查丛编：城市（劳工）生活卷上册. 福州：福建教育出版社，2005.
[381] 杜维运. 史学方法论. 北京：北京大学出版社，2006.
[382] 熊贤君著. 中国近代义务教育研究. 武汉：华中师范大学出版社，2006.
[383] 熊秉真. 童年忆往：中国孩子的历史. 桂林：广西师范大学出版社，2008.
[384] 龚鹏程. 读经有什么用：现代七十二位名家论学生读经之是与非. 上海：上海人民出版社，2008.
[385] ［美］维维安娜·泽利泽著. 王水雄等译. 给无价的孩子定价：变迁中的儿童社会价值. 上海：格致出版社，2008.

[386] 周新富. 教育研究法. 台北：五南图书出版公司，2009.
[387] [美] 泰勒·何德兰和坎贝尔·布朗士著. 王鸿娟译. 孩提时代：两个传教士眼中的中国儿童生活. 北京：金城出版社，2011.
[388] 郭思伶. 由宋代儿童画题感发对儿童生活之研究. 台北市立师范学院视觉艺术研究所硕士论文，2000.
[389] 王洪明. 班级民主管理中的若干问题研究. 华东师范大学教育管理硕士论文，2002.
[390] 雷良波. 试论五四时期女子教育的模式. 华中师范大学中国近现代史硕士论文，2002.
[391] 周红安. 中西儿童观的历史演进及其在教育维度中的比较. 华中师范大学教育史专业硕士论文，2003.
[392] 吕敏霞. 民国时期中小学德育制度探析. 华东师范大学教育史硕士论文，2003.
[393] 王一平. 唐代儿童的养与教. 台湾师范大学历史学系硕士论文，2004.
[394] 高小雯. 五四时期文学研究会与现代儿童观的塑造. 东吴大学历史学系硕士论文，2006.
[395] 陆克俭. 发现与解放——中国近代儿童观研究. 华中师范大学教育史博士论文，2007.
[396] 周冬. 发现儿童与教育儿童——论五四新文学作家的儿童观及其创作实践. 吉林大学中国现当代文学专业硕士论文，2007.
[397] 叶威伸. 从宋人笔记、家训看宋代士人的家庭教育. 东吴大学历史学系硕士论文，2007.
[398] 蔡艳卿. 清代儿童及青少年教养问题研究——以台湾为例. 台湾成功大学历史研究所硕士论文，2007.
[399] 王媛媛. 近代中国童工问题研究——以20世纪二三十年代上海为中心. 苏州大学中国近现代史硕士论文，2007.

[400] 王素然. 民国时期（1912—1937）学前教育课程研究. 河北大学教育史硕士论文，2007.
[401] 张殊夏. 民国时期学前教育研究. 东北师范大学教育史硕士论文，2007.
[402] 史新颖. 论少先队的系统发展与改革——以东胜区第八小学为例. 内蒙古师范大学学科教学（思政）硕士论文，2010.
[403] 谢会敏. 近代北京学徒制度研究. 河北大学历史学硕士论文，2011.
[404] 陈独秀. 东西民族根本思想之差异. 新青年，1915—12—15，1（4）.
[405] 松之. 你要读书店门叫谁看. 职业生活，1916，1（6）.
[406] 鸿鼎. 悲哀之音. 生活，1916，1（9）.
[407] 耐儿. 三年学徒生活的讨论. 生活，1916，1（19）.
[408] 杨流云. 改良学徒生活的初步. 生活，1916，1（24）.
[409] 赵充. 五年前的我. 生活，1916，1（34）.
[410] 傅斯年. 万恶之源. 新潮，1919，1（1）.
[411] 黄日葵. 何故不许女子平等？少年中国，1919，1（4）.
[412] 李大钊. 万恶之源. 每周评论，1919—07—13，第30号.
[413] 沈兼士. 儿童公育. 新青年，1919，6（6）.
[414] 张若民. “急先锋”的女子. 觉悟，1920，1（1）.
[415] 向警予. 女子解放与改造的商榷. 少年中国，1920—05—26，2（2）.
[416] 顾树森. 对于改革现行学制之意见. 教育杂志，1920，12（9）.
[417] 周建人. 中国旧家庭制度的变动. 妇女杂志，1921，7（6）.
[418] 李光业. 今后的女子教育. 妇女杂志，1921，8（2）.
[419] 姜琦. 女子教育问题之研究. 教育杂志，1921，13（5）.
[420] 全国教育独立运动会宣言. 新教育，1922，4（5）.
[421] 中华教育改进社第一次年会报告公民教育组会议记录. 新教育，1922，5（3）.

[422] 学制会议昨日开议. 晨报，1922—09—21，2版.
[423] 新学制小学学制纲要草案. 教育杂志，1923，15（4）.
[424] 雷震清. 公民教育概论. 中华教育界，1926，16（6）.
[425] 舒新城. 中国学前教育小史. 教育杂志，1927，19（2）.
[426] 江南教育之反动的倾向. 教育杂志，1926，18（10）.
[427] 张文昌. 对于部颁中小学课程暂行标准的意见. 中华教育界，1929，18（9）.
[428] 王莹. 各地修改工厂法意见（一续）. 劳工月刊，1932—05—15，1（2）.
[429] 廖世承. 为全国中学校请命. 申报，1932—12—17.
[430] 包华国. 波安两氏对于以工厂检查实行工厂法之备忘录. 劳工月刊，1933—10—01，2（10）.
[431] 汪懋祖. 禁习文言与强令读经. 中华教育界，1934，22（2）.
[432] 陶行知. 强迫教育新义. 生活教育，1935—05—16，2（6）.
[433] 章太炎. 论读经有利而无弊. 大公报，1935—06—15.
[434] 黄人为. 原始宗教的一种仪式——谈杀婴. 化石，1982（4）.
[435] 何定华. 童养媳考略. 社会，1983（1）.
[436] 方建新. 也谈童养媳——对《童养媳考略》一文的补正. 社会，1983（4）.
[437] 陈桂生. 我国实施义务教育与免费教育的历史经验. 现代教育论丛，1986（1）.
[438] 段镇. 儿童观的演变——从奴才观到主人观. 当代青年研究，1990（6）.
[439] 虞永平. 论儿童观. 学前教育研究，1995（3）.
[440] 庄学恩. 普通中学如何发挥学生会的作用. 教学与管理，1997（1、2）.
[441] 江苏省锡山市洛社中学，杨仲华. 充分发挥学生会在学校中的积极

作用. 教学与管理，1997（3）.
[442] 赵晓梦. 为孩子的明天起诉——学校状告5名学生家长违反《义务教育法》的前前后后. 法律与生活，1997（11）.
[443] 高石钢. 民国时期中国农村早婚问题透视. 宁夏大学学报（社会科学版），1999，21（1）.
[444] 俞金尧. 西方儿童史研究四十年. 中国学术，2001（4）.
[445] 俞金尧. 儿童史研究及其方法. 国外社会科学，2001（5）.
[446] 晨朵. 秋瑾与童养媳吴珉. 浙江档案，2001（11）.
[447] 刘明达. 中国近代工人阶级和工人运动（第1册）. 北京：中共中央党校出版社，2002.
[448] 鲁运庚、刘长飞. 民国初年的童工研究. 民国档案，2002（2）.
[449] 陈桂生. “班级民主管理”意见提纲. 江西教育科研，2002（11）.

[450] 陈莉. 杜威的“儿童中心论”与当今幼儿教育改革的思考. 教育导刊，2003，2、3.
[451] 张金辉、王俊清. 谈新课程改革背景下的儿童观. 长春教育学院学报，2003，19（1）.
[452] 单中惠. 西方现代儿童观发展初探. 清华大学教育研究，2003，24（4）.
[453] 尹明明、鲁运庚. 20世纪初中国的童工问题研究，2003，48（3）.
[454] 鲁运庚，尹明明. 工业化时期东西方童工问题比较研究. 甘肃社会科学，2003（3）.
[455] 勾小群. 近代学前教育课程中国化. 西安文理学院学报（自然科学版），2004（4）.
[456] 董洪亮. 综合实践活动课程推进的现状与主要困难. 江苏教育，2004（9B）.
[457] 刘万海. 从知识到经验：课程本质的现代解读. 全球教育展望，

2004（12）.

[458] 王华卓. 论我国近现代体育课程百年发展的历史经验. 中国体育科技，2004，40（5）.

[459] 陈桂生. “训育”辨析——兼论我国20世纪上半期实施“德育”的历史经验. 杭州师范学院学报（社会科学版），2004（9）.

[460] 李慧莲. 农村义务教育的现实困境：辍学率反弹拉响警报. 中国经济时报，2005-01-18.

[461] 李良品. 中国语文课程的近代化. 教育评论，2005（3）.

[462] 吴效马. 五四“儿童的发现”与中国教育的近代化. 学术研究，2005（7）.

[463] 燕国材. 素质教育的追求、困境与出路. 探索与争鸣，2007（2）.

[464] 徐晓霞. 初中少先队民主选举的实践探索. 中国德育，2007，2（6）.

[465] 贾万刚. 民国读经思潮的文化反思. 教育评论，2007（5）.

[466] 余明友. 适度体罚有助幼儿心理健康发展. 教育导刊（幼儿教育），2007（5）.

[467] 刘春玲. 民国时期东北地区的早婚现象. 北华大学学报（社会科学版），2007（5）.

[468] 王振宇. 善待教育理论———从“适度体罚”说起. 教育导刊（幼儿教育），2007（9）.

[469] 陈志勇. 班干部选举莫入误区. 班主任，2007（12）.

[470] 王海英. 20世纪中国儿童研究的反思. 华东师范大学学报（教育科学版），2008（2）.

[471] 王海英. 从社会史视角看儿童概念的演变. 幼儿教育（教育科学版），2008（3）.

[472] 陈霞、周跃兵. 中学选修课的开设现状与策略. 基础教育研究，

2008（3）.
［473］余明友. 再谈体罚与适度体罚问题——兼与王振宇教授商榷. 教育导刊（幼儿教育）2008（3）.
［474］蒋纯焦. 近现代教育史上的读经问题. 河北师范大学学报（教育科学版），2008，10（3）.
［475］王春燕. 张雪门幼稚园行为课程及其现代意义. 华东师范大学学报（教育科学版），2008，26（4）.
［476］傅小芳、王淑宁. 儿童生活与儿童教育——从西方儿童观的历史演变中作观析. 教育导刊（幼儿教育），2008年4月下半月.
［477］王昕雄. 从西方儿童观的演变看当代教育问题. 外国中小学教育，2008（4）.
［478］陈建华. 论陶行知的义务教育观. 湖南师范大学教育科学学报，2008，7（2）.
［479］屈彩霞、丰向日. 五四时期以儿童为本的教育思想. 内蒙古师范大学学报（教育科学版），2008，21（12）.
［480］丁勇华、吕佳航. 试论1920、1930年代上海童工问题. 上海大学学报（社会科学版），2008，15（2）.
［481］冯新瑞、王薇. 我国综合实践活动课程实施现状调研报告. 课程·教材·教法，2009（1）.
［482］李新科、李远华. 近代学制与我国中小学体育课程近代化概述. 教学与管理，2009，9（4）.
［483］周愚文. 中国教育史中被忽略之儿童与妇女探究的检讨. 教育学报，2009，5（6）.
［484］李秀萍. 儿童何以解放——中西儿童观的历史变迁及启示. 少年儿童研究，2009（2）.

[485] 郭法奇. 儿童教育史研究：价值、特点及设想. 天津师范大学学报（社会科学报），2009（2）.
[486] 林晓霞. 还能惩罚学生吗———有感于“现在的学生碰不得”. 中学教育参考，2009（12）.
[487] 李伟博. 浅议清末民初时期的儿童公育思潮. 知识经济，2009（16）.
[488] 方明生. 从《儿童的世纪》看儿童学研究的课题. 全球教育展望，2009（6）.
[489] 秦朗. 我国关于学生参与课程决策的文献综述. 科教文汇，2010，3（中旬刊）.
[490] 刘丽芳. 试析我国近代数学教育的发展. 职业时空，2010（5）.
[491] 李培涛. 浅析中国近代的语文改革. 学理论，2010（1）.
[492] 傅淳华. 近代以来公民道德教育的变迁与反思. 教育导刊，2010年1月号上半月.
[493] 岳红、马晓丽. 建国前后冀南农村的早婚现象透视. 人民论坛，2010（11）.
[494] 薛烨. 中国学前教育工作者对儿童的尊重. 幼儿教育（教育科学），2010（11）.
[495] 刘桂玲. 新中国60年学前教育课程改革的历史启示. 大庆师范学院学报，2011，31（1）.
[496] 张华. 走向“倾听”教育学. 全球教育展望，2010，39（10）.
[497] 单明娟. 促进儿童的个性发展从“倾听”开始. 当代教育论坛，2011（4）.
[498] 叶子健. 少先队小干部的选举产生进一步规范了. 少先队小干部，2011（5）.
[499] 袁菊. 倾听教育：内涵、意义及策略. 江苏教育研究，2011（06A）

[500] 王莹. 幼教“小学化”现象愈演愈烈，拔苗助长危害身心. 瞭望新闻周刊，2011-11-14.

二、英文文献

[501] Ann B. Wicks & Ellen Avril. *Children in Chinese Art*. Honolulu: University of Hawaii Press, 2002.

[503] Anne B. Kinney（Ed.）. *Chinese Views of Childhood*. Honolulu：University of Hawaii Press, 1995.

[504] Antonia Gransden. *Childhood and Youth in Medieval England*. Nottingham Medieval Studies, 1972, 16.

[505] Barbara A. Hanawalt. *Growing up in Medieval London: The Experience of Childhood in History*. Oxford：Oxford University Press, 1995.

[506] Barbara E. Moore. *American Childhood Through the Years: Colonial Era, 18th Century Through Early 19th Century, and Progressive Era*. Dissertation for the Degree Master of Arts in Social Sciences. Humboldt State University, 2006.

[507] Benjamin B. Roberts, N. Ray Hiner&Joseph M. Harwes. History of Childhood. In Encyclopedia of Children and Childhood in History and Society, 2008.

[508] Birute Praneviciene and Aurelija Puraite. *Right to Education in International Legal Documents*. Jurisprudence, 2010，3（121）.

[509] Chae-Young Kim. Is Combining Child Labour and School Education the Right Approach? Investigating the Cambodian Case. International Journal of Educational, Development 29, 2009：30-38.

[510] Colin Heywood. *A History of Childhood: Children and Childhood in the West from Medieval to Modern Times*. Cambridge：Polity Press, 2001.

[511] David Nasaw. *Children of the City: At Work and Play*. New York: Oxford University Press, 1985.

[512] G. Scatte (Ed.) . *Children, Parents and Politics*. Cambridge: Cambridge University Press, 1989.

[513] G. Betcherman, J. Fares, A. Luinstra , R. Prouty. Child Labour, Education and Children's Rights. World Bank Social Protection Discussion Paper Series No. 0412. World Bank, Washington, DC, 2004.

[514] Gilbert J. Garraghan, *A Guide to Historical Method*. New York: Fordham University Press, 1946.

[515] Harry Hendrick. *Children, Childhood and English Society, 1880-1990*. Cambridge: Cambridge University Press, 1997.

[516] Heather Montgomery. *An Introduction to Childhood: Anthropological Perspectives on Children's Lives*. Hoboken, NJ: Wiley–Blackwell, 2009.

[517] International Labour Organization (ILO) . Worst Forms of Child Labour Convention No. 182 Adopted on June 17, 1999 in Geneva.

[518] International Labour Organization (ILO) . Every Child Counts: New Global Estimates on Child Labour. ILO, Geneva, 2002.

[519] International Labour Organization (ILO) . The End of Child Labour: Within Reach. Global Report Under the Follow–up to the ILO Declaration on Fundamental Principles and Rights at Work. International Labour Conference, 95th Session, Report I (B) . ILO, Geneva, 2006.

[520] Jonathan Blagbrough. Child Domestic Labour: A Modern Form of Slavery. Children & Society, 2008, 22 (3) .

[521] J. Qvortrup, M. Bardy, G. Sgritta, & H. Wintersberger (Eds.) . *Childhood Matters: Social Theory, Practice , and Politics*. Brookfield:

Ashgate Publishing Company.

[522] John L. Saari. *Legacies of Childhood: Growing up Chinese in a Time of Crisis, 1890—1920*. Cambridge：Harvard University Press, 1990.

[523] John Dewey. *The Child and the Curriculum*. Chicago: The University of Chicago Press, 1966.

[524] Judith L. Green, Gregory Camilli & Patricia B. Elmore (Ed.) . *Handbook of Complementary Methods in Education Research*. London: Routledge, 2006.

[525] Keith Wrightson. *English Society 1580—1680*. London: Routledge, 1990.

[526] Laurence Stone. *The Family, Sex and Marriage in England 1500—1800*. London: Penguin, 1979.

[527] Limin Bai. *Shaping the Ideal Child: Children and Their Primers in Late Imperial China*. Hong Kong：Chinese University Press，2005.

[528] Linda A. Pollock. *Forgotten Children: Parent-child Relations from 1500 to 1900*. Cambridge: Cambridge University Press, 1983.

[529] N. Ray Hiner, Joseph M. Hawes (Ed.) . *Growing up in America: Children in Historical Perspective.* Champaign: University of Illinois Press, 1985.

[530] Philippe Ariès. *Centuries of Childhood: A Social History of Family Life.* Translated by Robert Baldick. New York：Alfred A. Knopf，1962.

[531] Pia Christensen and Allison James (Ed.) . *Research with Children: Perspectives and Practices*（*Second Edition*）. London：Routledge, 2008.

[532] Ping-chen Hsiung. *A Tender Voyage: Children and Childhood in Late Imperial China.* Redwood City, CA：Stanford University Press, 2005.

[533] Robert T. Tauber. *Classroom Management: Sound Theory and Effective Practice*. Bergin & Garvey Books, 1999.

[534] Rendy R. Jorae. *The Children of Chinatown: Growing up Chinese American in San Francisco 1850—1920*. Chapel Hill: University of North Carolina Press, 2009.

[535] S. Bhalotra and Z. Tzannatos. *Child Labour: What have We learnt?* World Bank Social Protection Discussion Paper Series No. 0317. World Bank, Washington, DC, 2003.

[536] S. Canagarajah and H. S. Nielsen. *Child Labour and Schooling in Africa: A comparative study*. World Bank Social Protection Discussion Paper No. 9916. World Bank, Washington, DC. 1999.

[537] Shulamith Shahar. *Childhood in the Middle Ages*. London: Routledge, 1990.

[538] Walter R. Borg & Meredith D. Gall. *Educational Research: An Introduction* (4th Edition) . Upper Saddle River, NJ: Prentice Hall Press, 1983.

[539] William A. Corsaro. *The Sociology of Childhood* (*Second Edition*) . London, New Delhi: Sage, 2005.

[540] William M. Tuttle. *Daddy's Gone to War. The Second World War in the Lives of America's Children*. New York: Oxford University Press, 1993.

[541] William Wiersma and Stephen G. Jurs. *Research methods in Education*. Boston: Allyn & Bacon, 2000.

[542] Wilson Lindsley Gill. *The School Republic, School City Helps for Teachers and Pupils: A System of Moral and Civic Training*. The American Patriotic League, 1906.

后 记

选择以儿童史作为本书的研究论题既有必然性，也有偶然性。从四川大学哲学系读本科开始，我就对历史学感兴趣，还和历史系的许多同学保持着密切的联系，但惭愧的是，虽然当时选修了不少文学、经济学、工商管理、法学、旅游管理乃至气象学的课程，却唯独没有修过历史学的专业课程。此后在澳门大学、华东师范大学和加拿大阿尔伯塔大学的学习，基本上都是围绕教育学专业的课程展开，同样缺乏历史学专业训练的机会。因此当最终决定以历史的研究方法来探索20世纪上半叶中国儿童的学校生活，并以此作为博士论文的选题方向时，内心是极惶恐的。事实上，自2010年迄今长达六年的写作与修改过程中，我常常是怀着忐忑的心以及做“噩梦”的精神在缓慢行进着，因为确实不知道历史学作品（尤其是儿童史的作品）是如何书写的，又该以怎样的面貌呈现才能既有分析的深度又有叙事的美感。直至后来博士论文的完成以及此书的出版，仍不免觉得自己的作品和阿利埃斯等人的代表性著作还有很远的差距，找不到那种儿童史研究的强烈感觉。

但是从事历史学的研究让我的视野得到了显著拓宽，并由此丰富和发展了我原先从事的研究领域：儿童哲学。从2006年开始我便在导师张华教授的指引下开始关注并研究儿童哲学，我的大多数论文和著作也是围绕这个小众领域展开的。目前我的工作重心，也正是在带领儿童哲学研究所的全体同仁，共同推进这个学术领域在我国的高品质发展并为学校、幼儿园注入教育改革的新活力。但是由儿童哲学转向或兼顾儿童史学却是极自然的事，这不仅是由于国际上知名的儿童哲学专家如Matthew Lipman、Gareth B. Matthews、David Kennedy、Walter O. Kohan等既关注儿童哲学（Philosophy for Children），也同时关注儿童的历史，而且就研究的未来发展趋势而言，儿童哲学将会越来越往“童年哲学”（Philosophy of Childhood）的方向迈进。这一概念的首次提出者及框架的最初设计者们（即李普曼和马修斯等人），都将对儿童观的历史研究视为童年哲学的关键组成部分，认为这恰恰也是一种哲学式的研究（特别是研究各时代哲学家关于儿童的思想）。所以由儿童哲学而跨入儿童史学，既出于意外（主要是在阅读和讨论阿利埃斯《儿童的世纪》之后才有的想法），也实出于必然。并且未来我也会在尝试构建童年哲学研究体系的过程中，继续推进对儿童的历史式研究。

在撰写博士论文时，身边可以参考的中国儿童史原创性作品还很少，主要是熊秉真教授的《童年忆往》等书，因此觉得自己的研究毕竟还可以发挥抛砖引玉的作用。但是在将其修改成书稿的最近几年，我却发现已经有不少本土作品问世了。这些作品不仅探索了20世纪上半叶时期的儿童生活状况，而且也开始追溯至汉代和唐宋时期，所以很显然儿童史这个分支领域已经引起了较多历史学者和教育学者的共同关注，并且比儿童哲学的学术处境要好得多（儿童哲学的译著和专著都非常缺乏）。不过本书的出版仍有其重要价值：其一，本书否定了那种将五四时期过度神化为中国儿童“发现期”的传统论断，而认为儿童观的演化绝非是单向度、直线性的发展过程，也并不是革命性和突发性的，因此不宜将五四时期看得过重，将其与此前此后的历史割裂开来。事实上，“儿童的发现”在中国的封建王朝时期即已开始，比如在医学和绘画领域至少可以推溯至宋朝时期，自然主义的儿童观从远的来说可以追溯至老子（“婴儿说”）和孟子（“赤子之心说”）时代，近世则以李贽（童心主义哲学）和王阳明为代表。当然，这些并不是本书的主要研究任务，却也预示着我国的儿童史研究应开拓出更多的断代史和类似《儿童的世纪》那样的长时段研究作品，否则不足以完整勾勒出我国儿童观发展的全貌。但本书却可揭示出在五四时期之前的最初几年，儿童观的发展也是十分显著的（如在推行义务教育方面、学生管理方面），而在另外一些方面（如课程改革），这段时期也绝不占据着高潮的位置，所以“儿童的发现”在20世纪上半叶呈现出不均衡的、曲折发展的态势，并且整个中国儿童史无疑是继承和变革的统一体。

其二，借助各类微观史料（如传记、口述历史、校史等），本书不仅更具体地呈现了社会多个阶层（不只是知识分子、官方和其他精英阶层，也包括普通的农民和工人）的儿童观及其发展历程，而且也展示了近世儿童的生活实情及生存体验，由此所构建的儿童史的图景或许更加全面，也有助于将叙事和分析充分结合起来。反观现有的一些儿童史的作品，不是过分偏重于琐碎生活事件的介绍（生活史），就是偏于官方文本和思想作品的理论分析（思想史），都不足以使读者在满足探秘听趣闻之兴致的同时，又能有深入的思考及洞见所得。当然，由于本书作者理论功底的浅薄，在对许多生活场景或事件进行分析时，难免存在依赖经验总结、缺乏思想升华的弊病，这一点需要在日后加强历史、社会学和哲学著作阅读及反思的基础上才有望逐步改进。此外同样重要的是，本书吸收了新童年社会学的核心观点，将儿童看作是一个积极的、有创造力的以及能施加影响的行动者，因而呈现了我国儿童在受教育权及自治权的维护、尊严的捍卫等方面所发挥的关键力量，可充分表明历史车轮的前进并非只是成人单方面推动的结果，也同时是儿童积极抗争、群体努力的必然，而这一点恰恰是在当前国内已有的儿童史作品中较少看到的，这可能是由于作者们主要受了教育学或历史学的专业训练，却对儿童研究的理智传统及当代进展了解不够之故。

本书能够顺利写成并出版，首先要感谢我硕士和博士阶段的导师、过去五年的同事及领导张华教授，是他最先将我引入到儿童研究领域，并在我求学和职业发展过程中不断启发我深入阅读，提升哲学和历史学研究的素养，以及创造各种机会使我在学校实践指导中、学术会议上、出国交流中乃至在给本科生和研究生的课堂教学中，都能不断思索与儿童历史有关的议题，检验并完善书中所作的论断，最终形成为目前所见的书稿。其次是要一并感谢华东师范大学课程与教学研究所的钟启泉教授、崔允漷教授、吴刚平教授、赵中建教授、胡慧闵教授、杨向东教授，上海师范大学的谢利民教授、方明生教授，上海市教育学会会长张民生教授，加拿大阿尔伯塔大学中等教育系的Terry Carson教授、David Smith教授、Ingrid Johnston教授、Max van Manen教授、George Richardson教授、Claudia Eppert 教授、Susan Barker教授和Jason Wallin教授等，是他们在我博士论文写作和答辩过程中、在加拿大访学的过程中、在平时的学术交流过程中，启发我调整研究的思路、更新研究的资料并提升理论分析的深度。尤其是钟启泉教授和方明生教授，是他们率先向我推荐了阿利埃斯《儿童的世纪》这本书，并对之赞誉有佳，才使我萌生了对儿童进行历史研究的念头，并趁势阅读了大量经典的儿童史作品。而在加拿大阿尔伯塔大学中等教育系交流期间，在导师Terry Carson教授、Jason Wallin教授和系主任Susan Barker教授的支持下，我将本书的写作思路及结论以学术报告的方式做了呈现，也从中获得了大量有价值的反馈。

最后，我要由衷地感谢山东教育出版社的领导和蒋伟主任对我的支持，是他们使我下定决心对久已不碰的博士论文进行修改，他们在本书出版过程中所付出的宝贵时间和大量心血也令我感激不尽。最后则要感谢我的爱人王玉翔女士以及双方父母、我的弟弟及其他亲人，是他们在我写作过程中提供了无尽的便利、支持和帮助，才使得本书最终能够顺利出版。

高振宇

2017年2月，杭州师范大学仓前校区